科学出版社"十四五"普通高等教育本科规划教材

国土综合整治原理与方法

金晓斌　刘　晶　主编

中央高校教育教学改革专项资金
江苏高校优势学科建设工程　　联合资助

科学出版社

北　京

内 容 简 介

新时代背景下，国土综合整治不仅是践行乡村振兴战略的重要手段，也是推进生态文明建设的重要抓手，更是重塑国土空间格局与功能、统筹城乡融合与协调发展的重要平台，其科学研究和实践探索都亟待深化。本书从原理、方法、实务三个层面对国土综合整治的内涵特征、类型结构、发展历程、理论基础、方法体系、整治规划、业务实践等进行系统阐述。本书全面解析国土综合整治的概念内涵、目标任务、分类体系及其发展历程；梳理国土综合整治建设中的人地协调发展理论，以及相关地理学、资源学、生态学、管理学、经济学等学科的理论基础；分析综合评价、模型模拟、空间优化、调查监测等技术方法的建模原理及其在国土综合整治中的应用情景；剖析国土综合整治规划的实施背景、内涵定位、层次体系、目标要求及编制要点；探讨农用地整理、建设用地整理、生态保护与修复等关于国土综合整治实务的基本概况与重点内容。

本书可作为高等院校地理学、资源科学、城乡规划、土地整治工程等相关专业的本科生、研究生教材和教学参考资料，还可供国土空间规划、土地整治、土地管理等相关单位的管理人员、科技工作者参考。

图书在版编目(CIP)数据

国土综合整治原理与方法/金晓斌，刘晶主编. —北京：科学出版社，2024.3
科学出版社"十四五"普通高等教育本科规划教材
ISBN 978-7-03-077641-9

Ⅰ. ①国… Ⅱ. ①金… ②刘… Ⅲ. ①国土整治-高等学校-教材
Ⅳ. ①F205

中国国家版本馆 CIP 数据核字(2024)第 016706 号

责任编辑：黄 梅 沈 旭/责任校对：郝璐璐
责任印制：张 伟/封面设计：许 瑞

科学出版社 出版
北京东黄城根北街 16 号
邮政编码：100717
http://www.sciencep.com

北京九州迅驰传媒文化有限公司印刷
科学出版社发行 各地新华书店经销
*
2024 年 3 月第 一 版 开本：787×1092 1/16
2024 年 3 月第一次印刷 印张：20 3/4
字数：518 000
定价：99.00 元
(如有印装质量问题，我社负责调换)

前　言

改革开放走过了波澜壮阔的 40 余年，中国社会经济建设取得了巨大成就，但也出现资源利用低效、生态系统退化、国土空间失序等诸多问题。国土综合整治作为利用、改造、重塑、修复、优化国土空间的重要抓手，对解决相关资源环境问题所发挥的积极作用日益突显。在新时代背景下，国土综合整治已成为践行乡村振兴战略、推动生态文明建设、重塑国土空间功能格局、统筹城乡融合发展的综合平台和重要手段，其科学研究和实践探索发展迅速。

中国现代意义的国土整治始于 20 世纪 80 年代吴传钧、陈传康、陆大道等老一辈地理学家对国土整治事业的定位与呼吁。在此过程中，伴随经济社会发展阶段、资源环境特点等的不断变化，加之国家战略部署、行政机构改革、政策法规调整等因素的影响，中国土地整治呈现出与特定社会经济发展阶段、目标导向契合的时代特征，逐步深化整治内涵、拓展整治目标、拓宽整治范畴、升级整治方式。经过四十余年的发展，国家及各政府部门广泛开展的国土整治与各专项土地整治活动在保障国家粮食安全、维护生态系统稳定、助力乡村脱贫攻坚等方面发挥了重要作用，但也存在规划缺位、推进失序、任务模糊、路径单一等问题。国土综合整治是一项涵盖山、水、林、田、湖、草、沙等资源要素，涉及田、水、路、林、村等建设类型，包括陆域、海域、地上、地下等地域空间的复杂系统工程，内容综合性强、涉及面广、类型体系多、技术要求高、实践应用性强，亟需加强对相关理论原理、技术方法及整治实务等的科学解析与系统认识。随着国土综合整治实践的逐步深化，国家对国土整治专业人才的需求不断加大，对土地整治从业人员所应具备的理论储备、知识体系、层次结构及业务能力提出新的要求。为适应学科发展和社会需求，作者根据多年来的教学和科研工作经验，在系统总结和参考国内外相关资料的基础上编写了本教材。

由于本教材涉及内容广泛、综合性强，编写时参考了大量国内外相关著作和研究成果，在此对相关作者表示衷心的感谢！面对国土综合整治如此宏大的时代命题，作者自知认知浅薄、学力有限，书中恐有论述不周和疏漏之处，恳切期望得到专家、学者、同行和读者们的批评与指正！

金晓斌

2023 年 2 月

目　　录

国土综合整治——原理篇

第1章 导　　论

面对城镇化进程持续推进、社会经济快速发展及资源环境约束趋紧，国土综合整治成为统筹推进乡村振兴、生态文明建设、城乡融合发展的综合平台与重要抓手，其科学研究和实践探索迅速发展，但其关键内涵、重点任务、战略目标、主要类型、实施原则等方面人们认识不清、界定不明。为此，本章以国土与国土资源、土地整理与土地整治、国土整治与国土综合整治等相关概念之间的联系和区别开篇，系统阐释新时代背景下我国国土综合整治的概念内涵，剖析国土综合整治的主要任务与战略目标，总结国土综合整治的类型分类体系与实施路径原则，进而梳理近40年来我国国土综合整治的发展历程及转型趋势，以期为深入国土综合整治研究，规范化、科学化推进国土综合整治实践提供有益借鉴。

1.1　国土综合整治的相关概念

1.1.1　国土与国土资源

国土，通常理解为"国家的领土"，但受认知能力、学科领域等因素影响，不同专业、不同领域在不同时期对"国土"的理解和表述也不尽相同。立足地理学角度，对国土的概念理解通常具有广义和狭义之分。广义的国土意为主权国家行政管辖范围内的领土、领海和领空(陈锋武和廖京平，1994)。其中，领土一般指主权国家的陆地部分(包括河流、湖泊等内陆水域)及其地下层；领海指沿海国家根据其地理位置特点、经济发展和国防需求，自行确定的与其海岸或内水相邻接的一定范围的海域，其宽度为3～200海里不等；而领空指领土和领海范围内的全部上空，其垂直高度目前尚无国际统一标准。狭义的理解即为国家管辖下的土地，这里所指"土地"实为由自然要素(土地、水体、生物、矿藏、气候)和人文要素(人口、建筑工程设施、生产物质技术基础)所组成的地域空间实体。可见，广义的国土含义更侧重其政治、行政意义，是国家主权的体现，神圣不可侵犯；狭义的国土更关注其自然、经济、技术、人文等属性特征，是人类赖以生存发展的空间场所。因此，国土是一个高度综合、多层次的立体概念，其基本含义包括：国土是相对稳定的政治实体，其以地理环境为基础，具有自然和社会双重属性，既是资源(自然资源、经济资源和社会资源等)，也是环境(自然环境和人文环境)。

国土资源是一个综合概念，意指一个国家或地区自然资源和社会经济资源的总和，既是自然的产物，又是人类活动的结果。其中，自然资源包括土地资源、水资源、海洋资源、矿产资源、生物资源、气象资源、能源资源等；社会经济资源包括人口资源、劳动力资源、农业经济资源、工业经济资源、交通运输资源、邮电通信资源、旅游经济资源、服务业经济资源等。作为决定一个国家或地区经济发展的重要条件，国土资源具备整体性、地域性、有限性、变动性等基本特征。其中，整体性意为特定的区域内，各类资源、各类资源内部的各个要素是相互联系、级联影响、相互制约的，只要有一种资源、一个要素发生变化，就可能引起其他资源甚至整个资源系统的变化。地域性意指国土资源的地域分布一般是不均衡的，不同的资源有不同的地域分布规律，不同的地区也有不同的资源种类和资源结构。有限性意指部分资源(如煤、石油、天然气、金属矿产等)的数量有限，其形成通常需经过漫长的地质年代，在相当长的时期内无法再生。变动性意为国土资源是一个动态系统，处于不停地运动和变化中，这种变化既包括资源本身的产生和发展，也包括人类干预后所引起的变化。国土资源的变动性特征对于可更新资源的影响尤为明显，若资源利用合理，可不断更新，但利用程度超过了极限，就会使资源衰退和枯竭。

1.1.2 土地整理与土地整治

《土地整治术语》(TD/T 1054—2018)中将土地整理界定为"在一定区域内，采取行政、经济、法律、工程和生物等措施，对田、水、路、林、村进行综合整治，对土地利用状况进行调整改造，对土地资源进行重新分配，提高土地质量和土地利用效率，增加有效耕地面积，改善生产、生活条件和生态环境的活动。"根据整理对象的不同，土地整理分为农用地整理和建设用地整理。其中，农用地整理是以农用地为对象，通过实施土地平整、灌溉与排水、田间道路、农田防护与生态环境保持等工程，提高土地质量、增加有效耕地面积、改善农业生产条件和生态环境的活动，可进一步细分为耕地整理、林地整理、园地整理、草地整理等细化类型；建设用地整理是以提高土地节约集约利用水平为目的，采取一定措施，对利用率不高的村镇用地、城镇用地、独立工矿用地、交通和水利设施用地等建设用地进行整治的活动，可分为农村建设用地整理和城镇工矿建设用地整理等类型。

土地整治是为应对乡村发展要素流失衰退、土地资源污损与低效利用、"三生"空间无序紊乱等问题，综合运用规划设计、工程技术等手段，通过对乡村"山水林田湖草"的综合治理，调适乡村人地关系，满足乡村内生发展需求，最终实现人与自然可持续发展的活动(陈坤秋和龙花楼，2020)。

因此，《土地整治术语》(TD/T 1054—2018)中将土地整治界定为"为满足人类生产、生活和生态功能需要，依据土地整治规划及相关规划，对未利用、低效和闲置利用、损毁和退化土地进行综合治理的活动；是土地开发、土地整理、土地复垦、土地修复的统称"，这形成了土地整治较为完整的概念体系。其中，土地开发是指对未利用土地，通过工程、生物或综合措施，使其达到可利用状态的活动，包括开发为农用地和开发为建设用地。土地整理的基本概念及细化类型如前所述。土地复垦，是指对生产建设活动和自然灾害损毁的土地，采取综合整治措施，使其达到可利用状态的活动。土地修复，是指对受污染土地、退化土地采取综合整治措施，改变土地不良性状、恢复和提高土地生产能力的活动。总体上，土地整治的对象包括农用地、建设用地和未利用地，在范围上既包括农村地区，也包括城市化地区，是对一定区域内各类型土地的综合治理。常见的城乡建设用地增减挂钩、城镇低效用地再开发、工矿废弃地复垦利用、低丘缓坡荒滩等未利用地开发等专项活动，均属于土地整治。

1.1.3 国土整治与国土综合整治

我国现代意义上的国土整治源于 20 世纪 80 年代初，衍生于当时的国土开发整治相关工作。由于国土整治的主要目标、内容设计等取决于国家经济、政治与其发展水平(陆大道，

1984)，无论是在学术研究还是政府规范性文件中，国土整治的定义解释不一而足(王威和胡业翠，2020)。因此，多数学者、政府工作人员、机构等基于个体认识、实践工作经验提出对国土整治的理解。例如，吴传钧(1994)认为，国土整治的核心内容包含国土的开发、利用、治理和保护等基本环节，既包括对有关这一方面的调查研究，也包括为实施具体工作而进行的规划。类似地，陈传康(1984)认为，国土整治是为大范围区域(从整个国家到内部具有经济联系的一定区域)拟定开发、利用、保护和改造的规划方案，并提出实施这个规划方案的步骤和措施，规定促使方案实现的政策，并在实施此方案过程中进行相应的国土管理工作。1981年，国家基本建设委员会《关于开展国土整治工作的报告》明确，"国土整治包括对国土资源乃至整个国土环境进行考察、开发、利用、治理、保护这些相互关联的五个方面的工作"。伴随认识的深入，部分学者(邓玲和郝庆，2016)认为，在改造和利用国土的过程中，针对产生的一些资源利用效率不高、空间结构失衡、生态环境破坏等问题，采取生物措施、工程措施等开展的有针对性的修复整治工作，即国土整治。综上，基于上述理解，国土整治的基本概念可总结为(郝庆等，2018)：遵循自然规律和经济社会发展规律，综合运用各种手段，对国土及其组成要素进行统筹开发利用和治理修复，提高资源利用效率、优化空间结构、治理修复环境，不断改善人们的生产、生活环境，实现资源环境要素与经济社会发展的协调统一。需要说明的是，国土整治与土地整治有显著区别，前者是面向区域的综合整治，而后者是以土地要素为特定对象相关的开发、整理、复垦、修复等整治工作。

由于缺乏统一规划和管理，早期国土整治工作开展中存在若干问题，如多为分散、单一、局部推进，对资源本底认识不清，国土资源盲目开发利用的现象普遍等，造成资源浪费、生态失衡。在此背景下，为促进国土空间与资源合理开发利用，吴传钧、陈传康、陆大道等一批科学家积极呼吁开展国土综合整治(夏方舟等，2018)。国土综合整治以特定地域的国土空间开发利用为核心，统筹考虑矿产、生物、水、地质、环境等多个要素及其开发利用中的多种问题和矛盾，综合运用经济、行政、法规、工程等多种手段和政策措施，实施改造修复、治理保护、优化提升等重大工程，改善国土质量、提高资源利用效率、优化国土空间布局，进而提高国土综合承载能力和可持续发展能力。伴随当前生态文明建设逐渐得到重视，国土综合整治更加关注生态环境安全和资源的有效利用，其重心转向对"山水林田湖草"全域全要素的治理与保护。《土地整治术语》(TD/T 1054—2018)立足未来发展，明确了"国土综合整治"的概念：针对国土空间开发利用中产生的问题，遵循"山水林田湖草生命共同体"理念，综合采取工程、技术、生物等多种措施，修复国土空间功能，提升国土空间质量，促进国土空间有序开发的活动，是统筹山水林田湖草系统治理、建设美丽生态国土的总平台。这形成了国土综合整治较完备的概念体系。2015年《中共中央 国务院关于加快推进生态文明建设的意见》中明确提出"编制实施全国国土规划纲要，加快推进国土综合整治"；2017年国务院印发《全国国土规划纲要(2016—2030年)》，其中确立了国土集聚开发、分类保护与综合整治"三位一体"总体格局，对国土综合整治工作进行了全局部署，提出推进形成"四区一带"国土综合整治格局，构建政府主导、社会协同、公众参与的国土综合整治工作机制，意味着国土综合整治已成为新时期支撑国家粮食安全和生态安全、保障可持续发展、促进城乡统筹和区域协调发展的重要抓手和基础平台。

尽管在不同时代背景和形势需求下，国土综合整治被赋予不同的表现形式和概念框架，但其核心内涵始终明确，即国土综合整治是对人地关系的再调适，以提升国土利用效益、改善生态环境、保障资源可持续为目的，以开发、整理、修复、治理和保护等为手段，以国土空间内各要素为对象，最终促进人与自然可持续协调发展(杨昔等，2021)。同时，相较于土地整治等特定要素的整治，国土综合整治以整个区域为对象，是基于立体空间的综合整治，包括国土空间优化布局、国土资源高效利用及国土生态环境的改良提升。相较于单一的、专项的国土整治，国土综合整治更强调"综合"的概念，侧重由零星、分散、简单的整治活动向综合、有计划、统筹演化，其目标更为多元，整治内容和手段也更为多样，进而实现由单要素向"山水林田湖草生命共同体"之下的土地、矿藏、草原、海域、森林、滩涂、水流等全要素的转变。

1.2 国土综合整治的任务与目标

1.2.1 综合整治的主要任务

早期国土整治的主要任务包括"考察、开发、利用、治理、保护这些互相关联的五个方面的工作"。其中，"考察"主要是指通过勘测调查、综合考察和专题考察，摸清我国国土状况、自然资源及其分布特点，做出科学的分析和评价，为开发、利用、治理、保护国土提供科学依据。对国土进行考察是开展国土综合整治工作的出发点，也是进行国土综合整治的基本工作。"开发"主要是指对尚未被利用的自然资源，如土地、水域、森林、草原、矿藏等，用垦殖开采、工程建设等手段，合理地进行土地开发、河流开发、矿藏开发及地区开发，充分发挥资源的优势和潜力，使之为人类造福。由于科学技术的不断进步、经济条件和其他因素的不断演化，资源开发的深度和广度不断发展，资源利用程度不断提高，这些活动均属国土开发的范畴。"利用"主要是指对地上和地下的各种资源进行合理利用，特别是要搞好综合利用，做到地尽其利、物尽其用，避免和减少资源浪费。国土利用的核心是合理布局生产力，建立地区最佳经济结构。土地资源具有多种用途，怎样发掘其利用率和产出率，要根据其自然属性和国家经济发展的需要，分别以农、以林或以牧为主综合发展，而不是单一经营、千篇一律"一刀切"。"治理"主要是指采取工程和生物措施等手段，对江河湖泊、黄土高原、沙化土、盐碱地、环境污染等有计划地进行治理，使之更加符合人们发展生产与改善生活的需要。比如，治理水土流失和土地沙化、改良土壤、疏浚河湖，以及治理环境污染，以改变国土遭破坏的现状。通过国土治理，改变已被破坏的生态环境，变生态系统恶性循环为良性循环，并不断建立和发展生态平衡，提高生态质量，保证国土资源和生态环境更好地满足人类需要。"保护"主要是指采取立法、行政、经济、科学等手段，对矿产资源、水资源、森林资源、草原资源、动物资源、海洋资源及整个国土环境进行保护，使资源和生态平衡不遭受新的破坏，并使国土状况不断改善。国土整治的开发、利用、治理、保护之间是相辅相成、相互依存、相互影响的。保护是为了开发利用(包括利用它作为科学考察和实验的基地)，开发利用必须保护，合理地开发利用本身即包含保护。

作为国土整治的高级阶段，国土综合整治的对象扩展到国土空间全要素，涵盖"山水林田湖草生命共同体"之下的土地、矿藏、水流、森林、山岭、草原、荒地、海域、滩涂等各类自然资源，也包括耕作农田、村庄屋宅、废弃矿山、城市景观、道路设施等非自然要素。因此，在传统国土整治任务的基础上，面向国土空间全要素，国土综合整治的主要任务包括：

以大规模建设旱涝保收高标准基本农田为重点，大力推进农用地整理。建立基本农田建设集中投入制度，加强高标准基本农田建设示范县建设，改造提高基本农田保护示范区，加强旱涝保收高标准基本农田保护示范区建设，组织实施基本农田整治重大工程。

以改善农村生产生活条件为前提，稳妥推进农村建设用地整理。科学编制乡村土地利用总体规划，优化乡村土地利用。以"空心村"整治和乡(镇)企业用地整理为重点，尊重农民意愿，维护农民权益，稳妥推进农村建设用地整理，加强农村基础设施与公共服务设施配套建设。严格控制城乡建设用地增减挂钩试点的规模与范围，合理使用节余指标，确保增减挂钩所获土地增值收益及时全部返还农村，促进城乡一体化发展。

以推进土地节约集约利用为出发点和落脚点，积极开展城镇工矿建设用地整理。有计划、有步骤地推进"城中村"改造，加强土地权属管理，切实改善"城中村"人居环境。在保护和改善生态环境的前提下，充分利用荒山、荒坡进行城镇和工业建设。

以合理利用土地和改善生态环境为目的，加快土地复垦。加大历史遗留损毁土地的复垦力度，全面推进生产建设新损毁土地的复垦，及时复垦自然灾害损毁的土地，努力做到"快还旧账、不欠新账"。完善土地复垦质量控制标准，加强土地复垦监测监管。

以制度建设为基础，形成推进国土综合整治长效机制。探索建立推进国土综合整治的协调合作机制，提供有力的组织保障。在资金管理和投入上，协调各部门投入的时序安排，探索建立财政引导、多元投入机制，形成合力。在规划引领上，进一步完善规划体系，充分发挥规划对国土综合整治的管控作用，加强规划实施的公众参与，切实维护人民群众合法权益。同时，健全规划实施管理制度，加强规划实施监测监管和考核评价。探索市场化运作模式，创新土地整治激励机制。加强土地整治法制、科技和队伍建设，夯实规划实施基础。在体制机制上，鼓励部门合作、地方试点、社会融资及技术创新等，为国土综合整治提供政策保障。

1.2.2　综合整治的战略目标

承接生态文明建设、乡村振兴、粮食安全等国家战略，国土综合整治的战略目标主要体现在以下几方面(王威和胡业翠, 2020; 王威和贾文涛, 2019; 许顺才和伍黎芝, 2020)：以强化用途管制夯实国土安全基础、以空间结构调整优化国土空间功能、以资源高效利用提升国土空间质量、以生态系统保护修复打造美丽生态国土、以整治保护修复制度体系建设筑牢美丽国土根基，五方面相互联结、相互补充，以期提升国土空间的适宜度、美丽度和安全性，拓宽国土空间功能和承载力，打造以人为本的高品质国土空间，提升国土可持续发展能力。

1. 以强化用途管制夯实国土安全基础

整体增强国土空间安全性，需以稳固国土安全底盘为前提。强化国土空间用途管控，坚守资源保护底线，无疑是实现这一目标的根本途径。尤其是针对生态空间需严格控制各类开发利用活动对生态空间的占用和扰动，确保生态空间面积不减少、生态功能不降低、生态服务保障能力逐渐提高。针对城镇空间，则需将开展地面沉降、地面塌陷和地裂缝治理，以及修复地质环境作为建设安全韧性城市的重点。乡村空间应持续加强耕地数量、质量、生态"三位一体"保护，坚决守住耕地保护红线。同时，国土综合整治要以资源环境承载力和国土空间开发适宜性评价为基础，开展基于主体功能导向的国土空间综合整治潜力评价，优先整治具有资源优势和开发潜力的主体功能区，如粮食生产功能区、重要农产品生产保护区、矿产资源集中开发区，以此夯实国土安全的资源基础。

2. 以空间结构调整优化国土空间功能

空间结构调整针对国土空间的不合理利用和生态空间、生产空间、生活空间的矛盾冲突，以结构调整发挥国土空间有利作用，优化国土空间功能。它主要包括两部分内容：一要化解国土空间结构布局矛盾，二要调配国土空间结构要素比配。在整治适宜性评价的基础上，确定整治规划，划分重点整治区域，明确整治目标，调配空间自然、非自然要素比重，调整区域范围内生产、生活、生态空间布局。有针对性地实施城乡建设用地增减挂钩、耕地占补平衡；实施退耕还林还草还湿，退养还湖还海；实施低效建设用地再开发，处置城中村、棚户区，搬迁低效工业用地；调整凌乱的居民点布局。最终优化国土空间功能，提升国土空间适宜性，满足人们对舒适生产生活和优美生态环境的需要。

3. 以资源高效利用提升国土空间质量

通过国土综合整治，提高资源供给数量、质量和资源之间的匹配程度，促进资源高效利用，保障资源供给安全。尤其是针对耕地、建设用地、矿山等自然资源和非自然资源的利用不合理、闲置低效等问题，在城市化地区处置闲置建设用地、盘活低效建设用地，促进高度城市化地区土地节约集约利用；在农村地区整治空心村、改造危旧房，调整农村居民点，提升农村建设区域空间利用效率，同时整理破碎田块，形成粮食生产合力，整治坡耕地、贫瘠耕地、干旱、涝洼等生态脆弱型低等耕地，提升耕地的产量效益；在矿山资源开发集中区复垦再利用矿山废弃地，转变用途，还绿还林；在海岸带海岛地区调整海陆联结区域的土地利用结构，充分利用存量码头港口等闲置用地，提升空间利用效率。

4. 以生态系统保护修复打造美丽生态国土

通过加强生态恢复和建设、治理环境污染、建设防灾减灾体系，修复受损自然生态系统，美化环境，提高防灾能力，增强生态系统稳定性，营造安全宜居宜业环境。尤其是生态系统保护针对轻微受损的自然生态系统，主要通过封山育林、固沙育草、补水保湿封育自然生态系统发挥自身生态恢复力(王威和贾文涛，2019)。生态系统修复针对的是区域流域范围内严重受损、退化、崩溃的生态系统，包括矿藏、水流、森林、山岭、草原、荒地、海域、滩涂等自然资源系统。生态系统修复可概括为层层递进的五个部分(白中科等，2018)：一是地貌重塑，包括地面沉降、塌陷的防治和整治，坡耕地宜耕条件的改善，侵蚀沟渠治理及水源涵养区域的江湖连通，生态脆弱地区的石漠化治理和侵蚀海岸海岛岸线的整治；二是土壤重构，针对污染土地，盐渍化、沙化土地等生态脆弱性土地及沿海地区滩涂围垦区土壤的整治；三是植被重建，通过生物技术种植绿色林草在城市化地区拓展绿地面积，在重要生态功能区种植防护林防止风沙侵蚀，在海岸带海岛地区修复退化红树林等植被生态系统；四是景观重现，改善或重构景观，打造"美丽乡村、绿色城市、绿色矿山、蓝色海湾"的景观格局；五是生物多样性重组，改善生态系统地貌、土质、植被、景观，打造适宜生物生存繁衍的栖息地，提升区域生物多样性。

5. 以整治保护修复制度体系建设筑牢美丽国土根基

一是统一的国土空间整治修复规划与实施制度，以下一轮的国土整治规划为引领，以国土整治修复功能区为基础，以开发、整理、复垦、修复为手段；二是多元融合的资金投入保障制度，要协调财政、金融、社会保障资金来源，整合涉农资金，鼓励政府、银行、企业创立生态基金、发行绿色债券；三是统筹协调的组织管理制度(张惠远等, 2019)，在全区域、全流域整治背景下，建立多部门统一领导的整治协调机构和统筹推进机制；四是权责明确的监督管控制度，旨在建立项目进展台账和责任制，开展经常性或专项督查，创新监测监管机制；五是奖补结合的生态补偿制度，对个人或组织在国土整治修复项目过程中的正外部性进行价值补偿，并以法律明确；六是公正严明的整治修复绩效考评制度，以新形势下整治修复成效指标体系为基础，创新监测手段，衡量整治修复效益和自然资源资产提升状况。

1.3　国土综合整治的类型与原则

1.3.1　国土综合整治的类型

国土空间是国土综合整治的基本对象，其主要类型包括陆地空间与海洋空间，其中陆地空间按照人类活动强度的高低又可以划分为城镇空间(人口密度高，人类活动最剧烈)、工矿空间(人类直接开发利用国土空间资源的高强度活动空间)、乡村空间(以农业生产活动为主的低强度活动空间)、生态空间(人类活动较少的生态重要区与生态脆弱区)。因此，国土综合整治类型在大类上涵盖城镇空间国土综合整治、工矿空间国土综合整治、乡村空间国土综合整治、生态空间国土综合整治及海洋空间国土综合整治(表 1-1)。其中，城镇空间国土综合整治主要面向城镇空间存在的资源利用问题，主要整治内容包括盘活存量建设用地、优化空间结构和功能、建设紧凑型城市、全面提升生态品质和环境质量、保障城市安全、激发城市文化活力、增强城市吸引力和竞争力、实现城市的高质量发展和高品质生活。工矿空间国土综合整治的主要内容是生产中矿山的绿色建设和废弃地矿山生态修复，包括矿山资源开发的生态环境监管和地质环境保护、矿山地质和生态环境综合整治、绿色矿山和矿山公园建设及工矿废弃的整治修复等。乡村空间国土综合整治的主要方向是加快田水路林村综合整治，优化农村居民点布局，推进美丽乡村建设，保护自然人文景观和生态环境，推进高标准农田建设，实施土地污染防治行动，巩固、提升粮食综合生产能力，激活乡村振兴活力。生态空间国土综合整治的主要方向是优化生态系统格局、提升重要生态功能区生态保育功能及修复、提升脆弱生态区功能。海洋空间国土综合整治的主要方向是推进海岸带功能退化地区综合整治，恢复海湾、河口海域生态环境；推进近岸海域生态修复，整治受损海岸，重点对自然景观受损严重、生态功能退化、防灾能力减弱、利用效率低下的海域、海岸进行综合整合修复；推进拟开发海岛基础设施改善和整治，保护海岛自然资源和生态环境，治理海岛水土流失和污染。在此基础上，针对不同类型国土空间的资源利用方式、发展导向及功能地位差异，一级类下涵盖若干亚类及小类，形成涵盖 5 个大类、11 个亚类及 23 个小类的国土空间综合整治类型分类体系。

表 1-1　新时期国土综合整治类型分类体系

大类	亚类	小类	定位、目标与途径
城镇空间国土综合整治	城镇系统格局优化型整治	城镇全域土地利用格局优化	针对部分城市无序蔓延、功能单一化、城市空间格局和土地利用结构亟须优化的问题，通过城市地类调整、用途转换、生态网络建设等措施实现城镇空间功能复合、用地高效、生态友好
	城镇空间功能提升型整治	低效建设用地再开发	针对城市郊区、城中村建设用地利用效率低、生活品质差等问题，通过三旧改造、城市更新等手段促进建设用地集约利用，盘活低效用地
		城市景观与环境综合整治	针对城市生活环境恶化、景观单一化等问题，通过完善城镇污水、垃圾处理等环保基础设施建设及城市特色景观风貌设计等促进城市生活与景观功能提升
		城市地质灾害防治型整治	针对部分城市的地质灾害风险问题，实施城市地质安全防治工程，开展地面沉降、地面塌陷和地裂缝治理，修复城市地质环境
		城市生态修复型整治	针对城市水污染、土壤污染加剧、城市湿地退化等问题，通过污染土地修复、城市湿地修复、城市生态廊道建设、城郊绿地防护带建设、城市绿心建设等，建设多功能复合的城市绿色空间
工矿空间国土综合整治	废弃矿山用地功能提升型整治	工矿废弃地复垦利用	针对废弃工矿土地利用功能丧失、土地资源浪费等问题，通过土壤污染修复、工矿用地复垦实现基本农田再造，促进工矿废弃生产功能恢复
		工矿废弃地生态修复	针对废弃工矿造成土壤污染、地质灾害风险、水土流失风险等问题，通过工矿用地复绿、还湿等措施恢复工矿用地生态功能，增加生态源地面积
	生产中矿山功能提升型整治	绿色矿山建设	针对部分矿山废气、废料污染严重导致环境污染，同时存在地质灾害风险等问题，通过工矿生产排放控制、废气废料处理设施建设等促进集约高效、生态优良的绿色矿山建设
乡村空间国土综合整治	乡村系统格局优化型整治	居民点空间布局优化型整治	针对当前村落格局不合理、空心村不断增多的问题，采用拆村并点、土地复垦等措施，结合增减挂钩等政策，形成合理、有序、功能联系紧密的居民点体系
		农用地格局结构优化型整治	针对部分地区农用地结构失序、农业发展支撑性弱等问题，通过地类调整、农业结构调整等措施形成高效集约、生态友好、有助于激活乡村发展的农用地利用格局
	乡村空间功能提升型整治	农用地规模质量提升型整治	针对部分地区农用地质量低下、耕地破碎化严重、农业设施不完善等问题，通过地力提升、设施建设、权属调整等手段改善农用地生产能力，促进农用地高效集约利用
		居民点景观与环境治理型整治	针对居民点环境恶劣、生活垃圾污染严重、特色乡村风貌缺失等问题，通过乡村风貌治理、公共卫生设施建设、特色景观设计等促进美丽宜居乡村建设，保存乡土风情
		污染治理与生态修复协同性整治	针对土壤污染、土壤退化、地下水超采严重等问题，通过土壤生态修复、节水灌溉设施建设、农业面源污染治理等措施促进生态功能提升
生态空间国土综合整治	生态系统格局优化型整治	生态网络格局优化型整治	针对生态格局无序、生态连通性差、生态结构不稳定等问题，通过生态廊道修复与连通、生态屏障建设、关键生态节点建设等构建安全保障、韧性高的生态网络安全格局
	生态重要区功能提升型整治	生态源地规模质量提升型整治	针对草原、林地、水源地等重要生态源地生态功能退化、布局破碎化、生物多样性下降等问题，通过优化生态空间土地利用结构促进生态用地发挥规模效应，通过退化草原林地修复、河流湖泊治理等促进生态源地质量提升

大类	亚类	小类	定位、目标与途径
生态空间国土综合整治	生态脆弱区功能提升型整治	土地荒漠化整治	针对土地荒漠化问题，通过实施包括造林种草、合理调配生态用水、增加林草植被、建设水土保持设施等荒漠化治理工程，促进荒漠化治理，提升荒漠化土地生态功能
		土地石漠化整治	针对土地石漠化问题，加强林草植被保护与建设和退耕还林，合理开发利用林草资源，加强坡改梯、坡面水系和雨水集蓄利用工程建设等
		水土流失治理	针对水土流失问题，通过水土保持工程、坡改梯工程等的建设，结合小流域综合治理促进水土流失治理
		地质灾害综合整治	针对部分地区滑坡、泥石流、地面沉降等地质灾害风险大的问题，通过山体边坡绿化工程、山洪沟治理等降低地质灾害风险，修复破损山体
海洋空间国土综合整治	海洋要素格局优化型整治	海岸带开发利用格局优化型整治	针对海岸带利用强度高导致海岸带生态功能破坏、海水污染等问题，通过建设用地退出、限制滩涂开发、恢复生态用地等措施促进海岸带开发利用格局优化
	海洋空间功能提升型整治	过度开发型海岛整治	针对部分海岛开发强度大导致海岛生态环境破坏、海水污染加剧等问题，通过海岛开发管制、海岛生态用地恢复等促进海岛生态功能提升
		特色海岛开发型整治	针对部分具有重要开发潜力的海岛，在保障海岛生态功能的前提下进行适度开发，通过海岛开发利用规划、基础设施建设等促进海岛合理有序开发，提升国土利用效率
		海岸带生态修复型整治	针对海岸带污染物排放严重，红树林、滨海湿地退化等问题，通过水污染治理、海岸带生态用地修复、退化湿地恢复等手段提升海洋生态灾害防范能力

1.3.2　国土综合整治的原则

面向国家全局发展战略需求，遵循综合整治、系统设计、生态优先、因地制宜及注重经济、生态、社会效益相结合等基本原则(王威和贾文涛，2019；王威和胡业翠，2020；郝庆等，2018)，新时期国土综合整治成为处理我国快速发展带来的空间、资源、生态环境等问题的抓手，防范未来国土空间风险的举措，打造以人为本高品质国土空间的重要手段，以及提升国土空间承载力、适宜性、美丽度、安全性及提升国土可持续发展能力的重要平台(王威和贾文涛，2019；王威和胡业翠，2020)。

1. 综合原则

尽管国土综合整治问题错综复杂，涉及要素众多，但其本质是解决特定地区国土资源利用的综合问题。因此，国土综合整治尤其需要遵循综合原则，包括对特定区域国土资源的综合考察及评价，对实施国土整治的资源环境条件、社会经济基础等加以综合分析，对整治方案进行综合规划、设计，对整治过程中涉及的土地、农业、林业、水利、交通等多部门进行综合协调，以及对整治效益进行综合论证等。可见，无论是在整治目标、内容、手段等不同方面，还是在国土资源考察、开发、利用、治理、保护等具体环节，抑或在整治项目区踏勘、可行性分析、规划设计、项目实施、监管和验收及整治后的效益论证等各个工序，均需遵循综合原则，以实现国土整治工作效益最大化。

2. 系统设计原则

国土综合整治的对象是国土资源，其本身即为囊括自然资源，动物、植物、微生物等有机物，以及无机环境等诸多相互作用、相互制约因子的复杂生态系统。因此，国土综合整治中需充分考虑不同系统组分的功能及效用，在提高土地生产力的同时，尽量保持和提高生态系统的自我调节能力，避免破坏生态系统。

3. 生态优先原则

遵循生态规律，保护生态平衡。土地整理的一个重要评价指标就是生态效益，在提高土地生产力的同时，要尽量保持和提高土地生态系统的自我调节能力，避免破坏土地生态系统的平衡，将生态优先原则贯穿于国土综合整治全过程。

4. 因地制宜原则

我国幅员辽阔，不同地区资源禀赋条件和社会经济发展水平差异巨大，国土整治的具体内容、任务、目标导向及拟解决的问题等也不尽相同。因此，国土综合整治必须从实际出发，针对特定区域，充分考虑其生产发展需求及资源环境特点，通过土地利用效率、土地利用资源环境效应、自然要素等匹配关系的调查、评价及对比分析，根据当地实际情况确定国土整治的目标、内容、任务以及总体方案、具体环节，发挥地域优势，切忌"一刀切"的治理模式。

5. 经济、生态、社会效益相结合

经济效益是国土综合整治的基础，生态效益是国土综合整治的保障，社会效益是国土综合整治的支撑。尽管在长远视域下经济效益、生态效益与社会效益具有较强的一致性，但短期内可能存在冲突。国土综合整治应立足长期愿景，着眼全局，力争经济有效、生态平衡、社会可接受，实现社会、经济和生态效益的统一和最大化。

1.4 中国国土综合整治发展概况

1.4.1 中国国土整治研究文献计量

对1979年至2020年12月以"国土整治""土地整治""土地综合整治""国土综合整治""全域整治"为主题的中文社会科学引文索引(Chinese Social Sciences Citation Index, CSSCI)及中国科学引文数据库(Chinese Science Citation Database, CSCD)检索，去除非学术性文献后共计有965条记录。研究从年度发文量、关键词聚类、研究机构聚类、关键词突现4个方面，借助CiteSpace文献计量工具，对国土综合整治研究发展趋势做初步分析。

根据关键词聚类分析[图1-1(a)]，1998~2020年国土综合整治研究形成了以土地整治为核心、以土地利用为主要理论支撑、与现实需求紧密结合的研究体系，研究对象以乡村空间为主，涵盖农用地、耕地、农村居民点、高标准基本农田等要素。研究具有明显的问题导向，关注乡村空间耕地质量、空心村、耕地细碎化、新增耕地、生态系统服务等问题。在研究方法方面，国土综合整治研究形成了以层次分析法(AHP)、模糊综合评价等传统评价方法与遥感技术相结合的方法体系，支撑整治规划、分区、成效分析等研究。根据研究机构聚类分析结果[图 1-1(b)]，国土综合整治研究群体呈多中心积聚特点，以国土资源部土地整治中心(现自然资源部国土整治中心)为代表的政府研究机构与以南京大学、中国地质大学(北京)、中国科学院相关院所为代表的社会研究机构共同组成了研究主体。研究机构覆盖黄淮海地区、长江三角洲地区、珠江三角洲地区、东北地区、西南地区、西北地区等全国典型地理区域，但不同区域之间研究机构的关联性相对较弱(韩博等，2019)。

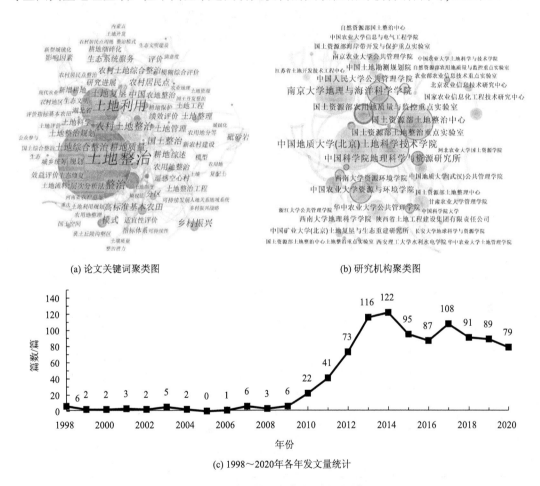

(a) 论文关键词聚类图 　　　　　(b) 研究机构聚类图

(c) 1998~2020年各年发文量统计

图 1-1 国土综合整治研究文献计量分析图

根据年度发文量统计结果[图 1-1(c)]，被 CSSCI 及 CSCD 收录的国土综合整治相关研究起始时间与全国土地整治工作全面开展时间相近，历经研究起步、快速发展、稳定发展三个阶段。研究起步阶段，延续老一辈学者"国土整治"研究的衰退与对新兴农村土地整理的关注并存，借鉴国际经验思考中国国土整治如何开展成为一个主要研究点。这一阶段总体发文量较少，与全国范围土地整理的繁荣发展形成了鲜明对比。但也有学者提出了对土地整理的担忧，如罗明与张惠远在总结土地整理内容及运作模式的基础上，指出了其对水、土、气、生环境要素及社会经济要素的潜在影响，成为这一阶段的代表性研究(王万茂，1997)。2008～2014年，中央支持的土地整治重大工程项目将土地整治事业推上新的高潮(严金明等，2017)，服务于国家需求，大量研究也在这一时期快速涌现。围绕土地整理、农村居民点整治、高标准农田建设项目管理等，借助不同学科理论与技术方法支撑项目实施的管理环节是这一时期研究的主题。2014年以后，研究发文量趋于稳定，但研究主题发生了明显变化。根据关键词突现分析结果(表 1-2)，2014年"研究进展"与"土地管理"成为突现关键词，标志着对土地整治研究的阶段性总结(贾文涛，2018；杨忍和刘芮彤，2021；陈坤秋和龙花楼，2020)。在这以后，对土地整治实施成效的总结分析，以及在此基础上提出的土地整治转型思考成为研究的重心。2018年《乡村振兴战略规划(2018—2022年)》正式发布，同年中央机构改革将国土综合整治纳入国土空间生态修复司业务范畴，促使"乡村振兴""生态修复""国土空间"研究迅速发展。

表 1-2　关键词突现时间轴

关键词	突现年份	结束年份	1998～2020 年
国土整治	1998	2009	
土地整治规划	2012	2014	
农村土地综合整治	2013	2014	
高标准基本农田	2013	2015	
土地利用	2013	2015	
土地管理	2014	2015	
研究进展	2014	2017	
土地整治	2015	2018	
新增耕地	2015	2018	
耕地质量	2015	2020	
土地工程	2016	2019	
生态系统服务	2017	2020	
模型	2017	2018	
遥感	2017	2018	
乡村振兴	2018	2020	
耕地细碎化	2019	2020	
生态修复	2019	2020	
国土空间	2019	2020	

　　总体来看，国土整治研究始终保持着对现实需求的密切关注，不同学科背景、区域背景的研究单位，围绕整治实施环节、任务、目标，以及针对城乡空间不同阶段的各类资源环境问题，利用综合评价、遥感分析、模型构建等数理方法与文献综述、实地调研等定性分析方法，为促进整治事业科学化、系统化而开展了大量研究工作。

1.4.2　中国国土整治实务发展历程

　　中国近代意义上的国土整治可追溯至 20 世纪 80 年代吴传钧、陈传康、陆大道等一批杰出地理学家对国土整治事业的定位与呼吁(吴传钧, 1984; 陈传康, 1985; 陆大道, 1984), 至今已历经近 40 年发展。这一过程中, 伴随人类社会发展诉求的转变, 加之国家战略部署、机构改革、政策调整等诸多因素的发展、演化, 国土整治呈现出与特定社会经济发展阶段、目标导向契合的时代特征, 并逐步拓宽整治范畴、明晰整治目标、深化整治内涵及升级整治方式(高星等, 2016)。总体上, 依据整治目标、重点内容等方面的差异, 近 40 年中国的国土综合整治事业大致可划分为五个阶段(王威和胡业翠, 2020; 夏方舟等, 2018): 重规划的国土大管理阶段(1981~1985 年)、重结构的土地整理阶段(1986~1996 年)、重工程的全域土地整理阶段(1997~2009 年)、重统筹的"田水路林村城"综合整治阶段(2010~2016 年)和重协调的生态保护与修复综合整治阶段(2017 年至今)。

1. 1981~1985 年: 重规划的国土大管理阶段

20 世纪 80 年代之前, 科学国土整治战略性规划的缺位在一定程度上导致中国早期国民经济建设产生不少损失(姚文权, 1982)。1978 年 12 月, 第十一届三中全会的召开标志着中国共产党的工作重点已转移至社会主义现代化建设, 强调大幅提高生产力, 发展国民经济。在此背景下, 为进一步促进"四化"(即工业现代化、农业现代化、国防现代化和科学技术现代化)建设和社会经济发展, 在陈传康、周立三、吴传钧等老一辈专家学者的大力呼吁和倡导下, 1981 年中央书记处首次提出"国土整治", 并将其作为一项长远性和全局性任务, 成为计划经济理念影响下国土资源管理工作的重要抓手(王威和胡业翠, 2020), 并作为社会经济发展中一项长期、重大的战略规划任务, 指导社会生产力布局及宏观资源要素的优化配置。

1981 年, 国家基本建设委员会《关于开展国土整治工作的报告》中明确提出, "国土整治包括对国土资源乃至整个国土环境进行考察、开发、利用、治理、保护这些相互关联的五个方面的工作"。1984 年,《全国国土总体规划纲要》编制办法明确"国土开发整治"的方案是"国土规划", "国土规划"以解决国土资源综合开发布局、环境综合整治为目的。国家计划委员会负责组织、协调部门与地区开展国土整治工作, 编制相关规划及研究相应政策法规条例等。《中华人民共和国国民经济和社会发展第六个五年计划(1981—1985 年)》首次将"国土开发和整治"单列一章, 具体包括国土立法、重点地区国土考察、加强国土保护和治理、搞好测绘工作等内容, 同时确定启动部分地区的国土开发整治规划编制工作。

总体上, 在这一阶段, 国土综合整治被界定为"对国土资源的开发利用与治理保护"(程潞, 1982; 包浩生等, 1987), 强调规划性、战略性及地域性, 尤其注重京津唐地区、黄河三角洲地区等具有鲜明区域特征的国土开发与整治工作(黎福贤, 1985; 黄春海和张祖陆, 1986)。由于国土整治工作尚处雏形, 国土整治的概念内涵与国土规划、区域规划等概念存在较强混合, 学者们普遍认为此阶段国土整治的重点应是致力于构建协调的区域规划结构。例如, 周立三(1982)指出, 国土整治是一项全局性和战略性的规划任务, 要从全国整体观点和长远利益出发综合地整治全国国土, 国土整治工作要在统一规划下进行多层次、跨区域的具体规划落实; 陈传康(1985)认为, 国土整治是在调查评价和利益协调的基础上进行开发、利用、治理和保护的国土管理工作, 其任务是联系大范围区域进行国民经济建设组织管理, 国土整治工作的中心环节是区域规划; 吴传钧(1984)认为, 国土整治从调查考察开始，到最后提出专题报告或落实到规划制定，其核心是国土开发整治区域规划。

尽管诸多老一辈专家学者强烈呼吁，但是组织领导不尽统一、执行机构有所缺失、政策设计不够完善等诸多因素，导致当时并未能在全国范围内全面展开国土整治工作(夏方舟等，2018)。同时，当时较低的科学文化水平导致对客观经济规律和自然规律缺乏广泛而科学的公众认知，对经济、社会发展战略和总体战略部署的研究和规划较为薄弱(周立三，1982)，国土开发利用不尽合理的现象较为普遍，国土综合整治也多和国土规划、区域规划、国土测绘、立法及管理等工作相混合，被界定为国土资源大管理的统筹。

2. 1986～1996 年：重结构的土地整理阶段

由于"市场"概念的逐步引入，此时期"开发"作为"国土整治"五位一体的重要内容凸显出来，形成"国土开发整治"概念，对国土"保护"和"治理"两部分的认知更加细化，但是"重开发利用，轻治理保护"的问题凸显，开发利用与保护治理之间不够平衡(卢天梁和张军，1991)。在这一过程中，农村土地尤其是耕地被大量转作建设用地和林、果、渔等生产性用地。仅"六五"期间，耕地年均减少量达 $4.87×10^5$ hm^2，1985 年耕地减少量更是高达 $1×10^6$ hm^2，进一步加剧了中国人地资源矛盾。随着资源的进一步消耗和局部地区生态环境持续恶化，经济持续稳定发展的前景堪忧，逐步引起学者们的重视(夏方舟等，2018)。在此背景下，1986 年《中华人民共和国土地管理法》明确"合理利用土地，切实保护耕地"；同年，《关于加强土地管理、制止乱占耕地的通知》(中发〔1986〕7 号)提出"十分珍惜和合理利用每寸土地，切实保护耕地"的任务要求；1988 年 4 月，国家计委新的"三定"方案在保留原有国土整治职能的基础上，成立国土综合开发规划司，以组织研究全国和重点地区综合开发整治的方向、目标和重大问题，组织编制全国和区域的国土开发整治规划(王威和胡业翠，2020)。《中华人民共和国国民经济与社会发展第七个五年计划(1986—1990 年)》与"六五"计划相比较，国土整治五位一体内容中的"保护"与"治理"部分更加细化，水土保持、大江大河综合治理、防护林建设、土地沙漠化防治等活动相继开展。但是总体而言，国土开发整治仍存在资源开发、生产力布局不够合理及国土生态环境破坏等问题(王威和胡业翠，2020；方磊，1991)。

1991 年，伴随国家计划委员会进行机构调整，国土开发整治工作改由国土规划和地区经济司主导，《中华人民共和国国民经济和社会发展十年规划和第八个五年计划纲要》中"国土开发整治和环境保护"章节明确国土开发整治规划编制需要"合理确定重点经济开发区、各经济区的主体功能和生产力布局"，这标志着国土规划开始转向以区域发展战略和发展规划为重点(胡序威，2006)。1996 年，"国土开发整治"概念不再出现在国民经济与社会发展"九五"计划(1996—2000 年)中，仅在报告"可持续发展战略"部分提到国土资源的保护、开发及生态环境保护等相关问题。

总体上，在这一阶段，国土整治瞄准解决耕地数量不足问题，确立以补充耕地数量、加强耕地保护为核心目标，以地方土地开发整理项目为依托的基本运作模式。尽管这 10 年国土综合整治工作取得了较大进步，但由于部门条块分割、利益博弈等诸多原因，国土综合整治被人为地割裂为各种单一的局部有限目标，而非科学合理的可持续目标，且实践工作中对国土政策、法规的研究相对缺乏，因此，国土规划理论方法研究较形势发展的要求相对滞后，不同类型区域综合开发研究也才刚刚起步(夏方舟等，2018)。

3. 1997~2009 年：重工程的全域土地整理阶段

为应对工业发展、经济建设等导致的人均耕地减少的严峻形势，1997 年，中共中央、国务院明确"实行占用耕地与开发、复垦挂钩"，以保护耕地总量、维护粮食安全。同年，党中央、国务院发布《关于进一步加强土地管理切实保护耕地的通知》，并首次从政策层面提出"积极推进土地整理"。这也是土地整理概念第一次正式写入中央文件，并明确了土地整理的内涵，即"按照土地利用总体规划的要求，通过对田、水、路、林、村进行综合整治，搞好土地建设，提高耕地质量，增加有效耕地面积，改善农业生产条件和环境。"至此掀起中国土地整治的浪潮。随后，1998 年新一轮修订的《中华人民共和国土地管理法》也明确提出"国家实行占用耕地补偿制度"和"国家鼓励土地整理"。同年 1 月，国家组建"国土资源部土地整理中心"，负责全国土地开发整理项目计划编制与实施监督。1999年，为避免产生"重耕地数量、轻耕地质量"等问题，国土资源部印发《关于切实做好耕地占补平衡工作的通知》（国土资发〔1999〕39 号），这是《中华人民共和国土地管理法》修订后发布的第一个落实耕地占补平衡制度的文件，首次提出耕地"先补后占"的理念，同时瞄准耕地基础设施短板，重点趋向基本农田建设与保护，聚焦数量与质量并重。2003年，国土资源部颁布实施《全国土地开发整理规划(2001—2010 年)》，在此指导下，国家积极部署开发整理重大工程补充耕地。

2004 年，国务院发布《国务院关于将部分土地出让金用于农业土地开发有关问题的通知》（国发〔2004〕8 号），决定"将部分土地出让金专项用于土地整理复垦、宜农未利用地开发、基本农田建设以及改善农业生产条件的土地开发"。同年，发布《国务院关于深化改革严格土地管理的决定》（国发〔2004〕28 号），提出对土地开发整理补充耕地的情况要定期考核，搞好土地建设，鼓励农村建设用地整理，城镇建设用地增加要与农村建设用地减少相挂钩。在此背景下，2004~2006 年，全国各地出现了城乡建设用地增减挂钩试点、工矿废弃地复垦利用试点、城镇低效用地再开发试点等建设用地整理探索。2008 年，党的十七届三中全会通过了《中共中央关于推进农村改革发展若干重大问题的决定》，其中进一步提出"大规模实施土地整治，搞好规划、统筹安排、连片推进"，土地整治也迎来综合发展阶段，力求运用当前科学技术更系统、更有计划地推进治理保护和建设优化项目，国土综合整治工程的实施落实亦受到高度重视(夏方舟等，2018)。与此同时，城市低效用地再开发、城乡建设用地增减挂钩、农村建设用地整理、工矿废弃地复垦利用、低丘缓坡荒滩等未利用地开发利用、土地生态整治等进一步丰富了传统土地整理概念内涵，土地整理提升至土地综合整治的新高度，并逐渐成为新农村建设、城乡统筹、乡村振兴、精准扶贫等目标战略的抓手(王威和胡业翠，2020)。

在这一阶段，国土综合整治总体演变为一定时期内对区域国土开发、利用、治理和保护行动的统一管理工程，并围绕稳定耕地数量、提高耕地质量这一核心目标逐步落实为具体的土地开发、整理和复垦工程，在全国范围内进一步加强并全面展开(王军等，2003；王万茂，1997)。由于耕地保护、粮食安全在我国资源管理领域的优先性、重要性，这一阶段的国土综合整治总体呈现出以耕地和基本农田整理为主、以土地整治重大工程和示范建设为主要支撑的基本特点，尤其关注国土综合整治工程的项目完善和具体实施。

4. 2010～2016 年：重统筹的"田水路林村城"综合整治阶段

2010 年以来，中国工业化、城镇化发展进入快车道，建设用地需求持续增加，耕地资源锐减、生态环境退化等资源环境问题愈演愈烈。在此背景下，国家出台了一系列政策文件，积极推动多类型土地综合整治统筹发展。2010 年，国务院发布《全国主体功能区规划》（国发〔2010〕46 号），这是中华人民共和国成立以来第一个全国性国土空间开发规划，是我国国土空间开发的战略性、基础性和约束性规划。2012 年，《全国土地整治规划（2011—2015 年）》经国务院批准实施，明确了土地整治的概念："土地整治是对低效利用、不合理利用和未利用的土地进行治理，对生产建设破坏和自然灾害损毁的土地进行恢复利用，以提高土地利用率的活动，包括农用地整理、土地开发、土地复垦、建设用地整治等。"同年，全域土地整治概念也首次被提出，多类型土地整治成为主导方向，生态型土地整治理念萌芽。

此外，为切实解决土地粗放利用和闲置浪费问题，以土地利用方式转变促进经济发展方式转变，推动生态文明建设和新型城镇化，国土资源部于 2014 年印发《国土资源部关于推进土地节约集约利用的指导意见》（国土资发〔2014〕119 号）（以下简称《意见》），对实施土地综合整治利用做出了更明确具体的规定。《意见》首次就土地整治科技工作做出系统部署，要求"加强土地整治技术集成方法研究，组织实施一批土地整治重大科技专项，选取典型区域开展应用示范攻关。在土地整理、土地复垦、土地开发和土地修复中，综合运用先进科学技术，推进农村土地整治和城市更新，修复损毁土地，保障土地可持续利用，提高节约集约用地水平。"值得一提的是，2014 年国土资源工作要点提出全面统筹土地整治、地质灾害治理、矿山地质环境管理、工矿废弃地复垦利用、矿山公园、地质公园、地质遗迹、和谐矿区、绿色矿山等各项工作，推动实施国土综合整治和修复。从土地整治向以土地整治为平台实施国土综合整治的转变已呈现不可逆转的趋势，亟须加强相关政策研究和基础理论、方法、技术储备。

2015 年，《中共中央 国务院关于加快推进生态文明建设的意见》和《生态文明体制改革总体方案》要求"编制实施全国国土规划纲要，加快推进国土综合整治""树立山水林田湖是一个生命共同体的理念，按照生态系统的整体性、系统性及内在规律，统筹考虑自然生态各要素、山上山下、地上地下、陆地海洋以及流域上下游，进行整体保护、系统修复、综合治理"。《国土资源部关于开展"十三五"土地整治规划编制工作的通知》（国土资发〔2015〕68 号)全面启动"十三五"各级土地整治规划编制工作，地方各级土地整治规划编制要紧密围绕全面建成小康社会新的目标要求，遵循新的发展理念，坚持守护耕地红线、促进城乡统筹、维护群众权益、坚持政府主导、坚持因地制宜等基本原则；大力推进农用地整理和高标准农田建设，落实藏粮于地战略；大力推进城乡散乱、闲置、低效建设用地整理，促进新农村建设和新型城镇化发展；大力推进废弃、退化、污染、损毁土地的治理、改良和修复工作，改善城乡生态环境，促进生态安全屏障建设。

总体上，这一阶段为有效应对资源环境衰竭，促进城乡统筹发展，党中央、国务院要求大力推进生态文明建设，在"山水林田湖草"生命共同体理念的指导下，国土综合整治也被赋予更深层次的内涵，目标和效益愈加多元化，更强调一体化统筹管理，包括统筹城乡融合发展、统筹区域协调发展及统筹人与自然和谐发展，提出通过"田水路林村城"和

"山水林田湖草"的综合整治提升人类生活和生产条件,保护生态空间(严金明等,2017)。因此,这一阶段下的国土综合整治已经成为人类采取综合措施对某一空间范围内的国土资源进行开发、利用、整治、保护等全部活动最终实现永续发展的过程,并被视为服务于国家顶层战略的重要工作内容,是推进现代化建设的重要动力、统筹城乡融合发展的关键抓手、推进新型城镇化和乡村振兴的核心平台及实现生态文明的建设路径(王威和胡业翠,2020)。

5. 2017 年至今：重协调的生态保护与修复综合整治阶段

党的十八大报告中提出关于"优化国土空间开发格局"和"健全国土空间开发、资源节约、生态环境保护的体制机制"等要求后,生态文明理念不断丰富发展,生态优先、绿色发展的生态文明思想逐渐渗入土地整治、生态建设修复、灾害污染治理各项活动中(王威和胡业翠,2020)。2017 年《全国国土规划纲要(2016—2030 年)》明确"四区一带"国土综合整治格局,要求"分区域加快推进国土综合整治""实施综合整治重大工程,修复国土功能,增强国土开发利用和资源环境承载能力之间的匹配程度"。规划瞄准空间资源不足和生态短板,致力于优化国土空间布局,创新性地开展全域土地综合整治,部署生态型土地整治,并开展退化土地治理。与此同时,遵循"山水林田湖草生命共同体"理念,新时期的土地整治在全国分区域实施国土综合整治,尤其对城市化地区、农村地区、重点生态功能区、矿产开发集中区及海岸带海岛实行分类有序整治工作,以提升国土开发的质量和效率。

2018 年,国土资源部颁布《土地整治术语》(TD/T 1054—2018),其中明确了"国土综合整治"的内涵：针对国土空间开发利用中产生的问题,遵循"山水林田湖草生命共同体"理念,综合采取工程、技术、生物等多种措施,修复国土空间功能,提升国土空间质量,促进国土空间有序开发的活动,是统筹山水林田湖草系统治理、建设美丽生态国土的总平台(贾文涛,2018)。同年 3 月,自然资源部成立,并统一行使全民所有自然资源资产所有者职责,统一行使所有国土空间用途管制和生态保护修复职责,这改变了"种树的只管种树、治水的只管治水、护田的单纯护田"相互掣肘、顾此失彼、无法形成合力的局面,让国土空间生态修复尤其是"山水林田湖草生命共同体"的整体保护、系统修复、综合治理成为可能。三定方案也明确,国土空间生态修复司牵头组织编制国土空间生态修复规划,实施有关生态修复重大工程,负责国土空间综合整治、土地整理复垦等工作。2019 年初,"自然资源部土地整治中心"更名为"自然资源部国土整治中心"。同年 5 月,《中共中央国务院关于建立国土空间规划体系并监督实施的若干意见》明确提出"推进生态系统保护和修复",并将全国国土空间规划定位为"全国国土空间保护、开发、利用、修复的政策和总纲",以"五类三级"构架明确开展专项规划。至此,国土整治的国家机构统筹和规划体系指导的前景变得清晰起来。

2020 年,由中央全面深化改革委员会审议通过,国家发展和改革委员会、自然资源部联合颁布实施《全国重要生态系统保护和修复重大工程总体规划(2021—2035 年)》。规划瞄准自然生态系统脆弱、生态承载力和环境容量不足问题,致力于开展自然生态系统保护和修复工作,部署七大重点区域,实施九大重大工程及"1+N"规划体系,同时建立健全长效监管机制。此外,聚焦自然资源可持续供给与利用问题,进一步明确"山水林田湖草"

系统治理、土地综合整治、矿山生态修复、蓝色海湾综合整治的主要途径，同步开展生态修复支撑体系建设工作。

总之，现阶段的国土综合整治内涵更关注与社会经济布局的结合，更强调体现生态环境积极效应，弱化负面影响，更注重全区域整治、全要素整治和全周期整治，更具备系统性、战略性与综合性，更关注时代诉求和现实需要，更加以服务国家顶层战略为导向，成为统筹推进现代化建设、生态文明建设、乡村振兴和城乡融合的综合平台和重要抓手。机构和政策上的一系列变革调整，也让国土整治实质性统筹推动、统一布局谋划成为可能，以生态优先、综合整治、生态修复为特点的国土整治跃然纸上。

1.4.3 中国国土综合整治发展趋势

国土综合整治是国土整治的崭新阶段，是国土整治事业发展的必然趋势。面向生态文明建设、乡村振兴战略等国家战略需求，新时代国土综合整治呈现出整治理念的创新性、战略衔接的明晰性、内容定位的贴合性、支持保障的有效性及投资运营的多元性等新趋势（王威和胡业翠, 2020; 王威和贾文涛, 2019）。

（1）从指导理念上看，生态文明理念作为新时代国土综合整治的主导理念并贯穿始终。党的十八大将生态文明独立成篇，从优化国土空间开发格局、全面促进资源节约、加大自然生态系统和环境保护力度、加强生态文明制度建设四个方面阐述生态文明建设战略任务。空间、资源、生态环境、制度四方面的高度涵盖性和综合性，为国土整治在目标内容上推动生态文明、美丽中国建设方面提供指引和启发。新时代国土综合整治战略计划的制定，将牢牢结合党的十九大报告描绘的新时代我国生态文明建设的宏伟蓝图和实现美丽中国的战略路径；国土综合整治的原则，应与"尊重自然、顺应自然、保护自然"理念、"山水林田湖草生命共同体整体保护、系统修复、综合治理"理念、"空间均衡"理念、"保护优先、自然恢复为主"理念牢牢结合（王威和胡业翠, 2020）。

（2）从战略衔接上看，国土综合整治与国土空间规划体系对接趋势明显。当前，国土综合整治与国土空间规划体系在作用定位、目标导向、对象上均呈现出较好的衔接趋势。在作用定位方面，新时期国土综合整治与国土空间用途管制、主体功能区战略、国土开发保护等共同构成了国土空间规划格局，其中国土综合整治主要针对利用失序、功能退化的国土空间，通过土地整治、矿山治理等专项国土整治活动实现与主体功能区的对接。在目标导向上，国土综合整治以解决国土空间规划明确的国土空间利用问题，实现空间结构优化、资源高效利用、生态保护修复、灾害污染治理等空间发展蓝图为目标。在对象上，国土综合整治分类与国土空间规划中的空间边界划定（如"三线划定"）呈现出较好的衔接性。

（3）从内容定位上看，国土综合整治作为开发利用过程的"负外部性"治理定位更贴合。当前，国土综合整治尤为关注消除或减弱国土资源开发利用中的限制因素，解决国土空间失衡、资源利用效率不高、生态环境破坏等问题。无论是城市化地区的低效建设用地再开发，城市环境综合治理中滑坡、地裂、塌陷等地质灾害治理，还是农村地区的高标准基本农田建设和"田水路林村"综合治理与重要生态功能区水土保持、水源涵养、防风固沙等内容，国土综合整治对于区域范围内开发利用造成的国土空间、资源、生态环境的"负外部性"治理与灾害问题处置意味彰显，并直接助力于国土承载力和适宜性的提升。

（4）从支撑保障上看，大部制改革职能的重构给予国土整治更多支持。机构改革保障了国土综合整治大部分内容的有效实施和监督。新成立的自然资源部统一行使全民所有自然资源资产所有者职责，大部分国土整治内容改由国土空间生态修复司统一负责。尤其是对于生态保护修复而言，自然资源部统一行使所有国土空间用途管制和生态保护修复职责，这两项职责统筹既限制了国土空间的破坏性开发、确保国土空间生态系统免受破坏，又让"自然恢复为主"的方针有效施行，让自然资源"山水林田湖草"的整体保护、系统修复、综合治理在时间层面上的持久监管、空间层面上的统筹治理成为可能。生态环境部整合分散的生态环境保护职责，指导协调和监督生态保护修复工作，监督重要生态环境建设和生态破坏恢复，监督对生态环境有影响的自然资源开发利用活动。两部门联手实现了生态修复的规划实施与指导监督的分离，既减轻了整治修复带来的压力，又保证了整治修复工作的开展，有效地保障了国土整治的成效。

(5) 从投资投入运作上看，国土综合整治资金渠道与运作机制将更多元化。国土综合整治事业具有高度公共性，其资金来源通常以财政资金投入为主体。当前，国家层面先后出台多项政令法规，鼓励探讨多渠道的资金筹集模式与多元运作模式。例如，《生态文明体制改革总体方案》明确"建立绿色金融体系"，推广绿色信贷，研究银行和企业发行绿色债券，支持设立各类绿色发展基金，建立生态补偿机制。总体上，以政府主导、政策扶持、社会参与、市场化运作、多元投资的运作机制及生态补偿机制，以奖代补、以工代赈等方式引导农村集体和农民投工投劳等诸多模式创新，已成为生态保护建设和灾害污染治理的新趋势。

参 考 文 献

白中科, 周伟, 王金满, 等. 2018. 再论矿区生态系统恢复重建[J]. 中国土地科学, 32(11): 1-9.

包浩生, 彭补拙, 倪绍祥. 1987. 国土整治与自然资源研究[J]. 地理学报, (1): 62-68.

陈传康. 1984. 国土整治的区域性战略分析[J]. 河南师大学报(自然科学版), (1): 17-29.

陈传康. 1985. 国土整治的理论和政策研究[J]. 自然资源, (1): 1-7.

陈锋武, 廖京平. 1994. 简述国土、土地、土壤的含义及其相互关系[J]. 国土经济, (4): 36-38.

陈坤秋, 龙花楼. 2020. 土地整治与乡村发展转型: 互馈机理与区域调控[J]. 中国土地科学, 34(6): 1-9.

程潞. 1982. 关于国土整治的若干问题[J]. 经济地理, (4): 247-251.

邓玲, 郝庆. 2016. 国土综合整治及其机制研究[J]. 科学, 68(3): 40-44.

方磊. 1991. 协调好经济发展与人口、资源、环境的关系, 是国土开发整治工作的一项根本任务[J]. 中国人口·资源与环境, 1(1): 13-16.

高星, 吴克宁, 陈学砬, 等. 2016. 土地整治项目提升耕地质量可实现潜力测算[J]. 农业工程学报, 32(16): 233-240.

韩博, 金晓斌, 孙瑞, 等. 2019. 新时期国土综合整治分类体系初探[J]. 中国土地科学, 33(8): 79-88.

郝庆, 孟旭光, 刘天科. 2018. 国土综合整治研究[M]. 北京: 科学出版社.

胡序威. 2006. 中国区域规划的演变与展望[J]. 地理学报, 61(6): 585-592.

黄春海, 张祖陆. 1986. 黄河三角洲国土开发与整治[J]. 地理科学, 6(3): 197-205.

贾文涛. 2018. 从土地整治向国土综合整治的转型发展[J]. 中国土地, (5): 16-18.

黎福贤. 1985. 京津唐国土规划纲要研究[J]. 城市规划, (2): 24-29.

卢天梁, 张军. 1991. 大城市地域国土开发整治政策探讨[J]. 地理学与国土研究, 7(3): 16-19.

陆大道. 1984. 关于国土(整治)规划的类型及基本职能[J]. 经济地理, (1): 3-9.

王军, 余莉, 罗明, 等. 2003. 土地整理研究综述[J]. 地域研究与开发, 22(2): 8-11.

王万茂. 1997. 土地整理的产生、内容和效益[J]. 中国土地科学, (S1): 62-65.

王威, 胡业翠. 2020. 改革开放以来我国国土整治历程回顾与新构想[J]. 自然资源学报, 35(1): 53-67.

王威, 贾文涛. 2019. 生态文明理念下的国土综合整治与生态保护修复[J]. 中国土地, (5): 29-31.

吴传钧. 1984. 国土开发整治区划和生产布局[J]. 经济地理, (4): 243-246.

吴传钧. 1994. 国土整治和区域开发[J]. 地理学与国土研究, (3): 1-3.

夏方舟, 杨雨濛, 严金明. 2018. 中国国土综合整治近40年内涵研究综述: 阶段演进与发展变化[J]. 中国土地科学, 32(5): 78-85.

许顺才, 伍黎芝. 2020. 基于空间主体功能导向的国土综合整治研究[J]. 城市发展研究, 27(11): 44-50.

严金明, 陈昊, 夏方舟. 2017. "多规合一"与空间规划: 认知、导向与路径[J]. 中国土地科学, 31(1): 21-27, 87.

杨忍, 刘芮彤. 2021. 农村全域土地综合整治与国土空间生态修复: 衔接与融合[J]. 现代城市研究, (3): 23-32.

杨昔, 乔亮亮, 余亦奇, 等. 2021. 新时代乡村地区国土综合整治的转型思考: 以武汉市为例[J]. 上海城市规划, (5): 83-88.

姚文权. 1982. 国土整治战略问题讨论会在京召开[J]. 地理学报, (4): 431-432.

张惠远, 李圆圆, 冯丹阳, 等. 2019. 明确内容标准　强化实施监管——山水林田湖草生态保护修复的路径探索[J]. 中国生态文明, (1): 66-69.

周立三. 1982. 我国国土整治方针与任务的探讨[J]. 经济地理, (4): 243-246.

国土综合整治——原理篇

第 2 章 国土综合整治的人地协调发展理论

发展是人类社会永恒的主题。在全球面临生存和发展危机的今天，人类需要重新审视人与自然之间的辩证关系。人地关系，即人类与其赖以生存和发展的地理环境之间的关系，是自人类诞生时就客观存在的主体与客体之间的关系，也是人类社会发展必须直面和探讨的问题。从公元前 4 世纪以亚里士多德为代表提出的地理环境决定论，到工业革命后风行一时的人类意志决定论，再到 20 世纪初逐渐兴起的人地相关论，以及当前世界普遍接受的可持续发展观，人类对于人地关系的探索始终没有停止。在诸多的人地关系理论论述中，人地协调发展是促进或实现人类可持续发展的重要前提。人地协调发展理论，即在面临人口膨胀、资源匮乏、环境污染等问题的形势下，总结、吸取以往实践经验和肯定、继承已有人地关系观点中的积极合理因素，通过调适人类与环境之间的相互联系、相互依存、相互影响、相互制约、相互促进、相互作用等过程，指导人类生产生活活动在时、空、量、序等方面的变化，使其既符合社会经济规律，又顺应自然生态规律，是正确处理、妥善协调人类与环境关系的有效机制。人地协调发展理论的诞生，不仅是地理学基本理论的一大革新，而且对生态学、环境学、人类学、社会学、经济学等相关学科的发展及国土整治和经济建设的推进，都具有不可忽视的重要意义。

2.1 可持续发展理论

2.1.1 可持续发展理论的提出与发展

第二次世界大战结束后，全球的发展观经历了几次重大变革。从"经济增长理论"到"经济发展理论"，再到"社会经济协调发展理论"，以及后来的"可持续发展观"，人类的认识不断深化(牛文元, 2012a)。可持续发展思想源于人们对环境问题的逐步认知和热切关注，进而引发对传统经济增长与不可持续发展模式的反思。但人们对可持续发展理论内涵的认知，经过了从生存到发展、再从发展到可持续发展的漫长过程。

可持续发展概念的提出是一个由产生到不断完善的过程。20 世纪 50 年代末，美国海洋生物学家蕾切尔·卡逊(Rachel Carson)基于对杀虫剂使用产生的环境危害研究，于 1962 年出版了环保科普著作《寂静的春天》，标志着人类生态意识的觉醒和"生态学时代"的开端(张志强等, 1999)。1972 年，聚焦人类社会发展所面临的资源、经济、环境等诸多问题研究的《增长的极限》指出，由于世界人口增长、粮食生产、工业发展、资源消耗和环境污染的指数增长，全球增长将会因粮食短缺和环境破坏于 21 世纪某个时间段达到极限——零增长。该报告一经发布，便在国际社会引起了强烈反响，特别是其中所阐述的"合理的、持久的均衡发展"，为可持续发展理论的产生奠定了基础(金燕, 2005)。同年 6 月，联合国人类环境会议在瑞典斯德哥尔摩召开，会议通过了《斯德哥尔摩宣言》，呼吁各国政府为维护和改善人类环境、造福全体人民、造福后代而共同努力。尽管这次大会尚未有效确定解决环境问题的具体途径和方法，尤其是没能找出问题的根源和责任，但正式吹响了人类共同向环境问题发起挑战的进军号（范春萍，2012）。1980 年，由世界自然保护联盟（International Union for Conservation of Nature, IUCN）等组织参与制定的《世界自然资源保护大纲》第一次明确提出了可持续发展的思想，倡议把资源保护与人类发展结合起来考虑。"既要发展，又要保护"的思想为今天的可持续发展概念奠定了基本轮廓（曲福田，2000）。1987 年，世界环境与发展委员会（WCED）发表了《我们共同的未来》，正式提出了可持续发展概念（WCED, 1987），即"既满足当代人的需要，又不损害后代人满足需要的能力的发展"，强调人口、资源、环境、社会、经济的相互联系与协调发展，要求实现在满足当代人需求的同时，又不对后代人满足其需要的能力构成危害的代际平衡。

1992 年，在巴西里约热内卢召开的联合国环境和发展大会上，可持续发展获得更高级别的政治承诺。会议通过了《里约宣言》和《21 世纪议程》两个纲领性文件。其中，前者提出了实现可持续发展的 27 条基本原则，旨在建立一种全新、公平的关于国家和公众行为的基本准则，并成为开展全球环境与发展领域合作的框架性文件；后者旨在针对人类活动对环境的影响建立一个全球性措施的战略框架，以保障人类共同的未来，也是世界范围内可持续发展在各个方面的行动计划，表明可持续发展已超越国界和意识形态，获得了更广泛的认同。此后，可持续发展成为联合国有关发展问题一系列专题国际会议的指导思想。1994 年，在罗马召开的主题为"人口、持续经济增长和可持续发展"的国际人口与发展会议，明确提出"可持续发展问题的中心是人"。2002 年，可持续发展问题世界首脑会议于约翰内斯堡举行，会议通过了《政治宣言》和《执行计划》，旨在实现尊重环境的发展。2012 年，联合国可持续发展大会在里约热内卢召开，会议通过了关于绿色经济政策的创新性指导方针，并制定了可持续发展筹资战略。2015 年，在纽约召开了题为"变革我们的世界：2030 年可持续发展议程"的联合国可持续发展峰会，旨在寻找新的方式改善全世界人民的生活、消除贫困、促进所有人的健康与福祉、保护环境以及应对气候变化（汪万发和许勤华，2021）。同年 12 月，在巴黎气候变化大会上，《联合国气候变化框架公约》中各方达成了具有里程碑意义的协定，旨在应对气候变化，加快采取行动并加大相关投资，实现可持续的低碳未来。

中国一直是可持续发展坚定的支持者、参与者和实践者。在联合国环境和发展大会上，中国提交了《中华人民共和国环境与发展报告》，系统回顾和总结了中国的环境与发展状况，阐述了关于可持续发展的基本立场。1992 年，中国根据联合国环境和发展大会的精神制定了《中国 21 世纪议程——中国 21 世纪人口、环境与发展白皮书》，从社会、经济、资源和环境相结合的角度阐明了中国可持续发展的战略、对策和行动方案，确立中国 21 世纪可持续发展的总体框架和各领域主要目标。1995 年，中国共产党十四届五中全会正式将可持续发展战略写入《中共中央关于制定国民经济和社会发展"九五"计划和 2010 年远景目标的建议》，提出今后在经济和社会发展中实施可持续发展战略的重大决策。次年，中国将可持续发展上升为国家战略并全面推进实施，形成了一个具有中国特色的，以经济建设为中心的，经济与社会、自然相互协调和可持续发展的新蓝图。进入 21 世纪，中国进一步深化对可持续发展的认识，于 2003 年提出了"坚持以人为本，树立全面、协调、可持续的发展观"，它是立足基本国情、总结发展实践、借鉴国外经验、适应新的国内外发展形势需要所提出的重大理论。2005 年，中国提出加快建设资源节约型、环境友好型社会的先进理念，既是落实科学发展观的重要战略举措,也是构建和谐社会的重要目标。2007 年,中国共产党第十七次全国代表大会全面阐述了生态文明理念,要求实现速度和结构质量效益相统一、经济发展与人口资源环境相协调。2012 年,中国共产党第十八次全国代表大会把生态文明建设纳入中国特色社会主义事业"五位一体"总体布局,可持续发展得到空前的重视、落实和发展。次年,中共十八届三中全会提出了"紧紧围绕建设美丽中国深化生态文明体制改革"。2017 年,中国共产党第十九次全国代表大会将"坚持人与自然和谐共生"列入"十四个坚持"之一,明确作为习近平新时代中国特色社会主义思想的重要内容。这些政策将中国的可持续发展思想提高到前所未有的高度,引领中国到 2035 年生态环境根本好转,美丽中国目标基本实现,到 2050 年建设成为富强、民主、文明、和谐、美丽的社会主义现代化强国。综上,可持续发展已成为一项惠及子孙后代的战略性举措,是中华民族对于全球未来的积极贡献,体现了中国政府和人民对"我们生存的家园"的深切关怀。

2.1.2　可持续发展理论的内涵及特征

1. 可持续发展的定义与内涵

作为一个全新的理论体系,可持续发展思想内涵与特征也引起了全球范围的广泛关注和探讨(牛文元, 2012b)。在这方面,《我们共同的未来》将可持续发展定义为"既满足当代人的需求,又不对后代人满足其自身需求的能力构成危害的发展"。该定义在 1989 年联合国环境规划署(UNEP)第 15 届理事会通过的《关于可持续发展的声明》中得到认同,其中包括了两个重要概念:一是人类要发展,要满足人类的发展需求;二是不能损害自然界支持当代人和后代人的生存能力。伴随认识的深入,不同学科也从各自角度对可持续发展的内涵特征进行了不同阐述(张志强等, 1999),但至今尚未形成比较一致的定义和公认的理论模式。

例如,立足生态学角度,国际生态学会(INTECOL)和国际生物科学联合会(IUBS)将可持续发展定义为"保护和加强环境系统的生产和更新能力",即可持续发展是通过寻求一种最佳的生态系统和土地利用的空间构形,以支持生态的完整性和人类愿望的实现,使环境的持续性达到最大,同时不超越环境系统再生能力的发展。立足社会学角度,世界自然保护联盟(IUCN)、联合国环境规划署(UNEP)和世界自然基金会(WWF)于 1991 年共同发表了《保护地球——可持续生存战略》,其中将可持续发展定义为"在生存不超出维持生态系统涵容能力之情况下,改善人类的生活品质",论述了可持续发展的最终目标是人类社会的进步(IUCN et al., 1991),即改善人类生活质量,创造美好的生活环境,并建议各国根据国情制定各自的发展目标。次年,联合国环境和发展大会通过的《里约宣言》中对可持续发展进一步阐述为:人类应享有与自然和谐的方式过健康而有成果的生活的权利,并公正地满足今世后代在发展和环境方面的需要,求取发展的权利必须实现。立足经济学角度,《经济、自然资源不足与发展》(*Economics, Natural-Resource Scarcity and Development*)一书中将可持续发展定义为"在保持自然资源的质量及其所提供服务的前提下,使经济发展的净利益增加到最大限度"。也有学者将可持续发展解释为:为全世界而不是为少数人的特权所提供公平机会的经济增长,不进一步消耗自然资源的绝对量和涵容能力。这要求使用可再生资源的速度不大于其再生速度,废物的产生和排放速度不应超过环境自净或消纳的速度。《世界发展报告》中称可持续发展是"建立在成本效益比较和审慎的经济分析基础上的发展与环境政策，加强环境保护，从而导致福利的增加和可持续水平的提高"。立足科技角度，从技术选择方面看可持续发展的核心是经济发展，但其经济发展已不是传统意义上的以牺牲资源和环境为代价的经济发展，而是不降低环境质量和不破坏世界自然资源基础的经济发展(Healy, 1995)。因此，可持续发展是转向更清洁、更有效的技术，尽可能接近"零排放"或"密闭式"的工艺方法，尽可能减少能源和其他自然资源的消耗。此外，部分学者认为污染并非工业活动不可避免的结果，而是技术水平差、效率低的表现，因此可持续发展就是建立产生极少废料和污染物的工艺或技术系统，促进发达国家与发展中国家之间的技术合作，缩短技术差距，提高发展中国家的经济生产能力。

综合来看，可持续发展概念的提出及其科学定义的不断明确，赋予了其更丰富的内涵，包括：尽可能利用可再生资源，实现经济效益、社会效益与环境效益的协调统一；促进或实现资源永续利用和生态良性循环；主张公平分配地球资源，既满足当前发展的需要，又考虑未来长远发展的需要；谋求人地巨系统的最优化发展，实现人与自然和谐共处。

2. 可持续发展的基本原则

可持续发展具有十分丰富的内涵。就其经济观而言，主张建立在保护地球自然系统基础上的持续经济发展；就其社会观而言，主张公平分配，既满足当代人又满足后代人的基本需求；就其自然观而言，主张人类与自然和谐相处。其中所体现的基本原则如下。

1) 公平性原则

所谓公平是指机会选择的平等性。可持续发展的公平性原则包括两个方面：一是代内间的横向公平。要满足所有人的基本需求，以满足其要求过美好生活的愿望。当今世界贫富悬殊、两极分化的状况并不符合可持续发展的原则，要给世界各国以公平的发展权、资源使用权，在可持续发展的进程中消除贫困(李虹, 2011)。二是代际间的纵向公平。人类赖以生存的自然资源是有限的，当代人不能因为自己的发展与需求而损害后代人满足其发展需求的条件——自然资源与环境，要给后代人以公平利用自然资源的权利。

2) 持续性原则

所谓持续性是指人口、资源、环境和发展处于动态平衡，其核心是人类的经济和社会发展不能超越资源与环境的承载能力，在求得发展以满足需求的同时，要估计发展的限制因素。资源的有效持续利用和生态系统可持续性的保持，是人类持续发展的前提条件(罗慧等, 2004)。可持续发展有着许多制约因素，但主要限制因素是资源与环境，它是人类生存与发展的基础和条件，离开了这一基础和条件，人类的生存和发展就无从谈起(杨开忠等, 2000)。因此，资源的永续利用和生态环境的可持续性是可持续发展的重要保证。人类发展必须以不损害支持地球生命的大气、水、土壤、生物等自然条件为前提，充分考虑资源的临界性，适应资源与环境的承载能力(张林波等, 2009)。换言之，人类在经济社会的发展进程中，要根据持续性原则调整自己的生活方式，确定自身的消耗标准，而不是盲目地、过度地生产和消费。

3) 共同性原则

共同性原则指明了各国可持续发展道路的个性与共性的相互关系。尽管不同国家的历史、经济、文化和发展水平不同，可持续发展的具体目标、政策和实施步骤也各有差异，但可持续发展的公平性和可持续性原则是一致的。实现可持续发展的总目标，必须争取全球共同的配合行动，这是由地球的整体性和相互依存性所决定的(周济, 1999)。因此，致力于达成既尊重各方的利益、又保护全球环境与发展体系的国际协定至关重要。正如《我们共同的未来》中提到"今天我们最紧迫的任务也许是要说服各国，认识回到多边主义的必要性"，"进一步发展共同的认识和共同的责任感，是这个分裂的世界十分需要的。"也就是说，实现可持续发展是人类要共同促进自身之间、自身与自然之间的协调，这是人类共同的道义和责任。

3. 可持续发展的基本特征

可持续发展是一个涉及经济、社会、文化、技术及自然环境的综合概念，是一种立足于环境和自然资源角度提出的关于人类长期发展的模式(黄秉维, 1996)。这并非一般意义上所指的在时间和空间上的连续，而是强调环境承载能力和资源永续利用对发展进程的重要性和必要性。它的基本特征主要包括三个方面。

(1)可持续发展鼓励经济增长。它强调经济增长的必要性，必须通过经济增长提高当代人的福利水平，增强国家实力和增加社会财富。但可持续发展不仅要重视经济增长的数量，更要追求经济增长的质量(牛文元, 2012a)。也就是说，经济发展包括数量增长和质量提高两部分。数量的增长是有限的，而依靠科学技术进步，提高经济活动中的效益和质量，采取科学的经济增长方式才是可持续的(刘思华, 1997)。因此，可持续发展要求重新审视如何实现经济增长。要达到具有可持续意义的经济增长，须审计使用能源和原料的方式，改变传统的以"高投入、高消耗、高污染"为特征的生产方式和消费模式，实施清洁生产和文明消费，减少单位经济活动造成的环境压力。环境退化的原因产生于经济活动，其解决的办法也要依靠经济过程。

(2)可持续发展的标志是资源永续利用和良好生态环境。经济和社会发展不能超越资源和环境的承载能力。可持续发展以自然资源为基础，同生态环境相协调(胡皓, 1998)。它要求在严格控制人口增长、提高人口素质和保护环境、资源永续利用的条件下，进行经济建设，保证以可持续的方式使用自然资源和环境成本，使人类的发展控制在地球的承载力之内。可持续发展强调发展是有限制条件的，没有限制就没有可持续发展(牛文元, 2008)。要实现可持续发展，必须使自然资源的耗竭速率低于资源的再生速率，使不可再生资源的利用能够得到替代资源的补充。通过转变发展模式，从根本上解决环境问题。如果经济决策中能够将环境影响全面系统地考虑进去，这一目的是能够达到的。若处理不当，环境退化和资源破坏的成本就非常高，甚至会抵消经济增长的成果而适得其反。

(3)可持续发展的目标是谋求社会全面进步。发展不仅是经济问题，单纯追求产值的经济增长不能体现发展的内涵。可持续发展的观念认为，世界各国的发展阶段和发展目标可以不同，但发展的本质应当包括改善人类生活质量、提高人类健康水平、与社会进步相适应。社会可持续发展的核心是人类自身的发展，而当今社会条件下人类自身的发展主要体现在人口综合治理、提高全民文化素质、改善人居环境等几个重要方面，创造一个保障人们平等、自由、受教育和免受暴力的社会环境。也就是说，在人类可持续发展系统中，经济发展是基础，自然生态保护是条件，社会进步才是目的，这三者是一个相互影响、相互联系、互为支撑的综合体(叶文虎和陈国谦, 1997)。只要社会在每一个时间段内都能保持与经济、资源和环境的协调，就符合可持续发展的要求。显然，在新的世纪里，人类共同追求的目标是以人为本的自然-经济-社会复合系统的持续、稳定、健康发展。

2.1.3 可持续发展理论对国土综合整治的指导作用

国土综合整治作为整体改善国土空间要素和系统防治国土空间退化的重要抓手，着力于解决国土空间开发利用与保护中存在的短板、限制及潜在退化危机(夏方舟等，2018)。同时，对于推进生态文明建设、促进人地和谐共生、提升资源环境承载能力、实现土地资源持续利用、保障经济社会持续发展均具有十分重要的现实意义。新时期国土综合整治以生态文明建设为指导思想，综合政府、市场、社会、公众等力量，对资源粗放利用、生态环境破坏、利用结构不合理等问题采取综合措施，对国土空间范围内山水林田湖草进行综合整治，修复国土功能，提高国土利用效益和效率，最终实现国土空间格局优化、城乡统筹发展、人与自然和谐共生的目标(白中科等，2019)。

国土综合整治必须遵循可持续发展的基本原理，在立足人类持续生存的基础上，将不合理的利用状态调整为符合经济、社会、自然、生态可持续发展的利用状态，寻求一种人与环境相互依存、和谐共生的整合发展模式，即人地协调发展。可持续发展是一项综合性的长期战略，包括资源和生态环境可持续发展、经济可持续发展和社会可持续发展。在关系可持续发展战略的人口、资源和环境三大基本要素中，土地资源是社会经济发展的基础，其合理利用是可持续发展的核心内容(张凤荣，2000)。作为人类生存发展最重要的资源，土地资源的可持续利用是资源环境持续性和经济社会持续发展的重要内容和物质基础，是解决人类当前面临重要问题的必由之路(王万茂和张颖，2004)。因此，国土综合整治的重点是土地资源的可持续利用，在保持土地现有生产力稳定增长的基础上，实现土地生产力的长期持续发展，防止土地资源的过度利用和退化，使人和土地之间相互依存，协调发展。土地整治不仅是利用土地，更是可持续地利用土地，包括对土地质量的可持续发展、生态的可持续发展和社会综合效益的可持续发展，保持土地资源的生命支持作用、环境支持作用和发展支持作用的综合可持续发展(彭建等，2003)。在提高现有土地效益的同时，协调和环境的相互关系，实现土地的持续、长期的高效利用。

在国土综合整治过程中，人地关系既受经济规律约束，又受自然环境约束。协调人地关系是贯彻可持续发展的基本手段，也是实现土地资源可持续开发利用的必要前提(冯年华，2002)。因此，在国土综合整治的过程中，既要考虑人的需要，也要考虑土地的需要，体现人对自然的关怀，强调人和环境"和平共处"。充分利用已有的各种生物技术和环境知识等各类科技手段，结合土地的实际情况，把土地和人类作为一个系统来考虑，保持土地的生态可循环性(吴次芳等，2011)。确保国土综合整治活动在生态上是符合客观自然规律的，在经济上是可行的，在社会上是可以被广为接受的(刘新卫，2015)。另外，国土综合整治是可持续发展战略原理在土地利用领域内的具体应用，也是资源环境和经济社会持续发展的重要内容(严金明等，2017)。要使国土综合整治的有限资金得到合理、高效的利用，必须综合考虑社会、经济和生态效益，在坚持可持续发展原则的基础上，因地制宜地编制科学的土地整治规划方案，编制可持续发展的土地利用规划。当今社会经济的快速发展对国土空间规划有着更高的要求，在土地整治的过程中既要充分考虑社会发展的科学规律，又要前瞻性地进行空间布局和土地规划。不仅要考虑到当前的用地需求，更要考虑子孙后代的需求，在更深层次上挖掘土地的内涵价值，避免土地利用中的低水平重复建设。

2.2　人地协调理论

2.2.1　人地协调理论的提出与发展

"协调"一词源于古希腊文 harmonia，本义是指联系、匀称、融洽、和谐、协调一致。恩格斯在《自然辩证法》一书中，就曾概括地指出："理论自然科学把自己的自然观尽可能地制成一个和谐的整体。"和谐整体反映了自然界作为一个整体的本质特征，是关于协调观念的理论先驱(杨君等, 2010)。事实上，协调人地关系的愿望早已有之，在中国古代、西方近代和当代国内外的相关论述中，特别是在"因地制宜"思想和"人地相关论"中，均包含了协调人地关系的积极因素。近代至现代所开展的区域规划，从某种意义上来说即可视为初步协调人地关系的设想和尝试(卓玛措, 2005)。

19 世纪末，不少学者在研究中逐渐认识到人类分布特征与环境之间存在一定的协调关系，并侧重于研究人类社会如何协调与自然环境的关系。1923 年，美国学者巴罗斯(Harlan H. Barrows)提出了适应论的观点，强调人地关系中人对环境的认识和适应。在此基础上，英国学者罗士培(Percy Maude Roxby)进一步发展了上述思想，认为人地关系应包括两个层面：一是人们对其周围自然环境的适应；二是一定区域内人和自然环境之间的相互作用，认为"协调"的本质即人类需要互动地、不断地适应环境对人类的限制。20 世纪 60 年代以来，随着现代化生产的高速发展和科学技术的日新月异，人类利用自然、改造自然的能力与日俱增，人类活动对自然环境的影响不断深化，自然环境对人类社会的反馈作用也日益增强，诸多地学工作者纷纷提出要谋求人地关系的协调。例如，1980 年，在东京举行的第 24 届国际地理会议上，大会主席 M. J. 怀斯在开幕词中指出："在今天世界人口日增，环境变化急剧，资源匮乏和自然灾害频繁的处境中，如何去协调自然环境和人类文化生活的关系，已成为国际地理学者所面临的主要任务。"至此，协调观念被公开、明确地提出。

聚焦中国独特的资源环境背景，著名人文地理学家、区域地理学家、地理教育家李旭旦(1911~1985)对发展新的人地关系观念——"协调论"，做出了重要贡献。尤其是，1981年李旭旦在《国土整治与协调论》的报告中系统阐述了人地关系中的"协调性"，阐明了协调论的基本内容与国土整治的目的；次年在《人文地理学的理论基础及其近今趋向》一文中着重指出："在人地关系上，已形成人与环境的'协调论'，从而奠定了现代地理学的统一性与综合性"；"'协调论'主张分析人与环境的关系，以谋求自然环境与人类生活间的协调与和谐，已成为人文地理学的一大革新"(李旭旦, 1982)。至此，兴起于 20 世纪60 年代末到 70 年代初的协调人地关系的意愿，经李旭旦先生的积极倡导和反复阐述，作为现代人文地理学的基本理论和一种新的人地关系的观念，在 80 年代被初步确立，逐渐为大多数地理学者所承认并进一步发展和完善(宋家泰等, 1986)。总体上，"协调论"在我国的发展具有广泛性和实践性两个鲜明的特点。所谓广泛性，是指它不局限于少数科学家的学术探讨，而是通过中学地理课程对广大青少年进行协调观念的宣传和普及；所谓实践性，是指它不局限于单纯的理论研究，而是与社会经济生活相结合，用协调的观念指导人们的实践活动(王义民, 2008)。在我国宪法和有关人口、资源和环境保护的基本法，以及相关的单项法、行政法规和地方性法规中，都明确规定了要保护和合理利用自然资源，禁止侵占或破坏自然资源；保护和改善环境，防止污染和其他公害，充分体现了协调人与环境之间关系的思想，并用以指导和规范人们的生产和生活实践。

2.2.2 人地协调理论的内涵

人地关系是人类社会进步与地理环境变化之间相互依存和相互作用的关系，是自人类起源就存在的一种客观关系(吴传钧, 1991)。在人地关系中，人居于主动地位，是地的主人，而地理环境是可被人类认识、利用、改变、保护的对象。人地关系协调抑或矛盾，不取决于地而取决于人。因此，人地关系能否和谐共处，是否能够可持续发展，具有主观能动性的人起着十分关键的作用。倘若人类社会积极主动地顺应自然发展演变的规律，科学合理地调控阻碍人地和谐发展的因素，在顾及当前和长远利益的前提下开发利用自然资源、改造自然，就会呈现出"和谐共处、协调发展"的人地关系状态(方创琳, 2004)。但若违背了人与自然和谐共生的客观规律，则会造成人与自然关系紧张，导致世界性问题或全球性灾难的发生。总的来看，人地关系协调的内涵既包括在开发利用自然的过程中保持人类与自然环境之间的平衡与协调，又包括人类利用自然界时保持自然界的平衡与协调，还包括人类保持自身的平衡与协调(刘彦随, 2020)。因此，人地协调论作为一种新型的人地关系理论，伴随着各种人口、资源、环境、社会等问题，正在不断趋于完善，并已成为可持续发展的一个基本理论。无论是哪个层面的人地关系，谋求人地关系的协调始终是人地关系发展的核心，主要包括以下几个方面。

1)谋求人与地、人与自然的高度和谐与统一

自然界是一个有机统一的整体，人类是自然界有机整体的一个组成部分。人离不开地，地却可以不因人的存在而存在，人地关系实际是人对地的依存和依附关系(杨青山和梅林, 2001)。人的生理及生命运动与人类所处的地理环境如气候、土壤、山林、水系、陆地、矿藏及动植物、微生物、有机无机界自然要素的变化规律密切相关。人与自然的和谐统一包括三层含义：一是指人是自然有机体的一部分，人与自然处于相互联系、相互作用的统一体中(王爱民等, 1999)；二是人与自然又是相互独立的，人不能主宰自然、支配自然，对自然的改造必须在尊重自然、顺应自然规律的前提下，才能持久地利用自然并获得发展；三是人与自然的和谐关系是一种动态平衡的关系，人类的发展需要不断地打破旧的平衡，建立新的平衡，这是一个相互适应的过程，而且随着人类认识自然和利用自然水平的提高而不断变化。

2)主张经济与生态环境协调发展

从人类总体利益上看，经济建设与环境保护两者是统一的，只有经济得到快速、健康、稳定的增长，才有可能为环境的改善和治理提供足够的资金、技术，从而提高人类保护环境的能力。保护生态环境是为了更好地发展经济，二者相互促进、相辅相成(王黎明, 1998)。具体地，经济建设与生态环境的协调包括以下三层含义：一是经济增长与生态环境同步发展，即经济开发活动要使环境生态效益、经济效益和社会效益相互融合，同步规划、设计和实施；二是当经济开发活动与环境发生冲突或一方已处于极限，另一方有一定的余地，应采取一定的退让、妥协措施，使双方达到相对的协调，既保证双方有一定的效益，同时两者又处于和谐的运转过程中，从而使整体利益最大；三是当经济开发活动对人类生态环

境的负影响已经产生，为了不造成更大的影响，必须及时采取补救措施，如通过增加经济投入来提高环境恢复能力和质量水平，达到经济与环境的协调。

3）建设生态文明，重建人类社会，是协调发展的最终目标

生态文明主张人与自然和谐共生，人类不能超越生态系统的承载能力，不能损害支持地球生命的自然系统(李小云等，2016)。区域发展以经济建设为中心，但必须以生态文明观为取向。生态文明实际上包括两个方面：一是物质形态文明的生态化，主要在是社会物质生产领域里开发生态技术、创造生态工艺，用生态技术改造传统的社会物质生产，形成新的社会产业体系，如生态农业、生态工业和产业生态化等；二是精神形态文明的生态化，包括在调整人与人、人与自然关系基础上形成的一定的社会意识和相应的上层建筑，包括经济制度、政治制度、法律制度及人与自然相互作用的思想成果，如哲学、宗教、艺术、道德与科学技术等精神财富。

2.2.3　人地协调理论对国土综合整治的指导作用

人多地少、人地矛盾突出，是中国近代以来的基本国情。特别是改革开放以来，基础设施建设对土地资源的需求旺盛，导致大量优质耕地被占用，耕地过度非农化问题突出。在耕地持续减少、生态环境恶化的双重压迫下，中国高度紧张而又敏感的人地关系前景更为堪忧。在城乡二元结构下，大量农业剩余劳动力随着农村人口非农化转移而有效减少，农村居民点呈现"人减地增""外扩内空"的用地态势，同时耕地并未有效摆脱小农式的分散土地经营模式，反而呈现弃耕、撂荒和粗放经营加剧的利用态势，这不仅未能给日益恶化的人地关系提供疏解途径，反而令人地关系矛盾问题的破解更为复杂和艰巨(刘毅，2018)。现阶段，我国处在工业化中期和城镇化快速发展时期，人多地少的矛盾更加激化和复杂，扭转人地关系恶化的趋势，对人地关系系统进行适时、适宜、适度的调控已势在必行。

谋求人与地和谐共生是区域土地资源可持续利用的基本内涵。作为区域土地资源可持续利用的基本理论，人地协调理论对于选择、确定区域土地资源可持续开发利用的模式，制定可持续开发利用的目标体系，形成对土地开发利用行为的有效约束机制，加强对可持续利用系统的调控，具有很强的指导作用(冯年华，2002)。国土综合整治的本质特征和最终使命也是调整人与地的关系，并对人地关系做出统筹安排。尽管过去十多年我国土地整治取得了卓著成效，缓解了保障经济发展与保护耕地红线的"双保"压力，较好完成了以新增耕地为主的阶段目标。但随着国民经济和社会发展新常态的到来，我国社会经济转型和城乡融合发展的特征日益显著，以往单纯追求耕地面积增加、忽视生态景观因素的做法面临着重蹈围湖造田、陡坡开荒、毁林开荒等人地关系悲剧的风险，已不能适应转型期土地整治的发展诉求(龙花楼，2013)。因此，新时期我国国土综合整治应以人与地的辩证关系为原理，从社会经济发展的阶段需求出发，实施对土地整治的控制和引导，确保土地整治健康、有序、高效运转，以推动土地整治功能的提升与拓展，并向更高阶段发展。

国土综合整治致力于人地协调目标，从生产、生活、生态三重空间视角建立基于国土空间结构的土地整治目标模式，有望为土地整治调控人地关系的途径提供更有力的空间导向(严金明等，2016)。从现阶段我国土地整治目标演变的趋势上看，土地整治的基本方向正在由单一化向综合化、多元化发展，即由单纯地追求新增耕地面积逐步向治理田块破碎、改善农业基础设施、提升农田产能、助推农业产业化、修复生态环境、注重景观建设及支

撑新农村建设和城乡统筹发展等多目标转变(冯应斌和杨庆媛，2014)。但是，通过土地整治对象和整治内容确定的土地整治目标，与国土空间结构并不能完全吻合，由此导致土地整治的目标导向难以充分匹配其所在的地域空间(刘彦随，2011)。因此，国土综合整治应立足于"三生"空间的整合与调控优化，在生产空间最大化地发挥资源优势，在生活空间适宜、适度地改善居住环境、提升生活品质，在生态空间不断强化生态管控、提升生态功能、优化景观格局。推动土地整治发展，必须不断寻求与土地整治内容变化相契合的行为模式。在我国社会经济和城乡发展的转型期，纯粹的土地开发、生产性农用地整理及农村建设用地复垦显然已不能适应时代赋予土地整治的新要求(严金明等，2016)。要立足于人地协调，以实现乡村发展转型与土地利用转型的互相协同。土地整治不仅愈益强调田水路林村综合整治与地域空间协调的重要性，而且逐渐重视对地域空间结构的整合与功能的优化。

2.3　山水林田湖草生命共同体

2.3.1　"山水林田湖草"理念的提出与发展

我国生态修复工作源起于 20 世纪 80 年代，早期多以生态系统重建为途径，在人为活动辅助下创造或促进生态系统发展。尤其是面对长期持续的人口增长、高强度的国土开发建设、大规模的资源耗损等导致的生态系统退化、环境污染等问题，国家相继组织开展了一系列生态保护与建设重大工程，在提高林草植被、森林覆盖率等方面取得了积极成效。但由于工程之间缺乏系统性、整体性考虑，存在修复目标或对象相对单一、各自为政、要素分割、局地效果较好但整体效应弱的突出问题，生态系统服务功能并未得到有效恢复和提升。

2013 年，习近平总书记在《关于〈中共中央关于全面深化改革若干重大问题的决定〉的说明》中指出："我们要认识到，山水林田湖是一个生命共同体，人的命脉在田，田的命脉在水，水的命脉在山，山的命脉在土，土的命脉在树。用途管制和生态修复必须遵循自然规律……由一个部门负责领土范围内所有国土空间用途管制职责，对山水林田湖进行统一保护、统一修复是十分必要的。"2017 年，中央全面深化改革领导小组第三十七次会议审议通过《建立国家公园体制总体方案》，其中明确指出，要"坚持将山水林田湖草作为一个生命共同体……按照自然生态系统整体性、系统性及其内在规律，对国家公园实行整体保护、系统修复、综合治理"。同时将"草"纳入同一个生命共同体中，使其内涵更加广泛、完整。此后，习近平总书记在多次讲话中，深刻阐述了坚持"山水林田湖草生命共同体"原则和遵循自然规律的重要性，强调要运用系统论的思想方法管理自然资源和生态系统，把统筹山水林田湖草系统治理作为生态文明建设的一项重要内容加以部署。例如，2017 年 10 月，党的十九大报告中进一步提出"统筹山水林田湖草系统治理，实行最严格的生态环境保护制度"，将"山水林田湖草"的系统治理思想推进到了新高度。2018 年 5 月，习近平总书记在全国生态环境保护大会上指出"山水林田湖草是生命共同体。……必须统筹兼顾、整体施策、多措并举"，在理论上将"山水林田湖草是生命共同体"上升到了生态文明建设全局的高度。2020 年 8 月，为深入贯彻落实党中央、国务院关于统筹推进山水林田湖草一体化保护和修复的部署要求，自然资源部、财政部、生态环境部研究制定了《山水林田湖草生态保护修复工程指南(试行)》,进一步推动了山水林田湖草整体保护、系统修复、综合治理。2021 年 10 月,习近平总书记在《生物多样性公约》第十五次缔约方大会上提出了"对山水林田湖草沙进行一体化保护和系统治理"的中国方案,得到了国际社会的广泛关注和高度评价。

总体上,节约优先、保护优先、自然恢复为主是我国生态修复的核心理念。以上述理念为指导,自 2016 年启动首批山水林田湖草生态保护修复工程试点以来,我国在生态文明系统治理上取得重大成就。据统计,从 2016 年至今,中央财政累计下达重点生态保护修复治理资金 360 亿元,围绕重点生态功能区遴选了 25 个山水林田湖草生态保护修复试点项目,基本涵盖了以"两屏三带"为骨架的国家生态安全战略屏障,山水林田湖草整体系统保护的理念逐渐深入人心,初步探索出全局治理新路径,积累了整体性、系统性开展生态保护修复工程的宝贵经验(邹长新等,2018)。新时代以来,"山水林田湖草"治理思想更加丰富,理论体系更加完善,在中国特色社会主义生态文明思想和实践中开始占据更加清晰和明确的位置。

2.3.2 "山水林田湖草"理念的科学内涵

1. 生命共同体各要素之间是普遍联系的,不可实施分割式管理

山水林田湖草生命共同体是由山、水、林、田、湖、草等多种要素构成的有机整体,是具有复杂结构和多重功能的生态系统(成金华和尤喆,2019)。习近平总书记用"命脉"把人与山水林田湖草生态系统、把山水林田湖草生态系统各要素连在一起,生动形象地阐述了人与自然唇齿相依、共存共荣的一体化关系,充分揭示了生命共同体内在的自然规律及和谐关系对人类可持续发展的重要意义。山水林田湖草生命共同体各要素之间是普遍联系和相互影响的,实施分割式管理易造成自然资源和生态系统的破坏。生态系统具有外部性、不可逆性、不可替代性,这些性质是整体性和系统性的另一表现(彭建等,2019)。人类开发利用一种资源时会对别的资源及生态环境产生影响。若管理不当,这种影响即表现为负外部性。资源开发不可逆性是指生态系统一旦被破坏就难以恢复。不可替代性则是指生态系统一旦被破坏就很难找到替代品。正如习近平总书记在青海考察工作时强调:"生态环境没有替代品,用之不觉,失之难存。人类发展活动必须尊重自然、顺应自然、保护自然,否则就会遭到大自然的报复。这是规律,谁也无法抗拒。"

2. 人类必须处理好人与自然、局部与整体、发展与保护的关系

首先,必须处理好人与自然的关系。山水林田湖草生态系统是人与自然普遍联系的有机驱体,为人类生存发展提供所需要的物质产品、精神产品和生态产品(李达净等,2018)。若只注重开发自然资源,忽视了对自然界的保护,就会破坏山水林田湖草生命共同体,也就破坏了人与自然这个生命共同体。人类通过社会实践活动有目的地利用自然、改造自然,但人类归根到底是自然的一部分,不能盲目地凌驾于自然之上。其次,必须处理好生态系统中局部与整体的关系。山水林田湖草等自然资源和要素是生态系统的子系统,是整体中的局部,而整个生态系统是多个局部组成的整体。人类开发利用山水林田湖草其中一种资源时,必须考虑对其他资源和对整个生态系统的影响,要加强对各种自然资源的保护和对

整个生态系统的保护(黄贤金和杨达源,2016)。最后,必须处理好发展与保护的关系。发展是人类永恒的主题,节约资源和保护生态环境是我国的基本国策。在开发利用自然资源时,要注意保护自然资源和生态环境,在不断推进社会经济发展的同时,推进自然资源节约集约利用和生态环境健康发展。发展不可避免会消耗资源和污染环境,对山水林田湖草生态系统产生破坏,影响山水林田湖草生命共同体的健康,所以在发展的同时要注重生态环境保护,要坚持生态优先、绿色发展,建立绿色低碳循环的现代经济体系。习近平总书记在阐述经济发展和生态环境保护的关系时也指出:"我们既要绿水青山,也要金山银山。宁要绿水青山,不要金山银山,而且绿水青山就是金山银山"及"保护生态环境就是保护生产力,改善生态环境就是发展生产力。"

3. 要运用系统论的思想方法管理自然资源和生态系统

山水林田湖草生态系统既具有各类丰富的自然资源,又具备强大的调节气候、保持水土、维护生物多样性的生态环境功能,需用系统论的思想方法统筹山水林田湖草系统治理。人类要根据生态系统的多种用途、开发利用保护自然资源和生态环境的多重目标和所处时代的约束条件,运用系统、整体、协调、综合的方法做好山水林田湖草自然资源和生态环境的调查、评价、规划、保护、修复和治理等工作,保持和提升生态系统的规模、结构、质量和功能(罗明等,2019)。组建自然资源部和生态环境部,目的就是要按照"山水林田湖草是生命共同体"的理念推进生态文明建设的原则,建立生态文明五大体系,统筹兼顾、整体施策、多措并举,促进生态系统的整体保护、系统修复、综合治理,全方位、全地域、全过程推进生态文明建设。运用系统论的思想方法管理自然资源和生态系统,需要改革自然资源和生态环境监管体制,完善自然资源和生态环境管理制度,统一行使全民所有自然资源资产所有者职责,统一行使所有国土空间用途管制和生态保护修复职责,把资源管理与资产管理、资源管理与生态环境管理结合起来,实现自然资源资产管理由多部门的分散管理到一个部门的统一管理,由单一资源管理到多种资源和生态环境的综合管理,从资源开发利用的增量管理到资源开发利用保护的增量存量结合管理,从保障资源供给的数量型、速度型管理到保障资源供给、环境健康、生态安全和国家利益最大化的质量型效益型管理。

2.3.3 生命共同体理念对国土综合整治的指导作用

习近平总书记从生态文明建设的整体视野提出"山水林田湖草是生命共同体"的论断,强调统筹山水林田湖草系统治理,全方位、全地域、全过程开展生态文明建设,推动"山水林田湖草生命共同体"理念落实到自然资源和生态环境管理体制改革中,落实到发展和保护的关系中。"山水林田湖草生命共同体"成为系统性立体式进行国土综合整治的指导思想。因此,生态文明建设背景下,为推进绿色发展方式转变、"三生"空间协调发展,构建山水林田湖草生命共同体,国土综合整治应发挥更多作用,凸显服务生态的价值功能。

与以往单一要素或单一目标的生态保护修复工程不同,山水林田湖草生态保护修复工程是在更大的空间尺度上统筹各类要素治理。"山水林田湖草生命共同体"的系统思想,要求国土综合整治尊重自然、顺应自然、保护自然,运用生态系统的整体性和完整性思维来思考问题。在生态环境治理中更加注重统筹兼顾,统筹山水林田湖草系统治理,旨在从系统工程和全局角度寻求新的治理之道(刘春芳等,2019)。通过统筹兼顾、整体施策、多措并举，推动生态环境治理现代化，打通地上和地下、岸上和水里、陆地和海洋、城市和农村，对山水林田湖草进行统一保护、统一修复。对山水林田湖草整体保护、系统修复、综合治理，需要立足多功能、多模式及多元化的指导思想和目标，构建山水林田湖草生命共同体，聚焦国土空间统一生态保护修复。土地整治工作须树立生态第一的新理念，加强国土空间规划的引领作用，加快营造绿色生态空间，推动实施退耕还林还草等政策措施，保障草原的生态屏障作用，构建稳定的生态系统。实施山水林田湖草生态保护修复工程须打破行政区划、部门管理、行业管理和生态要素界限，统筹考虑各要素的保护需求，健全生态环境和自然资源管理体制机制。要树立"绿水青山就是金山银山"的生态文明价值观，以矿山环境治理恢复、土地整治与土壤污染修复、生物多样性保护、流域水环境保护治理、区域生态系统综合治理修复等为重点内容，以景观生态学方法、生态基础设施建设、近自然生态化技术为主流技术方法，因地制宜设计实施路径。具体包括：

(1)系统修复，整体推进。按照生态系统的整体性、系统性及其内在规律，统筹考虑自然生态各要素，采用整体到部分的分析方法、部分再到整体的综合方法，把维护水源涵养、防风固沙、洪水调蓄、生物多样性保护等生态功能作为核心，突出主导功能提升和主要问题解决，维护区域生态安全、确保生态产品供给和生态服务价值持续增长。

(2)统筹布局，分区实施。采用空间分析和地理信息系统技术，识别"生命共同体"生态保护修复重点区域的空间分布和主要结构特征，对山水林田湖草生态保护修复工程实施范围进行区域划分。根据各分区特点和主要问题，提出"一区一策"实施方案，明确具体项目布局、优先示范区片、主要建设内容、实施计划安排等，科学确定保护修复的布局、任务与时序。

(3)因地制宜，突出特色。各地自然地理条件、社会发展水平、面临的生态环境问题不尽相同，紧紧围绕区域主导生态功能和生态系统结构特征，制定差异化保护修复方案和实施路线图。充分挖掘本地生态资源优势和生态文化特色，在实施生态保护修复工程的同时，因地制宜设计生态旅游、生态农业等特色产业发展方案，提高绿色发展水平，实现区域生态产品供给能力和经济发展质量双提升。

(4)创新制度，长效管理。以国家大力推进山水林田湖草生态保护修复为契机，按照《生态文明体制改革总体方案》要求，深入探索自然资源资产产权制度、国土空间开发保护制度、资源总量管理和全面节约制度、资源有偿使用和生态补偿制度、生态文明绩效评价考核和责任追究制度等有利于生态系统保护修复的制度体系。对工程实施和推进，制定配套政策措施，建立稳定持续的资金机制，建立工程台账，强化绩效评估和考核，形成生态保护修复长效制度。

参 考 文 献

白中科, 周伟, 王金满, 等. 2019. 试论国土空间整体保护、系统修复与综合治理[J]. 中国土地科学, 33(2): 1-11.

成金华, 尤喆. 2019. "山水林田湖草是生命共同体"原则的科学内涵与实践路径[J]. 中国人口·资源与环境, 29(2): 1-6.

范春萍. 2012. 面对失控的世界，人类必须做出抉择——为纪念斯德哥尔摩人类环境大会 40 周年而作[J]. 中国地质大学学报(社会科学版), 12(2): 1-9, 138.

方创琳. 2004. 中国人地关系研究的新进展与展望[J]. 地理学报, (S1): 21-32.

冯年华. 2002. 人地协调论与区域土地资源可持续利用[J]. 南京农业大学学报(社会科学版), (2): 29-34.

冯应斌, 杨庆媛. 2014. 转型期中国农村土地综合整治重点领域与基本方向[J]. 农业工程学报, 30(1): 175-182.

胡皓. 1998. 可持续发展理论与实践[M]. 西安: 陕西科学技术出版社.

黄秉维. 1996. 论地球系统科学与可持续发展战略科学基础(Ⅰ)[J]. 地理学报, 51(4): 350-354.

黄贤金, 杨达源. 2016. 山水林田湖生命共同体与自然资源用途管制路径创新[J]. 上海国土资源, 37(3): 1-4.

金燕. 2005. 《增长的极限》和可持续发展[J]. 社会科学家, (2): 81-83.

李达净, 张时煌, 刘兵, 等. 2018. "山水林田湖草—人"生命共同体的内涵、问题与创新[J]. 中国农业资源与区划, 39(11): 1-5, 93.

李虹. 2011. 公平、效率与可持续发展: 中国能源补贴改革理论与政策实践[M]. 北京: 中国经济出版社.

李小云, 杨宇, 刘毅. 2016. 中国人地关系演进及其资源环境基础研究进展[J]. 地理学报, 71(12): 2067-2088.

李旭旦. 1982. 人文地理学的理论基础及其近今趋向[J]. 南京师大学报(自然科学版), (2): 1-10.

刘春芳, 薛淑艳, 乌亚汗. 2019. 土地整治的生态环境效应: 作用机制及应用路径[J]. 应用生态学报, 30(2): 685-693.

刘思华. 1997. 对可持续发展经济的理论思考[J]. 经济研究, (3): 46-54.

刘新卫. 2015. 构建国土综合整治政策体系的思考[J]. 中国土地, (11): 43-45.

刘彦随. 2011. 科学推进中国农村土地整治战略[J]. 中国土地科学, 25(4): 3-8.

刘彦随. 2020. 现代人地关系与人地系统科学[J]. 地理科学, 40(8): 1221-1234.

刘毅. 2018. 论中国人地关系演进的新时代特征——"中国人地关系研究"专辑序言[J]. 地理研究, 37(8): 1477-1484.

龙花楼. 2013. 论土地整治与乡村空间重构[J]. 地理学报, 68(8): 1019-1028.

罗慧, 霍有光, 胡彦华, 等. 2004. 可持续发展理论综述[J]. 西北农林科技大学学报(社会科学版), (1): 35-38.

罗明, 于恩逸, 周妍, 等. 2019. 山水林田湖草生态保护修复试点工程布局及技术策略[J]. 生态学报, 39(23): 8692-8701.

牛文元. 2008. 可持续发展理论的基本认知[J]. 地理科学进展, (3): 1-6.

牛文元. 2012a. 可持续发展理论的内涵认知: 纪念联合国里约环发大会 20 周年[J]. 中国人口·资源与环境, 22(5): 9-14.

牛文元. 2012b. 中国可持续发展的理论与实践[J]. 中国科学院院刊, 27(3): 280-289.

彭建, 吕丹娜, 张甜, 等. 2019. 山水林田湖草生态保护修复的系统性认知[J]. 生态学报, 39(23): 8755-8762.

彭建, 王仰麟, 宋治清, 等. 2003. 国内外土地持续利用评价研究进展[J]. 资源科学, (2): 85-93.

曲福田. 2000. 可持续发展的理论与政策选择[M]. 北京: 中国经济出版社.

宋家泰, 吴传钧, 金其铭. 1986. 李旭旦先生对我国地理学的贡献[J]. 地理学报, (4): 341-349.

汪万发, 许勤华. 2021. 推动生态文明建设与 2030 年可持续发展议程对接[J]. 国际展望, 13(4): 134-151, 157-158.

王爱民, 樊胜岳, 刘加林, 等. 1999. 人地关系的理论透视[J]. 人文地理, (2): 38-42.

王黎明. 1998. 区域可持续发展: 基于人地关系地域系统的视角[M]. 北京: 中国经济出版社.

王万茂, 张颖. 2004. 土地整理与可持续发展[J]. 中国人口·资源与环境, (1): 13-18.

王义民. 2008. 区域人地关系优化调控的理论与实践[M]. 西安: 西安地图出版社.

吴传钧. 1991. 论地理学的研究核心: 人地关系地域系统[J]. 经济地理, (3): 1-6.

吴次芳, 费罗成, 叶艳妹. 2011. 土地整治发展的理论视野、理性范式和战略路径[J]. 经济地理, 31(10): 1718-1722.

夏方舟, 杨雨濛, 严金明. 2018. 中国国土综合整治近40年内涵研究综述: 阶段演进与发展变化[J]. 中国土地科学, 32(5): 78-85.

严金明, 夏方舟, 李强. 2012. 中国土地综合整治战略顶层设计[J]. 农业工程学报, 28(14): 1-9.

严金明, 夏方舟, 马梅. 2016. 中国土地整治转型发展战略导向研究[J]. 中国土地科学, 30(2): 3-10.

严金明, 张雨榴, 马春光. 2017. 新时期国土综合整治的内涵辨析与功能定位[J]. 土地经济研究, (1): 14-24.

杨君, 郝晋珉, 匡远配, 等. 2010. 基于和谐思想的人地关系研究述评[J]. 生态经济, (1): 186-190.

杨开忠, 杨咏, 陈洁. 2000. 生态足迹分析理论与方法[J]. 地球科学进展, (6): 630-636.

杨青山, 梅林. 2001. 人地关系、人地关系系统与人地关系地域系统[J]. 经济地理, (5): 532-537.

叶文虎, 陈国谦. 1997. 三种生产论: 可持续发展的基本理论[J]. 中国人口·资源与环境, (2): 14-18.

张凤荣. 2000. 中国土地资源及其可持续利用[M]. 北京: 中国农业大学出版社.

张林波, 李文华, 刘孝富, 等. 2009. 承载力理论的起源、发展与展望[J]. 生态学报, 29(2): 878-888.

张志强, 孙成权, 程国栋, 等. 1999. 可持续发展研究: 进展与趋向[J]. 地球科学进展, (6): 589-595.

周济. 1999. 可持续发展理论与实践[M]. 厦门: 厦门大学出版社.

卓玛措. 2005. 人地关系协调理论与区域开发[J]. 青海师范大学学报(哲学社会科学版), (6): 24-27.

邹长新, 王燕, 王文林, 等. 2018. 山水林田湖草系统原理与生态保护修复研究[J]. 生态与农村环境学报, 34(11): 961-967.

Healy S A. 1995. Science, technology and future sustainability[J]. Future, 27(6): 611-625.

IUCN, UNEP, WWF. 1991. Caring for the Earth: A Strategy for Sustainable Living[M]. London: Routledge.

WCED. 1987. Our Common Future[M]. Oxford: Oxford University Press.

第 3 章　国土综合整治的地理学基础

现代意义上的国土综合整治被纳入学者视野可追溯至 20 世纪 80 年代，早期主要是吴传钧、陈传康、陆大道等一批杰出地理学家对国土综合整治进行了深入探索。在生态文明、乡村振兴建设等新时代背景下，国土综合整治的本质是"对人与国土关系的再调适"，旨在实现经济与人口、资源、环境、生态等协调均衡发展。国土综合整治中的诸多内容，如生态景观化、产业绿色化、用地高效化等也都隶属地理学研究范畴，地理学相关理论基础亦可为国土空间品质提升和人地关系协调发展提供坚实的理论支撑。鉴于此，本章立足地理学学科性质与分类体系，结合国土综合整治的框架结构，重点阐述与之密切相关的自然地理学、区域经济地理学等相关学科的理论基础，介绍自然地域分异、劳动地域分工、地域功能理论等基本理论及其在国土综合整治中的应用和意义，以期为促进人地和谐共生、区域协调发展的国土综合整治提供理论依据。

3.1　自然地域分异

地球表层系统是一个复杂、开放的巨系统，是由各自然地理要素组成，具有内在联系、相互制约、有规律结合的统一整体，但同时也在经向、纬向、垂向上存在着明显的地域特征差异(林爱文, 2008)。所谓地域分异，是指地球表层大小不等、内部具有一定相似性的地段之间的相互分化，以及由此产生的差异，而带有普遍性的地域有序性和地域分异现象便是地域分异规律(毛明海, 2000)。地球内能和太阳辐射是地球表层系统进化发展的最主要、最基本的能源，被称为地域分异因素。在这两个地域分异因素的作用下，形成了地带性与非地带性规律。地带性因素与非地带性因素的相互联系和彼此制约，使自然现象在空间分布上存在着明显的地域差异(黄秉维, 1958)，从而导致自然地理环境也存在着空间分布上的差异，即地域分异。因此，地带性与非地带性是地球表层系统地域分异规律本质的概括，其他分异规律是此基本规律的具体体现或派生。

所谓地带性，是指由于地球形状和地球运动特征引起地球上太阳辐射分布不均而产生的有规律的分异。自然地理地带的形成以能量差异为基础，太阳辐射能的空间分布规律是制约自然地理地带规律的基本因素(牛文元, 1980; 伍光和等, 2000)。地球表面不同地方接收太阳辐射量的差异及黄赤交角的存在，增强了地带对比，使地表地带分布复杂化。地球自转造成地表流体，包括气团、洋流等发生偏转，同样增加了地带性图式的复杂性。非地带性指因地球的海陆分布、地势起伏和构造运动而形成的有规律的分异，包括大、中、小尺度的地域分异规律。大尺度地域分异包括海陆分布、大陆与海洋的起伏及干湿度地带性等；中尺度地域分异包括由地貌类型差异而引起的分异现象；小尺度分异涉及岩性、沉积物的差异。

地带学说是表征自然地域分异规律的重要学说，也是地域系统研究的理论基础(刘胤汉, 1988)。地带学说存在广义和狭义之分。广义的地带性包括纬向地带性、经向地带性和垂直地带性(黄秉维, 1958); 狭义的地带性主要指纬向地带性(胡焕庸, 1936), 即热量或温度随纬度而变及以此为基础引起的其他方面的带状变化, 而海陆分布、大地构造、地势地貌、岩性等是非地带性分异因素。纬向地带性和经向地带性是地域分异基本规律的具体表现, 即地带性与非地带性规律相互联系、相互制约, 共同作用于地表的具体表现。

作为自然地理学极其重要的基本理论, 地域分异规律是进行自然区划的基础(郑度等, 2005), 也是认识地表自然地理环境特征的重要途径(杨勤业等, 2002), 对于合理利用自然资源, 因地制宜进行生产布局具有重要的指导作用。因此, 在土地利用领域, 地域分异规律也是合理开发利用和保护土地资源、因地制宜调整土地利用结构和确定土地利用导向的重要科学依据。尤其是在国土综合整治中, 通常根据地貌类型、水热组合条件和社会经济条件等地域分异规律划分土地整治分区, 同一分区通常在资源环境条件、关键限制因素等方面具有较强的相对一致性, 进而为明确不同区域土地综合整治的重点方向和内容、分区分类指导国土综合整治实践提供科学依据。

3.1.1 纬向地带性

纬向地带性是地带性规律在地球表面的具体表征, 即自然地理要素或自然综合体大致沿纬线延伸, 按纬度发生有规律的排列而产生南北向的分化, 主要表现为气候、土壤、生物及其环境从赤道向极地的有规律变化(胡兆量和陈宗兴, 2006)。受太阳辐射能随纬度变化的规律制约, 自然环境的纬度地带性以热量为基础。地球表面热量由赤道向两极逐渐变少, 产生地球表面的热量分带: 赤道带、热带、亚热带、温带和寒带。这些热量带平行于纬线, 呈东西向分布, 并随纬度的变化呈南北向的交替变化。在每一个热量带内, 气温、气压等要素具有共同特点, 其他气候要素、水文、土壤与风化壳、生物群落, 乃至外力过程都呈现出相应的特征变化(伍光和等, 2000), 因而产生了各自然要素或综合体沿纬度的地域分化。

纬向地带性首先反映在大气过程中。由于热量带影响气压带和风带的分布, 不同气压带和风带的降水量及降水季节不同, 导致地球表面存在从赤道至两极的东西向延伸、南北向更替的气候带, 且气候的纬向地带性分异往往成为导致其他自然要素纬向地带性分异的主导因素(刘胤汉, 1988)。例如, 赤道带太阳辐射强、气温高, 形成低压, 对流旺盛, 导致降水丰富, 便决定了气候的湿热, 使得地表径流充沛, 岩石风化和土壤淋溶强烈, 风化壳与土层深厚, 发育雨林植被, 形成热带雨林景观。可见, 组成自然地理环境综合体的成分具有明显的地带性, 自然景观也具有地带性。不同自然带各组成成分之间的相互联系性不尽相同, 控制这些相互关联的水热平衡特点、表层地球化学过程和生态系统等机制也各不相同, 这就是景观地带性的综合表现(毛明海, 2000)。此外, 不同气候带内降水量和降水季节不同, 造成地表水资源分布及水文过程呈现地带性特征。诸如, 径流的补给形式、流量的大小、流量的年变化; 湖泊的热力状况、沉积类型、化学成分; 沼泽的类型、沼泽化程度、泥炭堆积程度等, 都具有明显的纬向地带分异。

地貌纬向地带性往往被人们忽视。地貌是内、外营力共同作用的产物, 而其中的外营力过程均与地带性规律有着直接或间接的联系, 因此大部分地貌形态均具有明显的地带性差别。地貌的纬向地带性分异尤其与气候带相适应(黄秉维, 1958)。在不同气候带内不同的水热组合, 促使外力作用的性质和强度发生变化。例如, 寒冷气候以融冻风化为主, 冰川作用突出; 干旱气候以物理风化为主, 风力作用、间歇性流水作用强烈; 高纬地区的冻土地貌、冰川和冰缘地貌发育等，表现出一定的纬向地带性分异。土壤和生物的纬向地带性更是地带分异的集中反映和具体体现。不同地域的特定水热组合长期作用于地表物质，形成该地域中有代表性的植被和土壤类型。土壤的纬向地带性表现在土壤的水热和盐分状况、腐殖质含量、淋溶程度、种类和组成等方面。与此相联系，风化过程和风化壳类型厚度也具有明显的地带性差别。植物的纬向地带性最为鲜明，不同地带具有显著不同的植被外貌和典型植被型。植被的种类、组成、群落结构、生物质储量、生产率等也都受到地带性规律的制约(伍光和等，2000)。此外，自然综合体的地球化学过程都具有地带性。各自然要素的地带性决定了地球表层系统的地带性，并在地表上产生一系列的纬向自然带。不仅陆地表面存在着纬向自然带，在海洋表面，水温、盐度及海洋生物、洋流等也具有纬向地带性差异，因此在海洋上也可划分一系列纬向自然带。

综合来看，在纬向地带性因素的影响下，自然地理成分和景观的性质具有沿纬度方向呈有规律更替的趋势，而在有些内陆大平原地区形成大致与纬线平行的、东西向延伸的区域单位，且常用气候、植被和土壤等指标在各热量带范围内划分出地带性区域单位，即自然地带。因此，纬向地带性规律本质上是全球尺度的地域分异规律(李继红，2007)，且受海陆分布、大气环流、洋流等因素的影响，纬向地带性有时会受到干扰，但纬向地带性规律依然普遍存在。

3.1.2　经向地带性

经向地带性，又称干湿度地带性，是指由于海陆相互作用，降水呈现自沿海向内陆逐渐减少的趋势，进而引起气候、水文、土壤、生物等要素以及整个自然综合体从沿海向内陆变化的现象。经向地带性是非地带性规律在地表的具体表现，即自然地理要素或自然综合体大致沿经线方向延伸，按经度由海向陆发生有规律的东西向分化。沿海地带比较湿润，向内陆逐渐干燥，这种变化规律以中纬度地区较为明显。产生经向地带性的具体原因是海洋和大陆两大体系对太阳辐射的不同反映，导致大陆东西两岸与内陆水热条件及其组合的不同(林爱文，2008)。本质上，这种差异可归结为干湿程度的差异，通过干湿差异影响其他因素分异。一般而言，降水由沿海向内陆递减，气候也就由湿润到干旱递变。与海岸平行的高耸地形，因其对水汽输送的屏障作用，往往加深了这种分异。大陆东西两岸所处的大气环流位置不同，会引起气候的极大差异，形成不同的气候类型。另外，干湿度分带往往平行于海岸线分布，其演替的方向并不完全呈东西向，而是垂直于海岸线。由于干湿度分带性的存在，导致了植被、土壤等要素同样具有平行于海岸线的分带性，这种分带性是大陆尺度的地域分异规律，尤其在季风大陆区比较明显。

从全球范围看，世界海陆大体上为东西相间排列。在同一热量带内，大陆东西两岸及内陆水分条件不同，自然地理环境也发生明显的经向地带性分化。在赤道带和寒带这方面的分化较小，而在热带便形成了西岸信风气候和东岸季风气候的差别，在温带则形成了西岸西风湿润气候、大陆荒漠草原气候和东岸干湿季分明的季风气候的差别。相应于气候的东西分异，自然要素及自然综合体也发生了东西向的分异，表现出诸如森林—森林草原—草原—半荒漠—荒漠等不同景观的规律性更替。我国的干湿分带性比较明显，从东南沿海到西北内陆，随着离海岸线距离的增加，降水逐渐减少。降水的分带性导致植物、土壤也呈现出类似的分带性，植被由沿海地区的森林向陆地逐渐变为草原、荒漠。

　　此外，并非所有经向地带性因素都必然导致东西向的地域分异，在局部地段也可能加剧纬向地带性的作用(王文福等，2014)。如我国华南(南岭以南的地域)的地域分异中，纬向地带性分异比较显著。除了纬向地带性因素起着巨大的作用外，地势的北高南低、山脉多为东北—西南或西北—东南走向、东部及南部濒海等非地带性因素也加强了该地域的南北分异。

3.1.3　垂直地带性

　　垂直地带性是指自然地理要素和自然综合体大致沿等高线方向延伸，随地势高度，按垂直方向发生有规律的分异。垂直地带性是叠加地带性影响的一种非地带性现象，一般出现在山区或高原边缘，是区域尺度的地域分异规律。

　　通常，只要山地有足够高度、相对高差足够大，便可自下而上形成一系列垂直自然带。山体高度越高，垂直带越多。由于山地水热条件随高度变化，足够高度的山地是产生垂直地带的必要条件(毛明海，2000)。即温度随高度的增加而降低，以及一定高度范围内降水随高度的增加而增多，超过该限度则随高度增加而减少。二者综合导致制约植被生长、土壤发育的气候条件也随高度发生有规律的变化，从而产生山地自然地带的垂直更替(刘华训，1981)。通常，平原地区自然地理要素和自然综合体因不具备足够的高差，故不存在垂直分异；平坦而完整的高原面虽有足够高度，但缺少随高度变化而形成的水热条件，其垂直分异也不明显。我国青藏高原是由众多大山系构成的山原，它不仅在边缘部分自然地带的垂直分异十分明显，且在高原面上仍可见垂直分异现象。

　　在垂直地带性规律支配下，一定高度的山体所产生的自下而上的带状更迭，称为垂直自然带。垂直带间和相互配置的形式次序称为垂直带带谱结构。发育在不同地域山体的垂直自然带具有各自特殊的带谱性质、类型组合和结构特征(孙建和程根伟，2014)。不同水平地带的垂直自然带的各类型间，也存在着一定的联系。基带、树线、雪线和顶带等界限是垂直带谱完整性的标志。其中，基带即垂直带的起始带，往上各垂直地带的组合类型和排列次序与所在水平地带往高纬度方向更替相似，其类型决定了整个带谱的性质，也决定着一个完整带谱可能出现的结构。树线是垂直地带谱中一条重要的生态界线，该界线发育着以乔木为主的郁闭森林带，界线以上则是无林带，发育着灌丛或草甸，常形成垫状植物带。树线对环境临界条件变化的反应十分敏锐，其分布高度主要取决于温度和降水，强风的影响也很显著。雪线是垂直地带谱中另一条重要界线，是永久冰雪带的下界，其海拔受气温与降水的共同影响，一般气温高的山地雪线较高，降水多的山地雪线较低，故雪线高度是山地水热组合的综合反映。顶带是山地垂直地带谱中最高的垂直地带，标志着垂直地带谱的完整程度。一个完整的带谱中，顶带应是永久冰雪带，若山地没有足够高度，顶带则为与其高度及生态环境相应的其他垂直地带。

　　垂直地带谱受纬度位置的影响显著，不同的水平地带具有不同的垂直地带谱类型，而在具体的水平地带上，垂直地带谱仍有相当大的变化(马溶之，1965)。外貌上，垂直地带与水平地带有不少相似之处，但与水平地带比较，垂直地带具有带幅窄、递变急、带间联系密切，水热对比特殊，节律变化同步，微域差异显著等特征(刘华训，1981)。此外，垂直自然带不仅随纬度方向有变化，还随距离水汽源地的远近及坡向不同有明显的变化。综合来看，任何一地的垂直自然带都是纬向、经向和高度变化等因素对自然环境共同影响的结果。

3.2　劳动地域分工

劳动地域分工,又称地理分工或生产地域分工,指人类经济活动按地域进行的分工,即各个地域依据各自的条件与优势,着重发展有利的产业部门,以其产品与外区交换,从而达到发挥区域优势的目标。作为区域地理与分工理论的重要分支,劳动地域分工强调因地域间资源禀赋差异而产生相互分工并交换的行为,使得各地区能充分发挥自身优势(洪晗和肖金成,2019)。也就是说,地域分工产生的直接原因是区域之间在资源禀赋、发展基础、经济结构、生产效率等方面存在较大差异与比较优势,其根本目的是实现优势互补,获得最佳的整体效益和个体效益。分工不仅决定了地区生产专门化的发育程度,也能通过地域之间的分工与合作提高效益,实现区域协调发展(吴殿廷等,2016)。随着我国经济发展和国情变化,理论界对区域发展的认知也在不断深化,从生产力布局理论到新时代区域协调发展理论,区域发展的理论研究在摸索中产生了丰富的成果。因此,地域分工不仅是马克思所揭示的整个人类社会,特别是资本主义社会的重要社会经济现象,而且如古典和新古典的经济学家所阐明的,是国内贸易和国际贸易的主要理论,更是揭示了当代产业分布和经济地域系统形成发展的客观规律性的理论(陈才,1991),包含着丰富的经济地理内涵。

劳动地域分工理论的产生与发展伴随着国际贸易理论的形成与演进。作为研究利用区域差异进行专业化生产与贸易以求得比较利益的理论,劳动地域分工理论具有深刻的区域内涵(杨吾扬和梁进社,1987)。一方面,劳动地域分工是社会分工在地域空间上的反映,其发展必然形成区域生产的专业化,促进区域之间商品生产、交换等的进一步发展,因此客观上要求区域之间加强协调与联系(李芹芳和任召霞,2010)。另一方面,区域产业结构效益、空间结构效益、规模经济效益及由于合理分工所获得的整体功能效益等,都是地域分工效益的具体体现,有利的地域分工格局导致这些效益的产生,并直接促进区域协调发展。因此,劳动地域分工为区域协调发展研究提供了理论依据。

地理条件的差异是劳动地域分工形成与发展的基础,主要包括自然条件、经济条件和社会条件等,即社会分工的地理环境与资源环境。社会分工的水平和内容随着生产力的不断发展而不断提高和复杂化,这对地理条件提出了新的要求,而地理条件也在不断被改变(吴传清,2008)。因此,社会生产力是劳动地域分工形成发展的重要推动力,而劳动地域分工又反作用于社会生产力,两者相互联系、互为作用,共同促进社会经济的发展。其中,部门空间结构是劳动地域分工的主要物质结构,交通信息网络是其物质运动和联系的纽带,而经济地域系统则是其主要表现形式。另外,随着生产力现代化和社会化的发展,生产劳动相对减少。原先着重研究生产地域分工的经济地理学,其所研究范围势必愈益扩展至非生产性劳动的地域分工。

劳动地域分工是农业现代化生产发展的必要条件。自家庭联产承包责任制之后,我国农业取得了巨大成就,但土地细碎化、农业小规模生产等问题日益严重,特别是近年来我国农业生产要素投入量已大幅超过兼顾经济与环境效率的最优用量区间(高晶晶等,2019)。这不仅降低了农产品的国际竞争力,而且加剧了资源消耗和环境污染问题,不利于农业产业乃至整个经济体的可持续发展。因此,在土地规模经营受限的情况下,通过农业横向分工和纵向分工深化改善要素使用效率,并将地块规模扩张与农业分工深化之间相互关联,二者的有机结合将是一个极具潜力的生产要素减量实践策略(梁志会等, 2021)。而有关地块规模扩张与农业分工深化的协同推进，在国土综合整治尤其是高标准农田建设政策中早有体现。一方面，高标准农田建设政策采取"小田并大田"的农田工程措施，实现田块集中连片经营，显著改善了地块层面的规模经济；另一方面，通过田间道路建设与"改地适机"等措施，为提高农业机械化及纵向分工水平创造了有利条件。因此，地域分工理论不仅有助于加深对高标准农田建设政策环境效应的理解，而且能够为后续土地整治政策的制定与实施提供理论参考。总体上，地域分工理论主要包括绝对优势理论、相对优势理论及要素禀赋理论等。

3.2.1　绝对优势理论

绝对优势理论是区域分工理论的思想源头，源于英国古典经济学家亚当·斯密(Adam Smith)的地域分工理论。亚当·斯密于 1776 年在其经典著作《国民财富的性质和原因的研究》中写道："劳动生产力上最大的增进，以及运用劳动时所表现的更大的熟练、技巧和判断力，似乎都是分工的结果。"同时，亚当·斯密提倡自由贸易，认为各国可利用在生产某种产品上的绝对优势进行专业化生产并用以交换其他产品，而市场范围的扩大会促进区域分工，形成规模经济，进一步促进经济增长，同时区域分工使得生产产品多样化，有利于社会福利的提高(亚当·斯密, 1974)。立足当时工场手工业向机器工业过渡的时代背景，亚当·斯密通过观察工场手工业分工带来的利益，并推广至整个社会，论证了劳动地域分工的合理性，即每个生产者为了其自身的利益，应集中力量去生产在社会上有利的产品，然后用其专业化生产销售所得去购买各自所需的其他所有物品，包括国家之间的贸易均可利用这种地区分工而获得好处。依照该理论观点，每个地区都有其绝对有利的、适合某些特定产品的生产条件，这种特定的生产条件导致了生产成本的绝对低廉，即绝对成本学说。总体上，绝对成本学说主要阐明了如下内容：

(1)分工可以提高劳动生产率，增加国民财富。亚当·斯密认为，交换是出于利己心并为达到利己目的而进行的活动，是人类的一种天然倾向。人类的交换倾向产生分工，社会劳动生产率的巨大进步是分工的结果。

(2)分工的原则是成本的绝对优势或绝对利益。分工可以极大地提高劳动生产率，个体专门从事其最有优势的产品生产，然后彼此交换，则对每个个体均有利。

(3)国际分工是各种形式分工中的最高阶段，在国际分工基础上开展国际贸易，对各国都会产生良好效果。在这方面，亚当·斯密由家庭推及国家，论证了国际分工和国际贸易的必要性，认为每个国家都有其适宜于生产某些特定产品的、绝对有利的生产条件，若按照其绝对有利的生产条件进行专业化生产，然后彼此交换，则对所有国家均有利，世界的财富也会因此而增加。

(4)国际分工的基础是有利的自然禀赋或后天的有利条件。自然禀赋和后天条件通常因国家而不同。各国按照各自的有利条件进行分工和交换，将会使各国的资源、劳动和资本得到最有效的利用，进而提高劳动生产率和增加物质财富，并使各国从贸易中获益。

综上，绝对成本学说深刻指出了分工对提高劳动生产率的巨大意义，阐释了具备不同优势的国家之间进行分工和交换的合理性(孙海燕和王富喜, 2008)。该理论认为交换引起分工，而交换又由人类本性所决定。事实上，交换以分工为前提，在历史上分工早于交换(梁琦和黄利春, 2009)。同时, 交换也不是人类本性的产物, 而是社会生产方式和分工发展的结果。

3.2.2　比较优势理论

比较优势理论源于英国著名古典经济学家大卫·李嘉图(David Ricardo)的国际分工理论, 是在亚当·斯密的绝对优势理论基础上发展起来的一种地域分工理论。1817年, 李嘉图在其著作《政治经济学及赋税原理》中以劳动价值理论为基础, 提出"国与国之间存在生产率方面的巨大差距, 即使一国在每一种商品的生产上都比其他国家绝对地缺乏生产率, 它依然能够通过生产和出口那些'与外国相比生产率差距相对较小'的产品在国际分工中占有一席之地; 而在每一种产品生产上都比其他国家绝对地具有生产率的国家, 也只能通过生产和出口'与外国相比生产率差距较大'的产品获取贸易利益"。李嘉图从理论上论证了比较优势的存在及贸易之间的互利性, 从而奠定了比较优势理论的基础。

根据比较优势理论, 地域分工的基础不仅限于生产成本的绝对差异, 只要地区间存在生产成本的相对差异, 各地区便可利用在不同产品生产上具有的比较优势进行合理的地域分工, 并各自从中获得利益(大卫·李嘉图, 2008)。比较优势理论的核心思想为: 各地区都应该集中生产, 并向其他地区输出本地区具有比较优势的产品, 同时从其他地区输入自身具有比较劣势的产品, 使每个地区都能从分工中获得比较利益, 即在所有产品生产上处于绝对优势的国家和地区不必生产所有商品, 只应生产并出口最大优势的商品, 而处于绝对劣势的国家和地区可生产劣势较小的商品, 即所谓"两利相权取其重, 两弊相衡取其轻"。

自比较优势理论创立以来, 该理论成为指导国际贸易活动的准则、构成国际贸易理论的基石。然而面对新经济形势, 比较优势理论也不断经受着其反对者理论和经验验证上的挑战。其中, 比较优势理论在中国的应用产生了广泛讨论, 焦点在于能否将其作为指导中国经济发展的战略思想。在这方面, 有学者指出, 比较优势说只着眼于静态优势, 不注重培养动态比较优势和长远利益。因此, 不能用比较优势理论指导各国的贸易实践, 否则有可能陷入"比较优势陷阱"(洪银兴, 1997)。同时, 如果将比较优势理论推广到多个国家、多种商品和多种要素投入时, 比较优势理论也不再成立(杨小凯和张永生, 2000)。林毅夫和孙希芳(2003)在批判赶超战略的基础上提出应依据比较优势制定发展战略。他们指出, 赶超战略未能带动发展中国家经济持久快速增长的原因在于, 其是以牺牲经济整体进步为代价的少数产业的赶超, 不足以支持资源结构的升级或总体经济实力的提高。赶超战略所扶持的产业部门, 由于不符合资源禀赋的比较优势, 只能完全依赖于扭曲价格、国家保护政策等得以生存。因此, 在赶超战略下, 违背比较优势所形成的畸形产业结构与劳动力丰富的资源结构形成矛盾, 使大规模的人口不能分享经济发展的好处而陷入贫困, 而作为一种替代性选择, 遵循比较优势是一种更为有效的发展战略。这一战略充分利用其资源禀赋的比较优势, 从而使资源禀赋结构随之不断提高。

3.2.3　要素禀赋理论

资源禀赋的思想最早由赫克歇尔(E. Heckscher)提出, 认为产生比较成本差异需具备两个条件, 即两国拥有不同的要素禀赋, 以及在产品生产中拥有不同的要素投入比例。资源禀赋理论将地域分工、区域贸易、生产要素禀赋三者紧密地联系起来, 认为导致产品比较成本差异的关键原因在于各地区拥有的要素资源比例的不同(徐建伟等, 2012)。即各地区生产要素相对丰裕程度的差异, 并由此决定了生产要素相对价格和劳动生产率的差异。在同一区域生产不同产品的各部门所使用的技术不同, 使得在不同产品的生产中投入的生产要素的比例也不相同。例如, 在产品的生产过程中, 部分产品使用的劳动要素比重较大, 称为劳动密集型产品, 而有些产品使用的资本要素比重较大, 称为资本密集型产品。从对现实世界的分析中可以得出: 相对而言, 各国或各地区的要素资源禀赋不尽相同。通常, 供给量越丰富的要素资源, 其相对价格也越低, 密集使用这种要素生产的产品的相对成本也越低; 而供给量相对稀缺的要素, 其相对价格越高, 密集使用这种要素生产的产品的相对成本也越高(陈计旺, 2001)。因此, 每个地区专门生产密集使用其相对丰裕要素的产品, 以换取其他地区密集使用其本地区相对稀缺的要素生产的产品。总体上, 无论是比较优势理论还是要素禀赋理论, 均建立在比较利益的基础上, 通过各地区要素拥有的资源禀赋差异来解释国家或区域之间的分工和贸易。

要素禀赋理论在中国背景下的应用存在一定分歧。部分观点认为, 中国应大力发展劳动密集型产业。但由于劳动密集型产业缺乏国际竞争力, 不能适应知识经济时代参与国际竞争的要求, 因而早年国内广为流传着以发展知识经济、高新技术产业而否定劳动密集型产业的观点。实际上, 产业的成本高低主要取决于其是否利用了由该国要素禀赋决定的比较优势。中国要素禀赋结构的特点是劳动力相对丰富、资本相对稀缺, 因此具备比较优势的行业和产业区段具有劳动密集型的特征(张二震, 2003)。劳动密集型产业因为成本低廉而具有相当强的竞争力, 利润可作为资本积累的量也较大(林毅夫等, 1999)。随着高新技术的快速发展, 劳动密集型产业的技术含量也大大提高, 在资金、技术密集型产业(包括高新技术产业)中, 也有劳动密集型的生产环节。因此, 未来应充分发挥我国劳动力相对丰裕、成本低廉的优势, 大力发展劳动密集型产业及高新技术产业中劳动密集型的生产环节, 既可壮大国力, 亦可有效解决就业问题(丁家桃, 2002)。

3.3　地域功能理论

地域功能是特定地域在人地关系实现可持续发展时所履行的职能和发挥的作用(樊杰, 2015), 也是自然生态系统提供的自然本底功能与人类因生活生产活动需要而赋予的开发利用功能的复合体(马毅等, 2020)。从地域功能的理论基础来看, 人地系统理论、地域分异规律、生态经济学理论、空间结构理论、可持续发展理论和系统理论等均是其重要支撑, 因地制宜是其根本原则(盛科荣等, 2016)。我国地理学者依据人地关系地域系统理论, 借助地域分异原理和地理区划方法, 提出了按主体功能区构筑未来高效有序国土空间利用格局的建议, 得到国家决策者的认可并上升为国家战略。主体功能区国家战略的实施为地域功能理论完善、方法创新等提出了新命题, 有力推动了作为其科学基础的地域功能理论的构建和发展。总体上, 目前地域功能理论研究分为理论研究和应用研究。其中, 理论研究主要着眼于解决地域功能生成机理、功能区的相互作用、空间格局特征及其时空过程、区域均衡模型构建等基础问题(陈小良等, 2013), 而应用研究主要面向地域功能识别(王振波等, 2007)、功能区划分技术方法、现代区域治理体系构建等实践问题。在区域发展过程中, 地域功能理论可为协调土地利用方式与资源环境条件之间的空间错配提供判定依据, 进而为因地制宜地确定国土综合整治目标导向、措施路径等提供决策基础。

3.3.1　地域功能理论的形成与发展

现代地域功能理论思想源于 19 世纪西方近代地理学的区域研究和区划实践。从法国的区域研究到德国的景观学派和英国的区划工作，均蕴含着地球表层各区域应承担不同功能、人类社会要依据用途或功能进行国土空间管制的思想。但此阶段受基本资料和客观条件限制，区域研究和区划方案大多是专家集成的定性工作，数据和科学方法的支撑相对较弱。进入 20 世纪，地域功能理论学术思想在地理研究和区域开发中获得传承和发展。自然地理地域分异、人地关系地域系统、区域空间结构及可持续发展理论的提出深化了陆地表层功能分异规律的认识，为现代地域功能理论的产生奠定了坚实基础。美国的土地利用规划、苏联的农业经济区划、德国的空间规划及我国在 20 世纪 20 年代开始的部门区划，均有力地推动了区划技术和方法的提升。但该阶段的研究缺乏对区划理论与方法的深入探讨，尚未建立起严密的空间分异理论和方法，综合功能区划研究相对不足。

地域功能理论产生于近年来我国的国土空间开发与利用实践。在传统以空间增量为主的规划背景下，长期重"发展计划"、轻"布局规划"导致新世纪以来我国国土空间开发保护和区域可持续发展的问题日益凸显(樊杰，2013)。解析国土空间格局变化的驱动力和变化过程，并以此构建国土空间规划的"一张蓝图"，科学设计调控国土空间保护与发展的各项政策和支撑措施，是解决中国未来国土空间格局规划问题的基础性工作(盛科荣和樊杰，2016)。为此，我国地理学者在国土空间开发实践的基础上，正式提出了现代地域功能理论(陆大道等，2011)。综合当前对地域功能概念内涵的理解，可将现代地域功能理论定义为：以陆地表层空间秩序为研究对象，重点研究地域功能的生成机理，以及功能空间的结构变化、相互作用、科学识别方法和有效管理手段的地理学理论(樊杰，2015)。

总体上，现代地域功能理论的形成和发展过程大致分为三个阶段：①初步形成阶段(2003～2006 年)，围绕国土开发保护重大战略需求，在传承人地关系理论、地域分异理论和空间结构理论的基础上，集成社会、经济、生态多学科的研究成果，突出因地制宜和有序空间的核心思想，创造性地提出按功能区构建国土开发和区域发展格局的建议。②正式形成阶段(2007～2012 年)，提出地域功能、区域发展空间均衡模型等核心概念，与此同时，地域功能识别与区划的方法论研究也获得快速发展，有力支撑了主体功能区建设的实践，而主体功能区建设的国家重大战略需求也推动着地域功能理论的形成和发展(樊杰，2013)。③逐步完善阶段(2013 年至今)，对地域功能理论学术体系进行构思，提出以地域功能生成机理、空间结构、区域均衡等理论研究和以地域功能识别、现代区域治理体系构建等应用研究为主体的研究框架，实现从核心概念构建到系统学术思想探索的转变。

地域功能理论是中国学者对经济地理学和区域发展研究理论体系建设的重要贡献。经过十多年的探索，地理学者在地域功能与区域发展均衡模型、地域功能识别与功能区划技术方法、地域功能格局变动机制与区域政策等领域取得了大量的研究成果。

1. 地域功能与区域发展均衡模型

尽管地域功能理论研究起步较晚，但作为其理论基础的人地关系理论、地域分异理论和点轴系统理论等研究成果丰富，在地域功能理论的构建和发展方面发挥了积极推动作用。

其中，人地关系相互作用规律的分析是地域功能生成机理研究的基本切入点(吴传钧，1991)；综合自然地理条件的地域分异和人类社会活动空间组织规律构成了陆地表层系统功能分异的主要驱动力(黄秉维，1958；陆大道，1995)。在分析地域功能基本属性和传承创新地学理论的基础上，区域发展空间均衡模型作为地域功能理论核心概念被提出(樊杰，2007)。这不仅为研究地域功能生成过程和分类体系及功能区划与调控方式奠定理论基础，也为以地域功能为主体组织有序空间的规划提供科学依据。

2. 地域功能识别与功能区划技术方法

对地域功能的识别是主体功能区划的基础。一方面，功能区划是自然与人文因素共同作用、社会与环境复合系统的综合功能区划，是在较长时间段、更大空间尺度中谋求综合效益较优的方案(樊杰等，2009)。当前，我国已建立起较为完善的全国、省级尺度地域功能识别和主体功能区划分技术方法，包括构建地域功能识别的指标体系，完成单项指标项的具体构成、技术算法的研制和分类阈值的测算，在此基础上完成地域功能识别的指标项集成算法、区划技术方法和全国层面的主体功能区划方案(马凯等，2006)。另一方面，地县级空间尺度的功能区划技术方法逐渐得到学界的关注，地县两级政府在落实国家和省级主体功能区规划对本县主体功能定位的基础上，划定"功能区"并明确其功能定位和发展方向。

3. 地域功能格局变动机制与区域政策

一方面，以揭示地域功能格局变动地学驱动机制为宗旨的研究已起步，并重点围绕人口集疏过程与空间分布类型、产业集疏过程与空间集聚机制、土地利用功能及空间分异等内容开展重点研究。这些研究多从社会、经济、生态等多重视角，系统分析地域功能格局演变的核心驱动力，探寻区域间综合发展水平与地域功能格局演变之间的相互作用机制。另一方面，主体功能区对我国区域政策体系调整也提出了新的要求，区域发展空间均衡需在科学划分不同类型区的基础上调整各项政策，形成差异化、精细化的区域政策体系(陈冰波，2009；龚志坚，2011)。这些研究主要集中在两个方面：围绕主体功能区建设的专项政策设计，如主体功能区发展战略下的财税政策、区域生态补偿政策等；围绕主体功能区各类主要政策之间相关关系的集成研究，重点是对不同类型功能区的财政支付、产业扶持、土地利用、生态保护等政策间的相互协调和有机配套方面的探索，以期通过对不同类型功能区的区域政策综合集成，增强政策的系统性。

3.3.2　地域功能理论的核心内涵

地域功能是地域系统的固有属性，意指一定地域在更大的地域范围内，在自然资源和生态环境系统中、在人类生产和生活活动中所履行的职能和发挥的作用(樊杰，2015)。地域功能具有主观认知、多样构成、相互作用、时间演变及空间变异等基本属性，其形成体现了自然系统对人类活动的承载功能和反馈机制，以及人类活动对自然系统的空间占用和适应依赖。

地域功能理论是人地关系地域系统理论的深入与发展。人地关系理论与地域功能理论一脉相承，二者拥有相似的研究主线，即自然地理环境的区域差异性和有限性，客观上要求不同地域应采取不同的、因地制宜的开发方式。地域功能理论强调地域功能的空间分异和功能管治，认为不同地域在陆地表层人地关系系统中承担不同的功能。基于人地关系的视角，地域功能理论将区域发展空间均衡模型作为陆地表层人地关系空间耦合的衡量标准，提出实现空间均衡发展的支撑条件。地域功能的生成机理需从人地关系地域系统理论中得到完整的科学解释。地域功能并非指特定地域在单一生态系统中所承担的功能，也不是指在单一经济系统中主导产业的发展方向，而是指在人地关系可持续发展中承担的综合功能。例如，自然系统和人文系统两个子系统的功能均不能独立地视为地域功能，地域功能也并非子系统功能简单的加总。这些子系统功能包括生态系统服务功能、景观功能、土地利用功能等。由于子系统并非相互孤立，而是以不同的系统结构和功能属性特征承载于同一地域空间，通过系统的耦合和复合生成更具综合性、控制性和动态性的功能，所以地域功能比子系统功能的内涵和外延更加丰富和复杂（王亚飞等，2019）。因此，陆地表层是承担不同功能的人地关系地域系统空间组合而形成的镶嵌体，现代地域功能的生成机理的解析必须着眼于人类活动与自然地理环境之间的相互作用。

综合来看，学者们从不同的研究视角、区域和目的出发，对地域系统的功能空间划分进行探究，并提出诸如空间功能、区域功能等概念，但其本质上都是地域功能。因此，现代地域功能理论的核心思想主要包括：①地域功能是社会-环境相互作用的产物，是一个地域在更大尺度地域的可持续发展系统中所发挥的作用；②人类活动是影响地域功能格局可持续性的主要驱动力，其空间均衡过程是区域间经济、社会、生态等综合效益的人均水平趋于相等；③地域功能分异导致的经济差距特别是民生质量差距，应通过分配层面和消费层面的政策调控予以解决。

3.3.3　地域功能的演化机理

1. 地域功能形成的动力过程

地域功能的演变与发展既取决于自然生态环境的空间分异和演化规律、人类经济社会活动的空间组织规律，又取决于自然生态环境和人类社会活动的空间耦合规律（刘彦随等，2011）。其形成是自然地理环境地域分异、人文利用功能空间匹配、适度规模与同类利用功能集聚、生态—生活—生产序贯选择、功能交互作用与空间组合等动力过程相互作用的自然结果（盛科荣和樊杰，2018）。其中，功能叠加与竞争共生过程是单一型地域功能和复合型地域功能分化的关键因素。

1）地域功能形成的基本动力过程

自然地理环境的地域分异过程、人文利用功能的空间匹配过程和适度规模与同类利用功能集聚过程是地域功能形成的基本动力过程。在这三个过程的作用下，陆地表层出现了相对独立的利用功能，这为不同类型地域功能的形成奠定了客观基础。

（1）自然地理环境的地域分异过程。生态可占用性和资源环境承载力的地域分异构成了陆地表层地域功能分化的自然基础。由于不同区域对生态系统完整性和安全性的重视程度不一，且自然资源具有较强的地理附着性，其数量与结构呈现出明显的区域性特征，导致不同区域的资源环境承载力存在较大差异，这从根本上决定了不同区域的开发强度和开发模式。

（2）人文利用功能的空间匹配过程。随着人类经济社会活动分工的加深，人文利用功能的空间类型逐渐增加，与自然环境本底的空间匹配过程变得越来越复杂。从人地关系地域系统理论来讲，每个地域单元都存在着适宜程度最高、潜在最优的利用功能，客观上要求不同地域单元在陆地表层可持续发展过程中承担不同的功能。只有当每个地域单元都承载适宜程度最高的利用功能、实现利用功能与自然本底的最优匹配时，陆地表层系统才能够实现整体效益的最优化。

(3)适度规模与同类利用功能集聚过程。无论是生产系统、生态系统还是社会系统都有潜在的最优规模。例如，经济活动达到特定规模后，具有密切关联或共同要素需求的经济活动主体倾向于在空间上集聚，从而形成各种类型的经济功能区(郝寿义和安虎森,2015)；大型生态斑块比小型生态斑块更有能力提高复合种群的存活率、可持续性和基因多样性，从而构成生物多样性保护、生态安全维系的核心(傅伯杰等,2009)；生活区形成一定规模后，才能更加经济地布局公共服务设施，使人们的生活变得更为便捷舒适。适度规模性原理导致相同类型的利用功能在空间上呈现相对集聚的状态而非均匀分布，该过程是陆地表层出现功能性分化的关键环节。

2)单一型地域功能的形成过程

单一型地域功能对应着生态空间、生活空间和生产空间三种单一功能的承载单元。功能叠加与竞争共生过程是单一型地域功能和复合型地域功能分化的关键过程。单一型地域功能的出现是由于不同利用功能在空间上具有竞争性。若不同利用功能存在竞争性，则以下两个选择过程开始发挥作用，导致每个空间只能够承载一种利用功能。

(1)生态—生活—生产序贯选择过程。不同区域往往存在着多种功能利用方式，地域单元的不同利用功能存在可供选择的优先次序。在人类活动和生态安全发生冲突时，应优先考虑生态安全，以维持自然系统基本的生态和生产功能，以及人类社会生存和发展的自然基础(刘文平和宇振荣,2013)。当经济活动和社会生活空间占用发生冲突时，应优先满足生活空间的建设需求，打造安全、舒适、方便的生活空间。地域单元利用功能的优先次序要求生产空间让位于生活空间，人类活动让位于生态安全，这为陆地表层空间秩序的构建提供了依据。

(2)地域功能交互作用与空间组合过程。人类社会需求具有多样性，单一的利用功能无法满足社会经济的发展需求，必须对不同类型的功能利用进行合理的空间配置，使有限的空间资源更有效地满足人类社会的需求。由于功能区域之间往往存在相互作用，不同的空间组织还会产生不同的整体利益。这种相互作用既存在于不同类型功能区域之间，又存在于相同类型的功能区域之间。因此，相互联系原理客观上要求对地域功能进行合理组合，使得具有正向外部性、内在联系的利用功能集中布置，最终形成高效有序的空间结构。

3)复合型地域功能的形成过程

复合型地域功能是指特定地域承担多种利用功能，如生态-生产功能、生态-生活功能、生产-生活功能及生态-生产-生活功能等。复合型地域功能以不同利用功能的空间兼容性为基础：如果不同功能之间是相互兼容的、不具有空间竞争性的，即一种地域功能在叠加另一种地域功能时不会影响到这些功能的生长和发育，甚至能够相互促进、协同发展，则这些功能可在空间上并置(Soini,2001)。如城市周边的都市农业区，不仅承担生鲜农产品的生产功能，还同时承担旅游观光、科普教育等休闲功能。不同利用功能的空间兼容性为复合型地域功能的形成提供了前提条件(吕一河等,2013)。因此，复合型地域功能是具有兼容性的利用功能在竞争共生过程与空间组合过程作用下的产物。若叠加的利用功能与原有利用功能相互抵触，竞争的结果就会使新叠加的功能完全取代原有利用功能，人类多样化需求通过单一型地域功能在空间上组合形成的功能综合体得到满足。

2. 地域功能的动力机制

地域功能的形成有其内在作用机制，包括市场机制和政府宏观调控机制。市场机制可实现经济效率，政府调控机制能够实现公平和长远利益。地域功能的演变与发展既需要市场机制的作用，又需要宏观调控机制的作用，二者中任何单独一个都不可能有效地优化地域功能结构，必须将它们结合起来，取长补短，才能推动陆地表层功能分异的有序发展。

1）地域功能形成的市场机制

地域功能形成的市场机制又可称为自组织机制。在市场经济条件下，土地在各种经济活动间的配置通过地租作用即竞争性市场中的土地价格进行。由于土地具有用途多样性、社会经济位置的可变性和分割合并的可能性等人文特征，同一块土地往往具有多种可利用方式，而且在不同时期，同一块土地的利用方式还可发生转变（樊杰等，2003）。同时，由于自然资源的不完全流动性、生产要素的不完全分割性、商品的不完全流动性等，不同利用功能在不同区位产生的经济效益也不相同，导致不同利用功能在同一区位的竞租能力存在差异（瓦尔特·艾萨德，1991）。在土地市场的竞标活动结束后，每一地点都被能够给出最高标价的利用功能占有。短期来看，竞租机制不仅决定了不同区位的均衡土地租金，也决定了不同利用功能的空间格局。长期来看，完善的竞租机制影响着人口和经济活动的空间集疏，成为地域功能演替的基本驱动力量。

2）地域功能形成的政府调控机制

单纯依靠市场机制无法确保地域功能的有效形成。市场机制建立在一些严格假设的前提下，而实际情况并非像假设的那样理想，不完全竞争市场、公共产品、信息不对称、交易成本过高、外部性等因素均影响着市场机制的发挥。此外，市场机制还会出现诸如经济活动在特定区域过度集聚导致开发强度过大、地域功能形成和演替的时间过长、资源配置代际之间的不公平等弊病。地域功能的形成需要政府调控机制的补充和校正，政府宏观调控的着眼点是实现自然生态系统可持续发展和社会经济系统福利最大化，实现陆地表层的整体收益和长远收益最大化。

政府调控的重点在于：加强重要生态节点、生态廊道的划定和保护，确保人文利用功能顺应生态可占用性地域分异规律，按照"基质—斑块—廊道"发展模式构建系统完整的生态安全格局；控制土地利用开发强度，以特大城市群地区为重点，确保人类干扰控制在生态系统稳定性的阈值或者安全最低标准范围之内，确保人类活动建立在资源环境承载力基础上（徐勇等，2015；方创琳等，2016）；推动生产要素在空间的有序流动，确保人口、资本的空间分布与自然地理环境本底特征相耦合，推动地域功能随着人类社会需求结构的变化实现有序演替；支持各具特色的开发模式，形成多样化的文化风格、满足不同生活价值取向的多样化的区域特征，实现不同区域公共服务均等化，促使区域发展在复杂系统中实现空间均衡；加大生态补偿支持力度，实现生态系统服务功能外部性的内部化，体现生态产品的市场价值，建立并完善调节生态保护利益相关者之间利益关系的公共制度；维系资源配置的代际公平（过建春，2007），确保资源配置方式满足动态效率和长期收益最大化目标，使后代人的利益和发展权利得到保护。

参 考 文 献

陈冰波. 2009. 主体功能区生态补偿[M]. 北京: 社会科学文献出版社.

陈才. 1991. 区域经济地理学原理[M]. 北京: 中国科学技术出版社.

陈计旺. 2001. 地域分工与区域经济协调发展[M]. 北京: 经济管理出版社.

陈小良, 樊杰, 孙威, 等. 2013. 地域功能识别的研究现状与思考[J]. 地理与地理信息科学, 29(2): 72-79.

大卫·李嘉图. 2008. 政治经济学及赋税原理[M]. 上海: 上海三联书店.

丁家桃. 2002. 关于世贸组织五个基础的认识[J]. 河北企业, (Z2): 22-25.

樊杰. 2007. 我国主体功能区划的科学基础[J]. 地理学报, (4): 339-350.

樊杰. 2013. 主体功能区战略与优化国土空间开发格局[J]. 中国科学院院刊, 28(2): 193-206.

樊杰. 2015. 中国主体功能区划方案[J]. 地理学报, 70(2): 186-201.

樊杰, 孙威, 陈东. 2009. "十一五"期间地域空间规划的科技创新及对"十二五"规划的政策建议[J]. 中国科学院院刊, 24(6): 601-609.

樊杰, 许豫东, 邵阳. 2003. 土地利用变化研究的人文地理视角与新命题[J]. 地理科学进展, (1): 1-10.

方创琳, 周成虎, 顾朝林, 等. 2016. 特大城市群地区城镇化与生态环境交互耦合效应解析的理论框架及技术路径[J]. 地理学报, 71(4): 531-550.

傅伯杰, 周国逸, 白永飞, 等. 2009. 中国主要陆地生态系统服务功能与生态安全[J]. 地球科学进展, 24(6): 571-576.

高晶晶, 彭超, 史清华. 2019. 中国化肥高用量与小农户的施肥行为研究——基于 1995～2016 年全国农村固定观察点数据的发现[J]. 管理世界, 35(10): 120-132.

龚志坚. 2011. 主体功能区发展战略下的财税政策研究[M]. 南昌: 江西人民出版社.

过建春. 2007. 自然资源与环境经济学[M]. 北京: 中国林业出版社.

郝寿义, 安虎森. 2015. 区域经济学[M]. 北京: 经济科学出版社.

洪晗, 肖金成. 2019. 从劳动地域分工理论到区域协调发展的理论综述[J]. 中国经贸导刊(中), (12): 148-149.

洪银兴. 1997. 从比较优势到竞争优势: 兼论国际贸易的比较利益理论的缺陷[J]. 经济研究, (6): 20-26.

胡焕庸. 1936. 中国之农业区域[J]. 地理学报, (1): 1-17, 244-245.

胡兆量, 陈宗兴. 2006. 地理环境概述[M]. 2 版. 北京: 科学出版社.

黄秉维. 1958. 中国综合自然区划的初步草案[J]. 地理学报, (4): 348-365.

李继红. 2007. 自然地理学导论[M]. 哈尔滨: 东北林业大学出版社.

李芹芳, 任召霞. 2010. 经济地理学[M]. 武汉: 武汉大学出版社.

梁琦, 黄利春. 2009. 马克思的地域分工理论、产业集聚与城乡协调发展战略[J]. 经济前沿, 2009(10): 10-14.

梁志会, 张露, 张俊飚. 2021. 土地整治与化肥减量: 来自中国高标准基本农田建设政策的准自然实验证据[J]. 中国农村经济, (4): 123-144.

林爱文. 2008. 自然地理学[M]. 武汉: 武汉大学出版社.

林毅夫, 蔡昉, 李周. 1999. 中国的奇迹: 发展战略与经济改革[M]. 上海: 上海三联书店, 上海人民出版社.

林毅夫, 孙希芳. 2003. 经济发展的比较优势战略理论: 兼评《对中国外贸战略与贸易政策的评论》[J]. 国际经济评论, 2003(6): 12-18.

刘华训. 1981. 我国山地植被的垂直分布规律[J]. 地理学报, (3): 267-279.

刘文平, 宇振荣. 2013. 景观服务研究进展[J]. 生态学报, 33(22): 7058-7066.

刘彦随, 刘玉, 陈玉福. 2011. 中国地域多功能性评价及其决策机制[J]. 地理学报, 66(10): 1379-1389.

刘胤汉. 1988. 综合自然地理学原理[M]. 西安: 陕西师范大学出版社.

陆大道. 1995. 区域发展及其空间结构[M]. 北京: 科学出版社.

陆大道, 樊杰, 刘卫东, 等. 2011. 中国地域空间、功能及其发展[M]. 北京: 中国大地出版社.

吕一河, 马志敏, 傅伯杰, 等. 2013. 生态系统服务多样性与景观多功能性——从科学理念到综合评估[J]. 生态学报, 33(4): 1153-1159.

马凯, 王春正, 朱之鑫. 2006. 《中华人民共和国国民经济和社会发展第十一个五年规划纲要》辅导读本[M]. 北京: 北京科学技术出版社.

马溶之. 1965. 中国山地土壤的地理分布规律[J]. 土壤学报, (1): 1-7.

马毅, 谢嘉成, 施斯, 等. 2020. 基于地域功能理论的市县国土空间功能分区研究[J]. 规划师, 36(18): 57-64.

毛明海. 2000. 综合自然地理学教程: 土地与自然区划[M]. 杭州: 浙江大学出版社.

牛文元. 1980. 自然地带性的理论分析[J]. 地理学报, 35(4): 288-298.

盛科荣, 樊杰. 2016. 主体功能区作为国土开发的基础制度作用[J]. 中国科学院院刊, 31(1): 44-50.

盛科荣, 樊杰. 2018. 地域功能的生成机理: 基于人地关系地域系统理论的解析[J]. 经济地理, 38(5): 11-19.

盛科荣, 樊杰, 杨昊昌. 2016. 现代地域功能理论及应用研究进展与展望[J]. 经济地理, 36(12): 1-7.

孙海燕, 王富喜. 2008. 区域协调发展的理论基础探究[J]. 经济地理, 28(6): 928-931.

孙建, 程根伟. 2014. 山地垂直带谱研究评述[J]. 生态环境学报, 23(9): 1544-1550.

瓦尔特·艾萨德. 1991. 区域科学导论[M]. 北京: 高等教育出版社.

王文福, 梅晓丹, 梁欣, 等. 2014. 自然地理学原理及其在测绘中的应用[M]. 武汉: 武汉大学出版社.

王亚飞, 樊杰, 周侃. 2019. 基于"双评价"集成的国土空间地域功能优化分区[J]. 地理研究, 38(10): 2415-2429.

王振波, 朱传耿, 刘书忠, 等. 2007. 地域主体功能区划理论初探[J]. 经济问题探索, (8): 46-49.

吴传钧. 1991. 论地理学的研究核心: 人地关系地域系统[J]. 经济地理, (3): 1-6.

吴传清. 2008. 区域经济学原理[M]. 武汉: 武汉大学出版社.

吴殿廷, 从东来, 杜霞. 2016. 区域地理学原理[M]. 南京: 东南大学出版社.

伍光和, 王乃昂, 田连恕, 等. 2000. 自然地理学[M]. 北京: 高等教育出版社.

徐建伟, 葛岳静, 胡志丁. 2012. 比较优势、国际分工与发展战略[J]. 经济地理, 32(5): 16-22.

徐勇, 孙晓一, 汤青. 2015. 陆地表层人类活动强度: 概念、方法及应用[J]. 地理学报, 70(7): 1068-1079.

亚当·斯密. 1974. 国民财富的性质和原因的研究[M]. 北京: 商务印书馆.

杨勤业, 吴绍洪, 郑度. 2002. 自然地域系统研究的回顾与展望[J]. 地理研究, (4): 407-417.

杨吾扬, 梁进社. 1987. 地域分工与区位优势[J]. 地理学报, 42(3): 201-210.

杨小凯, 张永生. 2000. 新兴古典经济学和超边际分析[M]. 北京: 中国人民大学出版社.

张二震. 2003. 国际贸易分工理论演变与发展述评[J]. 南京大学学报(哲学·人文科学·社会科学版), (1): 65-73.

郑度, 葛全胜, 张雪芹, 等. 2005. 中国区划工作的回顾与展望[J]. 地理研究, 24(3): 330-344.

Soini K. 2001. Exploring human dimensions of multifunctional landscapes through mapping and map-making[J]. Landscape and Urban Planning, 57(3-4): 225-239.

第 4 章　国土综合整治的资源学基础

土地是人类赖以生存的空间，是人类社会生产中重要的自然资源和生产资料。土地资源除本身所固有的自然属性外，还具备可供人类生产、利用的社会经济属性。人类社会的发展、演化离不开对土地资源的利用和改造，人地关系构成了人类社会发展史中最基本的生产关系。随着社会生产力发展、人口增长及物质能量消耗增加，土地资源与人类社会的关系已成为影响人类生存与可持续发展的全球性重大问题。土地资源的合理开发、科学利用、系统整治是促进或实现土地资源可持续利用的重要保证，而资源学研究是致力于科学开发、合理利用、高效保护、统筹管理各种自然与人文资源，协调资源与人口、经济、环境之间关系，并促使这种关系向有利于人类生存与发展方向演进的科学。因此，系统梳理国土综合整治中的资源学基础，不仅可为土地资源调查、监测、评价、规划、利用、管理等提供重要理论与方法支撑，而且可为科学指导国土综合整治与生态保护修复实践提供科学依据。为此，本章从土地资源分类与评价、土地集约利用、土地优化配置及土地用途管制等方面介绍国土综合整治中的资源学基础，以期为系统开展国土综合整治与生态修复理论研究与实践应用提供支撑。

4.1　土地资源分类与评价

由于人类的生存、发展均与土地利用密切相关，土地资源研究的历史源远流长。早在 2000 多年前，中国就有了土地类型划分、土地资源评价等思想(陆文俊, 1993)，但以土地评价和土地利用制图为标志的土地资源研究最早可追溯至 20 世纪初期。从 20 世纪早期的赋税土地评价与土地类型研究，到 20 世纪中期的土地资源调查与土地资源评价，再到 20 世纪后期的土地资源承载力研究与可持续土地利用管理，土地资源研究总体经历了"土地类型—土地资源评价—土地资源承载力—土地利用规划—土地资源管理"的发展历程(封志明和刘玉杰, 2004)。作为资源学的一个重要分支学科，土地资源学已基本形成了以土地资源分类研究为基础，以土地资源评价为核心，以土地集约利用、承载力等研究为拓展领域，以土地优化配置、土地用途管制等为措施路径的土地资源学科体系(石玉林, 2006)。

4.1.1　土地资源分类

土地是地球陆地表面由气候、土壤、水文、地形、地质、生物及人类活动所组成的一个复杂的自然经济综合体。土地资源是指在一定时间和技术条件下能直接为人类生产和生活所利用的土地，包括可利用而尚未利用的土地和已开垦利用的土地的总称(林培, 1996)。土地资源是人类生存与发展最为重要的综合资源，兼具自然属性和社会经济属性(谭术魁, 2011)。地球上的土地资源因处于不同发展阶段和受不同因素影响，形成了一系列相互区别、各具特色的土地资源类型。土地资源类型即根据土地资源的特性及其组合形式的不同而划分的一系列各具特点并相互联系的土地单元(常庆瑞, 2002)。土地资源的类型划分是在对土地资源空间有序性认识的基础上，遵循一定的原则和依据，对千差万别的土地资源进行归并划分，将基本性质相似的归并为一类，而把有显著差异的相互分开，并对所划分的土地资源类型给予不同的名称(刘黎明，2004)。因此，土地资源分类是进行土地资源调查和评价的基础，也是因地制宜开发、利用、保护土地资源及实行土地用途管制的前提。

土地资源类型即性质相对均一或利用现状、利用潜力、适宜性相对一致，并占据一定空间位置的土地资源。土地资源类型不仅有自然综合体的特征，还具有可供人类生产利用、创造财富的再生产的经济特征(刘卫东等，2010)。对土地资源类型的划分，既要考虑和反映同特定利用目的相关的土地自然特性，又须考虑和反映同特定利用目的关系密切的社会经济属性。同时，为了更好地规划、利用土地，需要对土地的适宜性、生产潜力、开发利用方向、保护和改造措施等加以评价，并将这些指标作为土地资源分类的标准或参考依据(陈百明和张凤荣，2011)。土地资源类型的划分对于土地调查和制图、土地规划、土地资源评价、土地开发和保护等都具有重要的指导意义，后者反过来也可提高土地资源类型划分的科学性。

1. 土地资源类型分类系统

土地资源类型分类系统是以土地资源类型为划分对象所形成的分类系统，其主要目的是为我国土地资源评价服务。在这方面，1978 年中国科学院自然资源综合考察委员会受国家科学技术委员会的委托，组织编制了全国土地资源图，并于次年拟出了第一个中国《1∶100 万土地资源图》的分类系统和制图规范。这种全国性大范围的土地资源类型划分，是为了满足我国土地农林牧副渔的评价工作而进行的。它以全国自然区划为背景，在高级次土地单元的自然类型划分的基础上，充分考虑土地作为农林生产资料和劳动对象所表现出来的生产特性，并且反映了人们过去和现在的生产生活对土地强烈作用的影响结果。1983 年，中国科学院自然资源综合考察委员会在土地资源分类系统基础上，进一步采取"土地潜力区—土地适宜类—土地质量等—土地限制型—土地资源单位"五级分类制对其进行划分。

1) 土地潜力区

根据大气水热条件的区域差异将全国划分为华南区、四川盆地-长江中下游区、云贵高原区、华北-辽南区、黄土高原区、东北区、内蒙古半干旱区、西北干旱区和青藏高原区 9 个土地潜力区。它反映了各区之间生产潜力的差异，即同一区内的土地大致有着相近的生产潜力，包括适宜的农作物、牧草与林木的种类、组成、熟制和产量等，以及土地利用的主要方向和措施。

2) 土地适宜类

主要根据土地对农、林、牧业生产的适宜性来划分，反映土地的主导适宜性和多种适宜性。共分为宜农、宜林、宜牧、宜农宜林、宜农宜牧、宜林宜牧、宜农宜牧宜林及不宜农林牧 8 个土地适宜类。

3) 土地质量等

在土地适宜类内按照土地对农、林、牧三方面的适宜程度和生产潜力的高低划分为一等、二等、三等宜农土地和一等、二等、三等宜牧土地及一等、二等、三等宜林土地。对于土地多适宜类(如宜农宜林、宜农宜牧宜林等)则按其对农林牧各自的质量等级予以排列组合。

4) 土地限制型

在土地质量等范围内，按其限制因素及强度来划分。同一土地限制型内的土地具有相同的主要限制因素和相似的改造措施。共分为无限制、水文与排水条件限制、土壤盐碱化限制、有效涂层厚度限制、土壤质地限制、基岩裸露限制、地形坡度限制、土壤侵蚀限制、水分限制与温度限制 10 个限制型。

5) 土地资源单位

它是土地资源最低一级分类单位，表明土地的自然类型或利用类型是由一组具有较为一致的植被、土壤及中等地形或经营管理与改造措施上较为相似的土地所构成。土地资源单位的数量不限，在各土地潜力区内也不一致。

2. 土地利用现状分类体系

土地利用现状是人类长期利用、改造土地资源的结果，深刻反映了土地资源的自然属性与经济特性，是划分土地利用类型的综合性指标(陈百明和周小萍, 2007)。土地资源利用分类系统是根据土地利用方式、结构及特点等的相似性和差异性，按照一定的原则和依据，划分为一个不同层次的类型结构体系(宋子柱, 1999)。当前，国际上多采用两级制土地资源利用类型系统，且侧重城市用地分类，农用地次之。我国现行的《土地管理法》将土地分为农用地、建设用地和未利用地三类。

我国的土地分类体系是在不断发展、完善的过程中形成的。1984 年，全国农业区划委员会发布《土地利用现状调查技术规程》，规定了土地利用现状分类及含义。随后，原国家土地管理局发布《城镇地籍调查规程》，明确了城镇土地分类及含义。2001 年，国土资源部在上述现行土地分类基础上，制定了城乡统一的全国土地利用分类体系。之后，中华人民共和国国家质量监督检验检疫总局和中国国家标准化管理委员会联合发布《土地利用现状分类》(GB/T 21010—2007)，该分类体系共分为 12 个一级类、56 个二级类，标志着我国土地利用现状分类首次拥有了全国统一的国家标准。2017 年，国土资源部组织修订的《土地利用现状分类》(GB/T 21010—2017)经中华人民共和国国家质量监督检验检疫总局、中国国家标准化管理委员会批准发布并实施。该体系进一步完善了地类含义，细化了二级类划分，调整了地类名称，增加了湿地归类，规定了土地利用的类型、含义，同时将土地利用类型分为 12 个一级类、73 个二级类，并采用数字编码表示(表 4-1)。其中，一、二级

表 4-1　土地利用现状分类和编码(GB/T 21010—2017)

一级类		二级类		含义
编码	名称	编码	名称	
01	耕地			指种植农作物的土地，包括熟地，新开发、复垦、整理地，休闲地(含轮歇地、休耕地)；以种植农作物(含蔬菜)为主，间有零星果树、桑树或其他树木的土地；平均每年能保证收获一季的已垦滩地和海涂。耕地中包括南方宽度<1.0 m，北方宽度<2.0 m 固定的沟、渠、路和地坎(埂)；临时种植药材、草皮、花卉、苗木等的耕地，临时种植果树、茶树和林木且耕作层未破坏的耕地，以及其他临时改变用途的耕地
		0101	水田	指用于种植水稻、莲藕等水生农作物的耕地。包括实行水生、旱生农作物轮种的耕地

续表

一级类		二级类		含义
编码	名称	编码	名称	
01	耕地	0102	水浇地	指有水源保证和灌溉设施，在一般年景能正常灌溉，种植旱生农作物(含蔬菜)的耕地。包括种植蔬菜的非工厂化的大棚用地
		0103	旱地	指无灌溉设施，主要靠天然降水种植旱生农作物的耕地，包括没有灌溉设施，仅靠引洪淤灌的耕地
02	园地			指种植以采集果、叶、根、茎、汁等为主的集约经营的多年生木本和草本作物，覆盖度大于50%或每亩株数大于合理株数70%的土地。包括用于育苗的土地
		0201	果园	指种植果树的园地
		0202	茶园	指种植茶树的园地
		0203	橡胶园	指种植橡胶树的园地
		0204	其他园地	指种植桑树、可可、咖啡、油棕、胡椒、药材等其他多年生作物的园地
03	林地			指生长乔木、竹类、灌木的土地，及沿海生长红树林的土地。包括迹地，不包括城镇、村庄范围内的绿化林木用地，铁路、公路征地范围内的林木，以及河流、沟渠的护堤林
		0301	乔木林地	指乔木郁闭度≥0.2的林地，不包括森林沼泽
		0302	竹林地	指生长竹类植物，郁闭度≥0.2的林地
		0303	红树林地	指沿海生长红树植物的林地
		0304	森林沼泽	以乔木森林植物为优势群落的淡水沼泽
		0305	灌木林地	指灌木覆盖度≥40%的林地，不包括灌丛沼泽
		0306	灌丛沼泽	以灌丛植物为优势群落的淡水沼泽
		0307	其他林地	包括疏林地(树木郁闭度≥0.1、<0.2的林地)、未成林地、迹地、苗圃等林地
04	草地			指生长草本植物为主的土地
		0401	天然牧草地	指以天然草本植物为主，用于放牧或割草的草地，包括实施禁牧措施的草地，不包括沼泽草地
		0402	沼泽草地	指以天然草本植物为主的沼泽化的低地草甸、高寒草甸
		0403	人工牧草地	指人工种植牧草的草地
		0404	其他草地	指树木郁闭度<0.1，表层为土质，不用于放牧的草地
05	商服用地			指主要用于商业、服务业的土地
		0501	零售商业用地	以零售功能为主的商铺、商场、超市、市场和加油、加气、充换电站等的用地
		0502	批发市场用地	以批发功能为主的市场用地
		0503	餐饮用地	饭店、餐厅、酒吧等用地
		0504	旅馆用地	宾馆、旅馆、招待所、服务型公寓、度假村等用地
		0505	商务金融用地	指商务服务用地，以及经营性的办公场所用地。包括写字楼、商业性办公场所、金融活动场所和企业厂区外独立的办公场所；信息网络服务、信息技术服务、电子商务服务、广告传媒等用地
		0506	娱乐用地	指剧院、音乐厅、电影院、歌舞厅、网吧、影视城、仿古城以及绿地率小于65%的大型游乐等设施用地

续表

一级类		二级类		含义
编码	名称	编码	名称	
05	商服用地	0507	其他商服用地	指零售商业、批发市场、餐饮、旅馆、商务金融、娱乐用地以外的其他商业、服务业用地。包括洗车场、洗染店、照相馆、理发美容店、洗浴场所、赛马场、高尔夫球场、废旧物资回收站、机动车、电子产品和日用产品修理网点、物流营业网点，及居住小区及小区级以下的配套的服务设施等用地
06	工矿仓储用地			指主要用于工业生产、物资存放场所的土地
		0601	工业用地	指工业生产、产品加工制造、机械和设备修理及直接为工业生产等服务的附属设施用地
		0602	采矿用地	指采矿、采石、采砂(沙)场、砖瓦窑等地面生产用地，排土(石)及尾矿堆放地
		0603	盐田	指用于生产盐的土地，包括晒盐场所、盐池及附属设施用地
		0604	仓储用地	指用于物资储备、中转的场所用地，包括物流仓储设施、配送中心、转运中心等
07	住宅用地			指主要用于人们生活居住的房基地及其附属设施的土地
		0701	城镇住宅用地	指城镇用于生活居住的各类房屋用地及其附属设施用地，不含配套的商业服务设施等用地
		0702	农村宅基地	指农村用于生活居住的宅基地
08	公共管理与公共服务用地			指用于机关团体、新闻出版、科教文卫、公用设施等的土地
		0801	机关团体用地	指用于党政机关、社会团体、群众自治组织等的用地
		0802	新闻出版用地	指用于广播电台、电视台、电影厂、报社、杂志社、通讯社、出版社等的用地
		0803	教育用地	指用于各类教育用地，包括高等院校、中等专业学校、中学、小学、幼儿园及其附属设施用地，聋、哑、盲人学校及工读学校用地，以及为学校配建的独立地段的学生生活用地
		0804	科研用地	指独立的科研、勘察、研发、设计、检验检测、技术推广、环境评估与监测、科普等科研事业单位及其附属设施用地
		0805	医疗卫生用地	指医疗、保健、卫生、防疫、康复和急救设施等用地。包括综合医院、专科医院、社区卫生服务中心等用地；卫生防疫站、专科防治所、检验中心和动物检疫站等用地；对环境有特殊要求的传染病、精神病等专科医院用地；急救中心、血库等用地
		0806	社会福利用地	指为社会提供福利和慈善服务的设施及其附属设施用地。包括福利院、养老院、孤儿院等用地
		0807	文化设施用地	指图书、展览等公共文化活动设施用地。包括公共图书馆、博物馆、档案馆、科技馆、纪念馆、美术馆和展览馆等设施用地；综合文化活动中心、文化馆、青少年宫、儿童活动中心、老年活动中心等设施用地
		0808	体育用地	指体育场馆和体育训练基地等用地，包括室内外体育运动用地，如体育场馆、游泳场馆、各类球场及其附属的业余体校等用地，溜冰场、跳伞场、摩托车场、射击场，以及水上运动的陆域部分等用地，以及为体育运动专设的训练基地用地，不包括学校等机构专用的体育设施用地
		0809	公用设施用地	指用于城乡基础设施的用地。包括供水、排水、污水处理、供电、供热、供气、邮政、电信、消防、环卫、公用设施维修等用地

续表

一级类		二级类		含义
编码	名称	编码	名称	
08	公共管理与公共服务用地	0810	公园与绿地	指城镇、村庄范围内的公园、动物园、植物园、街心花园、广场和用于休憩、美化环境及防护的绿化用地
09	特殊用地			指用于军事设施、涉外、宗教、监教、殡葬、风景名胜等的土地
		0901	军事设施用地	指直接用于军事目的的设施用地
		0902	使领馆用地	指用于外国政府及国际组织驻华使领馆、办事处等的用地
		0903	监教场所用地	指用于监狱、看守所、劳改场、戒毒所等的建筑用地
		0904	宗教用地	指专门用于宗教活动的庙宇、寺院、道观、教堂等宗教自用地
		0905	殡葬用地	指陵园、墓地、殡葬场所用地
		0906	风景名胜设施用地	指风景名胜景点(包括名胜古迹、旅游景点、革命遗址、自然保护区、森林公园、地质公园、湿地公园等)的管理机构,以及旅游服务设施的建筑用地。景区内的其他用地按现状归入相应地类
10	交通运输用地			指用于运输通行的地面线路、场站等的土地。包括民用机场、汽车客货运场站、港口、码头、地面运输管道和各种道路以及轨道交通用地
		1001	铁路用地	指用于铁道线路及场站的用地。包括征地范围内的路堤、路堑、道沟、桥梁、林木等用地
		1002	轨道交通用地	指用于轻轨、现代有轨电车、单轨等轨道交通用地,以及场站的用地
		1003	公路用地	指用于国道、省道、县道和乡道的用地。包括征地范围内的路堤、路堑、道沟、桥梁、汽车停靠站、林木及直接为其服务的附属用地
		1004	城镇村道路用地	指城镇、村庄范围内公用道路及行道树用地,包括快速路、主干路、次干路、支路、专用人行道和非机动车道,及其交叉口等
		1005	交通服务场站用地	指城镇、村庄范围内交通服务设施用地,包括公交枢纽及其附属设施用地、公路长途客运站、公共交通场站、公共停车场(含设有充电桩的停车场)、停车楼、教练场等用地,不包括交通指挥中心、交通队用地
		1006	农村道路	在农村范围内,南方宽度≥1.0 m、≤8 m,北方宽度≥2.0 m、≤8 m,用于村间、田间交通运输,并在国家公路网络体系之外,以服务于农村农业生产为主要用途的道路(含机耕道)
		1007	机场用地	指用于民用机场、军民合用机场的用地
		1008	港口码头用地	指用于人工修建的客运、货运、捕捞及工程、工作船舶停靠的场所及其附属建筑物的用地,不包括常水位以下部分
		1009	管道运输用地	指用于运输煤炭、矿石、石油、天然气等管道及其相应附属设施的地上部分用地
11	水域及水利设施用地			指陆地water域、滩涂、沟渠、沼泽、水工建筑物等用地。不包括滞洪区和已垦滩涂中的耕地、园地、林地、城镇、村庄、道路等用地
		1101	河流水面	指天然形成或人工开挖河流常水位岸线之间的水面,不包括被堤坝拦截后形成的水库区段水面
		1102	湖泊水面	指天然形成的积水区常水位岸线所围成的水面

续表

一级类		二级类		含义
编码	名称	编码	名称	
11	水域及水利设施用地	1103	水库水面	指人工拦截汇集而成的总设计库容≥10 万 m³ 的水库正常蓄水位岸线所围成的水面
		1104	坑塘水面	指人工开挖或天然形成的蓄水量<10 万 m³ 的坑塘常水位岸线所围成的水面
		1105	沿海滩涂	指沿海大潮高潮位与低潮位之间的潮浸地带。包括海岛的沿海滩涂。不包括已利用的滩涂
		1106	内陆滩涂	指河流、湖泊常水位至洪水位间的滩地；时令湖、河洪水位以下的滩地；水库、坑塘的正常蓄水位与洪水位间的滩地。包括海岛的内陆滩地。不包括已利用的滩地
		1107	沟渠	指人工修建，南方宽度≥1.0 m、北方宽度≥2.0 m 用于引、排、灌的渠道，包括渠槽、渠堤、护堤林及小型泵站
		1108	沼泽地	指经常积水或渍水，一般生长湿生植物的土地。包括草本沼泽、苔藓沼泽、内陆盐沼等。不包括森林沼泽、灌丛沼泽和沼泽草地
		1109	水工建筑用地	指人工修建的闸、坝、堤路林、水电厂房、扬水站等常水位岸线以上的建(构)筑物用地
		1110	冰川及永久积雪	指表层被冰雪常年覆盖的土地
12	其他土地			指上述地类以外的其他类型的土地
		1201	空闲地	指城镇、村庄、工矿范围内尚未使用的土地。包括尚未确定用途的土地
		1202	设施农用地	指直接用于经营性畜禽养殖生产设施及附属设施用地；直接用于作物栽培或水产养殖等农产品生产的设施及附属设施用地；直接用于设施农业项目辅助生产的设施用地；晾晒场、粮食果品烘干设施、粮食和农资临时存放场所、大型农机具临时存放场所等规模化粮食生产所必需的配套设施用地
		1203	田坎	指梯田及梯状坡地耕地中，主要用于拦蓄水和护坡，南方宽度≥1.0 m、北方宽度≥2.0 m 的地坎
		1204	盐碱地	指表层盐碱聚集，生长天然耐盐植物的土地
		1205	沙地	指表层为沙覆盖、基本无植被的土地。不包括滩涂中的沙地
		1206	裸土地	指表层为土质，基本无植被覆盖的土地
		1207	裸岩石砾地	指表层为岩石或石砾，其覆盖面积≥70%的土地

均采用两位阿拉伯数字编码，从左到右依次代表一、二级。新的土地利用现状分类国家标准适用于土地调查、规划、审批、供应、整治、执法、评价、统计、登记及信息化管理等。新国标的出台，对统一当前不同土地利用分类体系迈出了关键性的一步，为国土资源科学化管理乃至国民经济宏观管理决策提供了科学的数据支撑，具有重大意义。

4.1.2　土地资源评价

　　土地构成要素分析、土地资源类型和土地资源调查等是对土地资源及其性状的直观描述和直接认识，而要有效地利用土地资源，必须系统认识土地资源针对特定用途的性状特征，这就需要综合、深入、全面地分析和评估，即土地资源评价(倪绍祥, 2009)。土地资源评价是土地资源学的重要分支，其包括对土地的各个要素(气候、地形、植被、水等)及与土地利用有关的社会经济条件进行综合、全面考察，阐明土地对某种用途的适宜程度、限制程度、生产潜力、持续性、经济效应及其环境影响。

由于评价目的、目标、对象、方法等不同，土地资源评价的类型迥异。例如，根据评价目的的不同，可将其分为土地潜力评价、土地适宜性评价、土地经济评价等；根据评价方法的不同，可将其分为定性评价和定量评价；根据土地评价目标的综合性程度的不同，可分为单项评价和综合评价；以及根据评价对象的不同，土地评价又可分为农业用地评价、城镇用地评价、自然保护区用地评价等。

1. 土地潜力评价

土地潜力，又称土地利用能力，是指土地在用于农、林、牧业生产或其他利用方面的潜在能力(谭术魁，2011)。土地潜力评价，或称土地潜力分级，是在特定目的下对土地的自然、经济及其生产性能进行综合评估和分类定级的过程，其划分主要依据土地自然性质及其对土地某种持久利用的限制因素及程度，即根据土壤、气候、地形等要素对土地利用的限制性影响，将土地归并成若干不同的类别或等级(胡存智，2012)。土地潜力评价能揭示某一地区内各地段生产潜力的差异，表明土地生产潜力的限制因素类型及程度，并反映出地区间的等级差别，以满足在生产实践中区划工作的需要，为各单位生产提供科学依据。

世界上最早使用的土地潜力评价系统是美国农业部土壤保持局在 20 世纪 30 年代提出来的"土地潜力分类"。该系统主要针对各种土壤制图单元，按其对一般农作物生产、林木和牧草植物生长的适宜情况进行归类合并。同一潜力单元的土壤制图单元具有可比的潜在生产力，包括潜力级、潜力亚级和潜力单元 3 个等级单位。潜力级、潜力亚级和潜力单元的评定，均以该土地长期种植农作物或饲料作物不会导致土地退化为前提。

1)潜力级

潜力级是潜力评价中最高的级别，它是若干土地潜力亚级经过归并后的产物，这些被归并的土地潜力亚级在利用上的限制性或危害性的相对程度是相同的。将全部土地划分为 8 个潜力级，分别用罗马数字 Ⅰ~Ⅷ 表示。概括而言，从 Ⅰ 级至 Ⅷ 级，土地利用受到的限制程度逐级增加，与此同时，作物的选择余地逐渐减少。其中，Ⅰ 级至 Ⅳ 级土地在良好管理下可生产适宜的作物，而 Ⅴ~Ⅷ 级土地一般不能用于农业耕作。

2)潜力亚级

潜力亚级是若干土地潜力单元的组合，这些土地潜力单元具有相同的限制性因素和危险性。土地利用上的限制性因素是多方面的，但归结起来，存在着与土地潜力亚级相对应的 4 种限制性因素，即侵蚀危害限制(e)；潮湿、排水或洪涝限制(w)；土壤根系层限制(s)；气候条件限制(c)。

3)潜力单元

土地潜力单元是对一般农作物和饲料作物的经营管理具有大致相同效应的土地组合。同一潜力单元的土地具有相同的利用潜力和利用上的限制性。具体地，属于同一土地潜力单元的土地具有以下特点：①在相同的经营管理措施下，可生产相同的农作物、牧草或林木；②如果发展相同种类的植被，则要求采取相同的水土保持措施和其他经营管理措施；③可获得相近的实际生产潜力。理论上，相似经营管理条件下，同一潜力单元内平均产量的变化不超过 25%。

2. 土地适宜性评价

土地适宜性是针对特定的土地利用方式而言的。土地适宜性评价，就是指对土地的自然、社会、经济等属性进行综合鉴定，明确土地生产潜力及其对经济建设和农、林、牧、渔等产业发展的适应性、限制性及其程度差异（史同广等，2007）。早在 1961 年，F. R.吉本斯就明确指出："对土地不能简单地按从'最好'至'最差'的尺度进行分等，而不考虑它的利用方式。"因此，从一定意义上说，土地适宜性评价是土地潜力评价的进一步发展，针对性较强，评价成果的实用性较大。现阶段，我国土地资源特别是耕地资源减少较快，人地矛盾突出，土地整治、规划管理等工作难度较大（龙花楼，2013）。土地适宜性评价为土地综合整治、土地资源合理利用与高效管控提供了科学依据。

制定科学而符合实际的评价系统，是土地适宜性评价研究的核心内容之一。目前国际上影响最大、应用最广泛的土地适宜性评价方案是联合国粮食及农业组织（Food and Agriculture Organization, FAO）于 1976 年正式公布的《土地评价纲要》。其中，针对土地适应性评价问题，采用适宜纲（order）、适宜类（class）、适宜亚类（subclass）、适宜单元（unit）逐级递降的 4 级制评价系统（表 4-2），已成为当前各类土地适宜性评价的纲领性指南。

表 4-2　FAO《土地评价纲要》中的土地适宜性评价系统

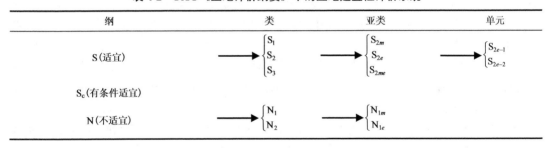

纲	类	亚类	单元
S（适宜）	$\begin{cases}S_1\\S_2\\S_3\end{cases}$	$\begin{cases}S_{2m}\\S_{2e}\\S_{2me}\end{cases}$	$\begin{cases}S_{2e-1}\\S_{2e-2}\end{cases}$
S_c（有条件适宜）			
N（不适宜）	$\begin{cases}N_1\\N_2\end{cases}$	$\begin{cases}N_{1m}\\N_{1e}\end{cases}$	

土地适宜纲表示土地对所考虑的特定利用方式评价为适宜（S）、不适宜（N）和有条件适宜（S_c）。其中：适宜（S）表示土地被某种特定用途持续利用时能产生明显的经济效益，且对土地资源本身不会产生破坏性后果；不适宜（N）表示土地资源本底条件不支持其持续用于某种特定用途；有条件适宜（S_c）表示部分小面积土地在规定的经营管理条件下，可能不适宜某种用途，但也可能因经营管理情况的某些变化而适用于某种用途。土地适宜类反映纲内部土地对某种利用方式的适宜程度，用连续的阿拉伯数字按适宜纲内的适宜程度递减顺序进行编列。适宜类的数目不作具体规定，如可划分为两类，即"适宜 1"及"适宜 2"。土地适宜亚类反映土地限制性类别的差异，通常用英文字母表示限制性类别，附在适宜性级符号后，如 S_{2m}、S_{2e} 等。由于属于高度适宜类（S_1）的土地无明显限制因素，故不设适宜亚类。在实际工作中设置适宜亚类一般可遵循两条原则：一是亚类的数目越少越好，能区分开适宜类内的不同质量的土地即可；二是对于任何亚类而言，在符号中应尽可能少用限制因素，一般只列出主要限制因素的符号。土地适宜单元是适宜亚类的续分。每一适宜亚类内所有适宜单元具有相同程度的适宜性和相似的限制性。不同适宜单元在生产特点或经营管理要求的细节方面不同。适宜单元用阿拉伯数字表示，置于适宜亚类之后，如 S_{2e-1}、

S_{2e-2} 等。一个适宜亚类可划分出多少个适宜单元，没有明确限制。

3. 土地经济评价

土地利用不仅与土地自然属性有关，而且与土地的经济、社会等属性有密切联系。近年来，国内外土地评价研究在继续重视土地自然评价的同时，日益重视土地经济评价，其中既包括农业用地的经济评价，也包括城镇用地等非农业用地的经济评价(常庆瑞，2002)。土地经济评价已成为开展土地利用规划和实施土地科学管理的一种重要手段。

土地经济评价，即运用可比经济指标，通过对特定类型或特定区域内土地利用的投入、产出、效益等分析来评定土地利用质量及其经济可行性。土地经济评价不仅考虑土地所固有的自然属性差异，而且着重分析在等量劳动耗费下土地的产出效果，即主要展示土地在各种利用方式上的经济效果(董黎明和冯长春，1989)。土地经济评价和土地自然评价之间不是孤立的，而是存在紧密联系的。土地经济评价是对土地自然属性和经济属性的综合评定，旨在揭示在相同的物质、劳动力投入和经营管理水平下，土地在生产效率、利用效益或经济价值方面的差别。

根据土地利用类型，土地经济评价可分为农用土地经济评价和非农业土地经济评价。其中，农用土地经济评价实质是农用土地开发利用的效益评价，着重评定农用土地的投入与产出之间的对比关系(彭建等，2005)；非农业土地经济评价偏重对非农业土地的价值、价格进行评定，如城镇土地经济评价。根据评价对象的性质，土地经济评价又可分为区域土地经济评价和项目土地经济评价。其中，区域土地经济评价是针对所在区域的各种土地利用类型，通过较广泛的社会经济分析，揭示这些土地利用类型的经济价值。项目土地经济评价则是针对某一特定土地利用方式的可行性进行经济分析。具体来说，将项目视为一个"工程"，并选择一系列能反映土地经济价值的因素、指标，针对所划分的土地单元和土地用途，确定土地的经济价值等级。

土地经济评价的作用是多方面的。首先，通过确定土地的生产能力和利用效益，可为国家在保护土地尤其是耕地的法律法规、政策及防止乱占、滥用土地和随意改变土地用途等领域提供立法、执法依据。其次，通过对土地投入产出效益的综合评定，合理确定其生产能力和经济价值，可为国家或地方确定合理的土地税费标准提供依据(陈志刚等，2013)。此外，土地经济评价还可服务于土地有偿使用、土地利用规划、土地综合整治、土地可持续利用管理等领域，并可为土地合理利用提供激励机制。

4.2 土地集约利用

土地集约利用是保障区域经济社会可持续发展和资源永续利用的重要途径，也是实现土地资源优化配置的现实要求，早在 18 世纪就已成为西方经济学论述的主题之一(邵晓梅等，2006)。工业革命后，城市化进程推动了土地集约利用理论的发展，尤其是 20 世纪 70 年代经济合作与发展组织(Organization for Economic Co-operation and Development, OECD)提出可持续发展理念，其中强调实行土地集约化利用与管理是实现一国或地区可持续发展的根本途径。改革开放后，粗放用地，特别是建设滥占耕地现象，成为影响我国社会持续平稳运行不容忽视的现实问题。为此，国家提出建设节约型社会和发展循环经济，积极探索建立国土资源管理新机制。在此背景下，积极推进土地节约集约利用，将对促进发展方式转变和推动我国经济高质量发展具有重要意义。

4.2.1　土地集约利用的概念与内涵

1. 土地集约利用的概念

"集约"和"粗放"是两个相对的概念，土地集约利用是相对粗放式土地利用而言的，这一概念最早可追溯至古典经济学家在地租理论中对农业用地的研究。即农地集约经营是在一定面积的土地上，集中投入较多的生产资料和劳动力，使用先进的技术和管理方法，以求在较小面积的土地上获得高额产量和收入的一种农业经营方式(大卫·李嘉图, 2020)。受土地利用报酬递减规律的影响，土地利用集约度的提高是有限的。理论上，当土地边际效益等于边际产出时，经营者将不会追加投入，该临界点即土地利用集约边界，达到集约边界的土地利用被称为集约利用，反之则为粗放利用。土地集约利用本质上是土地投入产出之间的关系，即以在土地上最少的投入获得最高产出。因此，土地集约利用可定义为：在有限的土地资源下，通过科学合理的规划、设计和管理，实现土地的最大化利用，以满足人类社会的各种经济、社会和环境需求的过程。这一概念强调在单位土地面积上获得最大的效益，包括提高生产力、降低环境影响、促进可持续发展及确保社会公平。土地集约利用的目标是在有限的土地资源下实现经济的、社会的和环境的可持续发展。

从上述定义不难看出，土地集约利用只有以可持续发展理念为指导，才能最终体现土地利用服务于区域发展的根本宗旨。首先，可持续发展追求经济、社会和生态三方面的可持续性，因此，土地集约利用并不是片面强调经济效益，而是追求土地利用经济、社会、生态综合效益的提升。其次，随着人口增长和经济发展，土地资源的稀缺性表现得日益突出，根据生产要素的替代性原理，用资金、劳动力、技术等其他生产要素来部分替代稀缺的土地资源，从而最终达到最优的生产效率，这也是土地集约利用的本质内涵所在(林坚等, 2004)。再次，在现有的科学技术水平下，土地集约利用的主要手段是调整和优化区域土地利用结构和布局，提高土地利用率和使用强度。对于农用地而言，集约利用的主要措施有调整农业结构、规模化经营、提高复种指数、发展精细农业、实施保护栽培等；对于建设用地而言，集约利用的主要措施有优化土地利用配置、充分利用闲置土地、挖掘存量土地潜力、提高建筑密度和容积率、合理利用城市地下空间等(陶志红, 2000)。最后，土地集约利用的最终目标，就是要使土地利用更好地服务于生产、生活和生态，实现人地关系的协调统一。综合来看，土地集约化利用是以提高经济社会总体效益为目标，以现有平均先进生产技术和生活设施为标准，在满足生产生活合理环境水平的基础上，实现土地资源投入产出的最大化。

2. 土地集约利用的内涵

土地集约利用是在可持续发展理念指导下，采用资金、劳动力、技术替代战略，通过优化区域土地利用结构与布局、提高土地利用率和使用强度等手段，使其在满足人们生活需要、保障经济社会发展和支撑生态环境建设的同时，实现减量化、再利用、再循环，提升土地利用效率和效益的过程(赵小风等, 2010)。其基本内涵特征包括：

(1)动态性。土地集约利用是一个动态发展的过程，而非一个静态的终极目标。随着社会经济的发展和科技水平的提高，人们对土地集约利用的认识是不断提高进而有所改变的。究竟何种方式的土地利用是集约的，对此不同时期有不同的判别标准。例如，部分研究根据城市化发展阶段，将城市土地集约利用归纳为劳动资本型集约、资本技术型集约、结构型集约和生态型集约等几个阶段(何芳和魏静, 2001)，体现了不同城镇化发展进程、社会经济水平下土地集约利用在强度、方式和类型等方面的动态变化。

(2)区域性。我国地域辽阔，各地自然、社会、经济条件差异很大，土地集约利用追求的目标也不尽相同。例如，东部沿海的国际产业转移承接区、中部的粮食主产区和西部的生态保育区，其土地利用方法极不相同，区域土地集约利用的表现形式必然有所差异。对于城市而言，不同性质和功能的城市，如旅游城市、工业城市等，衡量其土地集约利用水平的标准也不尽相同(赵鹏军和彭建, 2001)。

(3)层次性。土地集约利用在不同的空间尺度上侧重点不同。对于以整个区域为空间尺度的宏观层次而言，土地集约利用主要强调综合效益；中观层次强调不同土地利用功能类型结构布局的合理性及其效益；微观层次侧重单块土地的投入产出效益。应指出的是，不同层次的土地集约利用评价结果可能是不一致的，即使区域内每块土地的集约利用水平都很高，如果土地利用的结构布局不合理或不利于区域主体功能的发挥，整体土地利用可能也是低效而不集约的。

4.2.2   土地集约利用的理论基础

1. 土地稀缺性

土地属于非再生资源，土地供给的稀缺性是由土地自然供给的绝对有限性、土地的不动性、质量的差异性及土地报酬的递减性等客观因素所造成的。随着人口增加、社会产业的规模和种类的发展，不仅需要更多的耕地，也需要适合城市建设的各类用地。因此，土地集约利用有其客观的理论依据。土地稀缺性意指适合一定用途的土地供不应求，体现为供给总量与需求总量之间的矛盾(毕宝德, 1991)。土地稀缺性可分为绝对稀缺和相对稀缺，前者是指土地面积的有限性，即土地面积的不可扩展相对于人口的扩张显现出土地绝对稀缺；后者是由于土地资源的非均质性导致肥力较高的土地数量有限，而肥力较低的土地可以不断增加。土地的稀缺性构成了土地集约利用的现实基础。

2. 地租地价与区位

地租和地价理论揭示了土地集约利用的内在机制。亚当·斯密(Adam Smith)在《国民财富的性质和原因的研究》中指出，地租是作为使用土地的代价，是因为使用土地而支付的价格。大卫·李嘉图(David Ricardo)在《政治经济学及赋税原理》中认为，地租产生必须具备土地的有限性和差别性两项条件，从而产生了丰厚地租、位置地租和资本地租。阿尔弗雷德·马歇尔(Alfred Marshall)等新古典经济学家认为，地租实际上是一种分配工具，通常总是把土地分配给出价最高者。此外，区位理论是土地集约利用研究的重要依据。土地的区位条件不同，在社会经济活动中的作用与效果迥异，并直接影响着地租、地价的高低。德国学者奥古斯特·勒施(August Losch)在其著作《区位经济学》中，从总体均衡的角度来揭示整个系统的配置问题，成为市场区位论的主要奠基人。在现代城市中，土地存在着明显的功能分区，不同的城市土地区位，有着相对固定的空间位置和明显的经济特点。区位不同的地块具有较大的供求差异和收益差异。因此，旨在探求人类社会经济活动的空间法则和规律的区位理论，是指导土地集约利用的重要理论依据。

3. 土地报酬递减

土地集约利用程度有合理限制，并非越高越好，土地报酬递减理论为土地集约利用研究奠定了理论基础。1815 年，英国爱德华·威斯特(E. West)在《论资本用于土地》一书中，首次提出"土地报酬递减规律"。其是在一定的技术水平下，对单位土地连续追加劳动、技术、资本等生产要素投入，初始追加的投入越多，获得的报酬会随之增加，当投入量超过一定界限时，追加投入部分所获得的增加报酬会逐步减少，使得土地总报酬的增加也呈现递减趋势。在递减后，若土地利用在生产资源组合上进一步趋于合理，则又会转向递增；当技术与管理水平趋于稳定，将会再度趋于递减。至于土地生产力的发展变化趋势，关键在于科学技术和管理水平的主导作用(冯广京, 2015)。因此，要使土地产出更多的产品，提供最大收益，需要了解和研究土地报酬递减规律的作用，合理组织集约经营和规模经营，为土地合理的集约利用提供科学依据。

4.3 土地优化配置

土地资源是人类赖以生存的物质基础，科学的土地利用优化配置能充分发挥土地利用潜力、提高土地聚集效应、保持土地生态系统平衡。土地优化配置是针对土地资源经济供给的稀缺性及土地利用过程中的不合理性而提出来的(倪绍祥和刘彦随, 1999)。其中，"优化"是在分析不合理的土地利用现状的基础上提出的改良目标和规划期望，"配置"则是一种过程和手段，目的在于把一定的土地利用方式与土地的适宜性、社会经济性等进行优化调配，以最大限度提高土地利用综合效益。因此，土地优化配置，就是在全面认识区域土地资源现状构成及存在问题的前提下，为达到一定的社会、经济和生态目标，利用一定的管理手段和科学技术，对特定区域的土地资源进行利用方式、数量结构、空间布局和综合效益等方面的优化，以促进人地系统协调运行和可持续发展。其从宏观上主要表现为土地资源内部结构的调整，从微观上则主要表现为局部的、有限的土地资源总量的增加和未利用土地资源的改造(刘彦随和杨子生, 2008)。

4.3.1 土地优化配置的内涵与特征

1. 土地优化配置的基本内涵

资源配置是稀缺经济资源实现高效利用的客观要求，本质上是面对资源供给有限与资源需求无限之间的矛盾而对资源利用方式、行为等做出的选择(徐敬君和汝莹, 1993)。所谓土地利用配置，是为了达到一定的生态经济最优目标，依据土地特性，利用科学技术和管理手段，对区域一定数量的土地在其利用结构、方向等方面进行时空尺度上的安排、设计、组合和布局，以提高土地利用效率和土地产出率(吕春艳等, 2006)。土地配置应包括土地利用的区域宏观配置、地区(部门)配置和地点(宗地)配置。就土地属性而言，作为一种资源，土地利用配置是区域多种土地利用类型的宏观构成及其在国民经济各产业部门之间的组合；作为一种资产，它是土地产权在不同财产行为主体之间的分配；作为一种生产要素，它是土地与劳力、资本、技术等生产要素的比配投入。

土地资源优化配置，就是要在全面认识区域土地资源现状构成、质量特点及存在问题的前提下，从分析区域社会经济发展战略入手，合理组织土地生产力分配与布局，并通过制定政策和措施规范人类活动行为、协调土地生产关系，以保持人地系统的协调运行和可持续发展，不断提高土地生态经济系统功能，获取土地利用的最佳经济效益、生态效益和社会效益(刘彦随, 2013)。具体包括：①进行土地利用现状结构、动态演化系统分析，掌握土地利用类型转换及其动因机制与规律。②开展区域土地质量综合评价，鉴定土地适宜性等级结构。对比分析土地利用现状与土地质量结构的对应匹配关系，确定土地利用调整对象，初步提出土地利用优化配置的目标。③分析并预测区域土地利用需求状况，特别是区域主导产业部门及重大项目的用地需求，根据需求研究供给方案，包括新辟、整理和内涵挖潜等多种途径的可能性，在土地总量、土地质量及地域空间上分析供需适应状况，提出平衡方案，划定土地利用控制区。④宏观与微观结合。从区域、局域到部门间，对用地平衡方案逐层落实，直到具体地块的定性、定量和定位，并进行必要的地段土地生态设计，提出土地合理利用和土地用途管制措施。

土地优化配置的主要任务在于寻求土地利用系统的结构效应，增强土地系统功能，促使土地资源在国民经济各地区、各产业、各部门的合理分配和集约利用，从而为区域土地资源在当代人之间及代际间的可持续利用奠定物质基础(吴次芳等, 1995)。概括起来，土地资源优化配置具有三层含义：①本质上是以土地可持续利用为根本目标和准则，在一定区域内使土地资源需求既能满足当代社会经济发展的需要，又不对人类未来的发展造成威胁；②以统筹兼顾、节约用地与集约经营、地尽其力与提高效益、持续利用为原则，强调土地利用时空结构的最优化；③区域土地资源优化配置表现为宏观、中观、微观三个尺度的模式，宏观层次配置是指土地利用类型在各产业部门的用地分配，中观层次配置是各产业部门根据自身用地指标进行部门内用地组合，微观层次配置是指地块内部不同品种或类别的配置。

2. 土地优化配置的主要特征

土地优化配置是一项复杂的系统工程，也是一个多目标、多层次的持续拟合与决策过程，其主要特征如下。

1) 整体性

土地利用结构系统的整体功能取决于系统中各组成要素之间的协调关系，即各层次的土地利用结构优化取决于不同类型土地之间的相互协调，而上一级的土地利用结构优化取决于下一级之间的相互协调(刘书楷和曲福田, 2004)。优化工作不仅应做到各层次土地利用结构的优化，而且应使土地利用结构系统的整体功能最大化。

2) 多目标性

任何土地资源的优化配置都是为了达到一定的目标。该目标具有多样性，包括经济效益、生态效益、社会效益等目标，对土地利用系统的优化需要以一种主要目标为重点，兼顾次要目标，达到各目标的相对平衡。

3) 灰色性

土地资源配置涉及诸多微观的经济和生态因素,有些是确定的,有些具有不确定性,具体实践中必须用灰色理论去分析与抽象土地利用系统。

4) 时空性

任何事物都是动态变化的,土地利用系统的动态变化主要反映在系统的内部结构和外部功能上,土地资源优化配置不仅是时间上的安排,也是空间上的优化。

4.3.2　土地优化配置的重点与趋势

1. 土地优化配置的重点问题

1) 优化配置机制问题

当前,我国城镇土地资源配置机制尚存在不合理性,一方面政府力量对土地市场干预过多,另一方面又存在很多管理缺位,导致土地隐性市场的出现,同时具体的管理手段低效,使得土地市场呈现僵化和无序并存的状态。

2) 公平与效率兼顾问题

实现资源有效配置的核心是将有限的资源分配到最能实现其价值的地方,最终实现帕累托(Pareto)最优。土地资源的配置既包括全国区域内的土地资源配置,也包括同一个区域内部的土地资源配置(宋宜农, 2017)。在制定土地资源配置政策时,应既从全国的角度出发,又兼顾到地方利益;既要实现土地资源的有效配置,又要兼顾配置过程中所带来的负面影响,还要注意区域发展中的公平与效率问题。

3) 结构平衡与优化措施问题

农业生产和建设用地扩展等因素引起区域土地利用结构发生变化,如何界定合理的区域土地利用结构(如建设用地、生态用地和未利用地的比例)成为土地资源配置研究中的重点(龚建周等, 2010)。因此,土地资源配置不仅要关注城市内部的土地资源配置,更要关注城市化进程和农业结构调整中的土地资源配置问题。

4) 技术与方法问题

土地资源优化配置的最终目的是实现土地资源高效集约利用,但目前的相关研究大多还停留在对策分析上,缺乏定量依据,难以为土地管理部门和城市规划部门提供科学、合理的方案成果(梁流涛等, 2013)。而在实践中,相关研究在方法模型系统、定量化技术实现、过程与结果可视化等方面仍需加强。

2. 土地优化配置的发展趋势

作为有效缓解资源、人口、环境等压力的重要途径,土地资源优化配置是土地资源学研究的重要内容,其理论研究与实践探索呈现出以下发展趋势。

1) 寻求市场经济条件下土地优化配置方法

市场经济条件下,应用传统规划方法解决复杂的系统问题面临一定困难,必须寻求新的理论与技术方法支撑(袁满和刘耀林, 2014)。针对区域经济社会系统特性,结合自组织理论、模糊集合论、市场经济学、系统动力学、计算机科学等对区域土地利用优化问题进行创新研究,从而提出从定性到定量综合集成方法、区域总体规划决策支持系统、系统动力学(system dynamics, SD)模型，可为市场经济体系下土地利用优化配置提供新思路和方法。

2)建立土地利用优化配置辅助决策系统

土地利用优化配置辅助决策系统是把各种土地资源及社会经济数据、信息和知识同计算机技术有机结合起来，将科学决策与观点相同的经验和愿望结合起来，从而实现对土地资源利用进行科学决策和管理的计算机应用系统。部分致力于揭示地理信息系统技术在区域土地利用多目标规划中的应用，探讨地理信息系统支持的区域土地利用决策的原理和方法，为土地利用优化配置辅助决策系统的建立奠定了理论与方法支持(张鸿辉等, 2011)。这些方法集成了数据库、专家库、方法库和模型库，能自动实现数据采集、储存与分析土地利用适宜性，并生成区域生产布局优化决策，是土地利用优化配置决策研究的新方向。

3)生态脆弱区土地资源优化配置

生态脆弱区是指原生环境脆弱且稳定性差，特别是在人类活动显著影响下极易引起土地退化和生态环境恶化的地区。从可持续发展的战略高度，实现生态脆弱区土地资源优化配置，是促进区域人口、资源、环境和经济协调发展的根本途径和手段。

4)系统化、机制化、精确化、实用化方向发展

为达到土地资源优化配置的目的，通常需搜集大量数据，工作复杂而艰巨。通过对相关模型的合理简化，可减少数据收集工作量。尤其是随着"3S"技术发展日臻成熟，土地资源优化配置模型将不断朝系统化、机制化、精确化、实用化方向发展。

4.4　土地用途管制

土地用途管制是指国家为保证土地资源的合理利用及经济、社会与环境协调发展，通过编制土地利用规划，划定土地用途区，确定土地使用限制条件，并要求土地所有者、使用者严格按照国家确定的用途利用土地的制度(宋子柱, 1999)。土地用途管制的客体是已确定用途、数量、质量和位置的土地，管制的内容包括土地的利用方向、用途转换、利用程度及利用效益等(程久苗, 2000)，管制的制度则具有强制性、系统性、层次性和优化性等基本特征。土地用途管制是国外普遍采用的有效土地管理方式。随着经济发展与土地管理工作的不断深入，土地利用问题已衍生成为当代土地管理中最主要的核心内容(朱道林, 2007)。一些国家和地区政府为加强对土地利用的管理，纷纷采取了强有力的措施，形成了以土地利用规划为主、其他措施和手段密切配合的土地用途管制制度。例如，美国采用土地使用分区管制制度来规范土地的使用与开发，管制城市建设的密度与容积；日本明确了农地管制制度、城市土地利用规划制度、林地保护制度及空闲土地的管制，对土地用途管制制度做了更为详细的规定。

我国用途管制大致经历了土地用途管制(耕地)、生态要素用途管制、自然生态空间用途管制、国土空间用途管制 4 个发展阶段。用途管制最初源自对土地开发建设活动的限制和监管。改革开放以来，随着社会经济发展和人口数量剧增，我国人地关系呈人增地减趋势。在土地管理方面，由于农用地和建设用地利用的比较利益悬殊，单纯依靠价格杠杆调节，常出现"市场失灵"现象(王万茂, 1999)。在这种情况下，为保护耕地和粮食安全供给，采取政府干预手段，实施土地用途管制制度，成为我国土地管理制度的必然选择(陈利根, 2002)。1998 年修订的《土地管理法》将"用途管制"上升为基本制度，以耕地保护为核

心的土地用途管制成为我国国土空间用途管制的主要内容,对保护耕地和节约集约利用土地发挥了重要作用。由于对国土空间开发保护缺乏顶层设计,传统以耕地保护为核心的土地用途管制难以适应当前国土空间用途管制的新要求(林坚等,2018),迫切需要对国土空间融合机制、国土空间治理体系、绿色发展共享机制等进行有效整合(张京祥等,2018)。为此,在新时期山水林田湖草系统保护、生态文明建设等理念指导下,当前我国初步形成了以战略性国土空间用途管制和指导性土地开发空间控制为主体的国土空间用途管制体系。

4.4.1　战略性国土空间用途管制

起初,中央政府尤其强化耕地用途管制,地方政府为规避监管或实现耕地总体占补平衡,开始占用重要的生态用地和低丘缓坡地,导致绿色生态空间被挤占、区域生态环境被破坏。因此,2001 年我国首次将"环境保护"作为基本国策,用途管制也从耕地逐渐拓展至草原、林地、水域等重要生态资源,并制定相应的法律法规,以适应国家生态安全保障需求。2013 年中共十八届三中全会首次提出自然资源用途管制制度,国土空间用途管制的地位显著提升。为进一步从顶层设计上协调城镇空间、农业空间和生态空间之间的关系,2017 年党的十九大报告继续提出"统筹山水林田湖草系统治理",并首次明确要求"统一行使国土空间用途管制"。次年,中共中央、国务院出台《关于统一规划体系更好发挥国家发展规划战略导向作用的意见》,其中指出"国家级空间规划以空间治理和空间结构优化为主要内容,是实施国土空间用途管制和生态保护修复的重要依据"。2019 年,《中共中央　国务院关于建立国土空间规划体系并监督实施的若干意见》进一步指出,要"形成以国土空间规划为基础,统一用途管制为手段的国土空间开发保护制度。到 2035 年,全面提升国土空间治理体系与治理能力现代化水平"。至此,国土空间用途管制的机构、依据、权责等内容基本明确。党的二十大报告提出"优化国土空间发展格局","构建优势互补、高质量发展的区域经济布局和国土空间体系"。因此,构建国土空间用途管制制度已成为新时期优化国土空间开发格局,落实山水林田湖草生命共同体理念,推进生态文明领域国家治理体系和治理能力现代化的必然要求。

过去,由于各部门以自身事权为出发点划分空间类型,导致空间划分种类繁多。例如,主体功能区规划划分了优化开发区、重点开发区、限制开发区和禁止开发区四类;城乡总体规划划分了建成区、适建区、限建区三区;土地利用总体规划划分了允许建设区、有条件建设区、限制建设区、禁止建设区四区。尽管每种空间划分类型都提出了各自的管控原则,但管控手段总体较为薄弱(黄征学等,2019)。而在当前的空间治理体系中,国土空间用途管制是在国土空间规划确定的空间用途及开发利用限制条件基础上,通过利用许可、用途变更审批和开发利用监管等环节,对耕地、林地、草原、河流、海域等所有资源要素及空间统一进行分区分类用途管制(林坚等,2019)。也就是说,国土空间用途管制要明确每一个国土空间单元的保护或开发导向,尤其当涉及建设活动时,更需进一步明确地块用途及开发强度。因此。科学制定国土空间规划,明晰各类权属关系变化、空间用途转换、重点区域管控等,是落实国土空间用途管制的重点任务。

1. 主体功能区规划

国土空间是承载人类一切社会经济活动的物理载体,也是国家行使主权的权利范围。

一定范围的国土空间可能同时具备多种功能，但必有特定的主导功能。例如，在关系全局生态安全的区域，应把提供生态产品作为主体功能，否则就可能损害生态产品的生产能力；在农业发展条件较好的区域，应将提供农产品作为其主体功能，否则大量占用耕地就可能损害农产品生产能力。因此，必须区分不同国土空间的主体功能，根据主体功能定位确定开发的主体内容和发展的主要任务。推进形成主体功能区，就是要根据不同区域的资源环境承载能力、现有开发强度和发展潜力，统筹谋划人口分布、经济布局、国土利用和城镇化格局，确定不同区域的主体功能，并据此明确开发方向，完善开发政策，控制开发强度，规范开发秩序，逐步形成人口、经济、资源环境相协调的国土空间开发格局(樊杰, 2015)。在这方面，按开发方式可将我国国土空间划分为优化开发区域、重点开发区域、限制开发区域和禁止开发区域；按开发内容，可分为城市化地区、农产品主产区和重点生态功能区。各类主体功能区，在全国经济社会发展中具有同等重要的地位，但在主体功能、开发方式、保护内容、发展首要任务及国家支持重点等方面存在一定差异。例如，对城市化地区主要支持其集聚人口和经济，对农产品主产区主要支持其增强农业综合生产能力，对重点生态功能区主要支持其保护和修复生态环境。

优化开发区域、重点开发区域、限制开发区域和禁止开发区域，主要基于不同区域的资源环境承载能力、现有开发强度和未来发展潜力，以是否适宜或如何进行大规模高强度工业化城镇化开发为基准进行划分。其中，优化开发区域是经济比较发达、人口比较密集、开发强度较高、资源环境问题较突出，应优化进行工业化、城镇化开发的城市化地区。重点开发区域是有一定经济基础、资源环境承载能力较强、发展潜力较大、人口集聚、经济条件较好，应重点进行工业化、城镇化开发的城市化地区。限制开发区域分为两类，一是农产品主产区，即耕地较多、农业发展条件较好，尽管也适宜工业化和城镇化发展，但从保障国家农产品安全及中华民族永续发展的需要出发，必须将增强农业综合生产能力作为发展的首要任务，从而应限制进行大规模高强度工业化、城镇化开发的地区；二是重点生态功能区，即生态系统脆弱或生态功能重要，资源环境承载能力较低，不具备大规模高强度工业化、城镇化开发的条件，必须把增强生态产品生产能力作为首要任务，从而应限制进行大规模高强度开发的地区。禁止开发区域是依法设立的各级各类自然文化资源保护区域，以及其他禁止进行工业化、城镇化开发，需要特殊保护的重点生态功能区。国家层面的禁止开发区域，包括国家级自然保护区、世界文化自然遗产、国家级风景名胜区、国家森林公园和国家地质公园等。省级层面的禁止开发区域，主要包括省级及以下各级各类自然文化资源保护区域、重要水源地及其他省级人民政府根据需要确定的禁止开发区域。

城市化地区、农产品主产区和重点生态功能区，主要以提供主体产品的类型为基准进行划分。其中，城市化地区是以提供工业品和服务产品为主体功能的地区，也提供农产品和生态产品；农产品主产区是以提供农产品为主体功能的地区，也提供生态产品、服务产品和部分工业品；重点生态功能区是以提供生态产品为主体功能的地区，也提供一定的农产品、服务产品和工业品。

2. 资源要素发展规划

1) 土地利用总体规划

土地利用总体规划是在一定区域内，根据国家社会经济可持续发展的要求和当地自然、经济、社会条件，对土地的开发、利用、治理、保护在空间、时间上所做的总体安排和布局。土地利用总体规划一经批准即具有法定效力，相关单位和个人必须严格按照土地利用总体规划确定的用途使用土地。

全国土地利用总体规划由中央政府组织编制，下级土地利用总体规划以上级土地利用总体规划为依据编定。在审批上，土地利用总体规划实行分级审批。省、自治区、直辖市的土地利用总体规划，报国务院批准。省、自治区人民政府所在地市、人口在 100 万以上的城市及国务院指定的城市的土地利用总体规划，经省、自治区人民政府审查同意后，报国务院批准。新《土地管理法》适当集中土地利用总体规划的审批权限，使得土地利用总体规划的审批权限与《城市规划法》规定的同类城市总体规划的审批权限保持一致，便于这些城市的城市规划与土地利用总体规划相衔接，且有利于省级人民政府对地方各级土地利用总体规划的控制，使省、自治区、直辖市人民政府所承担的责任与权力相匹配。此外，由于各省区的乡镇数量较多，乡镇土地利用总体规划是最基层的土地利用总体规划，可由省级人民政府授权的设区的市、自治州人民政府批准。在指标传导上，地方各级土地利用总体规划中的建设用地总量不得突破上一级土地利用总体规划确定的控制性指标，耕地保有量不得低于上一级土地利用总体规划确定的控制指标。县乡级土地利用总体规划要确定土地利用区，明确土地用途，落实到地块，实行地块控制。所谓土地利用分区，是指在县乡级土地利用总体规划中，依据土地资源的特点、社会经济持续发展的要求及上级下达的规划指标和布局，划分出土地主要用途相对一致的区域，如农业用地区、建设用地区、自然保护区等。还可进行二级分区，如农业用地区可分为耕地保护区、耕地开发区、林业用地区、牧业用地区等。各地类分区应明确规定土地使用的限制条件，如耕地保护区内不得进行非农业的建设等。实行土地利用分区是县乡级土地利用总体规划的主要内容和重要控制手段，也是土地用途管制的主要依据。

2）农业发展规划

当前，我国农业发展虽取得明显成绩，但农业发展依赖水土资源消耗、靠天吃饭的局面仍未根本改变(龙花楼等，2018)。农业现代化建设面临着一系列严峻挑战：农业基础设施薄弱，抗灾减灾能力低的问题更加凸显；农业生产成本不断上升，比较效益偏低的矛盾较为突出；农产品市场需求刚性增长，保障主要农产品供求平衡难度加大；农业劳动力素质有待提高，转变农业发展方式的任务极为艰巨；农户生产经营规模小，小生产与大市场的矛盾依然明显；国际农产品市场投机炒作及传导影响加深，我国农业发展面临的外部不确定性增多(陈锡文，2015)。农业现代化已成为国家现代化建设的短腿，必须尽快补齐，以实现与工业化、城镇化的平稳协调发展。

《全国现代农业发展规划(2011—2015 年)》是国务院发布的第一部指导全国现代农业建设的规划。该规划综合考虑各地自然资源条件、经济社会发展水平和农业发展基础等因素，按照分类指导、突出重点、梯次推进的思路，以"七区二十三带"农业战略格局为核心，着力建设重点推进、率先实现和稳步发展三类区域，引领全国现代农业加快发展。其中，重点推进区域包括东北平原、黄淮海平原、长江流域、汾渭平原、河套灌区、华南、甘肃新疆等粮食生产核心区和其他主要农产品优势区，突出现代农业发展的供给保障功能；率先实现区域包括东部沿海先导农业区、大城市郊区多功能农业区和农垦规模化农业区，突出现代农业发展的示范引领功能；稳步发展区域主要指草原生态经济区，包括北方干旱半干旱草原地区和青藏高原草原地区，突出现代农业发展的生态保障功能。这些区域划分充分考虑了我国现代农业发展的区域性特点，既突出了主产区地位，与国家主体功能区农业战略格局和《全国优势农产品区域布局规划（2008—2015 年）》确定的农产品优势区一脉相承，又进一步充分考虑了包括自然条件在内的影响现代农业发展的其他各种因素，更加便于实行差别化扶持政策，统筹推进全国现代农业发展。

3）生态环境保护规划

"十二五"以来，我国把生态文明建设摆在重要战略位置，持续加大生态环境保护力度，生态保护与建设取得积极成效，环境风险防控稳步推进。但同时，我国生态环境本底脆弱，局部区域生态系统质量不高、稳定性弱等问题突出，挤占和破坏重要生态系统和重要生态空间问题时有发生，生态安全形势依然严峻（傅伯杰等，2009），生态环境保护已成为制约我国全面建成小康社会的突出短板。为此，生态环境保护规划成为实施生态建设与环境保护战略的重要手段，也是改善环境质量、防止生态破坏的重要措施，旨在对人类自身活动和生态资源环境进行空间和时间上的合理安排（董伟等，2010），促进经济社会发展与生态环境保护相协调。2016 年，国务院印发《"十三五"生态环境保护规划》，提出"以提高环境质量为核心，实施最严格的环境保护制度，打好大气、水、土壤污染防治三大战役，加强生态保护与修复，严密防控生态环境风险，加快推进生态环境领域国家治理体系和治理能力现代化"。

近年来，随着国家生态环境保护各项战略的积极推进，生态环境规划体系得到迅速发展，环境规划的"纵-横"体系趋于完整。其中，横向体系基于环境要素角度划分，包括水、大气、生态、固体废物、噪声环境规划等；纵向体系基于研究层级、周期长短或空间尺度进行划分，包括战略型规划、目标型规划、空间型规划、创建型规划、达标规划和行动计划等生态环境保护规划。其中，战略型规划是落实党中央、国务院关于生态环境保护的重大战略思想，是对重大的、全局性的、基本的、未来的生态环境保护目标、任务的谋划。目标型规划是为保护和改善环境，促进环境与经济社会协调发展，在一定时期内国家或地方政府及有关行政主管部门对生态环境保护目标与措施所做出的安排。空间型规划是把握生态环境的空间结构、过程与功能特点，将生态环境保护目标、要求与任务举措落实到空间上的规划。创建型规划是鼓励和指导各地以国家生态文明建设示范区为载体，以市、县为重点开展的一种生态城市创建类型的规划。达标规划是未达到国家环境质量标准的重点区域、流域的有关地方人民政府，确定达标期限，制定实施限期达标的规划。可见，达标规划是执行环境质量标准、切实落实地方政府环境责任的基本手段。行动计划的概念主要被应用在处理特定领域问题，如《大气污染防治行动计划》《水污染防治行动计划》《土壤污染防治行动计划》及各省制定的三大污染防治行动计划等。

4.4.2　指导性土地开发空间控制

2019 年，中央全面深化改革委员会第六次会议审议通过了《关于建立国土空间规划体系并监督实施的若干意见》，使得国土空间规划成为各界关注焦点。其中，"三区三线"划定及管控是发挥国土空间规划战略性、引领性、约束性、载体性作用的重要基础，也是指导土地开发空间控制的核心内容。

1. "三区三线" 划定

"三区三线" 是指城镇空间、农业空间、生态空间三种类型空间所对应的区域, 以及分别对应划定的城镇开发边界、永久基本农田保护红线、生态保护红线三条控制线。具体地, 城镇空间是指以承载城镇经济、社会、政治、文化、生态等要素为主的功能空间; 农业空间是指以农业生产、农村生活为主的功能空间; 生态空间是指以提供生态系统服务或生态产品为主的功能空间; 生态保护红线是指在生态空间范围内具有特殊重要生态功能, 必须强制性严格保护的陆域、水域、海域等区域, 是保障和维护国家生态安全的底线和生命线; 永久基本农田保护红线是指按照一定时期人口和经济社会发展对农产品的需求, 依据国土空间规划确定的不能擅自占用或改变用途的耕地; 城镇开发边界是指在一定时期内因城镇发展需要, 可以集中进行城镇开发建设, 重点完善城镇功能的区域边界, 涉及城市、建制镇和各类开发区等。总的来看, "三区" 突出主导功能划分, "三线" 侧重边界的刚性管控。"三区三线" 是国土空间用途管制的重要内容, 也是国土空间用途管制的核心框架。

科学划定 "三区三线" 是协调自然资源合理利用、高效管理与科学保护的基础性工作。因此, "三区" 内部统筹要素分类, 是功能分区和用途分类的基础 (周侃等, 2019)。其中, 生态空间需结合主体功能区定位, 统筹协调林草生态、水系功能、水源地保护、河湖岸线划定等目标空间。实践中, 可将生态空间具体划分为不同类型的保护区, 如自然保护区、森林公园、风景名胜区及其他生态环境敏感、脆弱区域; 农业空间可划分为农业生产空间、农业生活空间两大类型, 也可按照经济发展、自然地理、文化传统等因素细分为种植业生产空间、林果业生产空间及居住空间、生活服务空间等, 但在划定过程中应协调好农业生产与乡村生活的关系, 明确乡村生产、生活、服务的空间功能定位; 城镇空间具有高人口聚集度、高土地开发强度的特点, 其划定应在分析土地利用现状的基础上, 综合考虑未来一段时期社会经济发展对土地的需求, 将现状及规划期内计划新增的城市、建制镇等划入城镇空间, 同时为满足规划弹性需求, 将预留的近期可能发展为城镇用地的土地也划入城镇空间。而 "三线" 属于对国土空间的边界管控, 也是对国土空间提出的强制性约束要求, 其划定既需符合政策要求, 亦需兼顾区域实际。例如, 生态保护红线划定的核心是对国土空间开展生态功能重要性和生态敏感性评估, 将生态极重要和生态极敏感区域与国家和省级的禁止开发区域进行校验, 确定生态保护红线。永久基本农田保护红线主要由国土资源主管部门划定, 从 2014 年《国土资源部、农业部关于进一步做好永久基本农田划定工作的通知》(国土资发〔2014〕128 号) 到 2018 年《国土资源部关于全面实行永久基本农田特殊保护的通知》(国土资规〔2018〕1 号) 两项通知发布, 全国各地已基本完成永久基本农田划定工作。城镇开发边界是为合理引导城镇、工业园区发展, 有效保护耕地与生态环境, 基于地形条件、自然生态、环境容量等因素, 划定的一条或多条闭合边界, 通常由国土资源主管部门和城乡规划主管部门共同划定。尽管国家层面已相继在北京、沈阳、上海、南京等 14 个城市开展城镇开发边界划定试点, 各地也根据自身条件编制了相应的划定方法, 如四川省的《城市开发边界划定导则(试行)》和福建省的《福建省城市开发边界划定和管理技术要点(试行)》均作为地方性的城镇开发边界划定技术规定, 但全国尚未形成统一明确的城镇开发边界划定导则。

2. "三区三线"管控

近年来,我国"三区三线"划定工作取得明显进展,但受体制机制等诸多因素影响,仍存在空间交叉重叠、统筹协调性较弱等问题(王颖等,2018)。随着自然资源部组建并整合多部委职能,行使所有国土空间用途管制职责,"三区三线"转向由自然资源部统一划定、管控。其中,"三线"作为自上而下刚性传导、统一管控的核心政策工具,既是统一实施国土空间用途管制和生态保护修复的重要基础,也是各类专项规划的底线,其实施、修改、审批程序被纳入国土空间规划统一管理。因此,"三线"功能定位、目标导向等方面的不同,也决定了在实际操作中其管控要点不尽相同。其中:

生态保护红线最难管控。一方面,生态保护红线的管控目前尚未出台统一的政策法规,仅在《生态保护红线划定指南》中提出,"生态保护红线原则上按禁止开发区域的要求进行管理。严禁不符合主体功能定位的各类开发活动,严禁任意改变用途"。上述"一刀切"式规定使生态保护红线区域内合理的开发建设需求得不到有序引导、管控和落实,一味保护而无视发展,将导致生态保护红线的保护和管控困难重重(岳文泽等,2020)。另一方面,在尚无统一的政策法规的背景下,生态保护红线内部可分为有法可依的保护区(如自然保护区、风景名胜区、国家级和省级公益林、森林公园、湿地公园等)和无法可依的保护空间(如新划定的生态脆弱区)。因此,生态保护红线应健全立法、细化管制。如沿用和继承已有管理法规,对于有法可依的保护区仍按各自法律法规进行保护,不可"一刀切"按照"禁止开发区"进行管控;相互重叠的保护区应按照管控刚性更强的法律进行管控;新划定需要保护的区域,若尚没有成文的法律依据,应出台相应法律进行保护和培养。此外,由于生态保护红线内的构成复杂,需要划定下一层级的控制线以利于管控,下一层级的控制线与不同政策保护区的类型相对应,如自然保护区、风景名胜区等,或与管控的刚弹程度相对应,如禁建区、限建区等。

永久基本农田的管控最为成熟。原国土资源系统对于永久基本农田的划定,已有一套成熟高效的方法。永久基本农田纳入空间规划主要是解决规划时效不同带来的问题,但难免跟空间规划产生一些矛盾,如规划的城市扩展区内有永久基本农田分布,这主要是由于原国土部门划定的是2020年的永久基本农田,而空间规划多以2030年甚至2035年作为规划目标年。因此,在空间规划编制实践中,对于2030年的永久基本农田原则上是延续2020年的划定方案和规模,只将永久基本农田与城市建设有矛盾的地区进行调出和补划,并在空间管控条文中注明国土部门的永久基本农田划定后国土空间规划应进行相应的调整。

城镇开发边界亟须严格管控。与生态保护红线和永久基本农田相比,城镇开发边界具有最大的扩张势能,对当地发展的影响也最大,若管控不到位,可能造成城市无序蔓延,侵蚀生态空间和农业空间。城镇开发边界的划定是为了防止城镇在开发边界外进行建设,因此城镇开发边界内、外的差异化政策是管控的核心(高晓路等,2019)。对边界内用地的管控,关键在于城镇规划建设用地规模边界这一弹性控制线的引入,它允许城镇规划用地的布局在规模不变的前提下进行微调,以提高城镇规划建设用地的利用弹性。对边界外建设行为的管控分为对现状建设用地的管控和对新建设需求的管控。其中,对现状建设用地的管控应明确逐步迁出、不再新建或有条件扩建等要求;而对新建设需求的管控应设计管控措施,对规模、功能、程序等进行规定。此外,城镇开发边界必须建立一定的动态调整机制,以应对城镇发展的不确定性,确保管控与发展的平衡,通过政策设计,既能避免城市无序蔓延,又可为城镇发展的需要灵活提供发展空间。

"三区"是一种宏观的土地用途管制,一方面应提出明确的管控措施,防止生态空间转化为农业空间和城镇空间,防止农业空间转化为城镇空间,同时也要为上述转化设置严苛的条件和严格的法定程序;另一方面"三区"作为"三线"动态调整的制度设计,也应允许"三线"在相应的"三区"内进行动态调整(黄征学等,2018)。例如,在功能不降低、面积不减少、性质不改变的原则下,达到一定条件、满足一定程序时,可允许生态红线在生态空间内进行一定的调整;在规模不增加的原则下,达到一定条件、满足一定程序时,可允许城镇开发边界在城镇空间内进行一定的调整;在功能不降低、面积不减少的原则下,达到一定条件、满足一定程序时,可允许永久基本农田在农业空间内进行一定的调整。

参 考 文 献

毕宝德. 1991. 土地经济学[M]. 北京: 中国人民大学出版社.

常庆瑞. 2002. 土地资源学[M]. 咸阳: 西北农林科技大学出版社.

陈百明, 张凤荣. 2011. 我国土地利用研究的发展态势与重点领域[J]. 地理研究, 30(1): 1-9.

陈百明, 周小萍. 2007. 《土地利用现状分类》国家标准的解读[J]. 自然资源学报, (6): 994-1003.

陈利根. 2002. 国外(地区)土地用途管制特点及对我国的启示[J]. 现代经济探讨, (3): 67-70.

陈锡文. 2015. 中国农业发展形势及面临的挑战[J]. 农村经济, (1): 3-7.

陈志刚, 黄贤金, 陈逸. 2013. 农村税费改革对农业土地利用的影响: 一个宏观评价[J]. 长江流域资源与环境, 22(11): 1472-1476.

程久苗. 2000. 试论土地用途管制[J]. 中国农村经济, (7): 22-25, 30.

大卫·李嘉图. 2020. 政治经济学及赋税原理[M]. 北京: 金城出版社.

董黎明, 冯长春. 1989. 城市土地综合经济评价的理论方法初探[J]. 地理学报, (3): 323-333.

董伟, 张勇, 张令, 等. 2010. 我国环境保护规划的分析与展望[J]. 环境科学研究, 23(6): 782-788.

樊杰. 2015. 中国主体功能区划方案[J]. 地理学报, 70(2): 186-201.

封志明, 刘玉杰. 2004. 土地资源学研究的回顾与前瞻[J]. 资源科学, (4): 2-10.

冯广京. 2015. 土地科学学科独立性研究: 兼论土地科学学科体系研究思路与框架[J]. 中国土地科学, 29(1): 20-33.

傅伯杰, 周国逸, 白永飞, 等. 2009. 中国主要陆地生态系统服务功能与生态安全[J]. 地球科学进展, 24(6): 571-576.

高晓路, 吴丹贤, 周侃, 等. 2019. 国土空间规划中城镇空间和城镇开发边界的划定[J]. 地理研究, 38(10): 2458-2472.

龚建周, 刘彦随, 张灵. 2010. 广州市土地利用结构优化配置及其潜力[J]. 地理学报, 65(11): 1391-1400.

何芳, 魏静. 2001. 城市化与城市土地集约利用[J]. 中国土地, (3): 24-26.

胡存智. 2012. 中国农用土地分等定级理论与方法研究: 兼论《农用地分等规程》总体思路及技术方案设计[J]. 中国土地科学, 26(3): 4-13.

黄征学, 蒋仁开, 吴九兴. 2019. 国土空间用途管制的演进历程、发展趋势与政策创新[J]. 中国土地科学, 33(6): 1-9.

黄征学, 宋建军, 滕飞. 2018. 加快推进"三线"划定和管理的建议[J]. 宏观经济管理, (4): 48-53.

梁流涛, 赵庆良, 陈聪. 2013. 中国城市土地利用效率空间分异特征及优化路径分析: 基于 287 个地级以上城市的实证研究[J]. 中国土地科学, 27(7): 48-54.

林坚, 陈祁晖, 晋璟瑶. 2004. 土地应该怎么用: 城市土地集约利用的内涵与指标评价[J]. 中国土地, (11): 4-7.

林坚, 吴宇翔, 吴佳雨, 等. 2018. 论空间规划体系的构建: 兼析空间规划、国土空间用途管制与自然资源监管的关系[J]. 城市规划, 42(5): 9-17.

林坚, 武婷, 张叶笑, 等. 2019. 统一国土空间用途管制制度的思考[J]. 自然资源学报, 34(10): 2200-2208.

林培. 1996. 土地资源学[M]. 北京: 中国农业大学出版社.

刘黎明. 2004. 土地资源学[M]. 4版. 北京: 中国农业大学出版社.

刘书楷, 曲福田. 2004. 土地经济学[M]. 北京: 中国农业出版社.

刘卫东, 等. 2010. 土地资源学[M]. 上海: 复旦大学出版社.

刘彦随. 2013. 中国土地资源研究进展与发展趋势[J]. 中国生态农业学报, 21(1): 127-133.

刘彦随, 杨子生. 2008. 我国土地资源学研究新进展及其展望[J]. 自然资源学报, (2): 353-360.

龙花楼. 2013. 论土地整治与乡村空间重构[J]. 地理学报, 68(8): 1019-1028.

龙花楼, 张英男, 屠爽爽. 2018. 论土地整治与乡村振兴[J]. 地理学报, 73(10): 1837-1849.

陆文俊. 1993. 土地资源学[M]. 天津: 天津科学技术出版社.

吕春艳, 王静, 何挺, 等. 2006. 土地资源优化配置模型研究现状及发展趋势[J]. 水土保持通报, (2): 21-26.

倪绍祥. 2009. 土地类型与土地评价概论[M]. 北京: 高等教育出版社.

倪绍祥, 刘彦随. 1999. 区域土地资源优化配置及其可持续利用[J]. 农村生态环境, (2): 8-12, 21.

彭建, 蒋一军, 刘松, 等. 2005. 我国农用地分等定级研究进展与展望[J]. 中国生态农业学报, (4): 167-170.

邵晓梅, 刘庆, 张衍毓. 2006. 土地集约利用的研究进展及展望[J]. 地理科学进展, (2): 85-95.

石玉林. 2006. 资源科学[M]. 北京: 高等教育出版社.

史同广, 郑国强, 王智勇, 等. 2007. 中国土地适宜性评价研究进展[J]. 地理科学进展, (2): 106-115.

宋宜农. 2017. 新型城镇化背景下我国农村土地流转问题研究[J]. 经济问题, (2): 63-67.

宋子柱. 1999. 土地资源学[M]. 北京: 中国大地出版社.

谭术魁. 2011. 土地资源学[M]. 上海: 复旦大学出版社.

陶志红. 2000. 城市土地集约利用几个基本问题的探讨[J]. 中国土地科学, (5): 1-5.

王万茂. 1999. 土地用途管制的实施及其效益的理性分析[J]. 中国土地科学, 13(3): 9-12.

王颖, 刘学良, 魏旭红, 等. 2018. 区域空间规划的方法和实践初探: 从"三生空间"到"三区三线"[J]. 城市规划学刊, (4): 65-74.

吴次芳, 王建弟, 许红卫, 等. 1995. 城市土地资源分类评价及其与土地优化配置的关系[J]. 自然资源学报, 10(2): 158-164.

徐敬君, 汝莹. 1993. 城市土地资源的配置和利用[M]. 昆明: 云南人民出版社.

袁满, 刘耀林. 2014. 基于多智能体遗传算法的土地利用优化配置[J]. 农业工程学报, 30(1): 191-199.

岳文泽, 王田雨, 甄延临. 2020. "三区三线"为核心的统一国土空间用途管制分区[J]. 中国土地科学, 34(5): 52-59, 68.

张鸿辉, 曾永年, 谭荣, 等. 2011. 多智能体区域土地利用优化配置模型及其应用[J]. 地理学报, 66(7): 972-984.

张京祥, 林怀策, 陈浩. 2018. 中国空间规划体系40年的变迁与改革[J]. 经济地理, 38(7): 1-6.

赵鹏军, 彭建. 2001. 城市土地高效集约化利用及其评价指标体系[J]. 资源科学, (5): 23-27.

赵小风, 黄贤金, 陈逸, 等. 2010. 城市土地集约利用研究进展[J]. 自然资源学报, 25(11): 1979-1996.

周侃, 樊杰, 盛科荣. 2019. 国土空间管控的方法与途径[J]. 地理研究, 38(10): 2527-2540.

朱道林. 2007. 土地管理学[M]. 北京: 中国农业大学出版社.

第5章 国土综合整治的生态学基础

国土综合整治是对自然资源进行整治、开发、修复、治理和保护等的一系列活动及过程，其直接作用的对象为各类自然资源要素组成的国土空间，其中也包括生物个体、种群、生态系统和景观等不同尺度的生态要素。尤其是在生态系统和景观尺度上，国土综合整治通常通过土地整治、矿山复垦、海岸带整治、地质灾害整治、江河整治等具体措施，改变生态系统要素及结构，影响区域景观格局与过程，并对生态系统服务及功能产生影响。为此，本章聚焦与国土综合整治密切相关的生态学理论，包括生态系统及其服务、景观格局与过程、受损生态系统保护与修复等，系统阐释生态系统的结构、功能、服务及价值评估方法，剖析景观格局的要素、结构、功能及能量转化、物质迁移、物种迁移等生态过程，梳理受损生态系统的内涵、特征、分类、诊断及一般修复思路，希冀为优化生态建设、促进国土综合整治实践提供理论支撑。

5.1 生态系统及其服务

5.1.1 生态系统

1. 生态系统的概念内涵

生态系统一词最早被英国植物学家坦斯利(A. G. Tansley, 1935)描述为"不仅包括复杂的生物，也包括形成生物群落的复杂物理因素"，其强调生物与环境是不可分割的整体，并将生物成分和非生物成分当作是一个统一的实体，而这个实体就是生态系统。20世纪40年代，美国生态学家林德曼(R. L. Lindeman)在生态营养结构的研究中提出了食物链的概念，进一步奠定了生态系统的理论基础。到20世纪50年代，美国生态学家奥德姆(E. P. Odum)创造性地提出生态系统发展中结构和功能特征变化的规律，认为生态系统是生物与其栖息的物理环境相互作用所形成的开放系统(吴次芳和徐保根, 2003)。伴随认识的深入，学界对生态系统的概念也形成了初步共识，即在一定空间中共同栖息的所有生物与其环境之间由于不断进行物质循环和能量流动过程而形成的统一整体，其基础内涵可概括为：①生态系统是客观实体，具有时空概念；②以生物为主体，由生物和非生物成分组成的一个整体；③系统处于动态之中，对来自系统内部或外界的干扰均有适应和调控的能力。尽管生态系统的组成成分复杂，但依据这些组分的性质可大致分为生物组分和非生物组分两类。其中，生物组分是指生态系统中的动物、植物、微生物等，由生物个体、种群或几个群落组成，包括生产者、消费者和分解者三大功能类群；非生物组分是指生命以外的环境部分，由环境中影响有机体的所有物质和能量组成，包括太阳辐射、无机物、有机物、土壤及大气、水、光、温度等(蔡晓明, 2000)。

作为当代生态学中最重要的概念之一，生态系统的范围和大小并没有严格的限制，小至动物有机体内消化道中的微生物系统，大至各大洲的森林、荒漠等生物群落，甚至整个地球的生物圈，其范围和边界通常随研究问题的特征而定(李博，2000)。实践应用中，人们通常从不同角度将生态系统划分为不同的类型，如根据环境特性将生态系统划分为海洋生态系统、森林生态系统、草原生态系统、淡水生态系统和城市生态系统，根据人类干预程度将生态系统划分为自然生态系统、人工生态系统、半自然生态系统。

2. 生态系统结构

针对特定的生态系统，非生物成分和生物成分均缺一不可。如果没有非生物环境，生物就没有生存的场所和空间，也无法得到能量和物质，将难以生存，仅有环境而没有生物成分也无法称之为生态系统。生态系统中多种多样的生物可按作用和地位划分为生产者、消费者和分解者。生态系统由生物和非生物要素组成，而生态系统结构就是生态系统内各要素相互联系、作用的方式，是系统的基础。结构使系统保持稳定性，从而可在外界干扰下继续保持系统的有序性和恒定性。一般来说，生态系统具有以下结构。

1)空间和时间结构

自然生态系统一般都有分层现象，且各生态系统在结构的布局上有一致性。上层阳光充足，集中分布着绿色植物的树冠或藻类，有利于光合作用，又称光合作用层。在光合作用层以下为异养层或分解层。生态系统中的分层有助于生物充分利用阳光、水分、养料和空间。另外，生态系统的结构和外貌也会随时间而变化，这反映出生态系统在时间上的动态。一般可从三个时间量度上考察：一是长时间量度，以生态系统进化为主要内容；二是中等时间量度，以群落演替为主要内容；三是以昼夜、季节和年份等短时间量度的周期性变化。其中，短时间周期性变化在生态系统中较为普遍，如绿色植物在白天进行光合作用，在夜晚只进行呼吸作用等。生态系统在空间上表现为生产者、消费者和分解者的相互作用和相互联系，时间上表现为植物、动物等为适应环境因素的周期性变化，从而引起整个生态系统外貌上的变化，推动中、长时间量度生态系统的进化。因此，生态系统的时间和空间结构变化研究具有重要意义。

2)营养结构

生态系统各组成成分之间最本质的联系通过营养来实现，即通过食物链将生物和非生物、生产者与消费者、消费者与消费者连接为一个整体。食物链在自然生态系统中主要有牧食食物链和碎屑食物链两大类型，而这两大类型在生态系统中往往是同时存在的。在生态系统中，一种生物不可能固定在一条食物链上，往往同时属于数条食物链，生产者如此，消费者也是如此。实际上，食物链通常很少单条、孤立出现，往往形成复杂的网络式结构，即食物网。食物网反映了生态系统内各有机体之间的营养位置和相互关系。生态系统中各生物成分正是通过食物网发生直接和间接的联系，进而保持生态系统结构和功能的相对稳定性。生态系统内部的营养结构不是固定不变的，而是处于不断发展变化中。如果食物网中某一条食物链发生了障碍，可通过其他食物链进行必要的调整和补偿。

3)层级系统结构

层级系统是按照系统各要素特征、联系方式、功能共性、尺度大小及能量变化等多方面特点划分的等级体系，一般可分为生物圈、生物群系、景观、生态系统、群落、种群、个体、组织、细胞、基因、分子11个层级。生态系统的层级层次分明，主次有别，协调一致，有利于生态系统本身运动和功能的发挥。不同层级之间的组织行为在空间大小、时间长短及复杂性、分辨率和过程速率等方面均表现出显著差异。此外，不同层级的系统特征具有一定差异，所产生的性质、规律和模式也有所不同，每一个层级均具有各自的时空尺度，并表现出不同的功能。系统的结构与层级是密切相关的，每一个层级要素之间存在内部结构，而不同层级间则形成层级的外部结构。

4) 耗散结构

耗散结构理论是指"一个远离平衡态的复杂系统，各元素的作用具有非线性的特点，正是这种非线性的相关机制，导致了大量离子的协同作用，突变而产生有序结构"。因此，生态系统表现为耗散结构，具有三个基本条件：第一是系统开放性。开放性是生态系统的重要特点，是一切自然生态系统的共同特征，生态系统通过与外界沟通，与环境之间建立了紧密联系，即进行熵的交换，并使生态系统各要素间不断交流，促使系统内各要素始终处于动态之中。第二是系统处于远离平衡态的非线性区域。不同于在平衡态、近平衡态区域内呈现一定规律性、确定性或线性的变化特征，生态系统在远离平衡态中发展，具有非线性特征，有可能发生突变，由原来的状态转到一个新状态。第三是系统各要素之间存在着非线性相关机制。生态系统的各要素之间存在复杂的非线性相互作用机制，表现为生态系统各要素之间并不完全产生简单的因果关系或线性相关关系，而是既存在着正反馈的倍增效应，也存在限制要素增长的饱和效应，即负反馈。

3. 生态系统的基本特征

每个生态系统都由一定的生物群落与其栖息的环境相结合，以进行物种、能量和物质的交流。因此，在一定时间和相对稳定的条件下，生态系统通常表现出如下基本特征。

(1) 整体性特征。生态系统通常以生物为主体，与一定的空间范围相联系，而生物多样性与栖息地环境状况有关。一般而言，一个具有复杂垂直结构的环境能维持更多样的物种。例如，森林生态系统比草原生态系统包含更多的物种，各要素间存在稳定的网络式联系，进而保障系统的整体性。

(2) 层级系统特征。自然界中生物多样性和相互关系的复杂性决定了生态系统是一个极为复杂，且由多要素、多变量构成的层级系统。较高的层级系统以大尺度、大基粒、低频率和速度缓慢为特征，并被更大的系统、更缓慢的作用控制。

(3) 耗散的热力学系统特征。任何一个自然生态系统均是开放的，有输入和输出，而输入变化总会引起输出变化。因此维持生态系统，需要输入能量。而当生态系统变得更大、更复杂时，就需要更多的可用能量去维持，经历从混沌到有序，到新的混沌，再到新的有序的发展过程。

(4) 明确的功能特征。生态系统不是生物分类学单元，而是功能单元。生态系统中的物质循环、能量交换等生态过程对系统的维持、稳定及运行等有深刻影响，并为人类生存提供必需的食物、原料、生存环境及其他间接的生态功能。

(5) 受环境深刻影响。环境的变化和波动形成了环境压力，最初通过敏感物种的种群表现。当压力增加到可在生态系统水平上检出时，整个系统的"健康"运行将受到威胁，生态系统对气候变化和其他因素的变化也通常表现出长期的适应性。

(6) 环境演变与生物进化相联系。自生命在地球出现以来，生物有机体不仅适应了物理环境条件，而且以多种不同的方式对环境进行有利于生命的方向改造。

(7)自维持和自调控功能。一个自然生态系统中的生物与其环境条件经过长期进化适应，逐渐建立了相互协调的关系。生态系统的自动调控技能主要体现在三个方面：第一是同种生物种群密度的调控；第二是异种生物种群之间数量的调控；第三是生物与环境之间相互适应的调控。生物不断从所在生境中摄取所需物质，生境也需对自身的输出进行相应的补充，两者进行着输入与输出之间的供需调控。

(8)负荷力特征。生态系统负荷力是涉及用户数量和每个使用者强度的二维概念。二者之间保持互补关系，当每一个体使用强度增加时，一定资源所能维持的个体数目将减少。

(9)动态和生命特征。生态系统具有发生、形成和发展的过程，可分为幼年期、成长期和成熟期，表现出鲜明的历史性特点，具有自身特有的整体演化规律。换言之，任何一个自然生态系统都是经过长期发展形成的，这一特征也可提供预测未来的科学证据。

5.1.2　生态系统服务

1. 生态系统服务的概念与内涵

作为生物圈的基本组织单元，生态系统不仅为人类提供各种商品，同时在维持生命的支持系统和环境的动态平衡方面起着不可取代的重要作用。生态系统为人类社会、经济和文化生活提供必不可少的物质资源和生存条件。这些由自然系统的生境、物种、生物学状态、性质和生态过程所产生的物质及其所维持的良好生活环境对人类的服务性能称为生态系统服务(李双成，2014)。因此，生态系统服务也可理解为生态系统形成和维持的人类赖以生存和发展的环境条件与效用(Daily, 1997)，具有以下基本内涵。

(1)生态系统服务客观存在，不依赖评价主体，也并非伴随人类对其的认识而表现。在人类社会出现之前，自然生态系统早已存在；在人类出现以后，自然生态系统服务则与人类利益密切相关。

(2)生态系统服务与生态过程密不可分，它们均为自然生态系统的属性。自然生态系统中植物群落和动物群落、自养生物和异养生物的协同关系、以水为核心的物质循环、地球上各种生态系统的共同进化和发展等，均包含着丰富的生态过程并产生生态系统服务效益。

(3)自然作为进化的整体，是生态系统服务的源泉。自然界就是在自身不断进化的过程中，孕育出更为多样的物种，演化出更加完善的生态系统，从而产生各类生态系统服务。自然生态系统在进化过程中维护其服务，并不断促进这些服务进一步完善。

然而，随着人口急剧增加、资源过度消耗和环境污染的日益加剧，自然生态系统遭到了人类活动的巨大冲击与破坏，全球性和区域性的生态危机日益显现，导致自然生态系统服务功能迅速衰退。

2. 生态系统服务的分类

对生态系统服务的分类始于 20 世纪 90 年代 Daily(1997)在其著作 *Nature's Services: Societal Dependence on Natural Ecosystems* 中对生态系统服务清单的整理及解释。同年，Costanza 等(1997)将生态系统服务划分为 17 类，并评估了全球生态系统服务价值。不同于以往的分类体系，de Groot 等(2002)将生态系统按照调节功能、提供生境功能、供给服务和信息功能分为 4 大类，每一类别下又包括若干子项目，意味着学界开始深入思考生态系统服务之间的内在关联、共同机制及其互动过程。随后，联合国千年生态系统评估(Millennium Ecosystem Assessment, MEA)(Millennium Ecosystem Assessment, 2005)在综合Daily、Costanza 等的研究基础上，将生态系统服务分为供给服务、调节服务、文化服务和支持服务四类，标志着生态系统服务分类进入新阶段(约恩森, 2017)，具体如下。

(1)供给服务，指人类从生态系统获取的各种产品，主要包括：①食物和纤维：取自植物、动物、微生物和生态系统的各类食品与原料；②燃料：木材、牲畜粪便，以及用作能源的其他生物原料；③遗传资源：包括用于动植物繁育和生物工艺的基因和遗传信息；④生化药剂、天然药物和医药用品：医药、生物杀灭剂、食物添加剂和生物原料等；⑤装饰资源：用作装饰品的一些动物产品和花卉；⑥淡水：淡水是不同生态系统服务类型之间相互联系的媒介，尤其表现为供给服务和调节服务之间的联系。

(2)调节服务，指人类从生态系统过程的调节作用中获取的各种收益，主要包括：①维持空气质量：生态系统既向大气释放化学物质，同时也从大气中吸收化学物质，因而可对空气质量产生多方面的影响；②调节气候：生态系统既对局地的气候产生影响，同时也对全球的气候产生影响；③调节水分：径流的时节和规模、洪水和蓄水层的补给都会受到土地覆被变化的强烈影响，特别是指改变系统储水潜力的改造活动，如森林向农田的转换，或者农田向城市的转换；④控制侵蚀：植被在保持土壤和防止滑坡方面具有重要作用；⑤净化水质和处理废弃物：生态系统不但是淡水杂质的释放源，还可帮助滤除、分解进入内陆水域、海滨及海洋生态系统的有机废弃物；⑥调控人类疾病：生态系统的变化可以直接改变人类病原体和带菌媒介的丰度；⑦生物控制：生态系统的变化可以影响作物和牲畜害虫及疾病的流行；⑧授粉：生态系统的变化可以影响授粉媒介的分布、丰度和效力；⑨提供避免遭受风暴侵袭的保护：红树林和珊瑚礁等海滨生态系统可以显著减轻风暴和大浪造成的损害。

(3)文化服务，指人们通过精神满足、认知发展、思考、消遣和美学体验而从生态系统获得的非物质收益，主要包括：①文化多元性：生态系统的多样性是影响文化多元性的重要因素；②精神与宗教价值：许多宗教将精神与宗教价值寄托于特定生态系统及其组分；③知识系统：生态系统可以对不同文化背景下的知识类型产生影响；④教育价值：生态系统及其组分和过程可为社会提供开展正式教育和非正式教育的基础；⑤灵感：生态系统可为艺术、民间传说、民族象征、建筑和广告提供丰富的灵感源泉；⑥美学价值：许多人可从生态系统的多个方面发现美的东西或美学价值，如城市公园布局对人们选择房屋的影响；⑦社会关系：生态系统可以对建立在特定文化基础之上的多种社会关系产生影响，如渔民、牧民和农民等形成的社会之间存在许多不同之处；⑧文化遗产价值：社会对维护历史上的重要景观或具有显著文化价值的物种赋予了很高的价值；⑨消遣和生态旅游：人们对空闲时间去处的选择，在一定程度上是根据特定区域的自然景观或栽培景观的特征而做出的。

(4)支持服务，是为生产其他生态系统服务而必需的生态系统服务。这类服务与供给服务、调节服务和文化服务的区别在于，支持服务对人类的影响要么是间接的，要么需要一个较长的时间；而其他类别生态系统服务的变化对人类产生相对直接的短期影响。例如，虽然人们通常并不直接利用土壤，但土壤形成过程的变化会影响食物生产方面的供给服务，进而对人类产生间接的影响。另外，在时间尺度上，生态系统的变化对局地或者全球的气候影响与人类决策的制定相对应(通常为几十年或者几百年)，因而可以把调节气候划分为调节服务。然而,大气中氧气浓度的形成只会发生在一个极其漫长的时间尺度上,因而氧气产生(通过光合作用)可划分为支持服务。其他支持服务还包括初级生产形成、土壤形成与保持、养分循环、水分循环和提供栖息地等。

3. 生态系统服务的价值评估

随着生态系统服务分类的逐渐形成与完善,以及对生态系统服务认识的深入,Costanza等(1997)首先提出了生态系统服务的估价方法,并引起了国内外公众、学者和决策者对生态资产和服务价值的极大关注。当前,生态系统服务评估方法主要基于市场理论的评估方法,分为直接评估法和间接评估法(赵军和杨凯,2007)。

1)直接评估法

直接评估法基于市场理论直接对生态系统服务指标进行定量评估,大致可分为三类(李丽等,2018)。第一类是实际市场评估法,包括市场价值法和费用支出法,主要用于具有具体实际市场的生态系统服务和产品,如原材料、粮食等供给服务,直接用市场价格作为生态系统服务的经济价值。第二类是替代市场评估技术,主要包括替代成本法、影子工程法、机会成本法、恢复和防护费用法、旅行费用法、资产价值法和享乐价值法等。这类方法主要评估一些市场没有直接对应价格的生态系统服务,通过使用相关方法和手段评估这些服务的替代品的市场价格。第三类是模拟市场评估法,其代表性方法是条件价值法。这类方法主要针对没有市场交易和实际市场价格的生态系统服务,通过人为构建假想市场来衡量生态系统服务价值,如采用问卷方式直接询问人们对某种或多种生态系统服务的支付意愿,并以此作为生态系统服务的价值(欧阳志云等,1999;刘玉龙等,2005;赵金龙等,2013)。

2)间接评估法

间接评估法是指经过转换得到生态系统服务价值的评估方法,主要分为两类。第一类是物质转换法,包括最终物质转换法和中间物质转换法。其中,最终物质转换法是指通过基础数据利用模型或算法转换为最终物质量后进行价值评估的方法,这些模型或算法只需要输入必要的基础数据和参数,即可输出生态系统最终服务价值量或生态系统服务价值的空间分布结果。当前较为常用的基于最终物质转换法开发的模型主要包括 InVEST 模型(周彬等,2010)、ARIES 模型(Zank et al.,2016)和 SolVES 模型(王玉等,2016)等。这类模型克服了传统生态学统计方法以点代面的缺点,使得各项评估结果能够在空间上展示出来,更能反映生态系统服务价值在区域上的空间分布情况,但这些生态模型均有一定的适用范围及评估的局限性。中间物质转换法是通过基础数据利用模型或算法计算中间物质量后转换为最终物质量进行价值评估的方法,该方法在生态系统服务价值评估中应用较为广泛。中间物质转换法主要有两种:一种基于生态模型反演中间物质量,明确中间服务物质量与最终服务价值的关系,结合生态系统服务价值评估市场理论,得到生态系统最终服务价值(Fegraus et al.,2012;Zhang et al.,2010);另一种基于价值当量法,即利用生态系统面积与单位面积生态系统服务价值相乘来得到生态系统最终服务价值(谢高地等,2003,2008)。第二类是能值转换法,指的是通过基础数据利用模型或算法计算中间或最终物质量,借助能值转换率,在将生态系统中不同类、不同质的能量转换为统一标准尺度的能值来衡量生态系统各种服务的同时,将能值量产出与市场理论价值量计算相结合得到生态系统服务价值的评估方法(Odum,1996;蓝盛芳和钦佩,2001)。能值转换法以太阳能为基准来衡量各种能量的能值。在能值转换法的实际应用中，通常运用能值转换率将其他形式的能转化为统一标准的太阳能值作为之后的评估基础。该方法计算简单，资料获取容易，解决了不同等级和不同类型的物质不能同时分析、比较的难题，且适用于做长时间尺度的推算。

5.2　景观格局与过程

5.2.1　景观格局的要素、结构与功能

1. 景观组成要素

景观的组成要素是景观结构形成的基础，组成要素的性状、数量与配比决定了景观结构，没有组成要素，就没有结构。主要的景观组成要素包括大气、水、生物、土壤和岩石地形复合体(刘惠清和许嘉巍, 2008)。

1)大气

景观中的大气仅指和人类活动密切相关的对流层。大气在景观中有三大作用：一是通过大气的化学成分如 C、H、O、N 的物质循环，把景观各组成成分连接起来；二是大气作为物质和能量的载体，通过大气环流和局地环流把陆地与海洋、山地与谷地、城市与乡村联系起来，并构成不同等级、不同属性的景观；三是大气决定景观中生物生存的基本条件、景观过程和景观质量。

2)水

景观中的水是指整个水圈，固态、液态和气态的水均属于景观组成成分。在景观中，水是起联系作用的关键组成成分，它将物质从高处带到低处，在迁移过程中通过溶解化学元素、凝结、径流等过程使能量发生转换。水在景观中往往以降水和径流的形式输入，这些水分一旦进入具体景观单元，便会发生一系列转换。

3)生物

生物包括植物、动物、微生物等。有了生物，景观中才有了无机界与有机界的物质循环和能量交换；有了生物，才使景观有强盛的生命力。其中，绿色植物将太阳能转变为化学潜能后将其储存在景观中，为动物和微生物提供生存的能量基础和物质源泉。因此，绿色植物的生产是否达到了自然法则界定的最高水平是景观中的自然资源能否充分利用的标志之一。

4)土壤

土壤是联系无机界和有机界的桥梁，土壤层中无休止地发生着无机界和有机界的物质与能量的密切交换和转化。土壤一方面反映大气、水、化学元素及岩石之间的紧密联系和相互制约，另一方面既被植物、动物和微生物之间的相互作用所影响，又反映生物与非生物之间的复杂联系。因此，土壤的利用和管理是实现景观利用和管理的关键。

5)岩石地形复合体

岩石地形复合体是近地面地质与地形的综合，它既是景观的组成成分，又是景观形成的基础。岩石地形复合体的作用有二：第一是景观的固体基础，无论是自然景观还是人文景观，岩石地形复合体都起支撑作用；第二是岩石地形复合体通过风化、成土和岩石破坏产物的搬运和堆积作用，为景观提供疏松物质及化学元素。

2. 景观结构

景观是由不同空间单元镶嵌组成，具有空间异质性、明显形态特征与功能联系的地理实体，同时景观既是生物的栖息地，更是人类的生存环境，具有经济、文化和生态多重价值(傅伯杰等，2002)。组成景观的结构单元不外乎 3 种：斑块、廊道和基质(邬建国，2007)。

1) 斑块

斑块泛指与周围环境在外貌或性质上不同，并具有一定内部均质性的空间单元。具体来说，斑块可以是植物群落、湖泊、草原、农田或居民区等。因此，不同斑块的形状、大小、边界和内部均匀程度都有较大差别，但至少存在以下四种斑块类型：①环境资源斑块，是指由于地球不同地区的土壤类型、水分、养分、温度和地形分布不均匀而形成的斑块。该类型斑块的分布随资源分布而长期存在，内部种群较为稳定，物种灭绝和迁移较少，物种状态没有休闲期和调节期。②干扰斑块，是指由基质或者先前的斑块中局部性干扰造成的小面积斑块。形成该种斑块的干扰因素可以是自然因素，如树木死亡、小范围火灾、暂时的流水冲刷、雪崩、哺乳动物踩踏等，也可以是小范围的人类活动因素，如森林砍伐、草原开荒、土地开垦、露天采矿等。干扰斑块的持续时间取决于干扰因素的周期性。若干扰因素是周期性重复的，则会增加斑块的稳定性，若周期性干扰消失，则干扰斑块最终也会消失。③残存斑块，是指基质受到广泛干扰后残留下来的部分未受干扰的小面积区域。④引入斑块，是指人类有意无意将动植物引入某些地区而形成的局部性生态系统或斑块，包括种植斑块、聚居斑块两类，如种植园、作物地、高尔夫球场、居民区等。引入斑块的干扰因素仅仅是人类活动。

在现实景观中，各种大小的斑块往往同时存在，且具有不同的生态学功能。例如，大斑块对地下蓄水层和湖泊水质有保护作用，有利于生境敏感物种的生存，为大型脊椎动物提供核心生境和躲避场所，为景观中其他组成部分提供种源，能维持更接近自然的生态干扰体系，对物种灭绝过程有缓冲作用；小斑块则可作为物种传播及物种局部灭绝后重新定居的生境和"踏脚石"，从而增加景观的连接度，为诸多边缘物种、小型生物类群及一些稀有物种提供生境(邬建国，2007)。

2) 廊道

廊道是指景观中与相邻两边环境不同的线性或带状结构。常见的廊道包括田间防风林带、河流、道路和峡谷等。按照其结构和性质可以分为三类：①线状廊道，该类廊道狭窄，是全部由边缘物种占绝对优势的狭长条带，如小道、公路、树篱、排水沟、灌渠及输电线路等。②带状廊道，该类廊道是含丰富的内部生物和中心内部环境的较宽条带，在景观中出现的频率一般比线状廊道少，如高速公路、宽林带、宽输电线等。带状廊道较宽，每边都有边缘效应，足以包含一个内部环境。③河流廊道，该类廊道是水生、陆生的交界面，指沿河分布在水道两侧不同于周围基质的植被带，包括河床、河漫滩、堤坝及部分岸上高地，其宽度随河流大小而变化。

廊道的主要功能可归纳为以下四类：生境，如河边生态系统、植被条带；传输通道，如植物传播体、动物及其他物质随植被或河流廊道在景观中运动；过滤和阻抑作用，如道路、防风林及其他植被廊道对能量、物质和生物流在穿越中的阻挡作用；作为能量、物质和生物的源或汇，如农田中的森林廊道具有较高的生物量和野生动植物种群，可成为农作物授粉的源，同时也可汇聚来自农田和周边水土流失的养分与其他物质，有效防止农业面源污染(邬建国, 2007)。

3) 基质

基质是指景观中分布最广、连续性最大的背景结构(邬建国, 2007)。常见的基质有森林基质、草原基质、农田基质和城市用地基质等。基质在景观功能上起着重要的作用，影响景观的能量流、物质流和物种流。在实际研究中，要确切区分斑块和基质是十分困难的，因为景观结构单元的划分总是与观察尺度相联系，所以二者间的区分往往是相对的。当前，判定基质的标准主要有以下几点：①相对面积，景观中某一类要素明显比其他要素占有的面积大得多时，可据此判定为基质。基质作为面积最大的景观要素，往往也控制景观中的流，因此相对面积可作为判定基质的首要标准。②连通性，基质是景观中连通性最好的要素，假若景观的某一要素连接得较为完好，并环绕所有其他现存景观要素时，可认为这一要素是基质。③动态控制，当利用相对面积和连通性均难以对景观基质进行有效判别时，动态控制表现景观要素对景观动态的控制程度。

3. 景观功能

景观要素及其结构奠定了区域景观格局的基本功能。景观功能是指特定结构的景观系统通过物质流、能量流和信息流在与内部及外部的相互联系中表现出来的作用，主要包括供给功能、处置功能、抵制功能和保存功能。

1) 供给功能

景观的供给功能是其从周围环境中获取物质、能量、信息和物种流以供给系统运转，使系统保持稳定状态的最低需求的功能。景观的生产和建造等行为都与供给功能紧密相关。如果一个景观单元不能从周围环境中摄取足够的物质、能量、信息和物种流，系统的生产和建造就会受到损害，引起系统的不稳定，甚至崩溃。

2) 处置功能

景观的处置功能是将供给功能输入的物质、能量、信息和物种流加以处理、转移或排除的功能。处置功能与供给功能一起，共同保持系统稳定的最低需要，一个靠排出，一个靠供给。系统的处置功能也与系统的生产与建造行为密切相关，如果系统无法顺利排出无用的物质、能量、信息和物种流，就称为阻塞，系统的生产与建造将受到损害，引起系统不稳定。

3) 抵制功能

景观的抵制功能是防止物质、能量、信息和物种流从周围环境进入系统内部，以保持系统不超过它的最大忍耐界限的功能。它从选择和调节两个方面起作用，例如，当太多污染物及有毒物质进入系统时，为了保持给定水平的保护力，通过该功能控制周围环境。

4) 保存功能

景观的保存功能是把环境输入系统内部的物质、能量、信息和物种流储存在系统内部的功能。如果一个景观单元不能存储从外界输入的物质、能量、信息和物种流，那么该系统就是一个不健全的系统，该系统的生产力也不会太高。

5.2.2　景观生态过程

1. 能量转化过程

景观中一切过程都必须以能量为动力。从景观能量的宏观来源来看，主要包括太阳能、地球内能及潮汐能等。其中，太阳能是景观中一切过程的能量源泉，也是景观地带性分异的动因；地球内能使地表有了海洋和陆地、高山和低地等非地带性的景观差异；潮汐能则是地球、月球之间的引潮力，产生潮涨潮落的局部变化，也是景观局地分异的动因之一。

1）太阳能

太阳能的转化过程在景观中具有重要意义：第一，太阳能是景观整体性的能量基础，其通过地表、大气、水体、生物、土壤和岩石地形复合体之间的能量交换，将景观在垂直方向上联结成"千层饼"式的能量系统。景观中各组成成分之间相互制约的基础本质上是太阳能在各组分之间的能量交换，景观中全部的自然过程都与获得太阳能的多少密切相关。而在水平方向上，同一纬度获得的太阳能可能相同，但下垫面、反射率和空气增温等的差异，也将产生水平方向上的能量差异。第二，太阳能决定景观的自然生产潜力，特定区域太阳总辐射的多少，实际上决定着该地区单位面积每年最多能产生多少光合产物。第三，太阳能产生不同的景观地带性，景观随辐射干燥指数及辐射净值发生的周期性呈现出有规律的变化，并在景观表层显现。

2）地球内能

地球内能来源于地球内部的聚变反应，起主导作用的是岩石中所含的放射性元素衰变过程产生的热能，其产生的作用力主要表现为地壳运动、岩浆活动和地震。地球内能虽占地表能量总收入的份额较小，却决定了地表的基本格局。构造运动造成地表的巨大起伏，因而成为地表宏观地貌特征的决定性因素。大陆与大洋两种截然不同的景观是构造运动差异形成的。

3）潮汐能

引潮力是月球对地球的万有引力和地球绕地月公共质心运动所产生的惯性离心力的合力。在引潮力的作用下，景观地表发生了潮汐变形，这种周期性变形出现在海洋叫海洋潮汐，出现在陆地叫固体潮汐。其中，海洋潮汐是海岸及河口发育的外营力之一，对生物的演化具有促进作用；固体潮汐使地球重心发生周期性的摆动，可能是地震的诱发因素之一。

2. 物质迁移过程

景观中物质迁移是元素通过不同介质实现的迁移过程，尽管迁移方式不尽相同，但彼此之间相互制约、相互影响组合成一个整体。一种要素的变化必然会对另一种要素产生影响，一个圈层内物质迁移速率和方向的变化，也必然会对另一圈层乃至景观整体产生影响。总体上，景观物质迁移过程主要包括岩石地质循环过程、水循环过程、生物循环过程与大气循环过程等。

(1)岩石地质循环过程主要表现为海底扩张、造山运动、大陆漂移、板块运动及三大类岩石转化等。这种循环过程在地貌特征上通常表现为高原、山地、丘陵、平原等的形成与转化。

(2)水循环过程具有垂直方向与水平方向的差异。其中，在垂直方向上主要是水及其中元素在太阳能、地球内能及潮汐能等能量的作用下，其聚积形态、赋存形式等在圈层之间进行迁移、转化；在水平方向上主要表现为物质迁移，这一过程决定了区域景观过程的方向和强度。例如，水在对流层的运动主要以雪、雨滴、水滴和水蒸气的方式实现迁移，在地表的水平方向运动主要表现为地表径流和地下径流，在重力势能作用下，水从高处流向低处，最终到达大海或局部洼地，这一过程对地形地貌的形成起到重要作用。

(3)生物循环过程主要发生在生物圈、岩石圈、水圈和土壤圈，但也有部分微生物的循环仅在大气圈中发生。各圈层之间的生物小循环主要完成的是 C、N、P、S 等的生物循环和一些微量元素在全球尺度的循环。

(4)大气循环过程在垂直方向上主要表现为 C、N、O 等元素的迁移过程。其中，C 的循环主要通过气流实现，实质上是生物有机体与无机环境间在全球范围内的相互作用、相互联系的过程。O 是地壳中分布最多的元素，其迁移形式较为多元，可通过动物迁移、水流动、风作用和植物吸收等途径实现。N 的循环主要包括两个过程：一是海洋和湖泊中的蓝绿藻和豆科植物固定大气中的游离 N，以完成 N 的合成；二是反硝化细菌把有机化合物的 N 转化为游离 N，以完成大气中 N 的循环，并保持相对平衡。水平方向上的大气循环是指自然地理过程中的气体成分、水汽、固体和液体颗粒随气流运动而发生的位移。

3. 物种迁移过程

物种在景观中的迁移方式主要分为主动运动和被动运动。其中，主动运动一般指物种通过自身有目的的行为，从一个地方主动迁徙到另一个地方，主要表现为动物在景观中的运动；被动运动是指通过水、风等介质将植物物种从一地带到另一地，该种方式对景观格局影响较大。

1)动物运动

动物在景观中的运动目的可概括为觅食和迁移两个方面，运动方式有巢域范围内、疏散和迁徙三种。巢域是动物取食和进行其他日常活动的场所，通常一对动物及其幼崽共有一定范围的巢域，称为领地。疏散是指动物个体从其出生地向新巢域进发的单向运动，最常见的疏散方式是接近成年的动物个体逐渐离开其出生地以建立独立的巢域。迁徙是动物在不同季节利用不同栖息地进行的周期性运动。迁徙往往是由于生态环境的变迁，导致物种不适应既有环境，主动寻找更适合自身生存的环境。

2)植物运动

与动物不同，植物不能在适宜的环境中实现自由迁徙，成熟的植物体更是如此。因此，植物主要通过产生自然的繁殖体，如种子、果实、孢粉或幼苗等，向四周扩散和传播，其传播过程通常需借助外界物质流和运动力实现。根据其传播机制，植物在景观中的传播主要有三种：一是风播植物，以风力作为传播的主要动力；二是水播植物，以水流作为传播的主要动力；三是靠动物食用植物的果实或携带植物的种子至其他景观实现传播的动物传播植物。此外，植物的传播过程主要分为三类，一是由于区域生态环境的季节性变化导致植物物种在较小范围内发生周期性变化；二是由于全球气候变化，一些物种为适应环境变化，不得不向不同纬度迁移；三是当一种植物物种到达一个新地区后广泛传播，形成大面积物种入侵，对本地物种形成威胁，最终可能导致景观格局的改变。

5.2.3 景观格局与过程的应用

1. 生态安全网络构建

景观格局与过程为构建保障生态安全、促进生态系统有效管理的生态网络提供了重要途径。生态安全网络是指基于景观生态学原理，以保护生物多样性、景观完整性和增强生态系统服务为目的，在开敞空间内利用各种线性廊道将景观中的资源斑块进行有机连接，以维持和保护其生态、社会、经济、文化、审美等多种功能的网络体系(刘世梁等，2017)。经过数十年发展，生态安全网络已成为保护生物多样性、空间规划和国土综合整治与生态修复的重要工具和手段。当前，学界初步形成了以"源地-廊道"组合方式识别、构建生态安全网络的研究范式，主要包括源地确定、廊道识别和战略点设置三个步骤(彭建等，2017)。

1) 源地确定

生态源地是指对维护区域生态安全具有关键意义的生态用地，通常是现存的乡土物种栖息地、生态系统服务供给重要区域等，是物种扩散和维持的源点(吴健生等，2013；陈昕等，2017)。生态源地的识别通常基于生物多样性丰富度及生态系统服务重要性的考虑，大致可分为两种途径：①直接识别，即选取自然保护区、风景名胜区及生态保护红线等核心区直接作为生态源地(李晖等，2011)；②构建综合评价指标体系识别生态源地(曹玉红等，2008)。指标体系的有效性是区域生态安全源地识别的核心问题之一，由于对生态安全内涵理解的不一致和区域面临生态安全问题的具体差异，不同研究方案所选取的指标大不相同。

2) 廊道识别

廊道是区域内能量和物质流动的载体，是保持生态流、生态过程、生态功能在区域内连通的关键生态组分。科学识别关键生态廊道对保障生态斑块之间物质和能量流动的畅通，实现区域生态系统功能的完整性具有重要意义。当前，已发展了多种生态廊道的定量识别方法，包括最小累积阻力模型(Knaapen et al.，1992)、斑块重力模型(Kong et al.，2010)、综合评价指标体系(张小飞等，2009)等。其中，最小累积阻力模型能较好模拟景观对空间运动过程的阻碍作用，相比传统概念模型和数学模型能更好地表达景观格局和生态过程的相互作用关系，被广泛应用于关键生态廊道的识别。

3) 战略点设置

阻力面在源地所处位置下陷，在最不容易到达的区域高峰突起，两峰之间会有低阻力的谷线、高阻力的脊线各自相连；而多条谷线的交会点，以及单一谷线上的生态敏感区、脆弱区等，则构成影响、控制区域生态安全的重要战略节点。

2. 生物多样性保护

生物多样性保护是全球关注的重点问题，主要包括遗传多样性、物种多样性和生态系统多样性三部分。从过去生物多样性保护实践经验来看，仅仅针对单一物种的保护措施难以成功，因此，为更好地实现物种保护目标，既要关注物种本身，也要考虑其所在的生态系统及其有关的格局与过程。景观生态学以研究景观格局、生态过程及二者的相互作用为基础，不单单着眼于物种保护，而在更高的尺度(整个景观)上，将干扰看作是生物多样性灭失的主要因素，通过探讨人为干扰下景观格局和过程变化对遗传多样性、物种多样性和生态系统多样性的影响规律，并通过景观规划手段构建有利于生物多样性保护的生态格局及保护策略。主要内容包括以下方面(李晓文等, 1999)：

1) 景观结构与遗传多样性

遗传变异与面积、生境多样性、结构异质性、斑块动态和干扰等景观特征密切相关。人为活动导致景观破碎化，生境管理或土地利用活动产生了孤立的生境斑块，这些均在不同程度上中断了种群间的基因流，同时增强了孤立种群内的遗传漂变效应，使种群遗传结构趋于简化。景观破碎化对种群遗传结构的影响尤其关键，主要体现在：①在小种群中，由于个体数目少，遗传漂变的作用比较突出；②种群内近交将增大；③种间隔离增大，影响种群间基因流。

2) 景观多样性与物种多样性的关系

景观最基本的结构为"斑块-廊道-基质"，因此，斑块、廊道和基质各自的多样性与异质性状况均会对生物多样性产生重要影响。首先，斑块形状与边界特征(如宽度、通透性、边缘效应等)通过影响斑块与基质或与其他斑块间物质和能量交换而影响斑块内的种群生物学过程，而景观异质性或时空镶嵌性通常有利于物种的生存、延续及生态系统的稳定。其次，廊道作为一种线状或带状斑块，强烈影响着物种之间的能量、信息和营养交换，对物种多样性的影响主要表现在为某些物种提供特殊生境或暂息地，增加生境斑块的连接性，促进斑块间基因交换和物种流动，给缺乏空间扩散能力的物种提供相对连续的栖息地网络，增加物种重新迁入机会。最后，基质控制着整个景观的连接度，人为活动既可能使基质的异质性加强，强化生境斑块的岛屿效应，也可能增强基质的亲和性，减轻环境"敌意性"对生境斑块的压力。

3) 景观多样性与生态系统多样性

景观多样性与生态系统多样性之间的关系在很大程度上反映了景观多样性、异质性等对生态系统(景观要素)的组织化水平、多样性和稳定性的维持及其动态变化、演替规律的影响。人类活动对生态系统、景观产生的最大危害是促进其破碎化，景观破碎化改变了生境斑块间的物理环境，包括热量平衡、水循环和营养循环等，尤其是景观破碎化打破了生态系统内的能量平衡，改变水分循环，对生物种群的迁入率和绝灭率均产生重要影响。

4) 景观规划与生物多样性

景观规划对生物多样性保护的意义日益凸显，国内外学者也相继提出通过构建景观生态安全格局来保护生物多样性的设想。尽管各国做法不一而足，但主要包括如下措施：①建立绝对保护的栖息地核心区；②建立缓冲区，以减少外围人为活动对核心区的干扰；③在栖息地之间建立廊道；④适当增加景观异质性；⑤在关键性部位引入或恢复乡土景观斑块；⑥建立物种运动的"跳板"，以连接破碎生境斑块；⑦改造生境斑块之间的质地，减少景观中的硬性边界频度，以减少生物穿越边界的阻力。

5.3　受损生态系统保护与修复

5.3.1　受损生态系统的特征与分类

1. 受损生态系统的内涵与特征

作为一种动态、开放的复杂系统，生态系统永远在与外界进行物质、能量和信息交换的过程中不断运动和变化，演替过程也会受到自然和人为因素的干扰，一旦干扰强度超过生态系统的负荷，就会抑制甚至终止演替。因此，受损生态系统是指在一定时空背景的干扰下，导致生态要素和生态系统整体发生不利于生物和人类生存的量变和质变，生态系统的结构和功能发生与原有平衡状态或演替方向相反的位移，具体表现为在自然因素、人为因素或二者的共同作用下，生态系统基本结构和固有功能破坏和丧失，生物多样性下降，稳定性和抗逆性减弱，系统生产力下降等。

受损生态系统形成的原因较为多样，而干扰是生态系统受损的主要机理(董世魁等，2020)。首先，在干扰压力下，系统结构将发生变化，进而影响生态系统的功能与动态过程。其中，干扰强度和干扰频度是决定生态系统受损程度的根本因素，自然干扰和人为干扰是两大触发因子。自然干扰主要包括气候变化引起的生态环境变化(如间冰期的气候冷暖波动)、自然灾害(如火山爆发、地震、泥石流、洪涝灾害、干旱等)；人为干扰则包括人类社会所发生的一切经济、社会、文化等活动及过程。Daily(1995)对造成生态系统受损的人类活动进行排序后发现，过度开发(包括直接破坏和环境污染)占34%，毁林占30%，农业活动占28%，过度收获薪柴占7%，生物工业占1%。需要注意的是，人为干扰通常会叠加自然干扰，加速生态系统受损。

总体上，在自然干扰与人工干扰的共同作用下，受损生态系统呈现出动态特性、服务功能减弱及生物多样性降低等特征(彭少麟等，2020)。

1)动态特性

自然干扰作用可使生态系统返回到生态演替的早期状态，一些周期性的自然干扰通常使生态系统呈现周期性演替现象，成为生态演替不可缺少的动因，但演替中产生的一系列正、负反馈作用也会使生态演替总体趋于一种稳定状态。而人类干扰的加入，不仅使生态系统位移到早期或更为初级的演替阶段，可能加快或延缓演替速度，甚至改变其演替方向。尤其在部分自然条件恶劣的地区，人类干扰可能引起环境的不可逆变化，如水土流失和盐碱化等。

2)服务功能减弱

生态系统除了具有直接的生产力和供给产品的价值外，还具有生态系统服务功能，即人类从生态系统中获益。干扰会减弱生态系统的功能过程，甚至使生态系统服务功能丧失。生态系统的服务功能包括对环境的生态效益和对人类社会的经济效益。受损生态系统通常伴随其生态系统服务功能的下降，且随着受损程度的加剧，可能导致多项生态系统服务功能下降甚至丧失。

3)生物多样性降低

生态系统受损的过程总是伴随着生物多样性的降低，这是受损生态系统的显著特征之一。受损生态系统生物多样的降低，主要表现为植物、动物及微生物等不同物种组分的减少。例如，在水土流失严重区域，生态系统受损严重，土壤动物和微生物类群急剧减少。

综上，与健康的自然生态系统相比，受损生态系统的种类组成、群落或系统结构改变，生物多样性减少，生物生产力降低，土壤和微环境恶化，生物间相互关系改变，食物网结构发生变化，物质循环和能量流动不畅，生态系统服务功能衰退，系统稳定性降低。

2. 中国典型受损生态系统

根据我国生态环境及生态系统现状，我国典型受损生态系统主要包括农田、森林、草地、荒漠、废弃矿地、湿地及水体等，不同类型的受损生态系统在受损原因、空间分布和主要危害等方面呈现出显著差异。

1）受损农田生态系统

我国受损农田生态系统主要表现为中低产田比例较大，占耕地总面积的 70%以上；耕地质量退化面积较大，尤其是盐碱地面积达 0.99 亿 hm^2，且主要分布在华北、西北和东北地区；污染耕地面积较大，目前我国受有机物和化学品污染的农田面积已超过 6000 万 hm^2，其中有机物污染达 3600 万 hm^2，农业污染面积约 1600 万 hm^2。农田生态系统受损的主要原因包括耕地重用轻养现象严重，有机肥使用较少，化肥用量大，致使氮、磷、钾失衡；大水漫灌造成土壤次生盐渍化现象突出；过量使用化肥农药，造成土壤酸化和土壤板结（曾希柏，1998；张桃林，1999）。

2）受损森林生态系统

根据第九次全国森林资源清查数据，全国林地总面积为 32368.55 万 hm^2。其中，乔木林地 17988.85 万 hm^2，竹林地 641.16 万 hm^2，灌木林地 7384.96 万 hm^2，疏林地 342.18 万 hm^2，未成林造林地 699.14 万 hm^2，苗圃地 71.98 万 hm^2，迹地 242.49 万 hm^2，宜林地 4997.79 万 hm^2。我国受损森林生态系统主要表现在森林资源结构不合理；森林面积和蓄积量上升的同时，森林资源质量仍在下降，单位面积森林蓄积量正在减少，尤其是作为用材林的近熟林、成熟林和过熟林的面积和蓄积量大幅下降；林龄结构不尽合理，人工林经营水平不高，树种单一现象较严重。

3）受损草地生态系统

全国天然草地面积为 3.93 亿 hm^2，约占我国陆地总面积的 41.6%，仅次于澳大利亚，位居世界第二，但人均占有草地仅 0.33 hm^2，约为世界平均水平的一半。我国受损草地生态系统主要包括沙化和盐渍化草地。其中，草地退化较为严重，目前约有 90%的草地已经或正在退化，中度退化程度以上（包括沙化和盐碱化）的草地已达 1.35 亿 hm^2，占已经或正在退化草地面积的比例为 50.2%，且仍在以每年 200 万 hm^2 的速率递增。草地生态系统受损或退化的原因主要有：①长期超载放牧，过度使用超过了草原的承载力；②气候干旱使草地逐步沙化；③人为采樵、滥挖药材、开矿和滥猎、破坏草地植被等导致草地退化（欧阳志云等，2017）。

4）荒漠生态系统

我国是世界上荒漠分布最多的国家，总面积约为 128 万 km^2，占陆地面积的 13.3%。其中，沙漠面积为 71 万 km^2，占陆地总面积的 7.4%；戈壁面积为 57 万 km^2（任海等，2019）。

5）废弃矿地

快速的城镇化进程和社会经济发展决定了我国矿业资源开采量较大，由于对废弃矿地复垦工作不够重视，长期以来产生了大量废弃矿地，形成典型的受损生态系统。据统计，在《矿山地质环境保护规定》出台的 2009 年，全国 113108 座矿山中，采空区面积为 134.9 万 hm^2，采矿活动占用或破坏的土地面积为 238.3 万 hm^2，植被破坏严重。

6) 受损湿地生态系统

中华人民共和国成立以来, 长期的农业发展和经济建设导致我国湿地生态系统退化。据第一次全国湿地资源调查统计, 我国湖泊面积比中华人民共和国成立时减少了 130 万 hm^2, 因围垦而消失的大小湖泊超过 1000 个。在长江中下游地区, 围垦使湖泊面积从 1949 年的 25828 km^2 减少到 2000 年前后的 10493 km^2, 仅占原有湖泊面积的 40.6%(任海等, 2019)。此外, 沿海滩涂湿地也是受损严重的湿地生态系统之一, 尤其是自 20 世纪 50 年代我国沿海全线开展围海造地工程, 至 20 世纪 80 年代末, 我国围海造地面积达 219 万 hm^2, 相当于沿海湿地总面积的 50%。其中, 农业围垦海岸湿地面积约 119 万 hm^2, 城乡工矿用地围海面积约 100 万 hm^2(欧阳志云等, 2017)。

7) 受损水体生态系统

水体生态系统主要包括地表水、地下水及海域。根据我国地表水监测断面(点位)的水质监测结果, 我国主要河流中仅珠江和长江水质良好, 黄河、松花江、淮河和辽河流域均为轻度污染, 海河流域为重度污染。5118 个地下水水质监测点的结果显示, 水质优良级的监测点比例仅为 9.1%, 良好级的监测点比例为 25%, 较差的监测点比例为 42.5%, 极差的监测点比例为 18.8%。近岸海域中, 渤海、黄河口和胶州湾水质一般, 东海近岸海域、渤海湾和珠江口水质差, 长江口、杭州湾和闽江口水质极差。海域污染主要分布在辽东湾(任海等, 2019)。

5.3.2　受损生态系统的诊断与重建

1. 受损生态系统的诊断

受损生态系统作为一类"病态"生态系统, 其诊断是对这类生态系统进行生态整治与修复需解决的首要问题, 尤其需重点关注以下内容: 如何表征生态系统受损程度? 诊断的参照生态系统是什么? 遵循或运用什么样的途径与方法? (杜晓军等, 2003)

1) 受损程度判断

受损生态系统是一种"病态"的生态系统, 在实际工作中须对其受损程度进行诊断与判定(章家恩和徐琪, 1999)。目前, 生态系统受损程度的表达方式可归为三类: 第一类, 以轻度、中度、重度和极度或 1、2、3……等级进行表示; 第二类, 以自然恢复、人工促进恢复和重建恢复等几种不同程度的恢复手段来表示; 第三类, 将受损程度和生态系统的演替阶段相互联系来确定, 如次生演替受损等。总体上, 受损生态系统受损程度的诊断须建立合理、科学的评价指标体系。一般而言, 用以诊断生态系统受损的指标较多, 各指标之间可能相互交叉、重叠和包含。因此, 在建立生态系统受损诊断的指标体系时, 应当遵循整体性、概括性、动态性、层次性和定性与定量相结合等原则。

2) 受损生态系统诊断参考系

生态系统受损诊断是一个相对概念, 制定受损生态系统诊断参考系是判断生态系统受损程度的重要前提(闫玉春等, 2007)。目前, 主要的参考系有四种: ①将自然生态系统的原生状态或者顶极生态系统作为参考系, 这是最理想的状态, 但现实中往往对受损前生态系统的状态或顶极生态系统的状态参数缺乏了解(Hobbs and Norton, 1996); ②以本区域或邻近区域的未受破坏或轻微破坏的生态系统作为参照系, 这种方法更具有实践意义; ③以气候潜在生态系统生产能力作为参照系；④以国家相关标准指标作为诊断参照体系。

3) 受损生态系统诊断途径

理论上，生态系统的受损主要表现在组成、结构、功能与服务等方面，因此生态系统受损诊断的途径也包含生物途径、生境途径、生态系统服务与功能途径、景观途径和生态过程途径等。其中，生物途径的主要指标包括生物组成与结构、生物数量、生物生产能力等，生物指标一般较直观且容易获取，是主要的诊断途径；生境途径主要包括气候条件和土壤条件，尤其是土壤因子的变化通常较明显，因此在诊断过程中应关注土壤因子；生态系统服务与功能途径主要包括生产服务、调节服务、支持服务等，生态系统受损的最终表现往往会反映在生态系统服务功能上；景观途径的指标主要包括景观组成和景观结构，一般应用于较大尺度生态系统受损诊断；生态过程途径一般包括种群动态、种子或生物体传播、捕食者和猎物的相互作用、群落演替、干扰扩散和养分循环等。

4) 主要诊断方法

根据生态系统受损诊断时选用的指标及诊断途径，可将生态系统受损的诊断方法分为单途径单因子诊断法、单途径多因子诊断法、多途径综合诊断法等。其中，单途径单因子诊断法是指选用某个诊断途径的某个指标进行诊断的方法；单途径多因子诊断法是指选用一个诊断途径的多个指标进行诊断的方法；多途径综合诊断法是指选用两个或以上诊断途径的指标进行诊断的方法。在进行生态系统受损程度诊断时，多因子诊断法一般较单因子诊断法的结果更符合实际情况，因此，在条件允许的情况下应优先选用多因子诊断法。

2. 受损生态系统的恢复与重建

1) 受损生态系统恢复

外部干扰类型、强度等差异导致不同受损生态系统在受损与退化的类型、阶段、过程及其响应机理等方面也存在显著差异(谢俊奇等, 2014)。因此，不同生态系统、不同退化类型与不同受损程度的生态系统，其恢复目标、侧重点、选用方法等也不尽相同。总体上，依据受损生态系统诊断结果判定的生态系统受损程度，受损生态系统的恢复可分为自然恢复与人工促进生态恢复两类。其中，前者是指对于特定区域的受损生态系统，不通过人工辅助手段，仅依靠受损生态系统本身的能力使其向着典型自然生态系统顺向演替的过程；后者主要是利用人工辅助措施，包括改善受损生态系统的物理因素(如土壤理化性质)及营养条件(如豆科植物种植)，改善种源条件(如慎重选择树种)及物种间的相互制约关系(如通过抑制特定物种的生长发育而促进其他物种的生长、发育及繁殖)等。此外，从技术体系上看，针对一般受损生态系统，其恢复大致需涉及非生物或环境要素、生物因素恢复技术、生态系统总体规划与设计等基本恢复技术体系。从生态系统的组成成分角度来看，恢复主要包括非生物环境的恢复和生物系统的恢复。其中，非生物环境的恢复主要包括水体恢复、土壤恢复等，生物系统的恢复主要包括植被恢复、消费者和分解者的重建与恢复及生态系统的总体规划、设计与组装等。在生态恢复的实践应用中，除上述技术体系外还需结合实际情况，充分利用各种技术以恢复生态系统的结构及功能，实现生态、经济、社会和美学效益的统一。

综上，受损生态系统恢复的一般过程可概述为：基本结构组分单元的恢复—组分之间相互关系的恢复—生态系统的恢复—景观的恢复。因此，在生态恢复的具体实施中，首先应明确恢复对象，确定受损生态系统的边界，包括生态系统的层次与级别、时空尺度与规模、结构与功能等；进而对生态系统受损情况进行诊断，对生态系统受损的基本特征、受损原因、过程、类型、程度等进行详细的调查和分析；继而结合受损系统所在区域的自然系统、社会经济系统和技术力量等特征，确定生态恢复的目标，进行可行性分析，在此基础上建立优化模型，提出决策和具体的实施方案；最后，需对所设计的优化模型进行试验和模拟，并通过定位观测确定理论与实践上均具有可操作性的恢复模式。受损生态系统恢复后，评价恢复后的生态系统是否合理，除需考虑新生态系统在稳定性、可持续性、生产力水平、土壤养分和水分条件及组分之间协调性等方面的基本情况外，还需考虑新生态系统在发挥生态效益的同时能否持续带来较高的社会和经济效益，并提供较好的美学价值。

2) 受损生态系统重建

生态系统重建是人们在对生态恢复的认识更为深入、全面的基础上，有目的地将特定地方改建成定义明确的、固有的、历史的生态系统的过程，其目的是竭力仿效特定生态系统的结构、功能、生物多样性及其变迁过程。在这方面，国际恢复生态学会将生态重建定义为：对生态系统已遭到严重破坏且不能恢复其原始形态的区域，根据其现有的气候、土壤、植被等自然条件，结合区域内社会经济条件建立一个新的生态系统，使其能实现自我持续发展。

立足中国典型生态系统受损情况及生态重建相关要求，我国学者亦对生态恢复与重建进行了深入研究。例如，龙花楼(1997)认为生态重建是按照景观生态学原理，在宏观上设计出合理的景观格局，在微观上创造出合适的生态条件，把社会经济的持续发展建立在良好的生态环境基础上，实现人与自然的共生，涵盖了复垦以外的社会、经济和环境需要。白中科等(1999)将采矿废弃地的生态恢复与重建理解为对采矿引起的结构缺损、功能失调、极度退化的生态系统，借助人工支持和诱导，对其组成、结构和功能进行超前性的计划、规划、安排和调控，同时对逐渐逼近最终目标这一逆向过程可能出现的问题进行跟踪评估，并匹配相应的技术经济措施，最终重建一个符合代际需求和价值取向的可持续生态系统。

总体上，纵观已有的研究观点，生态重建的一般步骤主要包括：首先，通过调查全面掌握生态系统受损问题及原因；其次，依据生态重建的相关学科原理确立重建目标并制订生态重建计划；再次，按计划完成重建工作；最后，综合生态重建效果，实时监测重建后的生态系统健康状况，并不断完善生态系统。需要注意的是，生态重建的具体实施方案与方法会因研究区域、尺度及受损问题的不同而变化调整。

参 考 文 献

白中科, 赵景逵, 朱荫湄. 1999. 试论矿区生态重建[J]. 自然资源学报, 14(1): 35-41.

蔡晓明. 2000. 生态系统生态学[M]. 北京: 科学出版社.

曹玉红, 曹卫东, 吴威, 等. 2008. 基于自然生态约束空间差异的区域生态安全格局构建[J]. 水土保持通报, 28(1): 106-109, 118.

陈昕, 彭建, 刘焱序, 等. 2017. 基于"重要性—敏感性—连通性"框架的云浮市生态安全格局构建[J]. 地理研究, 36(3): 471-484.

董世魁, 刘世梁, 尚占环, 等. 2020. 恢复生态学[M]. 2 版. 北京: 高等教育出版社.

杜晓军, 高贤明, 马克平. 2003. 生态系统退化程度诊断: 生态恢复的基础与前提[J]. 植物生态学报, 27(5):

700-708.

傅伯杰, 陈利顶, 马克明, 等. 2002. 景观生态学原理及应用[M]. 北京: 科学出版社.

蓝盛芳, 钦佩. 2001. 生态系统的能值分析[J]. 应用生态学报, 12(1): 129-131.

李博. 2000. 生态学[M]. 北京: 高等教育出版社.

李晖, 易娜, 姚文璟, 等. 2011. 基于景观安全格局的香格里拉县生态用地规划[J]. 生态学报, 31(20): 5928-5936.

李丽, 王心源, 骆磊, 等. 2018. 生态系统服务价值评估方法综述[J]. 生态学杂志, 37(4): 1233-1245.

李双成. 2014. 生态系统服务地理学[M]. 北京: 科学出版社.

李晓文, 胡远满, 肖笃宁. 1999. 景观生态学与生物多样性保护[J]. 生态学报, 19(3): 399-407.

刘惠清, 许嘉巍. 2008. 景观生态学[M]. 长春: 东北师范大学出版社.

刘世梁, 侯笑云, 尹艺洁, 等. 2017. 景观生态网络研究进展[J]. 生态学报, 37(12): 3947-3956.

刘玉龙, 马俊杰, 金学林, 等. 2005. 生态系统服务功能价值评估方法综述[J]. 中国人口·资源与环境, 15(1): 91-95.

龙花楼. 1997. 采矿迹地景观生态重建的理论与实践[J]. 地理科学进展, 16(4): 68-74.

欧阳志云, 王如松, 赵景柱. 1999. 生态系统服务功能及其生态经济价值评价[J]. 应用生态学报, 10(5): 635-640.

欧阳志云, 徐卫华, 肖燚, 等. 2017. 中国生态系统格局、质量、服务与演变[M]. 北京: 科学出版社.

彭建, 赵会娟, 刘焱序, 等. 2017. 区域生态安全格局构建研究进展与展望[J]. 地理研究, 36(3): 407-419.

彭少麟, 周婷, 廖慧璇, 等. 2020. 恢复生态学[M]. 北京: 科学出版社.

任海, 刘庆, 李凌浩, 等. 2019. 恢复生态学导论[M]. 北京: 科学出版社.

王玉, 傅碧天, 吕永鹏, 等. 2016. 基于 SolVES 模型的生态系统服务社会价值评估——以吴淞炮台湾湿地森林公园为例[J]. 应用生态学报, 27(6): 1767-1774.

邬建国. 2007. 景观生态学——格局、过程、尺度与等级[M]. 北京: 高等教育出版社.

吴次芳, 徐保根. 2003. 土地生态学[M]. 北京: 中国大地出版社.

吴健生, 张理卿, 彭建, 等. 2013. 深圳市景观生态安全格局源地综合识别[J]. 生态学报, 33(13): 4125-4133.

谢高地, 鲁春霞, 冷允法, 等. 2003. 青藏高原生态资产的价值评估[J]. 自然资源学报, 18(2): 189-196.

谢高地, 甄霖, 鲁春霞, 等. 2008. 一个基于专家知识的生态系统服务价值化方法[J]. 自然资源学报, 23(5): 911-919.

谢俊奇, 郭旭东, 李双成, 等. 2014. 土地生态学[M]. 北京: 科学出版社.

闫玉春, 唐海萍, 张新时. 2007. 草地退化程度诊断系列问题探讨及研究展望[J]. 中国草地学报, 29(3): 90-97.

约恩森 S E. 2017. 生态系统生态学[M]. 曹建军, 赵斌, 张剑, 等译. 北京: 科学出版社.

曾希柏. 1998. 土壤退化及其恢复重建对策[J]. 科技导报, (11): 34-35, 13.

张桃林. 1999. 中国红壤退化机制与防治[M]. 北京: 中国农业出版社.

张小飞, 李正国, 王如松, 等. 2009. 基于功能网络评价的城市生态安全格局研究: 以常州市为例[J]. 北京大学学报(自然科学版), 45(4): 728-736.

章家恩, 徐琪. 1999. 退化生态系统的诊断特征及其评价指标体系[J]. 长江流域资源与环境, 8(2): 215-220.

赵金龙, 王泺鑫, 韩海荣, 等. 2013. 森林生态系统服务功能价值评估研究进展与趋势[J]. 生态学杂志, 32(8): 2229-2237.

赵军, 杨凯. 2007. 生态系统服务价值评估研究进展[J]. 生态学报, (1): 346-356.

周彬, 余新晓, 陈丽华, 等. 2010. 基于 InVEST 模型的北京山区土壤侵蚀模拟[J]. 水土保持研究, 17(6):

9-13, 19.

Costanza R, d'Arge R, de Groot R, et al. 1997. The value of the world's ecosystem services and natural capital[J]. Nature, 387: 253-260.

Daily G C. 1995. Restoring value to the world's degraded lands[J]. Science, 269: 350-354.

Daily G C. 1997. Nature's Services: Societal Dependence on Natural Ecosystems[M]. Washington DC: Island Press.

de Groot R, Wilson M, Boumans R. 2002. A typology of the classification, description and valuation of ecosystem functions, goods and services[J]. Ecological Economics, 41 (3): 393-408.

Fegraus E H, Zaslavsky I, Whitenack T, et al. 2012. Interdisciplinary decision support dashboard: A new framework for a Tanzanian agricultural and ecosystem service monitoring system pilot[J]. IEEE Journal of Selected Topics in Applied Earth Observations and Remote Sensing, 5 (6): 1700-1708.

Hobbs R, Norton D. 1996. Towards a conceptual framework for restoration ecology[J]. Restoration Ecology, 4 (2): 93-110.

Knaapen J P, Scheffer M, Harms B. 1992. Estimating habitat isolation in landscape planning[J]. Landscape and Urban Planning, 23 (1): 1-16.

Kong F, Yin H W, Nakagoshi N, et al. 2010. Urban green space network development for biodiversity conservation: Identification based on graph theory and gravity modeling[J]. Landscape and Urban Planning, 95 (1-2): 16-27.

Millennium Ecosystem Assessment. 2005. Ecosystems and Human Well-being: Synthesis[M]. Washington DC: Island Press.

Odum H T. 1996. Environmental Accounting: Energy and Environmental Decision Making[M]. New York: Wiley.

Tansley A G. 1935. The use and abuse of vegetational concepts and terms[J]. Ecology, 16: 284-307.

Zank B, Bagstad K J, Voigt B, et al. 2016. Modeling the effects of urban expansion on natural capital stocks and ecosystem service flows: A case study in the Puget Sound, Washington, USA[J]. Landscape and Urban Planning, (149): 31-42.

Zhang B, Li W H, Xie G D, et al. 2010. Water conservation of forest ecosystem in Beijing and its value[J]. Ecological Economics, 69 (7): 1416-1426.

第6章 国土综合整治的经济学基础

伴随国土综合整治工作的不断深入，其目标导向也从片面追求耕地面积增加向协同促进资源保障、粮食安全、城乡统筹及生态保护等多目标拓展。在这个过程中，国土综合整治也逐步由自然性工程转变为综合性的社会工程，具有项目分布范围广、投资金额大、牵涉部门多和关系复杂等特点。因此，国土综合整治能否给最广大人民群众尤其是广大农民带来切实惠益，能否合理利用资本以充分发挥社会、经济和生态效益，整治项目及工程建设能否科学合理布局等，均需依托经济学理论进行科学指导。为此，本章对国土综合整治中涉及的主要经济学原理进行系统梳理，包括不同类型整治项目安排的空间布局原理、国土综合整治的投资成本估算与项目效益分析、国土综合整治中的产权理论等，以期为科学推进国土综合整治事业发展提供理论指导。

6.1 国土综合整治空间布局原理

国土综合整治本质上是一项社会经济活动。尤其是在进行整治项目选址时，项目区位于不同的区位可能会引起土地级差地租的相应变化。因此，决策者必须充分考虑土地区位因素对国土综合整治社会效益、经济效益和生态效益等的影响。例如，在城乡交错带进行农用地整理时，应布置需求量大、不易保鲜的蔬菜类产品生产基地；而针对农村腹地的农用地整理，则应按照种植粮食作物生产基地的要求开展。土地区位是指土地资源所处的位置或场所，也指土地利用项目在空间上的定位或布局。土地区位因素则是决定土地利用布局和土地区位效益的全部因素的总和，包括自然因素、经济因素、技术因素、社会因素、组织因素等。其中，自然因素可依据其存在的状况划分为普遍性因素(如灰、沙、石、黏土等建材，以及空气、水等物质)、区域性因素(具有区域性差别的因素，如地貌、气候、植被、土壤、水利资源等)及限制性因素(指仅特定地区具有的因素，如矿藏、特种作物生长区、特殊景观等)。经济因素主要包括运输因素、劳动力因素、市场因素等。在各种因素中，自然因素往往是决定经济区位的最重要因素。例如，农业布局主要取决于土壤、地势、气候等因素；交通布局往往在很大程度上依赖于地势、河流、港湾；工业布局往往依赖于原料产地并受制于自然条件的运输状况(周诚，2003)。因此，现实中无论是基于何种区位理论来指导具体的实践应用，其本质都是按照利润最大化原则来确定各项经济活动的空间布局(刘彦随，1995)。同样，对国土综合整治而言，也需根据整治对象的差异，遵循科学的土地区位理论，充分考虑土地区位因素，合理布局整治项目区。鉴于此，本节将重点介绍与国土综合整治项目工程空间布局密切相关的农业区位论、工业区位论及城镇区位论等空间布局原理。

6.1.1 农业区位理论

1. 杜能农业区位论

1810 年，德国学者杜能（Johann Heinrich von Thünen）为探索合理农业生产方式的配置原则，在德国梅克伦堡购置了一处农场开展相关研究。基于农户尺度多年的农业经营详细数据，杜能建立起著名的农业区位论，并于 1826 年出版《孤立国同农业和国民经济的关系》（杜能，1986）一书，正式提出农业区位论。该理论对同时代的农业区位实践发挥了重要的指导作用，也对现代农业及其相关经济活动的布局有重要影响。

1）理论的前提假设

杜能对于其假想的"孤立国"给定了 4 个假设条件（周诚，2003）：①有一个坐落在沃野平原中央的巨大城市，离城市最远的平原四周是未经开垦的荒野，与外界完全隔绝。杜能把这一城市及其周围的平原称作"孤立国"。②这座唯一的城市供应着整个"孤立国"所需的金属、矿产和食盐等非农产品，而城市所需的粮食、蔬菜、水果、肉类和木材等农产品完全依赖于四周的土地。③境内的土地都适合耕作，且土地肥力始终处于稳定状态。除近郊区以外，全境肥力无差别，全境的农业经营都是合理的。④境内的交通条件完全一致，没有通航的河流和运河，唯一的交通工具是马车，运费与距离的远近成正比。虽然基于孤立化方法提出的"孤立国"与实际国家存在巨大差别，但是杜能认为利用这一方法是为了排除其他要素（如土质、土地肥力、河流等）的干扰，而只探讨一个要素（市场距离）的作用，即为了从土地取得最大的利益，农场经营状况随着与城市距离的增加将如何变化。

2）农业区位论主要内容

以上述假设为基础，农业生产方式的空间配置在城市周围将形成在某一圈层以某一种农作物为主的同心圆结构。随着种植作物的不同，农业的全部形态随之变化，将能在各圈层中观察到各种各样的农业组织形式。以城市为中心，形成 6 个同心圆圈层（李小建，1990）。第一圈层为自由农作圈。该圈层首先发展无法长途运输的蔬菜与水果，如生菜、草莓等。其次，发展鲜奶生产业。最后，该圈层的最外层主要生产土豆、番薯等主粮和白菜、萝卜等蔬菜，以及奶牛饲料如苜蓿等。该圈大小由城市人口规模所决定的消费量大小决定。第二圈层为林业圈，杜能所处的年代，城市居民的燃料以木炭为主，对木材需求量较大，且交通运输工具为马车，运量较小，因而林业也配置在靠近城市中心的位置，但林业能提供的地租无法与蔬菜、水果及鲜奶相比，因此配置在第二圈层。第三圈层为轮作式农业圈。该圈层以经营谷物、土豆、肉用畜牧业为主，距离中心城市较远，不易得到城市的肥料，为保持地力而采取分区轮作。第四圈层为谷草式农业圈，该圈层与第三圈层基本相同，但较为粗放，牧草的种植比例增加而且出现休闲地，畜牧业比重也加大。第五圈层为三圃式农业圈，该圈层距离城市远，运费高，但地租低，依靠广种薄收来降低成本，弥补运费成本差距，所以实行更粗放的三圃轮作制，即黑麦、燕麦和休闲各占三分之一，逐年轮换。第六圈层为畜牧业圈，该圈层距离城市最远，运费最高，无法向城市提供商品粮食，只能自给自足，土地主要用于放牧或种植牧草，生产牲畜、黄油、乳酪等。

2. 农业区位理论的发展与应用

随着时代发展，相较于杜能所处的时代，现代交通运输、空间范围和人们的理念有了极大的进步，但现代农业区位理论仍是以杜能农业区位论为基础发展起来的，它与杜能农业区位论的主要区别在于：①运输条件不同，现代运输条件相对于杜能所处的时代有了极大的改善，运输能力大大提高的同时运输费用大大降低，从而使农业区位论产生相应变化；②空间范围不同，与杜能农业区位论以城市为中心不同，现代农业区位论突破了以城市为中心的、圈层式的藩篱，在广大空间范围内进行农地配置；③对自然条件的态度不同，现代农业区位充分考虑各个区位的自然条件差别，主张充分而合理地利用自然条件，合理确定农业区位。

农用地整理作为国土综合整治的重要组成部分，其整治重点在于加强和落实耕地的数量、质量和生态三位一体保护，同时应考虑区域差异性，因地制宜开展农用地整理工作，这就要求农用地整理的空间布局尤其需遵循科学的农业区位理论。当前有关农用地整理区位选择的研究通常在传统农业区位理论基础上(项晓敏等，2015)，考虑更多的约束条件，如经营方式、土地利用规模、生态环境(刘博文等，2019；范垚和杨庆媛，2016)，以及不同城市规模(余富祥等，2019)、不同地形地貌区(藏波等，2015)等对农地整理的影响。这些研究均在不同尺度、不同视角进一步丰富和发展了现代农业区位理论与实践。

6.1.2　工业区位理论

1. 韦伯工业区位论

1909 年，德国经济学家韦伯(Alfred Weber)出版了《工业区位论》(韦伯，2010)一书，正式提出关于工业布局的工业区位论。韦伯提出工业区位论的时代，德国处于产业革命之后，近代工业有了较快发展，从而伴随着大规模的人口地域间流动，尤其是产业与人口向大城市集中的现象十分明显。在这种背景下，韦伯从经济区位出发，探索资本、人口向大城市移动背后的空间机制。

1) 理论前提与假设

与杜能农业区位论一样，工业区位论也采取"孤立化"的研究方法，其目的在于探索控制工业的一般区位理论、一般区位规律和一般区位规则。韦伯把对区位发生作用的因素称为"区位因素"，包括"一般区位因素"和"特殊区位因素"。其中，一般区位因素包括运输成本、劳动力成本和地租等对所有工业活动都有影响的因素，而特殊区位因素包括原料性质、空气湿度、淡水依赖等只对特定工业活动产生影响的因素。除此以外，所有的区位因素还可进一步分为"区域性因素"和"集聚性因素"，前者指能将工业引导到地球表面某些地方的因素，后者是影响工业集聚或分散布局的因素。韦伯工业区位论的基本框架如下：①假设所有的孤立的工业生产单位，在一开始就自然而然地布局在运输成本有优势的区域。该步骤可由运输成本建立工业指向的基本网络，形成基于运输成本的工业基本指向。②第二个区域性因素——劳动力成本的差异，是改变上述基本网络的第一个力量，它可使基本网络变形。③集聚因素是改变上述基本网络的第二个因素，也可使基本网络变形，使其移动到一些"集聚点"上。基于该基本框架可以发现，韦伯工业区位论认为，运输成本、劳动力成本和集聚因素是决定工业区位的基本因素。

2) 工业区位论的指向性问题

基于上述理论框架可以看出，工业区位论最重要的是工业布局的指向性问题，基于总体框架，工业区位指向主要包括运费指向、劳动费指向和集聚指向。①运费指向指在给定原料产地和消费地条件下，如何确定仅考虑运费时的工厂区位，即运费最小的区位，这是运费指向论所要解决的问题。运费主要取决于重量和距离，其他因素(如运输方式、货物的性质等)可以换算为重量和距离，而工业生产和分配中的运输重量主要来源于原料及最终产品的重量。②劳动费指向，运费随着距离的变化表现出一定的空间规律性，而劳动费则不具有这一特殊性，它属于地区差异性因子，是使运费形成区位格局发生变形的因子。劳动费指向的主要思路为，工业区位由运费指向转为劳动费指向仅限于节约的劳动费大于增加的运费，即在低廉的劳动费地点布局工业活动带来的劳动费节约额比由最小运费点移动产生的运费增加额大时，劳动费指向就占主导地位。③集聚指向论，集聚因子就是一定量的生产集中在特定场所带来的生产或销售成本降低。它主要存在两种形态：一是由经营规模的扩大而产生的生产集聚，二是由多种企业在空间上集中产生的集聚。韦伯在此基础上研究集聚利益对运费指向和劳动费指向的影响，并认为集聚节约额比运费或劳动费指向带来的生产费节约额大时，便产生集聚。

2. 工业区位理论的发展与应用

现代工业区位论主要是韦伯工业区位论的补充和发展。现代工业发展迅速，门类众多，韦伯工业区位论并非完全适用于某些工业活动。例如，在工业运费指向方面，部分机器装配企业在韦伯工业区位论框架内属于原料指向，但其零件因为包装成箱时体积小，便于运输，而成品的体积大，不便于运输；一些工厂(如面粉厂、面包厂等)的原料易于包装、保管和运输，而成品却反之；有些工厂(如电子产品装配厂等)的原料产地分散，而消费地则比较集中；有些工厂(如造纸厂、钢铁厂等)能够在消费区取得相当大量的衍生性原料(如废纸、废钢铁等)；有些工厂(如小型服装加工厂、首饰厂、印刷厂等)经常需要直接与消费者打交道。在工业劳动费指向方面，要进一步探寻不同地区之间工资水平差别形成的原因，其中包括劳动效率、生活费用、民族等地区差异；要深入研究工业各部门的劳动密集程度，借以判断不同工业部门指向廉价劳动力的程度。

改革开放以来，土地非农化为城市发展提供了载体，对中国经济的快速发展起到了重要的支撑作用。然而，地方政府通过低廉的征地成本攫取土地红利造成大量农用地过度损失，同时中国城镇存量建设用地却存在严重的低效利用问题(刘新平等，2015)。尤其是，当前我国存量工业用地低效利用的困局呈现出宏观上对工业经济增长的贡献率低；微观上导致市场发育缓慢，使资源配置效率低；工业用地存在低效和闲置利用问题；工业用地二次利用困难，且尚无完善的退出机制等特点(曹飞，2017)。在此背景下，城镇低效用地再开发作为国土综合整治的重要部分，其区位选择及相应开发路径更成为重中之重(周武夫和谢继昌，2014)。为此，更需在工业区位理论指导下，科学判识不同区域城镇低效用地的规模、类型及适应其区位特点的再开发路径，通过科学规划，统筹安排开发布局和时序，提升城市土地利用效率与效益。

6.1.3 城镇区位理论

1. 克里斯塔勒与勒施的城镇区位理论

20 世纪以来，资本主义经济高度发展，加速了经济活动集聚的进程。城市在整个社会经济中占据主导地位，并成为工业、交通、商业贸易和服务行业等的聚焦点。诸多经济学家、社会学家、地理学家在对城市的社会及经济行为进行研究的基础上，也日益关注对城市形态、空间分布和规模等级等的研究。在这方面，1933 年德国地理学家克里斯塔勒（Walter Christaller）出版了《德国南部中心地原理》（克里斯塔勒，2011）一书，正式提出了中心地理论；1939 年德国经济学家勒施出版了《经济空间秩序》（勒施，2010），正式提出市场区位论。这两个理论构成了城镇区位论的基础。

1）中心地理论的主要内容

中心地理论既是关于城镇区位的理论，也是关于市场网络的理论。它为揭示城镇与区域空间在经济上的依存关系、解释与构建城镇结构等提供了最基本、最系统的理论基础。中心地理论的要点是：①在一定范围内必然会形成若干个经济活动的中心地——城镇，城镇与周围地区形成相互依存、相互促进的关系。②不同等级中心地的地位与作用不同，在一个大地区内，必然形成高、中、低（大、中、小）等级不等的中心地，并构成中心地体系。在这一体系中，不同的中心地各自具有其地位和作用：高级中心地提供全面的、大量的、高级的商品和服务，低级中心地提供局部的、少量的、初级的商品和服务。③不同等级的中心地在外形上互相衔接，而且在数量和面积上有密切关系。其中，在一个区域内，上一级中心地与下一级中心地的数量比例具有固定的系数 k：当 $k=3$ 时为市场原则体系，表示高一级中心地市场面积是低一级中心地市场面积的 3 倍，每一个高一级的中心地除自身以外还下辖两个低一级中心地；当 $k=4$ 时为交通原则体系，这种体系是根据便于各级中心地之间的交往原则，将各级中心地的中心配置于交通线之上，从而使上级中心区面积相当于下级中心区面积的 4 倍；当 $k=7$ 时为行政原则体系，按照 $k=3$ 和 $k=4$ 建设的中心区体系可能造成经济区与行政区脱节的现象，而 $k=7$ 的体系则是根据便于行政管理的原则而确立的，其布局大致为，在一个市场区的中央建立一个六边形的 A 级中心，再在六个边上各建立一个五角形的 B 级中心，然后在其中依次建立五角形的 C 级中心和 D 级中心。

2）市场区位论的主要内容

勒施提出的市场区位论是对中心地理论的继承与发展，市场区位论在接受六边形的市场区位理论的基础上，假定在区域中心存在一个共同的中心地，称作大城市，它能够提供满足大范围区域需求的商品。同时，在此大城市的周围存在多个相互交叉的扇形区，其中一半称为经济活动丰富扇形区，另一半称为经济活动贫乏扇形区。

2. 城镇区位理论的发展与应用

克里斯塔勒和勒施的城镇区位理论历经百年的发展依旧历久弥新，但随着全球城市化的快速发展，在城镇区位理论基础上涌现出一大批适应现代城市发展的关于城镇体系的理论，其中的代表包括：①改造"核心-边缘结构"理论，该理论认为核心区是发达的大城市所在区域，边缘区是欠发达的依赖于核心区并被其控制的子系统，这种结构广泛存在于发展中国家之中。相关学者针对这种结构提出通过政府的力量，在边缘区以中等城市为依托建立新的核心，促进边缘区的发展的相关举措。②极化倒转理论，这一理论指国家经济由向核心区空间极化的趋向，转化为向其他区域空间分散的趋向，其主要内容之一也是发展非核心地区的中等城市，以便挖掘其经济潜力。③发展"增长极"理论，该理论指出经济增长不可能在各地同时出现，而只能是以不同的强度发生在有限的极点（城市）之内，然后扩散到周边地区，从而更快地促进全局发展。然而，现实生活是增长极与国内外大城市的联系往往超过了其与其周边地区的联系。因此，针对这一现象出现了"反磁力中心"论，主张在一个国家或地区的首位城市之外建立另外一个中心城市，以便减轻首位城市吸引力过高造成的区域发展不平衡状况；还有"发展轴"理论，主张加强城市之间运输走廊沿线城市的发展，以便补充增长极之不足。④次级城市理论，该理论把城镇发展的重点放在次级城市即中等城市上，发挥其与大城市、小城镇之间的桥梁和纽带作用，其目的不仅在于促进地区之间的平等发展，而且在于提高整个国家的经济效率。

　　城镇区位理论对国土空间综合整治中的城乡建设用地增减挂钩布局具有重要的指导意义。城乡建设用地增减挂钩是指在土地利用总体规划确定的规划用途分区的基础上，按照土地节约、集约利用的要求，采取科学的工程技术手段，通过将若干拟复垦为耕地的农村建设用地地块（即拆旧地块）和拟用于城镇建设的地块（即建新地块）共同组成建新拆旧项目区，通过建新拆旧和土地复垦，最终实现项目区内建设用地总量不增加、耕地面积不减少、质量不降低、用地布局更合理（易小燕等，2011；王君等，2007）。在这个过程中，城乡建设用地增减挂钩需要分析城镇建设用地新增需求与农村居民点用地整理潜力之间的关系，根据中心城镇及周边城镇的功能、需求及商品供应能力等确定增减挂钩的相关分区，进而提出相应的挂钩整理运作模式、资金保障措施和补偿安置方式等（曲衍波等，2011）。

6.2　国土综合整治的成本与收益

　　当前，国土综合整治已成为我国保发展、守红线、促转变、惠民生的重要抓手和基础平台，并不断上升为国家层面的战略部署，对促进粮食安全、社会主义新农村建设、城乡统筹发展等国家战略起到重要支撑作用。其中，"十一五"期间，我国验收入库的土地整治项目超过 15 万个，整治规模 829 万 hm^2，新增耕地 270 万 hm^2，安排资金超过 3000 亿元，对提高项目区农民收入、促进当地农业投资、扩大居民消费、拉动当地经济发展发挥了重要作用。尽管我国土地整治事业在守护粮食安全、提高农民收益和推动农村经济发展等方面取得显著成就，但也存在项目布局空间不均衡、投资效率总体较低、重视经济效益而忽略社会保障与生态效益等问题。在此背景下，为进一步规范国土综合整治的资金利用与管理，2010 年财政部、国土资源部联合下发《关于加强土地整治相关资金使用管理有关问题的通知》，其中明确强调要进一步加强土地整治相关资金管理，切实提高资金使用效率和效益（杨绪红等，2014）。因此，为避免盲目投资及由此可能带来的浪费、腐败等问题，更好地发挥国土综合整治促进国家高质量发展的作用，必须从经济学角度充分考虑国土综合整治中的投入成本与收益，以经济学理论为指导，促进项目投资资金的合理使用，充分发挥国土综合整治的经济效益、社会效益和生态效益。

6.2.1 成本与收益理论

从经济角度来说,任何企业和项目都有投入和产出,投入即须支付一定的代价或成本,产出即可获得一定的利益或收益。所谓成本是指实施项目或某种计划方案所引起的资源损耗,包括资金、物力和时间等;而收益则是指项目或方案计划实施给投资人带来的利益增加。

1. 成本理论

在微观经济学中,成本就是企业为获得所需的各项资源而付出的代价,这种代价包括以货币形式表现出的部分,也包括以非货币形式如时间、精力等表现出来的代价。对国土综合整治实践而言,尤其需关注以下成本的内涵与应用。

1) 机会成本与会计成本

机会成本是对消费品或生产要素的成本的最好度量,是为了获得这种消费品或生产要素必须放弃的、在其他生产用途中所能够得到的最大收入。从经济资源稀缺性这一前提出发,当一个社会或一个企业用一定的经济资源生产一定数量的一种或几种产品时,这些经济资源就不能同时被使用在其他的生产用途方面。由于出发点和依据的原则不同,寻求的结果会存在差异,会计学侧重于对过去经营结果的计量,对成本的理解是面向历史的。通常,会计人员按照统一的标准或准则将企业已经发生的所有与经营活动相关的实际支出、费用等计入成本,反映企业的经营绩效,这里的成本概念一般称为会计成本(孙斌艺,2014)。

2) 显性成本与隐性成本

成本理论中另外一对重要的成本概念是显性成本和隐性成本(黄洪卫,2013)。其中,显性成本是指厂商为获得生产所需要的各种生产要素而发生的实际支出,主要包括支付给员工的工资,生产中购买的各种原材料、燃料和零部件等,还包括支付的利息、租金和保险等。这一类成本涉及厂商和其他经济组织及个人之间的交易,因而包括在会计成本当中。与之相对的,隐性成本的概念则与前文中的机会成本联系在一起,是指厂商使用早已占有的并非购买亦非租用的要素进行生产而导致的机会成本。隐性成本有两种典型的表现形式,其一是厂商使用自有资金、土地、厂房、办公用房时的机会成本,其二是所有者在经营企业或为企业服务中的机会成本。隐性成本与显性成本的区别在于,隐性成本的所有权在于厂商,如自有资本、自产的原材料、自有资金等。之所以称为隐性,主要是因为人们在使用自有的要素时通常会忽略这部分的成本。

3) 沉没成本与边际成本

虽然机会成本是隐性的,不会在会计记录表中表现出来,但在决策者的经济分析中必须加以考虑(孙斌艺,2014)。沉没成本是指已经发生且无法回收的成本,是不因决策变化而变化的成本,如决策前已经支出的成本或已经承诺支出的成本。企业生产产品的总成本是随产量的变化而变化的,因此,边际成本是指在一定产量水平上,产量增加一个单位时总成本的增量。边际成本常常用于短期利润最大化产量决策。

2. 收益理论

收益是指支出项目和方案所带来的利益增加,包括内在收益和外在收益。内在收益是指项目或方案直接取得的收益,是项目本身的基本建设或业务经营的收入;外在收益是指项目或方案范围外取得的收益。对国土综合整治项目最重要的是总收益、支付意愿和利润的计算。

1) 总收益

总收益是每个时期生产者总的收益额,即生产者销售一定数量的产品或劳务所获得的全部收入,它等于产品销售价格与销售数量的乘积。总收益与该物品是否具有需求弹性相关:当需求缺乏弹性,价格和总收益同方向变动;当需求富有弹性,价格与总收益反方向变动。

2) 支付意愿

支付意愿是指消费者接受一定数量的消费物品或劳务所愿意支付的金额,是消费者对特定物品或劳务的个人估价,带有强烈的主观评价成分。在环境质量公共物品需求分析和环境经济影响评价中,支付意愿被广泛应用。

3) 利润

一般来说,利润是企业的总收益扣除成本后的剩余。根据成本的不同含义,利润的含义也不同(孙斌艺,2014)。如扣除的成本为会计成本时,此时的利润就称为会计利润。会计利润是在会计成本的基础上算出来的,其目的是报告企业或项目的盈亏情况,以便投资者作为投资、政府作为征税的依据等。在经济学中,由于必须考虑所有的机会成本,正确的成本概念应包括所有投入要素的正常支出,在这些投入要素中包括企业家才能及企业所有者提供的资本。对管理部门和资本的正常回报就是为了防止这些资源向其他企业或行业转移所必需的最低限度的支付。因此,在成本中应包括正常利润。经济利润就是指超过正常利润部分的利润,因而也叫超额利润。也就是说,经济利润等于收入减去所有的经济成本。正常利润是企业的所有者愿意接受的最低报酬,其实质是企业的所有权成本,属于隐性成本范畴。正常利润包含在经济成本中,因此当我们说企业的总收益等于总成本,没有利润的时候,实际上是说企业没有超额利润(经济利润),只取得正常利润。

3. 成本收益分析方法

英国经济学家希克斯(Hicks)和卡尔多(Kaldor)总结了成本收益概念,在1939年建立了Kaldor-Hicks准则,为成本收益分析发展打下了坚实基础。成本收益理论基于收益与利润分析实现利益最大化的经营模式,在经济学和管理学中广泛应用。成本收益分析的产生和发展,同福利经济学、效用理论、资源分配理论、工程经济学、系统分析等理论和学科的发展是相联系的。从实践上看,同西方国家政府公共投资的增加、公用事业的发展是分不开的。成本收益分析的基本原理是对项目或方案所需的直接和间接社会成本同可得到的直接和间接收益尽可能用统一的计量单位,即货币进行计量,以便从量上进行分析对比,权衡得失。为此,必须把项目或方案的指标体系划分为两大类:一类是消耗成本;另一类是收益价值。消耗成本是全部投入资源,是指社会付出的代价,即机会成本。由于市场机制的存在,几乎绝大部分的投入资源都可以转化为货币单位。而收益价值则往往有相当一部分不能转化为货币单位。所以,收益指标通常要分为可计量和不可计量两种。一个项目的成本一般包括直接成本、社会成本、时间成本和替代成本四个部分。收益包括直接收益、派生收益和无形收益三个部分。在进行项目或多方案比较时,一般采用三种方法:在成本相同的情况下，比较收益的大小；在收益相同的情况下，比较成本的大小；在成本与收益都不相同的情况下，以收益和成本的比率和变化关系来确定(高向军，2003；卢新海等，2011)。关键内容包括：

(1)净现值和内部收益率。时间因素对经济效益影响很大，项目耗费的成本必须尽快地取得经济收益，要对项目使用期间不同年度的成本和收益进行比较，就必须把它们按一定的贴现率折成现值。目前，比较流行的做法是计算项目或方案的净收益现值，以及计算收益和成本现值的比率。贴现率是成本收益分析中的重要参数，所选择的贴现率的高低对项目分析的结果有重大影响。在方案选择中，一般以收益与成本比率最大的方案为佳，而且要保持所选方案的净收益现值大于零。

(2)影子价格。价格是成本收益分析中的核心问题。在现实生活中，由于存在税收、补贴、限额、垄断等种种因素，致使市场价格或大或小地偏离社会价值，即存在价格"失真"的问题。直接使用市场价格往往不能真实反映甚至会歪曲成本收益计量中的各项投入和产出的真正经济价值。因此，必须通过建立数学模型，计算出一定的调整率，把市场价格合理地调整为影子价格或会计价格，其中还包括影子工资率、影子利息率、影子外汇率等。影子价格被认为是为了达到一定的社会目标最优化所应该采用的价格，是计算、估价的手段，其作用在于进行计算时，保证稀缺资源的正确分配和过剩资源的有效利用，把经济比较置于同一核算水平上，以更好地反映机会成本。

(3)不确定性和风险。对项目的经济评价，其数据大部分都是建立在预测基础上的，在估算中不可避免地会存在误差，而且政治、经济、技术等外部条件在项目实施过程中又会发生难以预料的变化，这就存在不确定性或风险的问题。项目的实施时间越长，不确定性和风险就越大。风险大的项目，应当有较大的潜在收益。为了估计不确定性对项目经济收益的影响，就需要进行敏感性分析，即分析研究成本与收益方面发生某种变化对项目的可盈利率或现值带来的影响。同时，还可进行收支平衡点分析，用数理统计方法进行概率分析和期望值分析。对待不确定性和风险，常用的简单方法是对不确定的收益在社会贴现率上加上一个风险系数，或者是有意对项目的使用年限进行低估，以尽快回收投资，避免远期的不确定性。

(4)外部效果。成本收益分析中要力图把一般财务分析中不考虑的外部效果也包括进去。外部效果是指与方案、措施本身并不直接关联而带来的收益和耗费。外部效果的范围很广，计算外部效果的一个重要原则是，必须区分是技术性外部效果还是货币性外部效果。

6.2.2　国土综合整治成本收益分析

随着经济的发展，政府对于公共项目的投资规模越来越大，数量越来越多，且日益重视项目的经济、社会和生态效益。尤其是国土综合整治项目投资数额大，牵涉的部门多，社会关系复杂，尤其需要完善的成本收益分析来参与整治决策。

1. 国土综合整治的成本

国土综合整治过程中的成本主要包括直接成本、社会成本、时间成本和替代成本(刘双良，2011)。

1) 直接成本

所有土地利用活动都需要投入一定的人力、物力、资金和技术等要素，国土综合整治的直接成本可理解成为达到整治目的而投入使用的国土综合整治资金、劳力、技术、设备等生产要素的总称。从国土综合整治直接成本构成上看，既包括人工、材料、机械等直接支出，又包括前期研究、规划设计、项目管理、竣工验收、后期评价等间接支出。

2) 社会成本

社会成本是相对于私人成本而言的。私人成本是个人或企业在国土综合整治过程中本身承担的成本；社会成本则是从社会整体看待的成本，它也是一种机会成本，即把社会资源用于某种用途就放弃了其他有利可图的机会。如果私人经济活动不产生外部性，即不对他人或社会产生影响，则私人活动的成本等于社会成本；反之，如果私人的经济活动对他人或社会产生影响，则私人成本和社会成本不一致。其中，私人经济活动产生外部经济效益时，私人成本大于社会成本；在私人经济活动产生外部负经济效益时，私人成本小于社会成本。

3) 时间成本

国土综合整治从决策到实施完成，能够用于生产或消费、产生效益之前，需要一定的时间。在这种情况下，由于资金被束缚在国土综合整治项目上，随时间的流逝带来的成本可看作时间成本。国土综合整治项目的效应会有一个滞后期，整治资金在相当长的时间后才能获得补偿。因此，国土综合整治的时间成本是较高的，在进行国土综合整治决策时，时间成本应是一个重要的考虑因素。

4) 替代成本

由于改变土地利用类型或进行土地再开发时需注销当前已投入在土地上的资产效用，此时所产生的成本叫作替代成本。替代成本往往是由于预期能获得更高的土地收入而改变当前土地利用类型、方式造成的。

2. 国土综合整治的效益

国土综合整治的效益可分为经济效益、社会效益和生态效益。

1) 经济效益

国土综合整治的经济效益是指整治过程中对土地的投入与整治后取得的有效产品或服务之间的比较。以农用地整理为例，整治后取得的经济效益首先主要体现在土地利用率提高，直接增加了可利用的土地面积而带来的收益；其次是土地质量提高，使土地产出率提高而增加收益；最后是由于农业生产条件的改善而导致生产成本下降所产生的间接收益。

2) 社会效益

评价国土综合整治效益时，不但要考虑整治的经济效益，还必须结合社会效益进行综合评价。国土综合整治的社会效益是指整治的社会后果，整治对社会需求的满足程度及其产生的相应的政治与社会影响。就我国粮食生产而言，从市场经济角度讲，由于粮食价格偏低，可以不生产，但从社会角度看，要保持社会的稳定性，不仅要生产粮食，维持粮价在合理水平，还要保证特定时期粮食的自给自足，确保国际局势变化时我国的"饭碗"仍然捧在自己手中。因此，即使回报率不及其他行业，国土综合整治也仍然要鼓励和加大投资力度。

3)生态效益

国土综合整治的生态效益就是整治活动过程与结果应符合生态平衡规律，即人类通过国土综合整治建立起来的新的土地生态系统应做到不仅没有损害原来的生态系统，而且增强了整个生态系统功能，为人类生产和生活提供更加美好的生态环境和产品。长期而言，生态效益与经济效益是统一的。

6.3　国土综合整治的产权理论

我国是土地公有制的国家，法律规定城市市区土地为国家所有，农村和城市郊区土地除法律规定为国家所有以外，为农民集体所有，宅基地、自留地和自留山属于农民集体所有。对于农村集体土地使用，采取家庭联产承包责任制的形式分别由各农户承包经营。农村土地产权结构与我国庞大的农业人口，使农村国土综合整治需要面对复杂的土地产权关系。因此，为有效推进国土综合整治，必须明晰土地产权理论，主要包括土地产权登记(尤其是农村宅基地登记)、土地产权交易和土地权属调整等相关要求。

6.3.1　土地产权登记

土地产权登记在我国国民经济和社会生活中有着十分重要的意义。首先，它确认土地权属关系，维护土地的社会主义公有制，保护土地所有者、使用者的合法权益；其次，它是实现全面、依法、统一、科学管理的一个重要条件；最后，它是土地管理部门掌握土地动态变化的重要信息源。

1. 土地产权登记的基本内容

1)土地登记的概念

土地登记即将土地记录于册，不仅是对土地状况的描述，更是对土地权属的确认。虽然国内与国外社会制度、产权制度不尽相同，但对于土地登记的概念只在阐述上存在差异，其基本观点是一致的。我国关于土地登记较为权威的解释在 1991 年版的《土地大辞典》(马克伟，1991)中，其中对土地登记的定义为：国家依法对土地权利等登记造册、核发证书的一项制度。我国学者王万茂(2000)认为土地登记的基本概念可表述为："国家依照法律对土地坐落、面积、用途、等级、权属关系在专门簿册上进行注记的一种制度。"西方国家和学者关于土地登记的概念也有类似的看法，如西欧学者霍格(J. E. Hogg)认为土地登记是土地产权转移时所需履行的法律行为。加拿大的土地登记是为保护私有土地的权利，对土地的标示、价值、用途、所有权和他项权利等情况在专设的簿册上进行登记的制度。荷兰的土地登记是对不动产主人的姓名、地址、位置、权属变化、抵押情况、契据、地价等内容的登记。

2)土地登记的对象与种类

土地登记是指对所有权和使用权的登记。因此，土地登记的对象是土地所有权、土地使用权和土地他项权利。在我国，土地登记的权利对象有集体土地所有权、国有土地使用权、集体建设用地使用权、共有土地使用权和他项权利(抵押权、租赁权、地役权、耕作权、借用权、空中权和地下权)。土地登记是以宗地为基本单元，而所谓宗地是指被权属界址线所封闭的地块(王万茂, 2000)。

土地登记主要分为初始登记和变更登记两大类: ①初始土地登记是一种基础性的登记, 是普遍的土地权属登记, 即在规定的期限内对本辖区范围内的全部土地进行普遍的登记, 亦称土地总登记。初始土地登记的特点是土地使用者、所有者依法使用或拥有的土地, 在使用或拥有期间, 无论是否发生过变更, 都必须按照土地管理部门的要求, 通过一定程序在统一的簿册上进行重新注册登记, 换发土地登记证书。②变更土地登记也叫日常土地登记或经常性土地登记, 它是在初始土地登记的基础上, 根据土地使用者、所有者的土地权属及主要用途变更的情况, 随时办理登记。变更登记的内容是根据变更的具体项目决定的, 如土地权属性质的变化或土地主要用途改变, 虽然面积、界址都未发生变化, 但也必须到土地管理部门申请变更登记, 更改或更换土地证书。土地使用者、所有者使用或拥有的土地, 不管什么原因, 一旦发生变化应立即申请变更登记。土地管理部门根据申请变更的内容, 组织进行变更调查、审核, 报人民政府批准后, 进行变更注册登记, 更改土地登记簿册, 换发土地证书。

3) 土地登记制度

土地登记制度, 对交易安全、市场效率的影响很大, 因此各个国家都予以极大的重视。依据内容、特点和效力等的不同, 可以把土地登记制度分为契约登记制度、产权(权利)登记制度和托伦斯登记制度三种基本类型(简德三, 2006): ①契约登记制度又称登记对抗主义, 指土地权利的取得、丧失及变更, 只要当事人之间订立了契约即为生效, 而登记于其中的作用为对抗第三人的要件, 即非经登记不得对抗第三人。契约登记制度的主要特点包括以当事人签订契约即生效、登记采用形式审查主义, 不作实质审查要求, 登记不具有公信力。②产权(权利)登记制度是指对于土地权利变更, 仅当事人一致订立契据, 仍不能生效, 而必须由土地登记机关按法定形式进行实质审查, 确认权利的得失与变更, 才能生效并交予第三方查阅。该制度的特点主要包括土地权利变更登记的强制性、登记是生效的必要条件、登记实施实质性审查、登记具有公信力。③托伦斯登记制度是指为便利不动产物权转移, 不动产权经登记后, 具有确认产权的效力。该制度是澳大利亚的托伦斯爵士于1858年在南澳大利亚所创, 其主要特点包括采取任意登记制, 即不强制所有土地所有权和他项权利必须登记、土地权利的变更不经登记不生效、采取实质审查、登记具有绝对公信力(钟太洋, 2002)。

2. 土地产权登记在国土综合整治中的应用

国土综合整治是缓解人地矛盾、重组国土空间利用的根本性措施, 是通过整理、治理等措施, 解决因各种发展变化所带来的土地利用不合理、效率低下等问题。因此, 国土综合整治的开展不可避免地要涉及土地所有权、使用权和他项权利的相关问题(郧文聚, 2012)。但我国集体土地产权仍存在主体代表不明确、集体土地产权权能限制影响权益实现、产权争议问题凸显、集体土地违法用地现象普遍等问题(谭峻, 2010)。没有建立健全的土地产权登记制度, 国土综合整治实践便会举步维艰, 就不可能改善土地利用条件(陈江龙等, 2003)。其中, 空心村问题一直是国土综合整治重点关注的内容, 空心村问题的产生本质上是城乡转型发展进程中, 由于农业人口非农化引起的"人走楼空"、宅基地"建新不拆旧"及新建住宅向村庄外围扩张等多因素叠加演化, 导致村庄用地规模扩大、闲置废弃加剧的一种"外扩内空"的不良演化过程。我国农村空心化问题的积淀时间长、量大面广、整治潜力巨大。有学者统计发现，截至 2010 年，我国拥有 64 万个行政村、267 万个自然村，农村居民点面积近 2.5 亿亩，户均接近 1 亩，人均228 m^2，远超过强制性国家标准《村镇规划标准》(GB 50188—1993)规定的人均建设用地上限 150 m^2(刘彦随和刘玉，2010)。为此，通过对农村散乱、废弃、闲置的建设用地(包括宅基地)进行整治复垦，集中建设中心居民点，配套建设公共服务设施，可净增耕地 13%左右(郧文聚，2012)。但是农村集体土地，尤其是集体建设用地存在产权不明晰的问题，若不解决关于产权的若干问题，就无法针对上述巨大潜力进行有效挖掘。因此，农村集体土地确权登记发证工作是优化农村土地利用、保障农村土地权利人利益和深化农村土地制度改革的根源和归宿。

6.3.2　土地产权交易

土地产权交易制度决定土地市场交易规则，是土地市场运行的"指挥棒"，直接决定了土地市场运行的程序、形式和效果。土地产权交易规则是否明晰、过程是否规范、监督是否有效是影响国土综合整治事业发展的重要条件。

1. 土地产权交易的基本内容

1)土地产权交易的形成条件

土地产权交易的形成需要一定的条件，主要分为内部条件和外部条件。其中，内部条件是与土地产权本身相联系的，主要包括：①明确的产权界定，只有明晰产权和明确土地产权的受益者、决策者，产权才能流动。若产权仍处于争议当中，则需要产权有关方面进行具体协商，产权交易双方容易变成三角交易、多角交易，或因为若干原因未能形成产权交易。②权能分置，土地产权主要包括所有权、使用权和他项权利，各项权能可进行分离运动，即土地产权交易可以是整个权利束的整体让渡，也可是某一单项权利的转移，即使在禁止土地买卖的法令下，土地产权中的某些权利也可以进行交易。③相应的地产制度，地产制度是地产市场的首要约束，要开放、培育土地产权交易市场，就必须实行允许土地产权作为商品进入市场的地产制度，否则土地产权交易就无从谈起。土地产权交易的外部条件是土地所处的环境，主要包括：①现代市场经济体制，在自然经济和计划经济中，产权交易的外部条件并不存在，只有在市场机制作为资源配置的根本性手段的市场经济当中，产权交易才有可能产生和发展，只有当商品经济发展到较高水平时，土地产权才会成为迫切需要。②土地交易市场，土地产权交易市场是商品经济成熟发展、生产社会化程度显著提高、竞争机制全面渗入经济过程的必然产物。建立土地产权交易市场是社会经济发展的必然趋势，如农业发展的规模化、产业化道路和城乡融合发展等都需要通过土地产权交易市场实现土地资源快速、便捷、高效的重新组合。③经济发展形势，某些特定的外部发展形势需求往往会加速土地产权交易的形成，如城市化进程的深入和乡村振兴的发展。

2)土地产权交易的方式

我国土地产权交易的基本框架已经形成，但目前尚未完全形成城乡统一的土地产权交易市场。因此，可按城镇国有土地使用权和农村集体土地使用权细分交易方式。

城镇国有土地使用权交易有以下 4 种方式：①土地使用权出让，指国家将国有土地使用权在一定年限内出让给土地使用者，由土地使用者向国家支付土地使用权出让金的行为。

交易的主体包括土地出让方(市、县人民政府)、受让方(中国境内外的公司、企业、其他组织和个人)和客体(国有土地使用权)。依据相关法律规定,土地使用权出让可通过协议、招标、拍卖和挂牌等途径进行,而工业用地和商业、旅游、娱乐及商品住宅用地都必须采取拍卖、招标和挂牌等途径。②土地使用权转让,指国有土地使用者将土地使用权再转移的行为,包括出售、交换和赠与。可以转让的土地使用权主要有通过出让方式取得的土地使用权、原行政划拨土地使用权在补交土地出让金后获得的出让土地使用权、国家作价出资或授权经营的土地使用权和以转让方式取得的土地使用权。③土地使用权租赁,指土地所有者或土地使用者作为出租人将土地使用权出租给承租人使用,由承租人向出租人支付租金的行为。④土地使用权抵押,指土地使用权人(抵押人)以其合法的土地使用权用不转移占有的方式向抵押权人提供债务担保的行为。土地使用者为获得资金,以自己合法取得的土地使用权向抵押权人担保,抵押权人不对设定抵押权的土地使用权直接占用和使用,而是仍由土地使用者使用并取得收益。当债务人不履行债务时,抵押权人有权依法拍卖抵押的土地使用权,并从拍卖所得价款中优先受偿。

农村集体土地使用权交易也存在以下 3 种方式:①农用地承包经营权流转,指通过家庭承包取得土地承包经营权可依法采取转包、出租、互换、转让或其他方式流转。土地承包经营权流转应当遵循平等协商、自愿、有偿及不得改变土地所用权的性质和土地的农业用途等基本原则,流转的收益归承包方所有。②农村集体建设用地使用权流转,目前我国农村集体建设用地使用权,还不能全部直接进入市场流转。但在 2000 年,国土资源部在芜湖、南京、苏州、湖州、上海市青浦区、佛山市南海市等 9 个地区设置了集体建设用地使用权流转试点,开始农村集体建设用地流转试点,到 2015 年明确在北京市大兴区等 15 个县(市、区)启动农村集体经营性建设用地入市试点,明确了农村集体经营性建设用地的入市范围和途径。③农村集体“四荒地”流转,《农村土地承包法》规定:“不宜采取家庭承包方式的荒山、荒沟、荒丘、荒滩等农村土地,可以采取招标、拍卖、公开协商等方式承包。”另外,该法还规定:“通过招标、拍卖、公开协商等方式承包农村土地,经依法登记取得土地承包经营权证或者林权证等证书的,其土地承包经营权可以依法采取转让、出租、入股、抵押或者其他方式流转。”

2. 土地产权交易在国土综合整治中的应用

土地产权交易在国土综合整治中的应用主要表现在农用地整理中,尤其是 20 世纪 70 年代末以来,家庭联产承包责任制有效促进了中国农业生产,显著提高了农民收入,但也由于农村土地的平均分配,导致农户经营的土地进一步呈现分散化、细碎化等特征。相关研究表明,中国因耕地细碎化浪费的耕地约占耕地有效面积的 3%~10%(刘涛等,2008),使生产单位谷物的劳动力成本增加 115 元,造成耕地产出率降低 15.3%(白志远等,2014);地块数每增加 1 块,块茎作物的年产出减少 9.8%,小麦减少 6.5%(万广华和程恩江,1996);当农户拥有的地块数由 4 块减少到 1 块时,粮食生产率可提高 8%,每年将增产 7.14×10^6 t。这种情况在不能用大规模机械替代人力的丘陵区更为严重,传统种植农业经营因地块分散破碎、基础设施薄弱、自然灾害频繁等导致土地产出率较低,但农业机会成本逐年攀升,导致农民种田积极性不高,并采取农业经营粗放化或荒芜、闲置,甚至撂荒耕地的策略。在此背景下,土地产权交易或流转便成为破解农业产业发展过程中分散经营与规模效应这一矛盾的直接切入点，一定程度上实现了土地经营规模的扩大，促进了土地、劳动力、资产等资源重组(张仕超等，2014)。为此，国家也通过一些措施促进农用地适度规模经营，如党的十八大首次提出了构建"四化一体"的新型农业经营体系的要求，2023年中央一号文件提出了"引导土地经营权有序流转，发展农业适度规模经营"的部署。许多专家学者认为，在耕地细碎化程度普遍较高、农田基础设施普遍落后的地区，特别是丘陵山区，要促进以农户耕地为主的流转行为、活跃耕地流转市场，首先应加大农地整治的力度，扩大农地整治的规模，提高农地整治的质量，以降低耕地经营的成本，提升耕地经营收益，进而促进农户耕地转入行为(邓楚雄和黄曦红，2015)。因此，土地经营权流转是实现规模化经营、降低农业成本、提高土地资源配置效率的有效途径。

6.3.3　土地权属调整

土地权属调整是指各土地权利人利用工程建设前在项目区土地上所拥有的权利，通过项目参与者公认的权属调整转换机制，按照工程参与者公认的原则和标准，合法换回竣工后土地上相应权利的过程。土地权属问题不仅关系土地产权人的合法权益能否得到保障，而且关系工程的成效。随着国土综合整治规模和范围的逐渐扩大，项目区内的土地权属主体、权属关系和权属类型越来越复杂，亟须加强与土地权属调整相关的理论研究和实践探索。

1. 土地权属调整的基本内容

1)土地权属调整的原则

土地权属调整需遵循以下原则：①依法原则。土地权属调整过程中，应始终遵循法律法规中的土地产权相关规定。按照法律程序，通过申报、地籍调查、权属审核、注册登记和颁发土地证书等程序予以明确土地产权主体，核实、调整和确定土地权属。依法登记的土地产权受法律保护，任何单位和个人不得侵犯。相关土地行政主管部门应按法律程序做好土地权属的审核、登记、发证等工作。依法改变土地权属和用途的，应办理土地变更登记手续，以保障土地产权人的合法权益。②公开、公正、自愿、平等原则。土地利用不可避免地要打破原有的土地权属界限。因此，对权属关系一定要事先弄清楚，事后妥善处理。进行土地权属调整，一定要采取科学合理的方法，全面、准确、真实、有效地查清土地产权关系；一定要依法办事，实行公告制度，广泛征求各有关权利人的意见；一定要尊重原有的产权关系，在各有关权利人协商一致的基础上进行。③便于生产生活原则。土地利用过程中，因田、水、路、林、村的全面综合规划及调整飞地、插花地等，通常会适当调整各相关权利人的地块位置。此种情形下，应在各方协商的基础上，根据项目完成后形成的沟、渠、林、路等线状地物重新划定，尽量减少飞地、插花地和宗地数。但必须尽量避免大范围的权属调整行为，尽量保持各方原有位置基本不变，以做到有利生产、方便生活，有利于稳定农村土地承包经营制度。④与农业现代化建设相适应原则。农业现代化的发展趋势要求土地利用实行集约化、规模化，而土地利用工程为土地的集约化和规模化提供了良好的基础。因此，进行土地权属调整应根据路、渠、沟等线状地物适当调整，尽量减少飞地、插花地和宗地数。同时，各土地经营承包人的承包地应尽量集中，以利于农业机械化耕作和形成规模效益。⑤谁投资、谁受益原则。该原则是市场经济的基本原则，也是土地利用向产业化迈进的基本要求。土地利用后的土地经营，应积极尝试产业化运作方式，以回报项目投资主体，形成投资、收益、再投资的良性循环机制。

2) 土地权属调整的程序

土地权属调整工作的开展需要遵循以下程序：①公告。在土地利用项目申报中，项目所在县（市）土地行政主管部门应牵头组建土地利用项目权属调整领导小组，负责协调本项目权属调查与调整的有关事宜。从土地利用项目区域确定之日起至项目实施完毕、土地权属调整终结，项目所在地土地行政主管部门应进行土地权属调查公告。从公告之日起，应停止办理项目区域内土地权利转移及权利设定登记等手续，禁止任何个人或单位在项目区内从事一切影响土地利用的非正常农业生产活动。②调查。县（市）土地行政主管部门应在上级部门批准项目立项后，对项目区进行详细的土地利用现状和权属调查，包括调查土地权属、土地权属调整意愿调查、工程意愿与范围公告、地籍测量与土地利用现状调查。③评价。包括施工前土地质量评价，即对项目区内不同土地产权主体所拥有的土地质量进行评价，确定土地质量级别，为项目土地权属调整做好准备；竣工后土地质量评价，即工程竣工后，对项目区反映土地质量状况的指标（包括耕层厚度、土壤剖面结构、土壤质地、土壤养分含量、土壤盐碱状况、土壤污染状况、地下水埋深、灌排条件、田间道路、田面平整程度等）进行测定和评价。④调整。土地权属调整方案编制，主要包括根据地籍测量与宗地权属调查、施工前土地质量评价、工程竣工后土地质量评价，编制土地权属调整方案等（余振国和吴次芳，2003；赵键，2006）。

3) 土地权属调整的类型

土地权属调整可按土地权利分为国有土地与集体土地之间、集体土地与集体土地之间和土地使用权调整3类：①国有土地与集体土地之间的权属调整包括国有农场与农村集体土地之间边界不规则处，为使整理后田块连片、规则，利于机械化耕作而进行的所有权调整；国有宜农荒地、矿山废弃地、灾害损毁地进行土地复垦时为使田块连片、规则，便于农田水利建设而与周边集体土地所进行的土地交换；土地开发、复垦、整理过程中，将主干道路、主干渠道所经过的集体土地调整为国有土地。②集体土地与集体土地之间所有权调整类型包括当土地整理项目跨越村界时，在村界两侧所进行的村与村之间的土地所有权调整；整理区内相邻村之间的插花地、坟地等飞地所进行的村与村之间土地所有权调整。③土地使用权调整类型包括农民承包土地之间边界不规则处，为便于农田基本设施构建和机械化耕作所进行的农民承包经营使用权之间的调整；土地整理和开发、复垦的国有土地，没有确定使用权的必须确定使用权，已确定使用权的，为便于土地的有效利用而必须调整土地使用权。

2. 土地权属调整在国土综合整治中的应用

土地权属调整是国土综合整治的关键环节，但当前对土地权属调整工作的认识较为欠缺，权属调整多数依靠行政管理权，个别地方甚至出现强行调整地块权属的现象（高世昌，2010）。但也不可否认，土地权属调整通过农地平整、地块归并和产权互换，有效治理了农地细碎化并促进了农地规模经营，并已成为突破土地资源瓶颈约束、推动农业发展方式转型、确保国家粮食安全的基础平台和关键突破口（吴诗嫚等，2016）。因此，针对国土综合整治中的土地权属调整问题，学者从各个角度展开探讨并提出相关建议。例如，为有效解决土地开发整理权属争议与保护当事人的合法权益,应当对权益大小进行量化研究,建立权益量化评价指标体系,针对各种权益类型,提出权益补偿的原则、标准和相关政策(孟宪素和高世昌,2008);针对农地整治权属调整中农户认知与行为的一致性问题,提出关于信息公开、宣传动员、强化组织等方面的政策建议,以此促进农地权属调整工作的顺利实施(王梅和汪文雄,2018)。

参 考 文 献

白志远, 陈英, 谢保鹏, 等. 2014. ARCGIS 支持下的景观细碎化与耕地利用效率关系研究——以甘肃省康乐县为例[J]. 干旱区资源与环境, 28(4): 42-47.

藏波, 吕萍, 杨庆媛, 等. 2015. 基于现代农业发展的丘陵山区农用地整治分区与发展策略: 以重庆市云阳县为例[J]. 资源科学, 37(2): 272-279.

曹飞. 2017. 城市存量建设用地低效利用问题的解决途径: 以工业用地为例[J]. 城市问题, 268(11): 72-77.

曹帅, 金晓斌, 杨绪红, 等. 2019. 农用地整治对耕地细碎化影响的多维评价: 方法与实证[J]. 中国农业大学学报, 24(8): 157-167.

陈江龙, 曲福田, 陈会广, 等. 2003. 土地登记与土地可持续利用: 以农地为例[J]. 中国人口·资源与环境, 2003(5): 51-56.

邓楚雄, 黄曦红. 2015. 湖南农村土地综合整治中土地权属管理存在的问题及对策[J]. 湖南农业科学, (12): 93-95, 99.

杜能. 1986. 孤立国同农业和国民经济的关系[M]. 吴衡康, 译. 北京: 商务印书馆.

范垚, 杨庆媛. 2016. 基于现代农业发展的农用地整治分区及工程配置: 以重庆市为例[J]. 江苏农业科学, 44(2): 437-443.

高世昌. 2010. 推进中国土地开发整理工作对策研究[J]. 中国土地科学, 24(4): 45-50.

高向军. 2003. 土地整理理论与实践[M]. 北京: 地质出版社.

黄洪卫. 2013. 微观经济学[M]. 武汉: 华中科技大学出版社.

简德三. 2006. 地籍管理[M]. 上海: 上海财经大学出版社.

克里斯塔勒. 2011. 德国南部中心地原理[M]. 常正文, 王兴中, 等译. 北京: 商务印书馆.

勒施. 2010. 经济空间秩序[M]. 王守礼, 译. 北京: 商务印书馆.

李小建. 1990. 经济地理学[M]. 北京: 高等教育出版社.

刘博文, 王冬艳, 王畅, 等. 2019. 基于 Ward 系统聚类的吉林省农用地整治分区及策略研究[J]. 江西农业学报, 31(3): 119-124.

刘双良. 2011. 土地整治规划[M]. 天津: 天津大学出版社.

刘涛, 曲福田, 金晶, 等. 2008. 土地细碎化、土地流转对农户土地利用效率的影响[J]. 资源科学, (10): 1511-1516.

刘新平, 严金明, 王庆日. 2015. 中国城镇低效用地再开发的现实困境与理性选择[J]. 中国土地科学, 29(1): 48-54.

刘彦随. 1995. 城市土地区位与土地收益相关分析[J]. 陕西师大学报(自然科学版), (1): 95-100.

刘彦随, 刘玉. 2010. 中国农村空心化问题研究的进展与展望[J]. 地理研究, 29(1): 35-42.

卢新海, 谷晓坤, 李睿璞. 2011. 土地整理[M]. 上海: 复旦大学出版社.

马克伟. 1991. 土地大辞典[M]. 长春: 长春出版社.

孟宪素, 高世昌. 2008. 土地开发整理权属管理研究现状及展望[J]. 中国土地科学, (9): 55-59.

曲衍波, 张凤荣, 姜广辉, 等. 2011. 农村居民点用地整理潜力与"挂钩"分区研究[J]. 资源科学, 33(1): 134-142.

孙斌艺. 2014. 微观经济学[M]. 上海: 上海人民出版社.

谭峻. 2010. 我国集体土地产权制度存在的问题及应对之策[J]. 农村经济, (4): 34-36.

万广华, 程恩江. 1996. 规模经济、土地细碎化与我国的粮食生产[J]. 中国农村观察, (3): 31-36, 64.

王君, 朱玉碧, 郑财贵. 2007. 对城乡建设用地增减挂钩运作模式的探讨[J]. 农村经济, (8): 29-31.

王梅, 汪文雄. 2018. 农地整治权属调整中农户认知与行为的一致性研究[J]. 资源科学, 40(1): 53-63.

王万茂. 2000. 地籍管理[M]. 北京: 地质出版社.

韦伯. 2010. 工业区位论[M]. 李刚剑, 译. 北京: 商务印书馆.

吴诗嫚, 李祐琛, 卢新海, 等. 2016. 利益均衡下农地整治权属关系调整的研究进展[J]. 中国土地科学, 30(7): 88-96.

项晓敏, 金晓斌, 杜心栋, 等. 2015. 基于 Ward 系统聚类的中国农用地整治实施状况分析[J]. 农业工程学报, 31(6): 257-265.

杨绪红, 金晓斌, 郭贝贝, 等. 2014. 2006—2012 年中国土地整治项目投资时空分析[J]. 农业工程学报, 30(8): 227-235, 294.

易小燕, 陈印军, 肖碧林, 等. 2011. 城乡建设用地增减挂钩运行中出现的主要问题与建议[J]. 中国农业资源与区划, 32(1): 10-13, 23.

余富祥, 胡月明, 郭泰圣, 等. 2019. 经济快速发展地区农用地整治项目时空分异特征分析: 以珠三角为例[J]. 江苏农业科学, 47(16): 286-292.

余振国, 吴次芳. 2003. 我国土地整理权属调整的机制建设研究[J]. 南京农业大学学报, (2): 115-120.

郧文聚. 2012. 打通"最后一公里": 从土地整治视角看农村集体土地确权登记工作的意义[J]. 中国土地, (7): 18-20.

张仕超, 魏朝富, 邵景安, 等. 2014. 丘陵区土地流转与整治联动下的资源整合及价值变化[J]. 农业工程学报, 30(12): 1-17.

赵键. 2006. 农村土地开发整理权属管理初探[J]. 中国土地, (3): 21-22.

钟太洋. 2002. 农村集体土地登记探讨[D]. 南京: 南京农业大学.

周诚. 2003. 土地经济学原理[M]. 北京: 商务印书馆.

周武夫, 谢继昌. 2014. 有机更新视角下城镇低效用地再开发思路——以温州为例[J]. 规划师, 30(S3): 203-207.

国土综合整治——方法篇

第7章 评 价 方 法

伴随资源环境特征、政策体制等发展变化,国土综合整治实现了从单一目标为主向多目标协同、从独立要素整治向系统综合整治的转型发展。在这个过程中,有关国土综合整治评价的研究也不断丰富和拓展。综合化、定量化、精确化是国土综合整治评价工作的典型特征,针对特定研究对象,评价的一般步骤主要包括建立指标体系、确定指标权重、构建评价模型等。其中,指标体系的构建通常遵循可量化性、代表性、独立性等原则,通过选择适宜性指标,研判不同指标之间的相互关系、逻辑归属及重要性级别等,形成一个由上而下、意义明确、系统科学的递阶层次结构。指标权重的确定通常采用主观赋权法、客观赋权法或二者结合等方法。在此基础上,综合评价多采用线性加权、模糊评价、数据包络分析等方法评定特定研究对象的绩效及等级,为国土综合整治调查、实施、验收等提供理论依据。为此,本章将聚焦国土综合整治中的评价方法,对指标选取、权重确定、综合评价等关键内容进行系统介绍。

7.1 评 价 指 标

针对特定研究对象,选择合理的评价指标是进行国土综合整治评价工作的首要步骤,也是保证评价结果可靠性的首要前提。通常,在国土综合整治中,评价指标的选择遵循可量化性、代表性、独立性等基本原则(司惠超和吴国平,2009)。其中,可量化性即对特定指标能进行定量测度,而针对部分不能定量描述的定性指标也可通过分类赋值、综合概括等方法将其转换为可定量化指标;代表性即指标能准确表征评价对象某方面的特征;独立性要求各指标间需满足弱相关性,避免重复冗余。

7.1.1 指标分类体系

国土空间是国土综合整治的基本对象,主要包括陆地空间与海洋空间。其中,按照不同空间主导功能差异及人类活动强度的高低,陆地空间又可划分为城镇空间(人口密度高,人类活动最剧烈)、工矿空间(人类直接开发利用国土资源的高强度活动空间)、乡村空间(以农业生产活动为主的较低强度活动空间)和生态空间(人类活动较少的生态重要区与生态退化区)等。聚焦上述不同地域空间的主导功能、整治内容与目标,通过整理已有研究成果,进一步衍生出服务于国土综合整治不同对象、不同目标、不同内容等的评价指标集域(表7-1)。

7.1.2 指标计算方法

国土综合整治评价是以评价单元为基础进行的。对于表征区域自然本底特征的指标(如坡度、土壤质量等)通常采用常规统计学分析、社会调查等方法进行指标计算,而对于表征精细尺度下生态系统服务功能、社会经济状况等综合特征的指标则需借助特定模型、空间化方法等进行指标量化。

表 7-1　典型国土空间综合整治评价目标及指标集域

评价对象	评价目的	指标	量化方法	参考文献
乡村空间整治	整治实施绩效	中低产田面积	求和	韩博等，2019
		高标准农田建设面积		
		盐碱化/酸化土地治理面积		
		污染土壤修复面积		
		设施农用地面积		
		节水灌溉面积		
		新增耕地系数	新增耕地面积/整治前耕地面积	倪九派等，2009
		投入产出率	年净增收益/整治投资	
	耕地格局优化潜力	耕地破碎度	Fragstats 景观格局指数计算	张正峰等，2004
		田块规整度		
		田块集中程度		
		规模化率		孙瑞等，2020
		耕作半径	距居民点距离	冯丹玥等，2020
		耕作便利性	距农村道路距离	尹延兴等，2022
		灌溉保证率	距沟渠距离	
	耕地质量提升潜力	基础设施完备度	点密度分析	尹延兴等，2022
		复种指数	均值	孙瑞等，2020
		年降水量	均值	尹延兴等，2022
		年积温	均值	
		土壤有机质含量	均值	
		有效土层厚度	均值	
		土壤盐碱度	均值	高星等，2016
		土壤 pH	均值	
		土壤重金属污染	均值	
		耕地质量等别	均值	王旭熙等，2018
	居民点整治潜力	地形坡度	均值	王旭熙等，2018
		地质灾害易发程度	统计	刘玉等，2015
		基础设施水平	设施户数/总户数	冯丹玥等，2020
		社会保障水平	参保人数/总人口	
		路网密度	道路长度/区域面积	尹延兴等，2022
		居民点形态指数	Fragstats 景观格局指数计算	冯丹玥等，2020
		居民点规模		刘晶等，2018
		斑块聚集度		
		人均建设用地面积	建设用地面积/人口	
		区位条件	距道路、建制镇距离	何杰等，2020

续表

评价对象	评价目的	指标	量化方法	参考文献
城镇空间 整治	整治实施绩效	退二进三面积 低效用地再开发面积 褐地治理面积	求和	韩博等, 2019
	城镇建设用地整治潜力	公园绿地覆盖度	缓冲区分析	韩博等, 2019
		城市生态用地面积	求和	
		人均公园绿地面积	公园绿地面积/人口	
		人均公共卫生设备数	设备数量/人口	
		商业服务设施完备度	点密度分析	尹延兴等, 2022
		公共服务设施完备度	点密度分析	
工矿空间 整治	整治实施绩效	工矿废弃地复垦面积 工矿废弃地复绿面积 工矿废弃地恢复湿地面积 绿色矿业示范区建设个数	求和	韩博等, 2019
	工矿废弃地复垦潜力	地形坡度	均值	—
		邻域条件	缓冲区分析	
		宜耕条件	耕地相关评价方法	
生态空间 整治	生态整治修复成效	生态退耕退牧面积 退化林地修复面积 河流湖泊治理面积 湿地修复面积 沙化土地治理面积 土地石漠化治理面积 水土流失治理面积 地质灾害治理面积 关键生态节点建设个数 生态源地修复面积 生态廊道修复长度	求和	韩博等, 2019
	生态系统整治潜力	生态夹点	Linkage Mapper	—
		生态障碍点		
		生态系统服务功能	InVEST 模型	何杰等, 2020
		生态敏感性	叠加分析	冯丹玥等, 2020
		生态恢复力	叠加分析	—
海洋空间 整治	海岸带整治绩效	海岸带工业用地面积 海岸带生态用地面积 海岸带农用地面积 整治修复海岸带公里数 海岸带重要生态用地面积 红树林修复面积	求和	韩博等, 2019
	海岛整治绩效	海岛整治个数 海岛整治面积	求和	韩博等, 2019

1. 统计学分析法

对于庞大的地理数据，数理统计分析是揭示其分布特征与规律的直接途径。在这方面，常用的统计参数主要包括和、平均值、标准差、方差、变异系数、偏向系数、峰度系数等(徐建华，2006)(表 7-2)。

表 7-2 常用的统计指标与参数

统计参数	计算公式	指标意义
和	$S = \sum_{i=1}^{n} x_i$	地理数据相加的总数
平均值	$\bar{x} = \frac{1}{n} \sum_{i=1}^{n} x_i$	反映地理数据的平均水平
极差	$R = \max\{x_i\} - \min\{x_i\}$	所有数据中最大值和最小值之差
离差	$d_i = x_i - \bar{x} \ (i = 1, 2, \cdots, n)$	每一个地理数据与平均值之差
离差平方和	$d^2 = \sum_{i=1}^{n} (x_i - \bar{x})^2$	从总体上衡量一组地理数据与平均值的离散程度
方差	$\sigma^2 = \frac{1}{n} \sum_{i=1}^{n} (x_i - \bar{x})^2$	从平均水平角度衡量一组地理数据与平均值的离散程度
标准差	$\sigma = \sqrt{\frac{1}{n} \sum_{i=1}^{n} (x_i - \bar{x})^2}$	从平均概况直观衡量一组地理数据与平均值的离散程度(即方差的算术平方根)
变异系数	$C_v = \frac{S}{\bar{x}} \times \frac{1}{\bar{x}} \times \sqrt{\frac{1}{n-1} \sum_{i=1}^{n} (x_i - \bar{x})^2}$	表示地理数据的相对变化程度
偏向系数	$g_1 = \sum_{i=1}^{n} \frac{1}{n} \left(\frac{x_i - \bar{x}}{\sigma} \right)^3$	表征地理数据分布的不对称性情况，刻画了以平均值为中心的偏向情况
峰度系数	$g_2 = \sum_{i=1}^{n} \frac{1}{n} \left(\frac{x_i - \bar{x}}{\sigma} \right)^4 - 3$	测度地理数据在均值附近的集中程度

2. 生态系统服务和权衡的综合评估模型

生态系统服务是生态系统及其生态过程所形成或维持的人类赖以生存的自然环境条件与功能。生态系统服务评价是当前生态经济学和环境经济学的研究热点，对于区域生态系统管理和区域可持续发展具有重要作用。在这方面，生态系统服务和权衡的综合评估模型(integrated valuation of environmental services and tradeoffs, InVEST)是应用较为广泛的模型。该模型基于 3S 技术的分布式算法，为生态系统服务的空间表达、动态分析和定量评估提供了一种新的技术手段(唐尧等，2015)。该模型以当前或未来情景下的区域自然(如土地利用、高程、气候和土壤数据等)和社会经济等数据作为输入，以该情景下生态系统服务功能分布状态及演化趋势为输出，使得决策者可依据模型反馈结果，通过情景调整进而权衡人类活动的正面效益和负面影响，为解决局地、区域乃至全球范围内的资源环境问题提供科学依据。

InVEST 提供了多种生态系统服务的评估功能，包括淡水生态系统评估、海洋生态系统评估和陆地生态系统评估三大模块，每个模块又包含了具体的评估项目(杨园园等，2012)。

其中，淡水生态系统评估模块主要包括产水量、洪峰调节、水质净化和土壤侵蚀等；海洋生态系统评估模块主要包括生成海岸线、海岸保护、美感评估、水产养殖、生境风险评估、叠置分析、波能评估等；陆地生态系统评估模块包括生物多样性、碳储量、授粉和木材生产量等。模型用户可根据决策需求，选择三大模块的具体评估项目，并通过输入相应模块所需数据和设定参数，完成特定生物物理或经济模型的决策过程。其中，产水量模块、土壤侵蚀模块、水质净化模块、碳储量模块及生境质量模块被广泛应用于国土综合整治的生态环境评估、敏感性与脆弱性评价等方面。

1) 产水量模块

该模块主要基于水量平衡原理，用于评估区域生态系统水源供给量。计算公式见式(7.1)~式(7.4)：

$$Y_{xj} = \left(1 - \frac{\text{AET}_{xj}}{P_x}\right) \times P_x \tag{7.1}$$

$$\frac{\text{AET}_{xj}}{P_x} = \frac{1 + \omega_x R_{xj}}{1 + \omega_x R_{xj} + \dfrac{1}{R_{xj}}} \tag{7.2}$$

$$\omega_x = Z \frac{\text{AWC}_x}{P_x} \tag{7.3}$$

$$R_{xj} = \frac{k_{xj} \times \text{ETo}_x}{P_x} \tag{7.4}$$

式中，Y_{xj} 为第 j 类土地利用类型、栅格 x 的产水量；AET_{xj} 为第 j 类土地利用类型、栅格 x 的年实际蒸散量；P_x 是栅格 x 的年降水量；ω_x 为量纲为一的参数；R_{xj} 为第 j 类土地利用类型、栅格 x 的 Budyko 干燥度指数；Z 为 Zhang 系数，表示降雨分布和深度的参数；AWC_x 是栅格 x 的土壤有效含水量；k_{xj} 是栅格 x 内第 j 类土地覆被类型的植被蒸散系数；ETo_x 为栅格 x 的潜在蒸散发。产水量模块运算需输入土壤深度、年平均降水量、土壤有效含水量、年均潜在蒸散发和土地利用等栅格数据，流域和子流域矢量数据，生物物理系数表(即各类土地利用的最大根系深度和植被蒸散系数等生物物理特征)，设定季节常数 Z 以完成数据输入，最后运行模型得到结果(唐尧等，2015)。

2) 土壤侵蚀模块

该模块主要采用通用水土流失方程进行区域土壤侵蚀量的估算。具体计算公式见式(7.5)~式(7.7)：

$$R_{\text{KLS}} = R \cdot K \cdot L_S \tag{7.5}$$

$$U_{\text{SLE}} = R \cdot K \cdot L_S \cdot P \cdot C \tag{7.6}$$

$$S_D = R_{\text{KLS}} - U_{\text{SLE}} \tag{7.7}$$

式中，R_{KLS} 为潜在土壤侵蚀量，$t/(\text{hm}^2 \cdot \text{a})$；$U_{\text{SLE}}$ 为实际土壤侵蚀量，$t/(\text{hm}^2 \cdot \text{a})$；$S_D$ 为土壤保持量，$t/(\text{hm}^2 \cdot \text{a})$；$R$ 为降雨侵蚀力因子，$\text{MJ} \cdot \text{mm}/(\text{hm}^2 \cdot \text{h} \cdot \text{a})$；$K$ 为土壤可蚀性因子，$t \cdot \text{hm}^2 \cdot \text{h}/(\text{MJ} \cdot \text{hm}^2 \cdot \text{mm})$；$L_S$ 为坡度坡长因子；P 为水土保持措施因子；C 为植被覆盖与管理因子。模块数据及参数来源主要有：数字高程模型(DEM)、气象数据、土壤属性数据、土

地利用/土地覆被和坡度阈值等(吴志俊等，2021)。

3) 水质净化模块

该模块主要基于输出系数法计算水体氮、磷营养物的输出量。计算公式见式(7.8)～式(7.10):

$$\mathrm{ALV}_x = \mathrm{HSS}_x \cdot \mathrm{pol}_x \tag{7.8}$$

$$\mathrm{HSS}_x = \frac{\lambda_x}{\lambda_w} \tag{7.9}$$

$$\lambda_x = \log \sum_U Y_u \tag{7.10}$$

式中，ALV_x 是栅格 x 处的营养物输出值；HSS_x 为栅格 x 的水文敏感性得分；pol_x 是栅格 x 的输出系数；λ_x 是栅格 x 的径流指数；λ_w 表示研究区流域平均径流指数；$\sum_U Y_u$ 是栅格产水量总和，包括栅格 x 及流向栅格 x 的所有栅格。模型主要参数包括: DEM、产水量数据(产水量模块提供)、土地利用/覆被和不同地类条件下总氮或总磷输出负荷值等。

4) 碳储量模块

InVEST 模型碳储量模块将生态系统的碳储量划分为 4 个基本碳库: 地上生物碳(土壤以上所有存活的植物材料中的碳)、地下生物碳(存在于植物活根系统中的碳)、土壤碳(分布在有机土壤和矿质土壤中的有机碳)、死亡有机碳(凋落物、倒伏或站立的已死亡树木中的碳)。根据土地利用/覆被的分类情况，分别对不同地类的地上碳库、地下碳库、土壤碳库和死亡有机碳库的平均碳密度进行计算统计，然后用各个地类的面积乘以其碳密度并求和，得出研究区的总碳储量，见式(7.11)(刘洋等，2021)。

$$C_{\mathrm{total}} = C_{\mathrm{above}} + C_{\mathrm{below}} + C_{\mathrm{soil}} + C_{\mathrm{dead}} \tag{7.11}$$

式中，C_{total} 为流域总碳储量，$\mathrm{t/hm}^2$；C_{above} 为地上生物碳储量，$\mathrm{t/hm}^2$；C_{below} 为地下生物碳储量，$\mathrm{t/hm}^2$；C_{soil} 为土壤碳储量，$\mathrm{t/hm}^2$；C_{dead} 为死亡有机碳储量，$\mathrm{t/hm}^2$。

5) 生境质量模块

该模块通过结合景观类型敏感性和外界威胁强度计算生境质量，用以评估生物多样性服务功能(黄木易等，2020)。计算公式见式(7.12)和式(7.13):

$$Q_{xj} = H_j \left[1 - \left(\frac{D_{xj}^z}{D_{xj}^z + k^z} \right) \right] \tag{7.12}$$

$$D_{xj} = \sum_{r=1}^{R} \sum_{y=1}^{Y_r} \left(\omega_r \bigg/ \sum_{r=1}^{R} \omega_r \right) r_y i_{rxy} \beta_x S_{jr} \tag{7.13}$$

式中，Q_{xj} 为第 j 种景观类型 x 栅格单元的生境质量指数；H_j 为第 j 种景观类型的生境适宜性分值，取值范围为 0～1；z 为尺度常数，一般取 2.5；k 为半饱和常数，由用户根据使用数据的分辨率进行自定义；D_{xj} 为生境退化程度指数，表示生境受胁迫压力后表现出退化的程度；R 为胁迫因子数量；Y_r 为胁迫因子的栅格单元总数；ω_r 为权重；r_y 为栅格单元胁迫因子个数；β_x 为栅格 x 的可达性水平(法律保护度水平，如为严格保护区，则取值为 1；如为收获型保护取值为 0；中间保护水平的，可赋 0～1 之间的值)；S_{jr} 表示景观 j 对胁迫因子的敏感性，取值范围为 0～1；i_{rxy} 为胁迫因子的影响距离，可采用线性和指数衰退来计算，如式(7.14)和式(7.15)所示：

$$i_{rxy} = 1 - \left(d_{xy} - d_{r\max} \right) \tag{7.14}$$

$$i_{rxy} = \exp\left(-\left(2.99 / d_{r\max} \right) d_{xy} \right) \tag{7.15}$$

式中，d_{xy} 为栅格 x 与 y 间的线性距离；$d_{r\max}$ 是威胁因子 r 的最大作用距离。该模块中需输入的空间数据及模型参数主要有当前土地景观类型图、区域主要生境胁迫因子、胁迫源因子权重和影响距离、景观类型对威胁源的敏感性程度等。

3. 景观格局指数模型

景观格局通常是指由自然或人为因素形成的一系列大小与形状各异、排列不同的景观镶嵌体呈现出的空间结构特征，它既是景观异质性的具体表现，也是包括干扰在内的各种生态过程在不同尺度上综合作用的结果。景观格局指数(landscape pattern index)是一系列定量描述特定区域、特定景观类型景观空间格局的特征指数。景观格局指数的定量化通常通过 Fragstats 软件实现，包含斑块(patch)、类型(class)、景观(landscape)三个主要类别，且不同类别对应不同的指数及其生态学意义，主要包括面积-边缘指标、形状指标、核心区指标、对比度指标、聚散性指标和多样性指标 6 种指数类型(表 7-3)。伴随新学科和计算机技术的发展，除上述传统指数外，还提出了计算公式更复杂的孔隙度(lacunarity)、聚集指数(aggregation index)等景观指数。

表 7-3　常用景观格局指数

类型	中文名称	应用尺度	英文名称(缩写)
面积-边缘指标 (area and edge metrics)	斑块面积	斑块	patch area (AREA)
	斑块周长	斑块	patch perimeter (PERIM)
	斑块类型面积	类型	total class area (CA)
	斑块所占景观面积比例	类型	percentage of landscape (PLAND)
	最大斑块指数	类型、景观	largest patch index (LPI)
	总边缘长度	类型、景观	total edge (TE)
	边缘密度	类型、景观	edge density (ED)
	斑块面积分布	类型、景观	patch area distribution (AREA_MN, _AM, _MD, _RA, _SD, _CV)
形状指标 (shape metrics)	周长-面积比	斑块	perimeter-area ratio (PARA)
	形状指数	斑块	shape index (SHAPE)
	分形维数指数	斑块	fractal dimension index (FRAC)
	周长-面积分形维数	类型、景观	perimeter-area fractal dimension (PAFRAC)
	周长-面积比分布	类型、景观	perimeter-area ratio distribution (PARA_MN, _AM, _MD, _RA, _SD, _CV)
	形状指数分布	类型、景观	shape index distribution (SHAPE_MN, _AM, _MD, _RA, _SD, _CV)
	分形指数分布	类型、景观	fractal index distribution (FRAC_MN, _AM, _MD, _RA, _SD, _CV)

类型	中文名称	应用尺度	英文名称(缩写)
核心区指标 (core area metrics)	核心面积	斑块	core area (CORE)
	核心面积数量	斑块	number of core areas (NCA)
	核心面积指数	斑块	core area index (CAI)
	总核心面积	类型、景观	total core area (TCA)
	核心面积占景观面积比	类型	core area percentage of landscape (CPLAND)
	离散核心面积数量	类型、景观	number of disjunct core areas (NDCA)
	离散核心面积密度	类型、景观	disjunct core area density (DCAD)
	核心面积分布	类型、景观	core area distribution (CORE_MN, _AM, _MD, _RA, _SD, _CV)
	离散核心面积分布	类型、景观	disjunct core area distribution (DCORE_MN, _AM, _MD, _RA, _SD, _CV)
	核心面积指数分布	类型、景观	core area index distribution (CAI_MN, _AM, _MD, _RA, _SD, _CV)
对比度指标 (contrast metrics)	边缘对比度	斑块	edge contrast index (ECON)
	对比度加权边缘密度	类型、景观	contrast-weighted edge density (CWED)
	总边缘对比度	类型、景观	total edge contrast index (TECI)
	边缘对比度分布	类型、景观	edge contrast index distribution (ECON_MN, _AM, _MD, _RA, _SD, _CV)
聚散性指标 (aggregation metrics)	邻近指数	斑块	proximity index (PROX)
	相似度指数	斑块	similarity index (SIMI)
	散布与并列指数	类型、景观	interspersion & juxtaposition index (IJI)
	相似邻近百分比	类型、景观	percentage of like adjacencies (PLADJ)
	聚集指数	类型、景观	aggregation index (AI)
	聚类指数	类型	clumpiness index (CLUMPY)
	景观形状指数	类型、景观	landscape shape index (LSI)
	归一化景观形状指数	类型、景观	normalized landscape shape index (nLSI)
	斑块凝聚度指数	类型、景观	patch cohesion index (COHESION)
	斑块数量	类型、景观	number of patches (NP)
	斑块密度	类型、景观	patch density (PD)
	景观分割指数	类型、景观	landscape division index (DIVISION)
	分离度指数	类型、景观	splitting index (SPLIT)
	邻近指数分布	类型、景观	proximity index distribution (PROX_MN, _AM, _MD, _RA, _SD, _CV)
	相似度指数分布	类型、景观	similarity index distribution (SIMI_MN, _AM, _MD, _RA, _SD, _CV)
	连接度	类型、景观	connectance (CONNECT)
	蔓延度	景观	contagion (CONTAG)
	有效网格大小	景观	effective mesh size (MESH)
	欧氏最邻近距离分布	景观	Euclidean nearest neighbor distance distribution (ENN_MN, _AM, _MD, _RA, _SD, _CV)

续表

类型	中文名称	应用尺度	英文名称(缩写)
多样性指标 (diversity metrics)	斑块丰富度	景观	patch richness (PR)
	斑块丰富度密度	景观	patch richness density (PRD)
	相对斑块丰富度	景观	relative patch richness (RPR)
	香农多样性指数	景观	Shannon's diversity index (SHDI)
	Simpson 多样性指数	景观	Simpson's diversity index (SIDI)
	修正 Simpson 多样性指数	景观	modified Simpson's diversity index (MSIDI)
	香农均匀度指数	景观	Shannon's evenness index (SHEI)
	Simpson 均匀度指数	景观	Simpson's evenness index (SIEI)
	修正 Simpson 均匀度指数	景观	modified Simpson's evenness index (MSIEI)

注：MN(算术平均值)，AM(加权平均值)，MD(中值)，RA(极差)，SD(标准差)，CV(方差)。

7.1.3 指标标准化

由于不同评价指标之间存在数量级和量纲差异，在数据分析之前，需先将指标结果进行标准化处理，包括数据同趋化处理和数据无量纲化处理。其中，数据同趋化处理主要解决不同性质或不同量级数据无法比较的问题，数据无量纲化处理主要实现数据的可比性。数据标准化的方法有很多种，包括线性的和非线性的，这两类方法最大的区别在于，非线性方法会改变指标原始数据的分布特征，而线性方法可保留原始数据的分布特征。从简单实用的角度看，线性方法较为常用。常用的标准化方法有最小-最大标准化、Z-score 标准化、线性比例法等(叶宗裕，2003)。经过标准化处理，原始数据均转换为无量纲化指标测评值，即各指标值都处于同一个数量级别上，易于进行综合评价分析。

(1)最小-最大标准化，也叫离差标准化，是对原始数据的线性变换，使结果落到[0,1]区间，其转换函数如下：

$$正向指标：\quad x^* = \frac{x - x_{min}}{x_{max} - x_{min}} \tag{7.16}$$

$$负向指标：\quad x^* = \frac{x_{max} - x}{x_{max} - x_{min}} \tag{7.17}$$

式中，x_{min} 为指标 x 的最小值；x_{max} 为指标 x 的最大值。注意，当有新数据加入时，需再次确认 x_{max} 和 x_{min} 是否变化，若发生变化，则需要重新定义。

(2)Z-score 标准化，也叫标准差标准化，经过处理的数据符合标准正态分布，即均值为 0，标准差为 1，其转化函数见式(7.18)：

$$x^* = \frac{x - \mu}{\sigma} \tag{7.18}$$

式中，μ 为所有样本数据的均值；σ 为所有样本数据的标准差。

(3)线性比例法，包括极大值化、极小值化、均值化和初值化四种处理，其转换函数见式(7.19)：

$$x^* = \frac{x}{M} \tag{7.19}$$

式中，M 为特殊值，极大值化处理取 x_{max}，处理后的数据取值范围为 $(0,1]$；极小值化处理取 x_{min}，处理后范围为 $[1,+\infty)$；均值化处理取 $\bar{x}$，处理后范围为 $(-\infty,+\infty)$；初值化处理则取 x_0，处理后的数据范围也为 $(-\infty,+\infty)$。

针对特定问题，数据标准化方法的选择应注意以下几个问题：①所选用的转化公式要根据数据特征及所选用的统计分析方法确定。一方面要尽可能客观地反映指标实际值与事物综合发展水平间的相对关系，另一方面要符合统计分析的基本要求。②尽量遵循简易性原则，注意转化自身的特点，保证转化的可能性。一般来说，极值法对指标数据的个数和分布状况无特别要求，转化后的数据均在 0～1，便于做进一步的数学处理，同时就每个指标数值的转化而言，这种转化所依据的原始数据信息较少，只是指标实际值中的几个值。标准差标准化一般在原始数据呈正态分布的情况下应用，其转化结果超出了 0～1，存在负数，有时会影响进一步的数据处理，同时转化时与指标实际值中的所有数值都有关系，所依据的原始数据的信息多于极值法。③逆指标、适度指标的处理。统计指标可分为正指标(即越大越好的指标)、逆指标(越小越好的指标)和适度指标(数值既不应过大，也不应过小的指标)。对于正指标，可按前述转换公式进行处理，对逆指标和适度指标进行转化时，则应先将其转换成正指标，然后按上述方法进行处理(马立平，2000)。

7.2　权　重　分　析

评价过程需根据指标的重要程度赋予相应权重，不同的权重对应不同的评价结果，因此，合理地确定各项指标权重是任何评价系统提高合理性、科学性的关键环节。当前，指标权重的确定方法较为多样，大致可分为主观赋权法、客观赋权法及主客观综合法三类(刘秋艳和吴新年，2017)。其中，主观赋权法主要由评估者根据经验主观判断得到不同指标的相对权重，典型方法包括层次分析法、德尔菲(Delphi)法等。主观赋权法主观性较强，容易受到人为因素的影响，可能存在夸大或降低某些指标作用的现象。客观赋权法是根据各指标间的相关关系或各项指标值的变异程度来确定权重，常用方法如主成分分析法、因子分析法(程启月，2010)等。客观赋权法避免了人为因素带来的偏差，但也存在无法反映专家知识和经验以及决策者意见的缺陷。鉴于主观赋权法和客观赋权法两种方法各有利弊，主客观综合法是学者们基于客观赋权法的原理分析，结合主观赋权法对所得权重进行修正处理，从而实现了主客观赋权法的有机结合。总体上，上述三类赋权方法对问题的侧重点各有不同，在权重计算上均具有一定的优势与缺陷，相应的适用范围也存在较大的差异。因此，在实际应用过程中，要理性认识和把握各方法的优缺点，具体问题具体分析，根据评价对象及问题的实际特点选择合适的方法，以保证评价结果的相对科学和合理。

7.2.1　主观赋权法

主观赋权法是根据决策者、专家等利益相关者的知识经验、主观意识等对各指标的重要程度进行主观判断，进而确定指标权重。主观赋权法的优点是专家可根据实际的决策问题和自身的经验知识合理地确定各指标权重的排序，在一定程度上避免了指标权重与指标实际重要程度相悖的情况。但相应的，主观赋权法得出的决策或评价结果也具有较强的主观随意性，容易受决策者知识、认知、能力等影响，客观性较差，应用中有较大局限。目前较为常用的主观赋权法有德尔菲法、层次分析法、二项系数法等(郭亚军，2007)。

1. 德尔菲法

德尔菲法以函询征求所选定专家组的意见，然后对其加以整理、归纳、综合及统计处理，尔后将结果匿名返回给各专家，再次征求其意见，如此经过多次循环、反复，直至专家组意见、认识和结论逐渐趋向统一，以此确定各指标权重的过程和方法，其目的在于提供更接近实际的选择或决策依据(郭明杰等，1999)。与其他主观赋权法相比，德尔菲法具有显著的优点及缺点。一方面，德尔菲法基于多轮与集体的书面预测，既考虑到多数专家的意见，又考虑到个别专家的意见，较大程度上避免了个别专家预测可能产生的片面性，以及集体预测中附和、情面、自尊等心理干扰，预测过程较为客观；另一方面，德尔菲法的缺点主要体现在权重的确定过程需要多次往返重复，所需时间较长，可能会导致预测专家的厌倦。此外，由于预测事件的复杂性，预测的问题往往带有综合性，常常超出专家熟悉的领域，可能造成专家难以有效回答相关征询(朱长超，1986)。

总体上，德尔菲法的预测过程主要包括以下三个阶段(图 7-1)：①准备阶段。在该阶段，需明确研究主题和目的，并挑选相关专家组成专家小组，向所有专家提出所要预测的问题及相关要求，并附上有关征询问题的背景材料。②轮番征询阶段。各个专家根据收到的材料，提出预测意见，并阐释基于材料提出预测值的依据；将各位专家第一次的判断意见汇总，列成图表进行对比，再分别返回给各位专家，供专家了解自己同他人的不同意见以进一步反思、修改自己的意见和判断；将所有专家的修改意见再次收集、汇总，再次分发给各位专家，以便做第二次修改。一般来说，收集意见和信息反馈经过 3～4 轮可以达到高度一致或优化状态。③数据处理阶段。采用五分制或百分制对专家意见进行分值化处理。

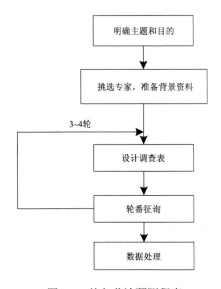

图 7-1 德尔菲法预测程序

2. 层次分析法

层次分析法是一种将定性分析与定量分析相结合的多目标决策分析方法。其基本思想是将复杂问题分解为若干层次和若干因素，对两两指标之间的重要程度做出比较判断，建立判断矩阵，通过计算判断矩阵的最大特征值及对应的特征向量，最终得出不同方案重要程度的权重(秦吉和张翼鹏，1999)。

层次分析法的优点主要体现在三个方面(刘秋艳和吴新年，2017)：一是通过把决策者依据主观经验知识的定性判断定量化表现，实现了定性分析与定量分析的有机结合，充分发挥了两者的优势，使得决策结果具有较高的可信度；二是将复杂评价问题进行层次化分解，使复杂问题的评价更加清晰、明确、有层次；三是不受是否有样本数据的限制，能解决传统最优化技术无法处理的实际问题。但是，该方法也具有一定局限性：一是指标权重的确定主要依赖于专家经验知识，仍具有一定程度的主观随意性和不确定性；二是建立判断矩阵的过程很容易出现严重不一致的情况，当同一层的指标较多，决策者很容易做出矛盾且混乱的相对重要性判断及排序。综合来看，层次分析法的适用范围较广，尤其适用于缺乏样本数据、评价目标结构复杂及领域专家对指标相对重要性大小程度有较为清晰认识的评价体系。层次分析法的主要步骤如下。

1) 建立层次结构模型

层次结构一般分为三层(图 7-2)(刘秋艳和吴新年，2017)，自上而下依次为目标层、准则层、指标层。若上层的每个因素均支配着下一层的所有因素，或被下一层的所有因素影响，则称为完全层次结构，否则称为不完全层次结构。

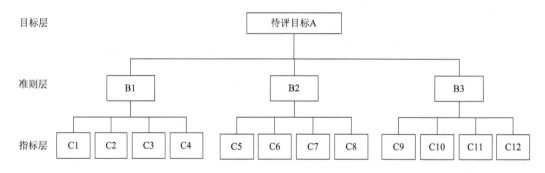

图 7-2　层次结构模型

2) 建立判断矩阵

建立判断矩阵，是层次分析法的关键。这一过程本质上是对同一层次上的因素进行优先顺序的两两比较：首先，对准则层的各准则因素进行两两比较，建立相对重要的判断矩阵(宁德琼，2012)；其次，对各准则层下的指标层因子进行两两比较，利用 1～9 标度法建立相对重要的判断矩阵(表 7-4)。

3) 进行层次单排序，计算特征向量

层次单排序，即根据判断矩阵计算对于上一层因素而言本层次与之有联系的因素的重要性次序的权值，是本层次所有因素相对于上一层次而言的重要性排序的基础。层次排序

表 7-4 判断矩阵标度及含义

标度	含义
1	两个因素相比,具有同等重要性
3	两个因素相比,一个比另一个稍重要
5	两个因素相比,一个比另一个明显重要
7	两个因素相比,一个比另一个强烈重要
9	两个因素相比,一个比另一个极端重要
2、4、6、8	上述两相邻判断的中值

中需要计算最大特征根 $\lambda_{\max}$ 及其对应的正规化特征向量 W,即对判断矩阵 B,计算满足 $BW = \lambda_{\max}W$ 的特征根与特征向量。其中,$\lambda_{\max}$ 为 B 的最大特征根;W 为对应于 $\lambda_{\max}$ 的正规化特征向量,W 的分量 W_i 是相应因素单排序的权值。

4) 进行一致性检验

通过对计算结果进行分析,对判断矩阵进行一致性检验,只有通过检验的矩阵才可被进一步运行。CI 为一致性指标,定义 $CI = \dfrac{\lambda_{\max} - n}{n-1}$,其中,$n$ 是判断矩阵的维数。当判断矩阵具有完全一致性时,CI=0;CI 越大,矩阵的一致性越差。

为了检验判断矩阵是否具有满意的一致性,需要将 CI 与平均随机一致性指标(RI)进行比较。采用一致性比率 $CR = \dfrac{CI}{RI}$ 来度量一致性,若 CR≤0.10,则认为此判断矩阵具有完全一致性,求得的权重系数 W_i 可较好地反映上一级指标中各指标的相对重要程度;若 CR>0.10,则需对两两比较的取值进行修正,直至满意为止(王林和王迎春,2002)。对于 $n=1\sim9$ 阶判断矩阵的值 RI,其值见表 7-5。

表 7-5 平均随机一致性指标 RI 取值

阶数	1	2	3	4	5	6	7	8	9
RI	0	0	0.58	0.9	1.12	1.24	1.32	1.41	1.45

3. 二项系数法

二项系数法是依照决策者排列出来的指标重要性次序,对二项系数进行加权求和,从而确定指标权重。首先,由专家们独立分析 n 个指标的重要性,并定性排出优先次序。然后,经统计处理求得 n 个目标的优先次序关系,根据形成的优先次序再对各指标进行对称排序,即最优先者置于中心位置,其次者按顺序轮流置于左右,对序列中的指标重新按从左到右的顺序进行编号,得到指标序列 $L_1, L_2, \cdots, L_i, \cdots, L_{n-1}, L_n$,从而根据二项系数的原理,第 i 个指标的权重分配值为 $w_i = C_{n-1}^{i-1} / 2^{n-1}$。

二项系数法的优点主要体现在以下四个方面:一是定性分析与定量计算相结合,增加了评价过程的科学性和条理性;二是不需要对指标的重要性大小进行具体量化,只需要判断指标间的相对大小情况,判断过程相对容易,不会产生矛盾且混乱的判断;三是采用二项展开式进行权重计算，方法简单易操作；四是不受是否有样本数据的限制。但该方法也存在一定的缺陷：一是权重的确定主要依赖于专家经验知识的主观判断，仍存在一定的随机性和不确定性；二是在利用二项系数公式计算不同优先级的指标权重时，会出现权重相同的情况，在指标优先级序列中左右对称的指标的权重值会相同，这与实际情况会产生一定偏差；三是该方法只注重指标重要性的级别次序，却未关注指标间相对重要性的差异程度，权重分配会存在偏差。总体上，二项系数法对是否有样本数据没有明确的限制，适用范围较广，尤其适用于缺乏先例、缺乏定量赋权经验、指标数量适中的多因素评价问题。

7.2.2　客观赋权法

客观赋权法是依赖一定的数学理论，完全基于对指标实际数据的定量分析而确定指标权重的方法。客观赋权法保证了权重的绝对客观性，对样本数据有较高的依赖及要求。但其也在一定程度上忽略了人的知识经验等主观信息，有可能会出现权重分配结果与实际情况相悖的现象。此外，客观赋权法的原始数据由各属性在决策方案中的实际数据形成，缺乏通用性。目前，客观赋权法主要有主成分分析法、熵值法等。

1. 主成分分析法

主成分分析法是重要的降维方法之一，它是以统计数据为基础的筛选和简化指标体系的典型方法（刘宏，1996）。主成分分析法主要通过恰当的数学变换把相关的变量变为原变量的线性组合，从而形成若干不相关的综合指标变量，即主成分，并进一步归一化处理得到各指标的权重（李艳双等，1999）。主要原理如下（刘宏，1996）：

假设，原指标，向量 $X = \left(X_1,\ X_2, \cdots,\ X_M \right)^{\mathrm{T}}$

新指标，向量 $Y = \left(Y_1,\ Y_2, \cdots,\ Y_M \right)^{\mathrm{T}}$

则新指标是原指标 X 的线性组合，即

$$Y = CX^{\mathrm{T}}$$

其中，Y_1 是线性组合时方差的最大分量，称第一主分量；而 Y_2 是方差次大者，称第二主分量，Y_M 称为第 M 主成分。C 是特征方程 $|R - \lambda_i| = 0$ 的 M 个特征值（$\lambda_1 > \lambda_2 > \cdots > \lambda_i$）对应的特征向量，如果第一主成分量 Y_1 的贡献率 $a_1 = \lambda_1 \Big/ \sum\limits_{i=1}^{M} \lambda_i$，$a_1 > 0.85$，则对应的特征向量可以粗略地看作原始指标的权重向量；若 a_1 不够大，可以取前几个主分量的贡献率和对应特征向量值的乘积组合，经归一化处理后得到权重。

主成分分析法的优点主要体现在三个方面：一是其用较少的独立性指标来替代较多的相关性指标，解决了指标间信息重叠的问题，简化了指标结构；二是所得指标权重依赖客观数据，避免了主观因素的影响，较为客观合理；三是对指标数量和样本数量没有具体限制，适用范围广泛。但该方法也存在许多缺陷：一是指标权重的计算过程较为复杂，最终确定的权重与样本的选择有很大相关性；二是可能会损失一定的样本数据信息，有些具有现实意义的指标在计算过程中可能会被剔除，与实际情况产生偏差；三是其假定指标间都是线性关系，实际问题中很多非线性关系的指标体系在使用该方法时会产生偏差；四是完全依赖客观数据确定权重，忽略了主观经验知识，评价结果可能产生与实际情况相悖的现

象(刘秋艳和吴新年, 2017)。因此，主成分分析法尤其适用于样本数据相对完整并具有代表性，指标间存在一定相关关系且基本为线性关系的复杂评价体系中的指标权重确定。

2. 熵值法

熵值法的基本思想是从指标的无序程度，即标熵的角度来反映指标对评价对象的区分程度。指标的熵值越小，该指标的样本数据就越有序，样本数据间的差异就越大，对评价对象的区分能力也越大，相应的权重就越大。该方法首先根据熵值函数求出每个指标的熵值，再将熵值归一化转化为指标权重。采用熵值法来确定各评价指标的权重，既可以反映绝大部分的原始信息，又能够避免人为因素对各评价指标权重的干扰，使评价结果更加科学合理(章穗等, 2010)。

设有 m 个评价指标，n 个评价对象，使用熵值法赋权主要包括以下四个步骤：

1) 指标标准化处理

假设 k 个指标 X_1，X_2，$\cdots$，X_k，其中 $X_i=\{x_1$，x_2，$\cdots$，$x_n\}$，各指标标准化后的值为 Y_1，Y_2，$\cdots$，Y_k，那么 $Y_{ij}=\dfrac{X_{ij}-\min(X_i)}{\max(X_i)-\min(X_i)}$。

2) 指标值比重计算

第 j 个指标下第 i 个评价对象的指标值比重为

$$p_{ij}=\frac{Y_{ij}}{\sum\limits_{i=1}^{n}Y_{ij}} \quad (j=1,2,\cdots,n) \tag{7.20}$$

3) 指标信息熵计算

根据信息论中信息熵的定义，一组数据的信息熵 $E_j=-\ln(n)^{-1}\sum\limits_{i=1}^{n}p_{ij}\ln p_{ij}(j=1,2,\cdots,n)$。其中，如果 $p_{ij}=0$，则定义 $\lim\limits_{p_{ij}\to 0}p_{ij}\ln p_{ij}=0$。显然，某个指标的信息熵越小，表明其指标值的变异程度越大，提供的信息量越大，在综合评价中所起的作用就越大，则该指标的权重也应越大；反之，某个指标的信息熵越大，表明其指标值的变异程度越小，提供的信息量越小，在综合评价中所起的作用就越小，则该指标的权重也应越小。

4) 各指标权重确定

根据熵值函数的计算公式，计算出各个指标的信息熵为 E_1，E_2，$\cdots$，E_k。通过信息熵计算各指标的权重 W_i：

$$W_i=\frac{1-E_i}{k-\sum E_i} \quad (i=1,2,\cdots,k) \tag{7.21}$$

7.2.3 主客观综合法

针对主、客观赋权法各自的优缺点，为兼顾决策者对指标的偏好，同时减少赋权的主观随意性，学者们提出了第三类赋权法，即主客观综合法。基于主观赋权法中对专家经验知识与决策者主观意向的信息体现，以及客观赋权法中对指标与评价对象间内在联系的信息表现，主客观综合法通过一定的数学运算将两者有效结合起来，达到了优势互补的效果。主客观综合法包括折衷系数综合权重法、线性加权单目标最优法、熵系数综合集成法、组合赋权法、弗兰克-沃尔夫(Frank-Wolfe)法等。国内外诸多学者均对主客观组合赋权进行了系统研究，发现不同组合赋权方法的主要区别是主观权重向量和客观权重向量分配权重系数所采用的模型或方法不同(曾宪报，1997)。总体上，各种综合赋权法均遵循一定的理论依据，且可通过线性方程组、矩阵运算等数学思想来进行具体求解。尽管综合赋权法与单一的主观赋权法或客观赋权法相比，得到的评价结果更加科学、合理，但其也可能存在较大的随机性偏差，导致结果与实际情况不符，不能完全取代单一赋权法。因此，在实际问题的研究中选择赋权方法需综合考虑指标特征与方法适用性。

7.3　综合评价

综合评价方法是指使用比较系统的、规范的方法对多个指标、多个单元同时进行评价的方法，它是深刻理解和客观认识被评价对象的重要手段(贾俊平等，2004)。单项评价与综合评价之间的区别在于评价标准的复杂性。一般而言，若评价标准较单一且明确，则可称为"单项评价"；反之，若评价标准较复杂抽象，则属于"综合评价"。综合评价在发展过程中受益于决策科学、社会科学、统计学等相关学科的理论指导和方法借鉴。围绕评价目的与流程、评价指标体系的构建、评价指标权重与价值确定、数据来源与处理、评价信息集成和评价结果运用等不同维度，当前综合评价已形成相对成熟的理论与方法体系。同时，近年来一些新兴的科学领域，如模糊数学、人工神经网络技术、灰色系统理论等也被引入综合评价研究中。总体上，多因素综合评价法、模糊评价法、数据包络分析法等是常用的综合评价方法。

7.3.1　多因素综合评价法

评价是现代社会各领域的一项经常性工作，也是科学地做出管理决策的重要依据。随着目前研究领域的不断扩大及评价对象的日趋复杂，仅依据单一指标对事物进行评价往往不尽合理，必须全面地从整体的角度考虑问题。在此背景下，多因素综合评价法应运而生。

多因素综合评价法，是指运用多个指标对多个参评单位进行评价，其基本思想是将多个指标转化为一个能够反映综合情况的指标(邓雪等，2012)。该方法借助模糊数学概念，将一些边界不清、不易定量的因素量化，对被评价事物隶属等级状况进行综合性评价(金贞珍，2007)，构成要素有评价者、被评价对象、评价指标、权重系数、综合评价模型等。多因素综合评价方法流程如图7-3所示。

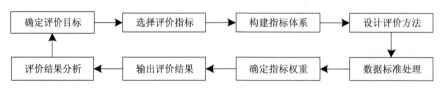

图7-3　多因素综合评价方法流程图

多因素综合评价主要分为以下几步：

(1)确定评价的因素、因子。其中，因素指研究课题的指标，因子指影响相应指标的下一级指标。

(2)对因素、因子的属性进行数据调查和标准化处理。数据标准化的主要功能是消除变量间的量纲关系，从而使数据具有可比性，标准化的方法见 7.1.3 节所述。

(3)确定因素、因子的权重。指标的权重通常体现了其在综合评价时对该指标的重视程度。多因素综合评价中对某个对象进行评价时一般依据多个属性，将综合评价值假定为各属性的线性组合。因此，合理确定线性组合系数，即各属性权重，是进行多因素综合评价的前提。

(4)计算因素、因子的分值。在这方面，加权平均法方法简单、核算工作量小，较为常用，基本公式如下：

$$F_{ik} = \sum_{k=1}^{n}(W_{kj} \times Y_{ij}) \tag{7.22}$$

式中， F_{ik} 表示第 k 个因素分值； W_{kj} 表示第 j 项因子对应上层第 k 个因素的权重值； Y_{ij} 表示第 i 个分等对象第 j 项因子的分值； n 表示第 k 个因素包含的因子个数。

(5)对结果进行排序和分析。将综合评价的分值进行分级，并对结果进行分析。

7.3.2　模糊评价法

模糊评价法是借助模糊数学中的隶属度理论，将一些边界不清、不易定量的因素定量化，从多个因素对被评价事物隶属等级状况方面进行综合性评价的一种方法。模糊评价法的基本思想是利用模糊线性变换原理和最大隶属度原则，考虑与被评价事物相关的各个因素，利用模糊数学的隶属度理论来评估被评价事物的隶属等级状况，把对被评价事物的定性评价转变为定量评价，进而对其做出合理的综合评价。该方法对数据的要求较低且计算量小，数学模型简单实用，实现了定性与定量的有效结合，其评价结果为一个向量，易识别，包含的信息量较丰富，尤适用于对不确定性问题的研究。模糊综合评价的缺陷是每个因素都需要确定隶属度函数，计算过程较烦琐。

根据系统评价层级的不同，模糊评价可进一步分为一级模糊评价和多级模糊评价。对于一级模糊评价，首先需要确定被评价对象的因素集，进而分别确定各个因素的权重及隶属度向量，获得模糊评价矩阵，最后将模糊评判矩阵与因素的权向量进行模糊运算及归一化处理，得到模糊评价综合结果。但在现实问题中，很多复杂问题具有不同层级，这种情况若采用一级模糊评价模型难以得出合理的评判结果。该种情形下，可采用多级模糊评价方法，其基本思路是将评价对象的各个因素按属性分类，不同类别的因素分属不同的层次，先对较低层次的各因素进行一级评价，再进行上一层各个因素的综合评价。根据需要即可得到二级、三级、…、 N 级的模糊综合评价。可见，一级模糊综合评价具有普适性，其基本步骤包括：

(1)建立评判对象因素集 $U = \{u_1,\ u_2,\ \cdots,\ u_n\}$ ，因素集是用于评价的指标体系。

(2)评语集 V 的建立， $V = \{v_1,\ v_2,\ \cdots,\ v_n\}$ ，评语集为模糊综合评价确定了评价标准，它可以体现出被评价事物对应各评价等级的隶属度信息。

(3)单因素评判矩阵的建立，即确定一个从 U 到 $F(V)$ 的模糊映射：

$$f : U \rightarrow F(V), \quad \forall u_i \in U$$

其中，$u_i \mapsto f(u_i) = \dfrac{r_{i1}}{v_1} + \dfrac{r_{i2}}{v_2} + \cdots + \dfrac{r_{im}}{v_m}\left(0 \leqslant r_{ij} \leqslant 1, 1 \leqslant i \leqslant n, 1 \leqslant j \leqslant m\right)$。

因此，可由 f 得到模糊关系矩阵：

$$R = \begin{pmatrix} r_{11} & r_{12} & \cdots & r_{1m} \\ r_{21} & r_{22} & \cdots & r_{2m} \\ \vdots & \vdots & & \vdots \\ r_{n1} & r_{n2} & \cdots & r_{nm} \end{pmatrix} \tag{7.23}$$

式中，R 被称为单因素评判矩阵，于是 (U, V, R) 联合构成了综合评判模型。

(4)选择合适的算子进行综合评判。根据 U 中各个因素与被评判事物的隶属关系，需要决定每个因素不同的权重，权重向量可表示为一个模糊子集 $A = (a_1, a_2, \cdots, a_n)$，且规定 $\sum\limits_{i=1}^{n} a_i = 1$。选择合适的模糊算子进行综合评价，若评价结果 $\sum\limits_{j=1}^{m} a_i \neq 1$，则对结果归一化处理。

案例 7.1　城乡融合背景下淮海经济区乡村发展潜力——以苏北地区为例

一、研究背景

该研究以地处淮海经济区核心区的苏北地区为研究对象，以 7980 个行政村为评价单元，研究村域单元的乡村发展状态。按照"解析发展阶段—明确发展状态—确定潜力分区"逻辑主线，通过解析县域尺度下不同城乡的发展阶段，针对不同阶段采用"差别化+一致性"的思路进行乡村发展潜力的综合测度。

二、乡村发展状态评价方法

（一）指标体系

遵循系统性、综合性、代表性等原则，基于影响乡村发展的多维要素，从区位格局、区域活力、生态安全三个方面建立了乡村发展状态评价指标体系（表 7.1-1），采用 AHP 法与熵权法组合赋权确定各评价指标权重。

（二）模糊综合评价

模糊综合评价是模糊条件下，考虑相关因素的影响，依据相应评价目的对评价对象做出综合决策的方法。由于不同层次的乡村发展水平影响因素具有差异，研究分别针对区位格局、区域活力、生态安全三个层次进行模糊综合评价（表 7.1-2），得到不同层次的乡村发展状态水平，最后采用加权求和的方式得到乡村综合发展水平值。单因素指标对于等级模糊子集的隶属关系采用降半梯形隶属度函数确定，各指标的隶属度函数来源于各指标所附等级分值（等级分值由 ArcGIS 自然断点法确定）。

表 7.1-1　乡村发展状态评价指标体系

目标层	准则层	指标层	单位	量化方法	指标含义
区位格局 A	自然因素 A_1	平均海拔 A_{11}	m	分区统计均值	表征评价单元的海拔属性信息
		平均坡度 A_{12}	°	分区统计均值	表征评价单元的坡度属性信息
	区位条件 A_2	距最近乡镇距离 A_{21}	km	统计中心点最近距离	反映评价单元与周边乡镇空间联系紧密度
		路网密度 A_{22}	km/km²	$\left(\sum W_i \times L\right)/S$	反映评价单元交通便利程度
区域活力 B	发展水平 B_1	距最近基础设施距离 B_{11}	km	统计最近距离	反映评价单元内基础服务设施完备水平
		GDP B_{12}	元	分区统计总值	表征评价单元经济发展现状
		人口密度 B_{13}	人/km²	$\left(\sum P\right)/S$	表征评价单元人口聚集程度
	资源要素 B_2	耕地面积 B_{21}	km²	分区统计总值	反映评价单元耕地资源可利用水平
		年均降水 B_{22}	mm	分区统计均值	反映乡村发展的水资源禀赋条件
		耕地等别 B_{23}	等	分区统计均值	反映评价单元耕地资源质量
生态安全 C	生态环境 C_1	生境质量 C_{11}	—	$H_j\left[1-\left(\dfrac{D_{xj}^z}{D_{xj}^z+k^z}\right)\right]$ InVEST 模型测算	反映评价单元生物多样性保护的能力
		固碳量 C_{12}	g/m²	$N_c \times \beta \times \sum \text{NPP}$	反映评价单元缓解气候变化的能力
		产水量 C_{13}	mm/km²	$\left(1-\dfrac{\text{AET}_{xj}}{P_x}\right)\times P_x$ InVEST 模型测算	反映评价单元水资源供给服务的能力

注：W_i表示不同等级道路的权重；L 表示不同等级道路的长度(km)；S 表示国土面积(km²)；P 表示人口总数(人)；D_{xj}表示土地利用类型 j 中栅格 x 所受胁迫水平；k 为半饱和常数；H_j表示土地利用类型 j 的生境适合性；z 为归一化常数(通常取 2.5)；NPP 表示植物初级净生产力(g/m²)；N_c表示二氧化碳中碳的含量(27.27%)；β表示植物每生产 1 g 干物质所需要吸收固定二氧化碳的量(g)；AET_{xj}表示土地利用类型 j 上栅格单元 x 的年均蒸散发量(mm)；P_x表示栅格单元 x 的年均降水量(mm)。

表 7.1-2　模糊综合评价模型指标释义

评价对象	评语集	参评因子集	因子释义
区位格局	$V_1=\{v_1,v_2,v_3,v_4,v_5\}=\{$高水平, 较高水平, 中度水平, 较低水平, 低水平$\}$	$U_1=\{u_1,u_2,u_3,u_4\}$	u_1、u_2、u_3、u_4 分别表示平均海拔、平均坡度、距最近乡镇距离、路网密度
区域活力	$V_2=\{v_1,v_2,v_3,v_4,v_5\}=\{$高水平, 较高水平, 中度水平, 较低水平, 低水平$\}$	$U_2=\{u_5,u_6,\cdots,u_{10}\}$	u_5、u_6、u_7、u_8、u_9、u_{10} 分别表示距最近基础设施距离、GDP、人口密度、耕地面积、年均降水、耕地等别
生态安全	$V_3=\{v_1,v_2,v_3,v_4,v_5\}=\{$高水平, 较高水平, 中度水平, 较低水平, 低水平$\}$	$U_3=\{u_{11},u_{12},u_{13}\}$	u_{11}、u_{12}、u_{13} 分别表示生境质量、固碳量、产水量

设 μ 为从 U 到 V 上的模糊关系，μ_{um} 代表第 n 个参评因素对第 m 级评语的隶属度(具体参考相关文献)。在隶属度函数确定的基础上，根据指标体系确定的权重 W 与模糊关系矩阵 U 采用加权模糊合成算子 $M(\cdot,\oplus)$ 进行模糊变换合成。由于模糊综合评价的结果是对不同发展水平等级的评价，需要进行适当非模糊化处理，本案例采用重心法对不同等级

的发展状态水平分别赋值 8、6、4、2 和 0，与相应综合评价矩阵加权求和得出最终的乡村发展状态评价结果。

三、乡村发展状态评价结果

根据模糊综合评价结果，并采用自然断点法（natural break）将村域尺度的发展状态评价结果划分为低、较低、中等、较高及高五级（表 7.1-3）。

表 7.1-3　乡村发展状态等级划分标准

等级	区域格局状态范围	区域活力状态范围	生态安全状态范围	综合发展状态范围
低	(0.021, 0.627]	(0.000, 0.457]	(0.000, 0.132]	(0.101, 0.617]
较低	(0.627, 1.176]	(0.457, 0.705]	(0.132, 0.235]	(0.617, 0.964]
中等	(1.176, 1.889]	(0.705, 0.974]	(0.235, 0.333]	(0.964, 1.390]
较高	(1.889, 2.838]	(0.974, 1.314]	(0.333, 0.425]	(1.390, 1.978]
高	(2.838, 4.111]	(1.314, 2.312]	(0.425, 0.567]	(1.978, 3.016]

区位格局状态处于低、较低、中等、较高、高等级的行政村分别占 24.17%、34.42%、23.80%、14.11% 和 3.50%，高级区与低级区均在空间上形成团聚效应；区域活力的空间分布与区位格局相似，主要分布在发展水平较高、资源禀赋较好的区域；生态安全状态存在明显区域差异，生态安全高值区均集中在生态环境相对优越、生态功能相对完善的区域，形成了从东向西递减的空间格局特征。

在区位格局、区域活力、生态安全状态分项测度的基础上，综合测算研究区乡村发展状态综合指数。综合指数高值区主要分布在自然条件宜居、区位条件优良、发展态势良好、资源禀赋优越、生态压力较弱的区域。综合指数位于低、较低、中等、较高、高等级的行政村数量分别为 2188 个、2596 个、1799 个、1123 个、274 个。整体来看，研究区乡村发展现状的空间差异相对较大，且形成高值区、低值区集聚的现象。

参考文献：

何杰, 金晓斌, 梁鑫源, 等. 2020. 城乡融合背景下淮海经济区乡村发展潜力——以苏北地区为例[J]. 自然资源学报, 35(8): 1940-1957.

7.3.3　数据包络分析法

数据包络分析（data envelopment analysis，DEA）法是著名运筹学家查恩斯（A. Charnes）、库珀（W. W. Cooper）、罗兹（E. Rhodes）等在研究部门之间"相对有效性评价"基础之上提出的一种新的系统分析方法（Charnes et al., 1978）。该方法的基本思想源于 Farrell（1957）对生产率的研究，目前 DEA 方法已成为多投入、多产出情况下决策单元相对有效性和规模收益等方面应用最为广泛的数理方法之一（魏权龄，2004）。

DEA 方法是以相对效率概念为基础，以数学规划为主要工具，以优化为主要方法，用于评价具有相同类型的多投入、多产出的决策单元是否技术有效的一种非参数统计方法。其基本思路是把每一个被评价单位作为一个决策单元（decision making unit, DMU），由众多

DMU 构成被评价群体,通过对投入和产出比率的综合分析,以 DMU 的各个投入和产出指标的权重为变量进行评价运算,确定有效生产前沿面,并根据各 DMU 与有效生产前沿面的距离状况,确定各 DMU 是否 DEA 有效,同时还可用投影方法指出非 DEA 有效或弱 DEA 有效 DMU 的原因及应改进的方向和程度。DEA 方法不需要预先估计参数,在避免主观因素和简化运算、减少误差等方面具有显著优势(朱乔,1994)。DEA 方法的基本步骤如下(马占新,2002)。

1. 明确问题阶段

为使 DEA 方法提供的信息更具准确性和科学性,在这一阶段需完成以下工作:

(1)明确评价目标。围绕评价目标对评价对象进行分析,包括辨识主目标、子目标及影响因素,并在此基础上建立层次结构。

(2)确定各种因素的性质。如把各因素分为可变的或不变的、可控的或不可控的,以及主要的或次要的等。

(3)考虑因素间的定性定量关系。

(4)由于有些决策单元是开放性的,有时需要辨明决策单元的边界,对决策单元的结构、层次进行分析。

(5)对结果进行定性的分析和预测。

2. 建模计算阶段

(1)建立评价指标体系。根据第一阶段的分析结果,确定能全面反映评价目标的指标体系,并且把指标间的一些定性关系反映到权重的约束中。同时,还可以考虑输入输出指标体系的多样性,对每种情况下的分析结果进行比较研究,然后获得比较合理的管理信息。

(2)选择 DMU。选择 DMU 本质上就是确定参考集,DMU 的选取应满足以下几个基本特征:具有相同的目标、任务、外部环境和输入输出指标。决策单元的选取具有一定的代表性。

(3)收集和整理的数据具有广泛性。

(4)根据有效性分析目的和实际问题背景选择适当的 DEA 模型进行计算。

3. 结果分析阶段

(1)在以上工作基础上,对计算结果进行分析比较,找出无效单元的无效原因,并提供进一步改进途径。

(2)根据定性分析和预测的结果来考察评价结果的合理性,必要时可应用 DEA 模型采取几种方案分别评价,并将结果综合分析,也可结合其他评价方法或参考其他方法提供的信息进行综合分析。

总体上,当前的 DEA 模型一般都是对基本模型在某一方面的拓展,学者们常常将 DEA 模型分成满足不同规模收益下的 DEA 模型、带有权重约束的 DEA 模型、对评价参考系的改进、对输入输出方面的改进、综合的 DEA 模型、其他几个 DEA 模型六大类模型展开分类讨论(侯翔等,2010)。尽管分类较多,但 DEA 系列模型均可在 MaxDEA Pro 软件中实现计算,并可自行改进相关模型设置。

案例 7.2　江苏省农业生产效率时空演变过程及其影响因素分析

一、研究背景

本案例从农业复合生态系统的视角系统诠释了农业生产效率的内涵，在现有研究基础上，将土地质量和产出的经济、社会、生态效益及农业碳排放和面源污染纳入农业生产效率评价新指标体系；选择 2000～2015 年为研究期，以江苏省 77 个县级单元为研究单元，采用改进的基于实体的模型(entity based model, EBM)进行农业生产效率测算。

二、研究框架

本案例的技术路线见图 7.2-1。

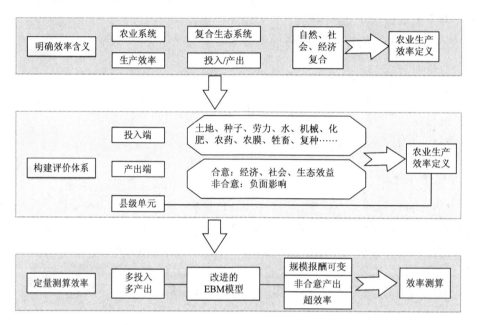

图 7.2-1　技术路线

三、农业生产效率测度体系构建

基于农业社会-经济-自然复合生态系统的视角，分析农业生产投入产出过程，农业生产产出经济产品的同时对社会系统、自然系统均产生正面影响，同时还排放污染物，影响自然子系统的环境健康。结合农业生产投入产出过程和指标选取原则，从生产要素投入、产出效益和环境负面影响三个方面出发，在已有研究的基础上，将土地质量和产出的经济、社会、生态效益及碳排放和农业面源污染排放纳入其中，构建更为完善的农业生产效率评价新指标体系。最后，明确具体的效率测度方法，基于改进的 EBM 模型，即选择包含非合意产出、非导向、规模收益可变的超效率 EBM 模型进行效率测度。

(一)农业生产效率指标评价体系

基于农业生产投入产出过程分析，结合指标选取原则，从生产要素投入(x)、产出效益(合意产出，y)和环境负面影响(非合意产出，b)三个方面选取指标，构建江苏省农业生产效率评价指标体系(表 7.2-1)。

表 7.2-1 江苏省农业生产效率评价指标体系

指标	变量	变量说明	ID	计算方法
投入	土地数量	农作物播种面积	x_1	指生产实际土地数量投入
	本底质量	耕地平均质量	x_2	均采用 2010 年农用地分等成果数据
	熟制特征	复种指数	x_3	缺 2014 年、2015 年数据,趋势拟合得到
	劳力	种植业从业人员	x_4	
	水	有效灌溉面积	x_5	代指农业用水灌溉投入
	机械	农业机械动力	x_6	耕作、植保、灌溉、收获、加工、运输机械动力之和
	能源	农用柴油使用量	x_7	
	化肥	化肥使用量	x_8	
	农药	农药使用量	x_9	
	农膜	农用薄膜使用量	x_{10}	
合意产出	经济效益	农业生产总值	y_1	2003 年以前剔除家庭兼营手工业;利用 2006 年以前 1990 年不变价/现价平均比值,修正到 1990 年不变价
	社会效益	粮食产量	y_2	
	生态效益	水源涵养量	y_3	以 2000 年、2005 年、2010 年、2015 年变化趋势拟合得到其余年份
		碳吸收量	y_4	
非合意产出	负面影响	碳排放量	b_1	
		污染综合排放指数	b_2	

(二)农业生产效率的测度方法

研究构建的效率测算指标体系是多投入-多产出型,而 DEA 模型就是评价多投入-多产出单元相对有效性的常用方法,且 DEA 模型的基本假设就是"减少投入,增加产出,减少坏产出",这与本案例农业生产效率的内涵具有一致性。DEA 系列模型中应用最主流的是非期望 SBM[①]模型,但其也有缺陷,即最大路径到达最优点,这往往与决策者希望的最小路径到达最优值相悖。Tone 和 Tsutsui 提出了非导向 EBM 模型,是综合径向和非径向的混合函数,改进了 SBM 模型的缺陷。因此,选择非导向 EBM 模型作为本案例的基础模型。

四、研究结论

基于改进的 EBM 模型测算了 2000～2015 年江苏省 77 个县级单元的农业生产效率(APE),并基于核密度曲线图分析江苏省 APE 的时序演进特征(图 7.2-2)。整体上,江苏省农业生产效率呈由"低低集聚"向"高高集聚"的格局演进,其中 2000～2005 年有反向演进,2003 年集聚密度中心最低,表明江苏省农业生产效率在 2000～2005 年有所下降,2003 年最低,总体上呈上升趋势。2000～2005 年,APE 密度曲线总体呈"单峰式"格局,密度中心在 0.8 以下且向低值(左)移动,2003 年位于最左侧,表明这期间江苏省农业生产效率较低且有所下降,2003 年最低。2005～2010 年,APE 密度曲线总体呈"单峰式"向"双峰式"演进,密度中心在 0.8 以上且向高值(右)移动,表明这期间江苏省农业生产

---

① SBM 模型可以设定投入导向、产出导向和非导向三种。非导向区别于投入导向、产出导向,是从投入、产出两方面测度,无效单元的改进既有减少投入和坏产出,也有增加产出。

效率波动上升。2010～2015 年，APE 密度曲线总体呈"单峰拖尾式"格局，密度中心在 0.95 以上且波峰越来越窄，表明这期间江苏省农业生产效率上升，且多数集聚在较高水平，效率差距在缩小。

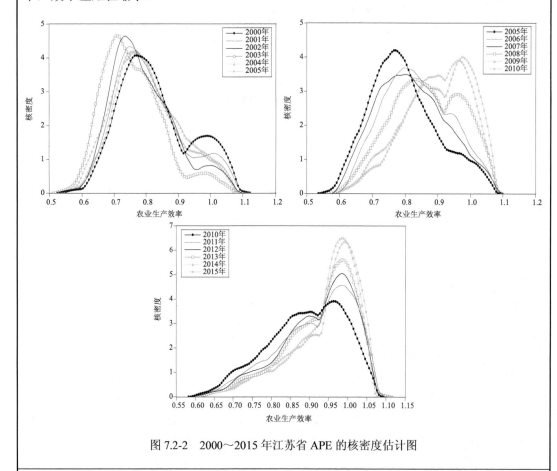

图 7.2-2　2000～2015 年江苏省 APE 的核密度估计图

参考文献：

徐慧. 2020. 江苏省农业生产效率时空演变过程及其影响因素分析[D]. 南京: 南京大学.

7.3.4 其他方法

1. TOPSIS 法

TOPSIS 法属于多目标决策方法的一种，是一种逼近理想解的排序方法。其基本思路是：首先建立初始化决策矩阵，而后基于规范化后的初始矩阵找出有限方案中的最优方案和最劣方案(即正、负理想解)，然后分别计算各个评价对象与最优方案和最劣方案的距离，获得各评价方案与最优方案的相对接近程度，最后进行排序，并以此作为评价方案优劣的依据。TOPSIS 法不特殊要求或限制评价对象的样本量、指标量及数据资料的分布，不仅适合方案和指标较少且样本量小的情形，也适用于方案和指标较大且样本量大的情形，具有良好的直观性，灵活简便。传统 TOPSIS 法的原理如下：

设多属性决策问题的方案集为 $A=\{A_1, A_2, \cdots, A_m\}$，属性集 $F=\{f_1, f_2, \cdots, f_n\}$，决策矩阵 $X=(x_{ij})_{\max}$，其中 x_{ij} 为第 i 个方案在第 j 个属性下的属性值，$i \in M$，$j \in N$。$M=\{1, 2, \cdots, m\}$ 为方案的下标集，$N=\{1, 2, \cdots, n\}$ 为属性的下标集。方案 A_i 可记为 $A_i=\{x_{i1}, x_{i2}, \cdots, x_{in}\}$，$i \in M$。规定 $x_{ij} \geqslant 0$，属性的权向量为 $\omega=\{\omega_1, \omega_2, \cdots, \omega_n\}$，满足 $\sum_{j=1}^{n} \omega_j = 1$，$\omega_j \geqslant 0$，$j \in N$。

对于只包括效益型和成本型的属性，且属性值为精确实数型的多属性决策问题，定义是明确的，因为各属性的最好值和最差值较容易确定。记 $N = T_1 \bigcup T_2$，$T_1 \bigcap T_2 \neq \varnothing$，其中 T_1、T_2 分别表示效益型、成本型属性的下标集。传统 TOPSIS 法可处理这种多属性决策问题，其基本步骤如下：

(1) 用向量规范化法，构造规范化决策矩阵 $Y=(y_{ij})_{m \times n}$：

$$y_{ij} = \frac{x_{ij}}{\sqrt{\sum_{i=1}^{m} x_{ij}^2}}, \quad i \in M, \ j \in N \tag{7.24}$$

(2) 构造加权规范化决策矩阵 $Z=(z_{ij})_{m \times n}$，其中 $z_{ij} = \omega_j y_{ij}$，$i \in M$，$j \in N$。

(3) 确定正理想解 A^+ 和负理想解 A^-，构成最优值和最劣值向量：

$$A^+ = (z_1^+, z_2^+, \cdots, z_n^+) \tag{7.25}$$

$$A^- = (z_1^-, z_2^-, \cdots, z_n^-) \tag{7.26}$$

那么它们分别表示最偏好的方案正理想解和最不偏好的方案负理想解：

$$z_j^+ = \max{}_i z_{ij}, \ j \in T_1; \quad z_j^+ = \min{}_i z_{ij}, \ j \in T_2; \tag{7.27}$$

$$z_j^- = \min{}_i z_{ij}, \ j \in T_1; \quad z_j^- = \max{}_i z_{ij}, \ j \in T_2; \tag{7.28}$$

(4) 计算各方案分别与正理想解和负理想解的欧几里得距离 d_i^+ 和 d_i^-：

$$d_i^+ = z_i - A^+ = \sqrt{\sum_{j=1}^{n} \left(z_{ij} - z_j^+\right)^2}, \ i \in M \tag{7.29}$$

$$d_i^- = z_i - A^- = \sqrt{\sum_{j=1}^{n} \left(z_{ij} - z_j^-\right)^2}, \ i \in M \tag{7.30}$$

其中，$z_i = (z_{i1}, z_{i2}, \cdots, z_{in})$ 是与方案 A_i 相应的加权规范化决策矩阵 $Z=(z_{ij})_{m \times n}$ 的第 i 行。

(5) 计算各方案与正理想解的相对贴近度 C_i^+：

$$C_i^+ = \frac{d_i^-}{d_i^+ + d_i^-} \tag{7.31}$$

显然，若 $z_i = A^+$，则 $C_i^+ = 1$；若 $z_i = A^-$，则 $C_i^+ = 0$；$0 \leqslant C_i^+ \leqslant 1$。当 $C_i^+ \to 1$ 时，方案 A_i 接近 A^+。

(6) 排列方案的优先顺序：按照 C_i^+ 降序排列，前面的优于后面的。

2. 灰色关联法

灰色系统理论通过分析各因素发展趋势的相对程度来衡量事物动态关联的特征和程度。灰色关联法是灰色系统理论的重要组成部分，是挖掘数据内部规律的有效方法。其基本思想是对数据序列几何关系和曲线几何形状的相似程度进行比较分析，以曲线间相似程度大小作为关联程度的衡量尺度。曲线越接近，相应序列之间的关联度越大，反之则越小。从研究思路上来看，灰色关联法属于几何处理范畴，实践中可运用数学几何方法来量化因素间的关联度。

灰色关联法的步骤主要包括原始序列确定、对变量序列数据进行标准化处理、关联系数计算、关联度计算、权重计算和关联度排序等。

1）原始序列确定

灰色关联法首先在对研究问题进行定性分析的基础上，确定参考序列（评价对象有 n 个） $X_0 = \{X_0(1), X_0(2), X_0(3), \cdots, X_0(n)\}$ 和比较序列（评价标准有 m 个） $X_i = \{X_i(1), X_i(2), X_i(3), \cdots, X_i(n)\}$ （ $i = 1, 2, 3, \cdots, m$ ）， $m+1$ 个数据序列矩阵如下：

$$\begin{pmatrix} X_0(1) & X_0(2) & X_0(3) & \cdots & X_0(n) \\ X_1(1) & X_1(2) & X_1(3) & \cdots & X_1(n) \\ X_2(1) & X_2(2) & X_2(3) & \cdots & X_2(n) \\ \vdots & \vdots & \vdots & & \vdots \\ X_m(1) & X_m(2) & X_m(3) & \cdots & X_m(n) \end{pmatrix}_{(m+1) \times n} \tag{7.32}$$

2）对变量序列数据进行标准化处理

一般而言，不同的评价指标往往具有不同的量纲和量纲单位，为了消除不同量纲和量纲单位所带来的差别性，在决策之前应将评价指标进行标准化处理。标准化方法详见 7.1.3 节所述。

3）关联系数计算

计算无量纲化后参考序列与比较序列的绝对差值，将第 i 个比较序列中各指标数值与参考序列中对应指标数值的绝对差值记为

$$\Delta_{0i}(k) = \left| Y_i(k) - Y_0(k) \right| \tag{7.33}$$

所有比较序列中各指标数据绝对差值的最大值及最小值分别表示为

$$\Delta_{\max} = \max_{i=1, 2, \cdots, m} \max_{k=1, 2, \cdots, n} (\Delta_{0i}(k)) \tag{7.34}$$

$$\Delta_{\min} = \min_{i=1, 2, \cdots, m} \min_{k=1, 2, \cdots, n} (\Delta_{0i}(k)) \tag{7.35}$$

式中， $\Delta_{\max}$ 为最大绝对差值； $\Delta_{\min}$ 为最小绝对差值。

第 i 个比较序列与参考序列在第 k 个指标的关联系数可表示为

$$\xi_{0i}(k) = \frac{\Delta_{\min} + \rho \Delta_{\max}}{\Delta_{0i}(k) + \rho \Delta_{\min}} \tag{7.36}$$

式中， $\rho \in (0, 1)$ ，通常取 0.5。 ρ 的作用在于提高关联系数间差异的显著性，通常 ρ 值越小，越能提高关联系数间的差异。

4) 关联度计算

如果简单用关联系数来反映比较序列与参考序列间的关联程度，会因关联信息分散而不易于从整体上进行比较。为此，对关联信息进行集中处理，用所有指标关联系数的平均值定量反映序列间的关联程度，计算公式为

$$r_{0i} = \frac{1}{n} \sum_{k=1}^{n} \xi_{0i}(k) \tag{7.37}$$

式中，r_{0i} 为第 i 个比较序列与参考序列的关联度。关联度越大，说明比较序列与参考序列的变化越一致。

5) 权重计算

为更方便地看出各比较序列关联程度的相对大小，计算各比较序列的权重 W_i，权重的排序与关联度的排序一致。

$$W_i = \frac{r_{0i}}{\sum_{i=1}^{m} r_{0i}} \tag{7.38}$$

6) 关联度排序

将关联度或权重按大小顺序排成一列，形成关联序，反映各比较序列对参考序列的"主次"关系。

与回归分析等统计方法相比，灰色关联法对数据量没有太多要求，同时在方案评价中避免了专家参与，减少了主观影响，降低了信息不对称带来的损失。但灰色关联法也有一定的应用局限性，该方法适合对一些基本数据已知的定量指标进行方案优选，而对于一些无法用具体数值来表示的定性指标则不太适合。因此，实践应用中通常需将灰色关联法与其他相关方法结合应用以弱化其缺点，提高评价结果的科学性和合理性。

案例 7.3   渭北黄土台塬区水资源约束下的种植业结构多目标优化研究

一、案例背景

该案例立足渭北黄土台塬区自然环境条件和经济社会发展状况，拟从提高水资源利用效率、保障粮食安全、增加种植业产值和提高投资收益等目标出发，建立水资源约束下不同投入水平和粮食保障率下的种植业结构多目标模糊优化方案，利用 DEA 模型对各优化方案进行投入产出效率评价，以期为合理确定区域种植业方案提供参考和借鉴。

二、技术路线

采用多目标线性规划，立足水资源供给条件，提出不同投入水平和粮食保障率下的种植业优化方案；利用 DEA 模型对各优化方案进行投入产出效率评价，进而形成体现以"充分利用水资源、保障粮食安全、增加种植业产值和提高投资收益"为目标的最优方案。具体技术流程见图 7.3-1。

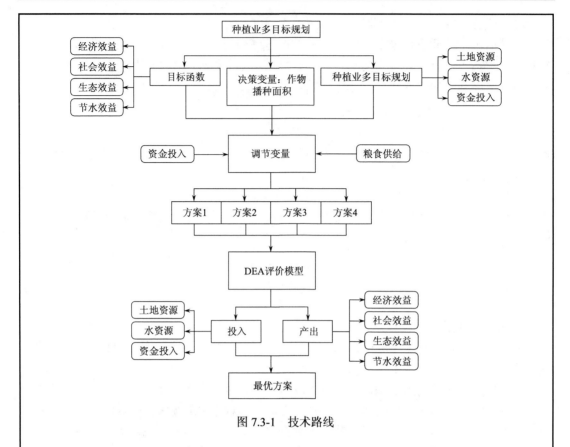

图 7.3-1　技术路线

三、备选方案与评价

(一)模型建立与求解

1. 目标函数

种植业不仅可以提供产品,也具有固碳、保持水土、调节局部小气候、保护生物多样性、改善生活环境等重要的生态服务价值。在考虑生活用水、二三产业用水、畜牧业用水和生态用水的基础上,确定目标年种植业灌溉可用水资源量,在优先满足区域粮食需求的情况下,以一般干旱年($P=75\%$)为标准,采用种植业净产值、粮食产量、生态收益、水分利用效益表征的经济效益、社会效益、生态效益、节水效益最大化为目标,建立目标函数。

2. 决策变量

根据研究区基期种植业现状,选取小麦、玉米等粮食作物,蔬菜、瓜果等经济作物和牧草等饲料作物的播种面积作为决策变量。

3. 约束条件

研究区耕作历史悠久、交通便利、劳动力充足,制约农业生产的限制因素主要是耕地资源、水资源和资金投入,具体指标包括耕地面积、作物种植面积、种植业灌溉可用水资源量和资金投入量;在需求方面,约束指标包括农产品(粮食、蔬菜等)供给率、种植业净收益等。

(二)方案优选

采用 DEA-Solver 软件,由模糊优化模型所得各备选方案的输入数据和输出数据构建生产可能集,判断各评价方案是否位于生产可能集的"生产前沿面"上,从而对上述优化方案进行投入产出效率评价。投入因子分别为水资源、耕地资源、资金成本;输出因子分别为种植业净产值、粮食产量、生态效益及节水效益(表 7.3-1~表 7.3-3)。

表 7.3-1 各种植业优化方案投入产出数据统计

方案	水资源 /10^8 m^3	耕地资源 /10^4 hm^2	资金成本 /10^8 元	种植业净产值 /10^8 元	粮食产量 /10^4 t	生态效益 /10^8 元	节水效益 /[元/(hm^2/mm)]
现状	6.46	36.60	52.05	33.41	149.04	6.11	15.09
I	6.28	43.38	70.68	49.08	146.25	7.15	19.23
II	6.29	43.20	70.68	50.01	153.25	7.18	18.93
III	6.28	43.23	71.72	49.76	146.27	7.14	19.36
IV	6.29	43.47	71.72	50.81	153.25	7.22	19.10

表 7.3-2 C^{2}R、SE-C^{2}R 模型下的各优化方案评价结果

方案	C^{2}R 模型		SE-C^{2}R 模型	
	效率值	排序	效率值	排序
I	1	1	1.010	4
II	1	1	1.015	2
III	1	1	1.012	3
IV	1	1	1.016	1

表 7.3-3 方案 II、IV 单位土地产出效益

方案	单位面积净产值 /(元/hm^2)	粮食产量 /(kg/hm^2)	生态效益 /(元/hm^2)	节水效益 /[元/(hm^2/mm)]	总成本 /10^8 元	净产值 /10^8 元	总产值 /10^8 元	总产值 /总成本
II	11577	3548	1663	18..93	70.68	50.01	120.69	1.7076
IV	11688	3525	1662	19.10	71.72	50.81	122.53	1.7085

在非阿基米德数据包络 C^{2}R 模型下,上述方案均为技术有效和规模有效,即以原投入水平,已获得最优的产出。为进一步确定最优方案,采用非径向数据包络分析 SE-C^{2}R 模型进行评价(即在求解某一评价单元效率值时,约束条件中评价单元的参考集中排除该评价单元的点,由其他所有评价单元的投入产出组成生产可能集)。

四、结论

粮食自给型种植业方案(方案 I、方案III)优于粮食供给型方案(方案 II、方案IV)。比较资金投入相当的两组方案(方案 I 与方案 II、方案III与方案IV),在投入方面,粮食供给型方案的水资源利用量已逼近目标年灌溉可用水量上限(6.29×10^8 m^3),水资源利用率较高;耕地资源方面,虽然不同方案作物的种植面积有所差异,但在耕地保护任务的约束下,耕地总面积基本相当。在产出方面,粮食供给型方案的种植业净产值、粮食产

量及生态效益均高于粮食自给型方案，通过增加不需额外灌溉或较少灌溉的烟叶、油料等经济作物的比例，既可以提高经济作物的净收益，也可将更多的可用水资源用于粮食作物，提高粮食作物的生产效率，在实现粮食自给的基础上，具备一定的对外供给能力。因粮食供给型方案中，作物全生育期耗水量较高，相应的节水效益略低于粮食自给型方案，但相较于基期年，节水效益也有较大提升。高资金投入方案（方案Ⅳ）优于低资金投入方案（方案Ⅱ），较高的资金投入能有效提高投入产出效率。随着水土资源投入增加，更多资金投向当地优势经济作物，种植业效益显著提升，资金投入回报率也相应增加。综合分析表明，方案Ⅳ为最优方案。

参考文献：

林忆南, 金晓斌, 李效顺, 等. 2014. 渭北黄土台塬区水资源约束下的种植业结构多目标优化研究[J]. 南京大学学报(自然科学), 50(2): 211-218.

参 考 文 献

程启月. 2010. 评测指标权重确定的结构熵权法[J]. 系统工程理论与实践, 30(7): 1225-1228.

邓雪, 李家铭, 曾浩健, 等. 2012. 层次分析法权重计算方法分析及其应用研究[J]. 数学的实践与认识, 42(7): 93-100.

冯丹玥, 金晓斌, 梁鑫源, 等. 2020. 基于"类型-等级-潜力"综合视角的村庄特征识别与整治对策[J]. 农业工程学报, 36(8): 226-237, 326.

高星, 吴克宁, 陈学砒, 等. 2016. 土地整治项目提升耕地质量可实现潜力测算[J]. 农业工程学报, 32(16): 233-240.

郭明杰, 魏然, 王进. 1999. 特尔斐法简介[J]. 经营管理者, (6): 39-40.

郭亚军. 2007. 综合评价理论、方法及应用[M]. 北京: 科学出版社.

韩博, 金晓斌, 孙瑞, 等. 2019. 新时期国土综合整治分类体系初探[J]. 中国土地科学, 33(8): 79-88.

何杰, 金晓斌, 梁鑫源, 等. 2020. 城乡融合背景下淮海经济区乡村发展潜力——以苏北地区为例[J]. 自然资源学报, 35(8): 1940-1957.

侯翔, 马占新, 赵春英. 2010. 数据包络分析模型评述与分类[J]. 内蒙古大学学报(自然科学版), 41(5): 583-593.

黄木易, 岳文泽, 冯少茹, 等. 2020. 基于 InVEST 模型的皖西大别山区生境质量时空演化及景观格局分析[J]. 生态学报, 40(9): 2895-2906.

贾俊平, 何晓群, 金勇进. 2004. 统计学[M]. 2 版. 北京: 中国人民大学出版社.

金贞珍. 2007. 关于多指标综合评价方法及其权数问题的讨论[D]. 延吉: 延边大学.

李艳双, 曾珍香, 张闽, 等. 1999. 主成分分析法在多指标综合评价方法中的应用[J]. 河北工业大学学报, (1): 96-99.

刘宏. 1996. 综合评价中指标权重确定方法的研究[J]. 河北工业大学学报, (4): 75-88.

刘晶, 金晓斌, 范业婷, 等. 2018. 基于"城—村—地"三维视角的农村居民点整理策略: 以江苏省新沂市为例[J]. 地理研究, 37(4): 678-694.

刘秋艳, 吴新年. 2017. 多要素评价中指标权重的确定方法评述[J]. 知识管理论坛, 2(6): 500-510.

刘洋, 张军, 周冬梅, 等. 2021. 基于InVEST模型的疏勒河流域碳储量时空变化研究[J]. 生态学报, 41(10): 4052-4065.

刘玉, 任艳敏, 潘瑜春, 等. 2015. 农村居民点用地整治潜力测算研究: 以广东省五华县为例[J]. 人文地理, 30(1): 112-116, 128.

马立平. 2000. 统计数据标准化—无量纲化方法—现代统计分析方法的学与用(三)[J]. 北京统计, (3): 34-35.

马占新. 2002. 数据包络分析方法的研究进展[J]. 系统工程与电子技术, (3): 42-46.

倪九派, 李萍, 魏朝富, 等. 2009. 基于AHP和熵权法赋权的区域土地开发整理潜力评价[J]. 农业工程学报, 25(5): 202-209.

宁德琼. 2012. AHP在高校师生信息素养评价体系中的应用[J]. 电脑知识与技术, 8(4): 756-759.

秦吉, 张翼鹏. 1999. 现代统计信息分析技术在安全工程方面的应用: 层次分析法原理[J]. 工业安全与防尘, (5): 44-48.

司惠超, 吴国平. 2009. 基于GIS的土地潜力评价方法研究[J]. 测绘科学, 34(1): 69-70, 34.

孙瑞, 金晓斌, 赵庆利, 等. 2020. 集成"质量-格局-功能"的中国耕地整治潜力综合分区[J]. 农业工程学报, 36(7): 264-275

唐尧, 祝炜平, 张慧, 等. 2015. InVEST模型原理及其应用研究进展[J]. 生态科学, 34(3): 204-208.

王林, 王迎春. 2002. 层次分析法在指标权重赋值中的应用[J]. 教学研究, (4): 303-306.

王旭熙, 苏春江, 彭立, 等. 2018. 四川省农村空心化土地整治潜力研究[J]. 中国农业资源与区划, 39(10): 130-137.

魏权龄. 2004. 数据包络分析[M]. 北京: 科学出版社.

吴志俊, 王永强, 鄢波, 等. 2021. 基于InVEST模型的鄂尔多斯市土壤侵蚀及土壤保持功能研究[J]. 水电能源科学, 39(8): 31-34, 98.

徐建华. 2006. 计量地理学[M]. 北京: 高等教育出版社.

杨园园, 戴尔阜, 付华. 2012. 基于InVEST模型的生态系统服务功能价值评估研究框架[J]. 首都师范大学学报(自然科学版), 33(3): 41-47.

叶宗裕. 2003. 关于多指标综合评价中指标正向化和无量纲化方法的选择[J]. 浙江统计, (4): 25-26.

尹延兴, 金晓斌, 韩博, 等. 2022. "空间冲突-功能障碍"视角下国土综合整治内涵、机制与实证[J]. 农业工程学报, 38(7): 272-281, 345.

曾宪报. 1997. 组合赋权法新探[J]. 预测, (5): 70-73.

张正峰, 陈百明, 郭战胜. 2004. 耕地整理潜力评价指标体系研究[J]. 中国土地科学, (5): 37-43.

章穗, 张梅, 迟国泰, 等. 2010. 基于熵权法的科学技术评价模型及其实证研究[J]. 管理学报, 7(1): 34-42.

朱乔. 1994. 数据包络分析(DEA)方法综述与展望[J]. 系统工程理论方法应用, (4): 1-9.

朱长超. 1986. 特尔斐法[J]. 社会科学, (5): 69-70.

Charnes A, Cooper W W, Rhodes E. 1978. Measuring the efficiency of decision making units[J]. European Journal of Operational Research, 2(6): 429-444.

Farrell M J. 1957. The measurement of productive efficiency[J]. Journal of the Royal Statistical Society. Series A(General), 120(3): 253-290.

第 8 章　模型模拟法

国土综合整治以地理环境和人类活动两个子系统及其交错构成的复杂开放系统为主要对象,旨在促进自然资源要素和社会经济要素的科学利用与合理规划。基于历史规律和现状特征,对国土空间中多个要素的数量、结构和布局做出合理模拟,可为区域土地资源管理、生态环境可持续发展及潜在风险评估等提供可靠的决策支持。因此,模型模拟法已成为国土综合整治领域中研究自然资源要素和社会经济要素在特定情景下的数量变化与空间特征的主流方法。按照模拟内容的不同,模型模拟可大体分为数量模拟、空间模拟与政策模拟。其中,数量模拟模型侧重特定对象的数量与规模预测,尤其可有效反映城镇空间、乡村空间、自然生态空间中不同土地利用类型在规模、格局等方面的变化特征,但往往难以量化这种"变化"的空间分布;空间模拟则在一定程度上弥补了上述数量模拟的不足,在揭示未来土地利用空间分布、格局特征等方面具有显著优势;政策模拟则聚焦人口、政策等社会经济要素,对其未来发展趋势进行客观预测,从而为国土综合整治的不同情景模拟提供决策支撑。鉴于此,本章将从数量模拟、空间模拟和政策模拟三个方面,系统介绍模型模拟法在国土综合整治中的方法原理及可能的应用情景。

8.1　数　量　模　拟

人类社会的所有领域都存在着预测问题。伴随科技发展和社会进步,人类越来越需要对未来进行预测(吴清烈和蒋尚华,2004),而数量模拟可有效促进人类对特定事物未来发展基本规律的深入认识。因此,本节聚焦国土综合整治中常用的趋势外推、回归预测、灰色预测、马尔可夫预测及系统动力学模型等数量模拟方法进行系统介绍。

8.1.1　趋势外推法

趋势外推法(trend extrapolation)最初由 Rhyne 用于科技预测,它是根据过去和现在事物发展基本趋势推断未来演变及其规律的方法的总称。针对特定事物,时间序列是同一事物或现象在不同时间上的相继观察值排列而成的序列,也是进行趋势外推的重要依据。在分析时间序列时,可以先绘制时间序列图,然后由图形判断时间序列中是否存在趋势,若存在,则进一步判断趋势是线性的还是非线性的,并分析是否具有季节波动趋势。在确定了时间序列的类型之后,就可根据类型选择适当的方法进行预测。特别地,当时间序列存在趋势成分,并且没有明显的季节波动时,若这种趋势能延续到未来,就可利用趋势进行外推预测。外推预测的方法主要包括线性趋势预测、非线性趋势预测和自回归模型预测等。例如,在国土综合整治中,特定区域建设用地面积的变化往往随着时间推移呈现出明显的规律性,趋势外推法可依据既定规律,求解科学、合理的函数曲线,定量反映建设用地面积的时间变化趋势,进而推测未来特定时间节点下建设用地的规模及面积(高凯和雷磊,2010)。

通常,趋势外推法的基本假设条件是:

(1)假设事物发展过程没有跳跃式变化，一般属于渐进变化。

(2)假设事物的发展因素也决定事物未来的发展，条件是不变或变化不大。也就是说，假定根据过去资料建立的趋势外推模型同样适用于未来，能代表未来趋势变化情况，即未来和过去的规律一样。

由以上两个假设条件可知，趋势外推法是事物发展渐进过程的一种统计预测方法。它的主要优点是可以揭示事物发展的未来趋势，并定量地估计其功能特性(柯林, 2013)。

1. 趋势外推法常用模型

1)指数曲线法

许多系统行为的特征数据序列，如反映技术进步或经济增长的时间序列数据，在其未达到饱和状态之前的成长期内，往往遵循指数曲线增长规律。因此，对发展中的事物，可考虑用指数曲线进行趋势预测。

指数曲线预测模型的一般形式为

$$y = ae^{bt} \ (a > 0) \tag{8.1}$$

式中，y 为预测值；t 为时间；a、b 为模型参数；e 为自然常数。

2)修正指数曲线法

采用指数曲线外推预测，在实际应用中可能面临预测值伴随时间推移而无限增大的问题，导致预测结果与客观实际不符，因为任何事物的发展都有一定限度，不可能无限增长。例如，一种商品的销售量，在其市场成长期内可能会按指数曲线增长，但随着时间推移，其增长趋势可能会减缓，甚至停滞。对于这种情形，则可运用修正指数曲线进行预测。

修正指数曲线预测模型的一般形式为

$$y = a + bc^t \tag{8.2}$$

式中，y 为预测值；t 为时间；a、b、c 为模型待定参数。

3)生长曲线法

特定事物的生长过程一般经历发生、发展、成熟到衰老几个阶段，在不同的生长阶段，其生长速度一般不同。通常，发生初期成长速度较慢；发展时期生长速度较快；成熟时期生长速度达到最快而后逐渐变慢；到衰老期则几乎停止生长。描述事物生长或发展过程可考虑运用形状近似于 S 形的曲线(称为 S 曲线)，而冈珀茨曲线(Gompertz curve)和珀尔曲线(Pearl curve)是两种最为常用的生长曲线。其中，冈珀茨曲线预测模型为

$$\hat{y} = ka^{bt} \tag{8.3}$$

式中，k、a、b 是待定参数。参数 k、a、b 的不同取值决定了冈珀茨曲线的不同形式，用以描述不同产品生命周期的具体规律。

珀尔曲线模型为

$$y_t = \frac{L}{1 + ae^{-bt}} \tag{8.4}$$

式中，L 为变量 y_t 的极限值；a、b 为常数；t 为时间；e 为自然常数。

4)包络曲线法

分析和预测复杂的技术系统，特别是从事长远预测时，不仅要预测技术发展的量变过

程，还要预测技术发展的质变过程。若用一条相切于这些 S 形生长曲线的平滑的包络线来描述这一过程，则可得到表示一种技术特性发展总体趋势的曲线，这就是包络曲线法。包络曲线主要用于预测科学和技术发展的突变，即跳跃式发展过程，揭示原理上新的发明等（刘思峰等, 2020）。

在利用包络曲线进行预测时，首先要建立包络曲线，具体步骤为：①分析各类预测对象预测参数的发展趋势；②求解各类预测对象预测参数的发展趋势；③绘制包络曲线。

2. 趋势外推法模型的选择

趋势外推法主要利用图形识别和差分计算来进行模型的基本选择。其中，图形识别法是首先绘制散点图，再观察并将其变化曲线与各类函数曲线模型的图形进行比较，以便选择较为适宜的模型。在实际预测过程中，由于几种模型接近而无法直观确认，有时必须同时对几种模型进行试算，最后选择标准误差最小的模型作为预测模型。当模型种类较多时，常利用差分法把原序列转换为平稳序列，即利用差分法把数据修匀，使非平稳序列达到平稳。将时间序列的差分与各类模型的差分特点进行比较，就可选择适宜的模型（吴清烈和蒋尚华, 2004）。

例如，钟丽燕（2017）以广西南宁 2006～2015 年的人均 GDP 数据为样本，绘制了 2006～2015 年的 GDP 时间序列图（图 8-1），根据增长趋势曲线选择建立了线性模型、二阶曲线模型和指数曲线模型三种时间序列预测模型，并对不同模型结果进行了对比分析，最终选择了二阶曲线模型对广西南宁市人均 GDP 进行预测。

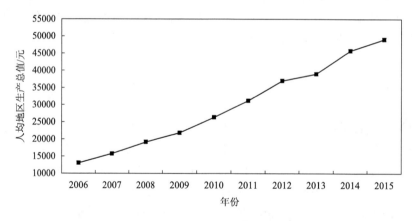

图 8-1　人均 GDP 二阶曲线趋势预测图

8.1.2　回归预测法

社会经济现象的发展变化通常受到多种因素的影响。如企业生产量受原材料供应、能源、工人劳动生产率等因素的综合影响；股市成交量的变化受到货币利率、股票价格等因素的影响。因此，要对某种经济现象进行预测，必须先考虑影响这一现象的相关因素。回归预测是进行这类定量预测的常用方法之一（吴清烈和蒋尚华, 2004）。回归预测可有效量化相关因素的影响程度，常用于土地利用格局演化的驱动力识别等问题研究（武艺杰和孔雪松, 2022）。

回归模型和回归方程是进行回归预测分析的重要内容。其中，描述因变量 Y 如何依赖于自变量 X 和误差项的方程称为回归模型，而描述 Y 的平均值或期望值如何依赖于 X 的方程称为回归方程。例如，简单线性回归方程的形式如下

$$E(Y) = \beta_0 + \beta_1 X \tag{8.5}$$

式中，β_0 是直线在 Y 轴上的截距，是当 $X=0$ 时 Y 的期望值；β_1 是直线的斜率，它表示当 X 每变动一个单位时 Y 的平均变动值。简单线性回归方程用图表示是一条直线，因此也称为直线回归方程。

1. 回归预测法的常用模型

1) 一元线性回归模型

通常，当涉及一个自变量时，且因变量 Y 与自变量 X 之间为线性关系，则称为一元线性回归。因此，一元线性回归模型描述的是两个要素(变量)之间的线性相关关系，并可用线性方程来表示它们之间的定量关系。假设有两个地理要素(变量)X 和 Y，X 为自变量，Y 为因变量，则一元线性回归模型的基本结构形式为

$$Y = \beta_0 + \beta_1 X + \varepsilon \tag{8.6}$$

在简单线性回归模型中，Y 是 X 的线性函数($\beta_0+\beta_1 X$ 部分)加上误差项 ε_0；$\beta_0+\beta_1 X$ 反映了由于 X 的变化而引起的 Y 的线性变化；ε 是被称为误差项的随机变量，它反映了除 X 和 Y 之间的线性关系之外的随机因素对 Y 的影响，是不能由 X 和 Y 之间的线性关系所解释的变异部分。式中的 β_0、β_1 称为模型的参数。这一模型(即 $Y = \beta_0 + \beta_1 X + \varepsilon$)也称为理论回归模型。

2) 多元线性回归模型

在多要素的地理系统中，多个要素之间也存在着互相影响、相互关联的情况。因此，多元地理回归模型更具普遍意义。

假设某一因变量 y 受 k 个自变量 $x_1, x_2, \cdots, x_k$ 的影响，其 n 组观测值为 $(y_\alpha, x_{1\alpha}, x_{2\alpha}, \cdots, x_{k\alpha})$，$\alpha=1, 2, \cdots, n$。那么多元线性回归模型的结构形式为

$$y_\alpha = \beta_0 + \beta_1 x_{1\alpha} + \beta_2 x_{2\alpha} + \cdots + \beta_k x_{k\alpha} + \varepsilon_\alpha \tag{8.7}$$

式中，$\beta_0, \beta_1, \cdots, \beta_k$ 为待定参数；ε_α 为误差项。

3) 非线性关系的线性化

对于地理要素之间的非线性关系，一般而言，只要根据要素之间的关系设定新的变量，通过变量替换就可将原来的非线性关系转化为新变量下的线性关系(徐建华，2006)。

2. 回归模型的典型应用

作为一种定量描述统计关系的数学模型，回归模型已被广泛应用于国土综合整治中的土地利用变化及其驱动力分析(王良健等，1999；谢花林和李波，2008)、土地利用变化模拟与预测(冯永玖等，2016；李逸川等，2010)、耕地景观格局驱动机制及其影响效应(Liu et al., 2019; Xu et al., 2020)等。例如，Liu 等(2019)利用多元线性回归定量分析了社会经济发展水平(如土地利用度、国内生产总值、工业与服务业比重)、生产生活条件(如斑块距农村居民点的距离、斑块距城镇的距离、斑块距最近水系的距离、平均斑块面积)、土地分配过程(如

人均耕地面积、耕地质量)、自然环境条件(如坡度、水网密度)、农业发展(如粮食产量、粮食供给能力)等因素对耕地细碎化的影响。以此为基础,进一步提出了基于耕地细碎化及其影响因素指导区域土地整治实施及分区管控的技术方法。

8.1.3　灰色预测法

灰色预测是对既含有已知信息,又含有不确定信息的灰色系统进行预测,是对在一定范围内变化的、与时间有关的灰色过程进行预测。灰色预测模型利用微分方程来充分挖掘数据本质,尤其可针对样本数量少、数据完整性和可靠性较低的数据序列进行有效预测,且建模所需信息少,精度较高,运算简便,易于检验,也无须考虑分布规律或变化趋势等。但需注意,灰色预测模型一般只适用于短期预测,且只适合指数增长的预测,比如人口数量、航班数量、用水量、工业产值等预测。

灰色预测法的基本思想是通过鉴别系统因素之间发展趋势的相异程度并进行关联分析,生成处理原始数据来寻找系统变动的规律,生成有较强规律性的数据系列,然后建立相应的灰色预测模型,对具有灰色系统特征的社会、经济等现象进行预测(吴培乐,2002)。当前,灰色预测法已广泛应用于国土综合整治的土地利用变化预测及应用(邱炳文和陈崇成,2008)、人口预测(赖红松等,2004)、耕地生态安全诊断(郑华伟等,2016)等方面。例如,借助灰色系统模型,可对特定区域土地利用发展趋势做短、中期预测,通过对模型各个参数的分析,得到理想的土地利用目标,为区域土地资源可持续利用提出科学合理、实际可行的战略构想、政策建议及用地结构调整方案(欧国良,2006)。

1. 灰色系统理论

在控制论中,人们常用颜色的深浅形容信息的明确程度。例如,常用"黑"表示信息未知,用"白"表示信息完全明确,用"灰"表示部分信息明确、部分信息不明确。相应地,信息完全明确的系统称为白色系统,信息未知的系统称为黑色系统,部分信息明确、部分信息不明确的系统称为灰色系统(Liu and Lin, 1998; 邓聚龙, 1990)。灰色系统理论以"部分信息已知、部分信息未知"的小样本、贫信息和不确定性系统为研究对象,通过对部分已知信息的生成、开发、提取,实现对系统运行行为、演化规律的正确描述和有效监控(邓聚龙, 1996),是一种研究少数据、贫信息、不确定性问题的新方法。

2. 灰色预测模型——GM(1,1)

灰色预测模型(grey forecasting model),一般是指GM(1, 1)模型及其扩展形式。它是一个近似微分、差分方程的模型,具有微分、差分、指数兼容等性质。灰色预测模型的参数、结构会随着时间推进而改变,在一定程度上突破了一般建模方法要求大样本数据的局限,具有无须典型的概率分布、减少时间序列的随机性、小样本即可计算、计算简便等显著优势。当前,GM(1, 1)模型及其扩展形式已经被广泛应用于工业、农业、社会、经济等领域(党耀国等, 2009)。其建模过程主要包括四个步骤:数据检验与处理、模型建立、模型检验、数据预测。其中,数据检验与处理步骤通常采用级比值进行数据检验,其目的在于检验数据序列是否具有适合的规律性,是否可得到满意的模型等。在此基础上,基于GM理论建立的灰色预测模型,其定义型形式如下:

令 $x^{(0)}$ 为 GM$(1,1)$ 建模序列,

$$x^{(0)} = (x^{(0)}(1), x^{(0)}(2), \cdots, x^{(0)}(n)) \tag{8.8}$$

令 $x^{(1)}$ 为 $x^{(0)}$ 的累加生成算子(AGO)序列[①],

$$x^{(1)} = (x^{(1)}(1), x^{(1)}(2), \cdots, x^{(1)}(n)) \tag{8.9}$$

$$x^{(1)}(1) = x^{(0)}(1)$$

$$x^{(1)}(k) = \sum_{m=1}^{k} x^{(0)}(m) \tag{8.10}$$

令 $z^{(1)}$ 为 $x^{(0)}$ 的均值(mean)序列

$$z^{(1)}(k) = 0.5x^{(1)}(k) + 0.5x^{(1)}(k-1) \tag{8.11}$$

$$z^{(1)} = (z^{(1)}(2), z^{(1)}(3), \cdots, z^{(1)}(n)) \tag{8.12}$$

则 GM$(1,1)$ 的定义型,即 GM$(1,1)$ 的灰微分方程模型为

$$x^{(0)}(k) + az^{(1)}(k) = b \tag{8.13}$$

式中,$x^{(0)}(k)$ 表示灰导数;a 为发展系数;$az^{(1)}(k)$ 为白化背景值;b 为灰作用量(邓聚龙,2002)。

基于构建的模型即可得到模型拟合值及预测值。进而,通过查看相对误差值、级比偏差值等进行模型残差检验。通常,相对误差值越小越好,一般情况下小于 20%即说明拟合良好。级比偏差值也用于衡量拟合情况和实际情况的偏差,一般该值小于 0.2 即可。

3. 灰色预测模型的典型应用

灰色系统模型常用于土地资源承载力研究,用于预测区域目标年的耕地面积和人口数量,以得出不同生活状态下的土地所能养活的人口数量(张磊和杨远,2015)。如龚波等(2012)根据湖南省 1995~2010 年的粮食生产有关数据,采用灰色系统模型对湖南省 2015 年粮食产量数据进行拟合和预测。在该案例中,根据湖南省的地理因素和有关专家的建议,选取了 1995~2007 年的粮食总产量作为输出因子,2008~2010 年的粮食数据作为模型检验数据,初步选取粮食作物播种面积、有效灌溉面积、化肥使用折纯量、农业机械总动力等 7 个因子作为输入因子。在此基础上,采用灰色关联分析法验证输入因子和输出因子的关系。一般认为灰色相对关联度大于等于 0.6 时模型较为可靠。其建模步骤包括:

(1)找出所需研究的主要特征数据序列和影响因素序列(X_1,X_2,$\cdots$,X_i)($i=1$, 2, $\cdots$, N),并对各影响因素序列 X_i 做灰色关联分析,筛选出粮食产量的主要影响因素序列。灰色相对关联度的方法原理如下。

设序列 X_i、X_j 长度相同且初值都不等于零,X_i'、X_j' 分别是 X_i、X_j 的初值,则称 X_i'、X_j' 的灰色绝对关联度 ε_{ij}' 为 X_i 与 X_j 的灰色相对关联度。其中 $\varepsilon_{ij}' = \dfrac{1 + |s_i| + |s_j|}{1 + |s_i| + |s_j| + |s_i - s_j|}$,

---

① 累加生成算子(AGO)定义:它是对原序列中的数据依次累加,以得到生成序列。

$s_k = \int_1^m (X_k - x_k(1)) \mathrm{d}t \ (k \in (i, j))$，通过样本数据可以计算出输出因子 Y 与各输入因子的相对关联度系数。

(2) 对序列 $X_i(i=1, 2, \cdots, N)$ 做一次累加生成，建立 GM$(1, N)$ 模型。

(3) 通过 GM$(1, 1)$ 残差修正模型，计算各输入因子列，并求解模型。

(4) 对模型进行预测与检验。该步骤旨在检验 GM$(1, 1)$ 模型的稳定性和可靠性。基本检验方法是将 2008 年、2009 年、2010 年的输入因子数据代入粮食产量预测方程，得到这三年的粮食产量模拟数据，再与此三年的实际粮食生产数据相比较，通过实际产量与预测产量之间的相对误差判识模型的可靠性。检验结果如表 8-1 所示。

表 8-1　2008～2010 年湖南省粮食产量 GM$(1, N)$ 模型检验

年份	实际数据 $x^{(0)}(k)$	GM$(1,N)$ 模拟数据 $\hat{x}^{(0)}(k)$	GM$(1,N)$ 相对误差 $\Delta(k)$/%
2008	2969.35	2946.328	-0.775
2009	2902.70	2853.279	-1.703
2010	2847.50	2838.523	-0.315

8.1.4　马尔可夫预测法

人们常把事物的随机变化过程称为马尔可夫过程。它具有无后效性，即事物的将来呈什么状态、取什么值，仅与它现在的状态和取值有关，与其以前的状态和取值无关。马尔可夫链则是事物在连续一段时间内若干马尔可夫过程的总称，表明事物状态由过去到现在、由现在到将来，是研究在无后效性条件下时间和状态均为离散的随机转移问题的方法。许多地理或区域经济现象演变过程的状态转移都具有无后效性[①]特征(徐建华, 2002)。马尔可夫链的具体应用是将地理现象不同时刻的连续属性值进行数据离散化处理，通过数值的等级划分将其转换成 k 种类型，计算各类型的概率分布及其变化，从而将事物演变过程近似为马尔可夫过程(陈培阳和朱喜钢, 2013)。在预测领域，人们用预测对象各个状态的初始分布和各状态间的转移概率来描述对象状态的变化趋势，并据此预测未来(查秀芳, 2003)。

1. 马尔可夫链理论基础

传统马尔可夫链是根据俄国数学家马尔可夫(A. A. Markov)的随机过程理论提取出来的，通过构造状态转移概率矩阵来测量事件发生的状态及其发展变化趋势。该过程中，在给定当前知识或信息的情况下，过去(即当期以前的历史状态)对于预测将来(即当期以后的未来状态)是无关的，即"无后效性"，也称为"马尔可夫性"。因此，马尔可夫假设某动态系统的随机过程中各个状态 S_t 的概率分布只与它的前一个状态 S_{t-1} 有关，即

$$P(S_t|S_1, S_2, S_3, \cdots, S_{t-1}) = P(S_t|S_{t-1}) \tag{8.14}$$

马尔可夫过程就是在马尔可夫假设基础上形成的描述某动态系统的状态及状态之间转

---

① 无后效性是指如果在某个阶段上过程的状态已知，则从此阶段以后过程的发展变化仅与此阶段的状态有关，而与过程在此阶段以前的阶段所经历过的状态无关。

换的理论。马尔可夫过程用数学公式可描述为：假设某一随机过程 $\{X(t), t \in T\}$ 的状态空间为 S，对于任意正整数 $n \geqslant 2$，$t_1 > t_2 > \cdots > t_n \in T$，$X(t_i) = x_i$，$x_i \in S$，$i = 1, 2, 3, \cdots, n-1$ 满足在 $X(t_n)$ 的条件分布函数恰好等于在条件 $X(t_{n-1}) = x_{n-1}$ 下的条件分布函数，即

$$P\{X(t_n) \leqslant x_n | X(t_{n-1}) = x_{n-1},\ X(t_{n-2}) = x_{n-2}, \cdots,\ X(t_1) = x_1\} \tag{8.15}$$

则称此随机过程 $\{X(t), t \in T\}$ 为马尔可夫过程。

在现实生活中，很多过程都可以归类为马尔可夫过程，如液体中微粒的布朗运动、传染病受感染的人数、车站的候车人数等（黄麒元等，2015）。

2. 马尔可夫预测模型

预测模型只适用于具有马尔可夫性的时间序列，并且时间序列在要预测的时期内各时刻的状态转移概率保持稳定，即每一时刻向下一时刻变化的转移概率都是一样的，均为一步转移概率。若时序的状态转移概率随不同时刻在变化，则不宜用此方法。由于实际的客观事物很难长期保持同一状态转移概率，故此方法一般适用于短期预测（谷秀娟和李超，2012）。

马尔可夫预测过程的关键是要确定转移概率。根据所获得的数据计算并建立概率转移矩阵，其表达式为

$$P = \begin{bmatrix} P_{11} & P_{12} & \cdots & P_{1n} \\ P_{21} & P_{22} & \cdots & P_{2n} \\ \vdots & \vdots & & \vdots \\ P_{n1} & P_{n2} & \cdots & P_{nn} \end{bmatrix} \tag{8.16}$$

式中，P_{ij} 表示 i 转化为 j 的转移概率。根据马尔可夫随机过程理论，可以利用初始状态概率矩阵模拟某一初始年后若干年乃至稳定的状态（宁龙梅等，2004）。

3. 马尔可夫预测实例

马尔可夫预测模型可免去复杂建模中多参数输入的烦琐及难以预计性，是预测社会经济发展、资源环境利用等趋势演变较好的方法（孙丹峰等，2005）。如王志杰和苏嫄（2017）基于遥感和地理信息系统（GIS）技术，对陕南地区 1995～2015 年土地利用结构特征、土地利用时空转移情况及土地利用动态度特征进行了分析，并运用马尔可夫模型对今后土地利用类型的变化趋势进行了预测。在本案例中，研究者以 10 年为步长，将研究区土地利用变化划分为一系列离散的演化状态，继而根据 2005～2015 年近 10 年的土地利用类型转移情况，建立土地利用类型初始转移概率矩阵（表 8-2）。然后，运用马尔可夫预测模型，预测在人为影响不变的前提下研究区未来几年的土地利用变化趋势。其预测公式为

$$S_{t+1} = P \times S_t \tag{8.17}$$

式中，S_{t+1} 和 S_t 分别是第 $t+1$ 期和第 t 期的土地利用状态；P 为土地利用相互转化转移概率矩阵。系统在任何状态的转移概率都是由初始状态转移概率和过程转移概率决定的。随着过程的发展，初始状态影响逐渐减弱，在人为干扰环境不变的前提下，系统状态在第 t 期的概率与初始状态无关，仅取决于转移概率矩阵，这时系统达到平衡状态。系统在第 $t+1$

期的状态概率与第 t 期的状态概率相等，即 $P(t+1)=P(t)$。

表8-2　2005～2015年陕南地区土地利用转移概率矩阵(王志杰和苏嫄，2017)

年份	土地利用	2015					
		草地	建筑用地	林地	农用地	水域	未利用地
2005	草地	0.0012	0.0194	0.8740	0.0994	0.0020	0.004
	建筑用地	0.0047	0.2163	0.4670	0.2476	0.0523	0.012
	林地	0.0001	0.0158	0.9223	0.0597	0.0004	0.0017
	农用地	0.0033	0.0422	0.4782	0.4654	0.0094	0.0015
	水域	0.0033	0.2053	0.2214	0.0503	0.4830	0.0368
	未利用地	0.0122	0.1486	0.3139	0.3517	0.0522	0.1215

8.1.5　系统动力学模型

系统动力学是通过建立流位、流率来研究复杂反馈系统的一门科学，是系统科学的一个重要分支(钟永光等，2006)。其综合运用系统论、控制论、信息论等学科理论，且与经济学交叉，使人们能够清晰认识和深入处理产生于现代社会的非线性现象，进而做出长期的、动态的、战略性的分析和预测研究(胡玉奎，1988)，在研究社会、经济、生态等系统及复合的各类复杂系统，模拟社会系统的未来行为和提供相应的长期战略政策等方面具有显著优势。聚焦资源利用与国土综合整治领域，系统动力学理论可为土地整治的社会影响因素和传导途径解析提供方法借鉴(张庶等，2014)。

1. 系统动力学适用情景

系统动力学将复杂系统定义为高阶次、多回路和非线性的反馈结构。一个系统由单元、单元的运动和信息组成。其中，单元是系统存在的现实基础，而信息在系统中发挥着关键作用。依赖信息，系统的单元才能形成结构，单元的运动才能形成系统的行为与功能。系统动力学将世界上一切系统的运动假想成流体的运动，使用因果循环图(causal loop diagram)和系统流图(stock and flow diagram)来表示系统的结构。因此，系统动力学建立的模型尤其适用于分析研究信息反馈系统的结构、功能与行为之间的动态关系。近年来，社会生态系统的复杂性和可持续性等内容引起了系统理论与实践研究领域学者们的广泛关注。其中，以分析社会生态系统的复杂结构和主体适应性等为特点的适应性治理成为新的研究热点，并为社会生态系统的适应性进化研究提供了一种跨学科思路。系统动力学因具有定性和定量相结合的优势，被广泛用于社会、经济、生态等单一系统及复合、复杂系统的未来行为模拟，在适应性治理及社会生态系统的整体性研究中发挥了重要作用。总体上，系统动力学尤其适用于以下问题。

(1)周期性问题。社会经济系统经常出现各种周期性的波动，如自然界的生态平衡、企业的生命周期和社会问题中的经济危机等都呈现周期性规律并需通过较长的历史阶段来观察，已有不少系统动力学模型对其机制做出了较为科学的解释。系统动力学能够较好地用于研究带有周期性变化的系统。

(2)长期性问题。系统动力学从系统内部的微观结构入手建立模型,借助电子计算机模拟技术,以分析系统结构、功能与动态行为的内在关系及解决问题的对策。因此,系统动力学的仿真时间可以较长,进而能更有效地模拟具有较大惯性的社会经济系统。

(3)数据不足、精度要求不高的问题。在对社会经济系统进行实证研究时,很多情况下都存在数据不足或某些参数难以量化的问题。针对这种情形,尽管缺乏数据,但若估计的参数在允许的范围内,仍能模拟出系统行为趋势、行为模式、波动周期、相位超前与滞后等问题。

(4)高阶、非线性、时变等问题。复杂的社会经济系统往往很难用线性形式进行表示,往往是高阶、非线性和时变问题。因此,常规的线性规划等运筹学方法对这类问题的适用性较弱,而系统动力学以数字计算机仿真为技术手段,提供了有效的解决方案,其通过建立规范的数学模型进行模拟,可以剖析系统,获取更丰富、更深刻的信息,进而寻求解决系统问题的途径。

2. 系统动力学模型的建立

系统动力学本质上通过设置变速率方程对系统的一系列因果反馈回路进行动态模拟,从而定量出系统的整体行为表现,这一过程可用数学方程表示为

$$y(t_i) = y(t_{i-1}) + R(t_i) \cdot t_i \tag{8.18}$$

式中,$y(t_i)$ 为 t_i 时刻的数量;$y(t_{i-1})$ 为 t_{i-1} 时刻末的数量;$R(t_i)$ 为从 t_{i-1} 时刻末到 t_i 时刻末的变化速率;t_i 为间隔时间段。

一个变速率方程代表一个系统动力学基本单元,由这些基本单元串接起来就构成了系统动力学的全貌(陈兴鹏和戴芹,2002)。系统动力学能定量分析各类复杂系统的结构与功能的内在关系,定量分析各种特性,适合处理高阶、非线性问题,尤其适用于客观的长期动态趋势研究。

系统动力学建模步骤主要包括(表 8-3,钟永光等,2013):①明确问题,确定系统边界;②提出关于问题因果关系的动态假说或理论;③通过方程测试动态假说;④测试模型直至结果合适;⑤政策设计与评估。

表 8-3 系统动力学建模步骤

建模的步骤	包含的问题和使用的主要工具
1. 明确问题,确定系统边界	①选择问题:问题是什么?为什么它是一个问题?
	②关键变量:关键变量是什么?我们必须考虑的概念是什么?
	③时限:问题的根源应追溯过去多久?我们应考虑多远的将来?
	④参考模式:关键变量的历史行为是什么?将来它们的行为会怎样?
2. 提出动态假说	①现有的理论解释:对存在的问题行为现在的理论解释是什么?
	②聚焦于系统的内部:提出一个由系统内部的反馈结构导致动态变化的假设
	③绘图:根据初始假设、关键变量、参考假设和其他可用的数据建立系统的因果结构图,这一过程中可以使用的工具包括系统边界图、子系统图、因果回路图、存量流量图、政策结构图及其他可以利用的工具

建模的步骤	包含的问题和使用的主要工具
3. 写方程	①明确决策规则
	②确定参数、行为关系和初始化条件
	③测试目标和边界的一致性
4. 测试	①与参考模式比较：模型能完全再现过去的行为模式吗？
	②极端条件下的强壮性分析：在极端条件下模型的行为结果符合现实吗？
	③灵敏度测试：模型的各个参数、初始化条件、模型边界和概括程度的灵敏度如何？
	④其他测试……
5. 政策设计与评估	①具体化方案：可能产生什么样的环境条件？
	②设计政策：在现实世界中我们可以实施哪些新的决策规则、策略和结构？它们怎样在模型中表示？
	③"如果-则"分析：如果实施这些政策，其效果如何？
	④灵敏度分析：在不同的方案和不确定性条件下，各种政策的强壮性如何？
	⑤政策的耦合性：这些政策相互影响吗？相互抵消吗？

3. 系统动力学的典型应用

下面以土地整治项目社会经济影响的系统动力学分析为例，展示系统动力学建模过程及其在预测领域中的应用。

案例 8.1　土地整治项目社会经济影响的系统动力学分析——方法与实证

一、研究区概况

本案例选取湖南省长沙县福临镇土地整治项目作为研究对象。研究区农作物以水稻为主，经济作物包括茶叶、水果和蔬菜。土地整治前，研究区内人口为 6862 人，农业劳动力比重为 23.5%，人均耕地为 0.093 hm^2，户均粮食产量为 2533 kg。通过项目建设新增耕地 18.84 hm^2（新增耕地率为 3.21%），项目建设后农用地质量等级由第 6 等提升至第 5 等，土地规模化程度为 91%，灌溉保证率为 93%，道路通达度为 7.68 km/km^2，生态防护强度为 0.38 km/km^2，机械化率为 63%。

本案例所需数据主要通过内业资料收集、实地调研和专家咨询三种方法获取。内业资料收集和实地调研主要用于获取社会经济数据，其中内业资料包括《长沙统计年鉴》和长沙县统计报表，以及项目的可行性研究报告、规划设计报告(含预算)、竣工验收报告等；实地调研主要通过走访当地国土资源和建设管理单位及农户访谈的形式，收集劳动力变化、居民收入与消费及基层党组织和群众集体工作等方面的信息。专家咨询主要用于明确数据之间定性与定量关系，为参数确定提供指导。

二、模型构建方法

（一）因果循环图

对土地整治社会经济影响中各因素相互关系进行分析，建立系统动力学模型反馈结构，形成土地整治项目社会经济影响因果循环图(图 8.1-1)，其中包括三个反馈循环。

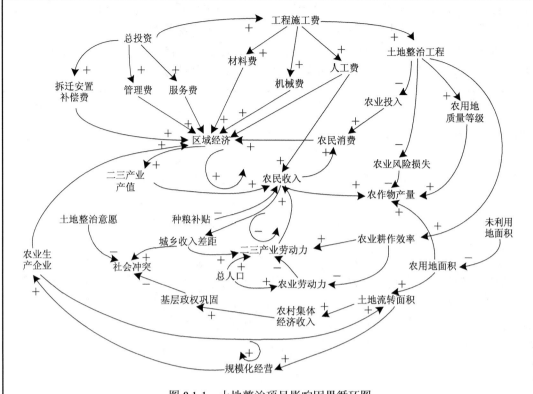

图 8.1-1　土地整治项目影响因果循环图

(二)土地整治项目系统存流量图

根据所提出的系统因果循环图及假设条件,借助 Vensim 软件构建了存流量图。绘制完成系统存流量图后,为保证模型能够正常运转,需对图中元素的初始值及元素之间的量化关系进行设置。

(三)模型检验

为了判断模型在特定条件下的可信度,需要对所构建的模型进行结构和行为检验。在结构检验方面,通过专家咨询,认为模型结构与边界设置恰当、参数与方程设定合理;借助 Vensim 软件的自检功能,模型通过了方程和量纲一致性检验,表明模型符合结构检验的要求;在行为检验方面,考虑到实际数据的可获得性和代表性,选取研究区 2008~2013 年的农民人均纯收入、农业劳动力、二三产业劳动力和农作物总产量作为验证指标,平均绝对误差为 2.68%,最大误差为−7.39%,71.43%的数据误差在 5%范围内,符合模型行为检验的要求。

三、研究结论和应用

本案例以土地整治项目为研究对象,针对其社会经济影响的特征,构造了一种运用系统动力学方法的模型,建立了系统动力学分析土地整治项目社会经济影响的基本框架。本案例通过因果循环图及实证分析,充分证明了系统动力学在分析土地整治社会经济影响方面的适用性:首先,系统动力学模型清晰地梳理了社会经济影响因素之间的相互关系与传导机制,满足量化社会经济影响的实际需求;其次,实证分析的模型输出反映了社会经济影响的动态变化。因此，系统动力学可以有效分析土地整治项目的社会经济影响，为土地整治政策调控、宏观决策和空间规划提供了理论参考与借鉴。

本案例选取长沙县福临镇典型土地整治项目，得出土地整治项目对于增加农民收入、提升区域经济、加速劳动力结构调整及维护社会稳定有着积极影响。

参考文献：

徐霄枭, 项晓敏, 金晓斌, 等. 2015. 土地整治项目社会经济影响的系统动力学分析——方法与实证[J]. 中国土地科学, 29(8): 73-80.

8.2　空　间　模　拟

作为区域自然生态条件和社会经济发展状况的综合表征，土地利用的空间分布、格局特征等空间信息是指导科学开展国土综合整治工作的重要抓手。相应的，不同目标效益情景下的土地利用格局、结构等空间信息模拟尤为重要，对国土空间综合整治的管理决策具有重要意义。为此，本节聚焦国土综合整治中常用的空间模拟方法，重点围绕元胞自动机、CLUE 系列模型、FLUS 模型及 agent 模型等，系统介绍其基本原理、组成及其在国土综合整治中的具体应用。

8.2.1　元胞自动机

1. 元胞自动机的发展历程

元胞自动机(cellular automata, CA)最初由约翰·冯·诺依曼(John von Neumann)于 20 世纪 40 年代提出，后经数学家约翰·何顿·康威(John Horton Conway)、物理学家斯蒂芬·沃尔弗拉姆(Stephen Wolfram)等进一步发展。由于元胞自动机"自上而下"的研究思路，强大的复杂计算功能、固有的并行计算能力、高度的动态性及具有空间概念等特征，使得其在模拟空间复杂系统的时空动态演变方面具有强大优势，广泛应用于计算机科学、物理学、复杂系统、理论生物学和微观结构模型等领域(周成虎等, 1999)。在元胞自动机的发展过程中，初等元胞自动机、"生命游戏"、格子气自动机等是对元胞自动机理论及方法研究具有极大推动作用的典型模型。

1)初等元胞自动机

初等元胞自动机是变量状态只有 2 种、相邻元胞只有 2 个的一维元胞自动机，是一种相对简单的元胞自动机模型。初等元胞自动机的状态集 S 只有两个元素$\{s_1, s_2\}$，邻居集 N 的个数为 2，3 个变量的局部映射 $f: S^3 \rightarrow S$ 即可表示为

$$S_t^{t+1} = f(S_{t-1}^t, S_t^t, S_{t+1}^t) \tag{8.19}$$

式中，S_{t-1}^t、S_t^t、S_{t+1}^t 分别为时刻 $t-1$、t、$t+1$ 的元胞；每个元胞具有两个可能的状态值，那么转化规则 f 有 8 种可能。对于一维元胞自动机，即初等元胞自动机，可能有 256 种转化规则。在这方面，斯蒂芬·沃尔弗拉姆对一维元胞自动机的全部 256 种规则所产生的模型进行了深入研究，并将元胞自动机分为平稳型、周期型、混沌型和复杂型 4 种类型，奠

定了元胞自动机理论的基石。

2）"生命游戏"

生命游戏是数学家约翰·何顿·康威于 20 世纪 60 年代设计的一种单人计算机游戏，但其实质是元胞自动机。生命游戏的元胞分布在大小均匀的网格内，其状态只有生与死两种，由每个元胞的局部空间构形决定。

生命游戏的构成和规则如下：

（1）每个元胞分布在规则划分的网格内；

（2）每个元胞只有生和死两种状态；

（3）每个元胞以相邻的 8 个元胞为邻居；

（4）每个元胞下一时刻的状态由现在时刻自身的状态和相邻 8 个元胞的状态决定，具体演化规则可以表示为

$$\text{若 } S^{t}=1，\text{则 } S^{t+1}=\begin{cases}1, S=2,3\\0, S\neq 2,3\end{cases}$$

$$\text{若 } S^{t}=0，\text{则 } S^{t+1}=\begin{cases}1, S=3\\0, S\neq 3\end{cases} \tag{8.20}$$

式中，S^{t} 表示 t 时刻元胞的状态，0 代表死亡，1 代表活着；S 为相邻元胞中活着的元胞数量。

3）格子气自动机

相较于"生命游戏"，格子气自动机是元胞自动机在应用科学研究中的成功范例。格子气自动机利用元胞自动机原理，模拟流体粒子的运动。第一个时空、速度等变量完全离散的格子气自动机在 1973 年提出，尽管模拟结果十分接近流体力学中描述的液体运动状态，但是其模拟的流体粒子只有 4 个运动方向，未能充分反映流体的特征。1986 年，基于六角形网络的格子气自动机模型有效弥补了初代格子气自动机的缺陷，其模拟的流体粒子运动充分符合流体力学中描述的液体运动状态。格子气自动机普遍被认为是一种特殊的扩展元胞自动机，其主要特征是基于一个 2×2 网格空间的可逆元胞自动机。

2. 元胞自动机的定义及类型

从物理学角度来看，元胞自动机的本质是一个动力学系统。其特征是由多个具有离散、有限状态的元胞组成元胞空间，并按照一定的局部规则，在离散的时间维度上演化。"元胞"是构成元胞自动机的个体，其状态只能在有限状态集合中取唯一值，在元胞空间上规则排列。但是元胞的状态可遵循一定的局部规则，并随着时间变化而变化。换句话说，某个元胞在某一时刻的状态仅仅取决于该元胞上一时刻的状态和该元胞所有相邻元胞的状态。从数学角度来看，假设一个一维元胞自动机的元胞空间为整数集 Z，其元胞状态 k 在有限集合 S 中取值，元胞的邻居半径为 r，那么整数集 Z 上的状态集 S 的分布记为 S^{Z}。元胞自动机在时间上的状态组合变化则可以记为

$$F: S_{t}^{Z} \rightarrow S_{t+1}^{Z} \tag{8.21}$$

这可称为元胞自动机的动态演化。在这个过程中，各个元胞的局部演化规则由局部函数 f 决定。对于一个一维元胞自动机，元胞及其相邻元胞可以记为 S^{2r+1}，那么局部函数 f 则可以表示为

$$f : S_t^{2r+1} \to S_{t+1} \tag{8.22}$$

将局部函数独立施加于元胞空间内的所有元胞,则可以得到此元胞自动机的全局演化:

$$F\left(c_{t-1}^i\right) = f\left(c_t^{i-r}, \cdots, c_t^i, \cdots, c_t^{i+r}\right) \tag{8.23}$$

式中,c_t^i 表示位置 i 处的元胞。

总体上,元胞自动机是由空间上各向同性的一系列元胞所组成,用于模拟和分析几何空间内的各种现象,其基本要素包括空间、状态集、邻居、演化规则。其中,空间即元胞在空间中分布的格点,可以分为一维、二维或者多维;状态集即元胞的状态集合,可以是两种状态或者多种状态;邻居即与某一元胞相邻的元胞,其状态可以影响该元胞在下一时刻的状态;演化规则即根据元胞及其邻居的状态,决定下一时刻该元胞状态的作用原则,可以是动力学函数,也可以是状态转移方程。实际应用中,元胞自动机构成方式复杂、变化多样、行为较复杂,分类难度相对较大,但平稳型、周期型、混沌型和复杂型是最为常用的元胞自动机模型(表 8-4)。

表 8-4　不同类型元胞自动机的空间特征

类型	运行前元胞空间的空间特征	运行后元胞空间的空间特征
平稳型	趋于空间平稳	每个元胞处于固定状态,不随时间变化而变化
周期型	趋于固定结构或周期结构	类似滤波器,可应用于图像处理
混沌型	出现非周期行为	生成结构的统计特征不再变化,通常表现为分形分维特征
复杂型	呈现局部混沌	更为复杂,且有些会不断传播

3. 元胞自动机的具体应用

元胞自动机是具有时空特征的离散动力学模型,采用"自下而上"的构模方式,具有强大的复杂性计算能力,不仅在一般复杂系统的模拟和分析中体现复杂问题解决的有效性,更在解决人类活动影响下的土地利用优化配置问题上具有独特优势。当前,在国土综合整治领域中,元胞自动机多用于土地利用情景模拟,以预测特定区域陆地表层土地利用/覆被变化的复杂地理过程,揭示其演变规律。以下将以模拟不同建设用地扩张强度下的佛山市土地利用空间布局为例,展示元胞自动机建模过程及结果。

案例 8.2　基于灰色模型-元胞自动机模型的佛山市土地利用情景模拟分析

一、基本原理

元胞自动机模型由元胞、元胞空间、元胞状态及转换规则 4 个部分确定,元胞的状态函数可以表达为

$$S_{ij}^{t+1} = f\left(S_{ij}^t, \Omega_{ij}^t, N\right) \tag{1}$$

式中,i、j 分别为元胞所在的行列号;S_{ij}^{t+1} 和 S_{ij}^t 分别为元胞 (i, j) 在 $t+1$ 时刻和 t 时刻的状态;Ω_{ij}^t 为邻域元胞的状态函数;N 为邻域内元胞的数量,包括中心元胞。

$$\Omega^t_{ij} = \frac{\sum_N \text{con}(S_{ij} = \text{urban})}{N-1} \tag{2}$$

式中，$\text{con}(S_{ij})$ 表示邻域元胞的状态，为建设用地或者非建设用地；$S_{ij} = \text{urban}$ 表示元胞的状态为建设用地。

假定任意一个元胞从非建设用地状态转换为建设用地状态的局部概率为 P_d，此概率受到第一步选取的变量影响，则用 logistic 回归方法确定概率时，P_d 的形式为

$$P_d = \frac{1}{1 + e^{-(a_0 + a_1 x_1 + \cdots + a_m x_m)}} \tag{3}$$

式中，P_d 是在空间变量作用下，元胞从非建设用地状态转换为建设用地状态的局部转换概率；$x_p (p=1, 2, \cdots, m)$ 是选择的空间变量；$a_p (p=1, 2, \cdots, m)$ 是空间变量的权重。

结合地方经济状况、宏观政策等限制性因素，同时为突出城市发展的随机性，在以上公式的基础上加入随机项，则元胞从非建设用地状态转换为建设用地状态的最终转换概率可以表达为

$$P^t_{ij} = P_d \times \frac{\sum_N \text{con}(S_{ij} = \text{urban})^t}{N-1} \times \text{con}(S_{ij} = \text{urban}) \times \left(1 + (\ln \gamma)^\alpha\right) \tag{4}$$

式中，N 为邻域内元胞的数量；$\text{con}(S_{ij} = \text{urban})$ 为元胞是否可以转化的限制条件；$(1 + (\ln \gamma)^\alpha)$ 为建设用地扩张的随机因素。

元胞在下一时刻的状态则可以表达为

$$S^{t+1}_{ij} = \begin{cases} \text{urban}, & P^t_{ij} > P_{\text{threshold}} \\ \text{nonurban}, & P^t_{ij} \leqslant P_{\text{threshold}} \end{cases} \tag{5}$$

式中，S^{t+1}_{ij} 表示元胞 (i, j) 在 $t+1$ 时刻的状态；$S^{t+1}_{ij} = \text{nonurban}$ 表示元胞的状态为非建设用地；P^t_{ij} 表示元胞 (i, j) 在 t 时刻的转换概率；$P_{\text{threshold}}$ 表示元胞转换的概率阈值；当 P^t_{ij} 大于 $P_{\text{threshold}}$ 时，该元胞转换为建设用地，反之则保持原来状态。

二、模拟结果

在进行土地利用情景模拟之前，为了验证模型的可靠性，以 1999 年为基期，利用元胞自动机模拟研究区在演化规则支配下 2008 年的土地利用状况，采用逐点对比和整体对比的方法与实际相比较，借助 Moran I 指数衡量。利用 ArcGIS 的空间分析功能得到模拟结果和实际情况的 Moran I 分别为 0.395 和 0.387，即模拟结果和实际情况接近，模拟结果可以接受。

结合研究区的社会经济发展现状，设置 3 种建设用地扩张情景。情景 a：适度约束，建设用地扩张速度为历史水平的 90%；情景 b：中度约束，建设用地扩张速度为历史水平的 70%；情景 c：强力约束，建设用地扩张速度为历史水平的 50%，土地集约利用程度进一步加强。2015 年 3 种情景的研究区土地利用空间格局模拟结果如表 8.2-1 所示。

表 8.2-1　2015 年土地利用情景模拟结果

情景	变化率/%			主要变化类型(建设用地)变化情况	
	整体	主要变化类型		增加面积/km²	转入来源
		未利用地	耕地		
a(适度约束)	11.15	51.57	25.30	278.3	耕地(42.28%)、桑基鱼塘和未利用地
b(中度约束)	11.02	50.60	22.15	216.5	耕地(48.38%)、桑基鱼塘和未利用地
c(强力约束)	10.89	48.40	17.78	154.6	耕地(55.96%)、桑基鱼塘和未利用地

参考文献:

王丽萍, 金晓斌, 杜心栋, 等. 2012. 基于灰色模型-元胞自动机模型的佛山市土地利用情景模拟分析[J]. 农业工程学报, 28(3): 237-242.

8.2.2　CLUE 系列模型

土地利用变化及效应模型(conversion of land use and its effects model, CLUE)是全球较为通用的土地利用建模框架,其基本原理是利用土地利用及其驱动因素之间的经验量化关系,结合不同土地利用类型之间的竞争关系进行动态建模,模拟土地利用变化。当前,国内外已先后发展了 CLUE、CLUE-S、Dyna-CLUE 和 CLUE-Scanner 等不同版本,应用范围较广,既可满足国家、洲际、全球等大尺度土地利用模拟需求,又可在局地、流域等小尺度灵活建模。

1. CLUE 模型组成

CLUE 系列模型的结构组成大致可以分为需求模块和分配模块。其中,CLUE 模型可解构为非空间的需求模块和空间明确的分配程序两部分。首先,需在非空间的需求模块计算研究区全部范围内土地利用类型的面积变化,进而在空间明确的分配程序中,进一步将这些需求转化为研究区域内不同位置的土地利用变化。CLUE-S 模型的用户界面仅支持土地利用变化的空间分配。对于土地利用需求模块,可采用简单趋势外推法或复杂经济模型进行求解,具体方法的选择取决于研究区内土地利用的转换性质及情景设置。土地利用需求模块的结果需直接输入分配模块。CLUE-S 模型的分配模块基于经验、空间分析和动态建模的结合,通常可分为空间政策和限制、土地利用类型的特定转换、土地利用要求及位置特征四类,进而通过迭代程序计算出最佳解决方案。其中,空间政策和限制主要通过政策或土地权属状态限制土地使用变化的区域,受特定空间政策限制的转换可以在土地利用转换矩阵中表示。土地利用类型的特定转换决定了模拟的时间动态,通过转换弹性和土地利用转换序列两组参数来描述各个土地利用类型。其中,转换弹性与土地利用变化的可逆性有关;土地利用转换序列是土地利用类型特定的转换设置及其时间特征,可通过转换矩阵表征。土地利用要求通过定义土地利用的全部变化来约束模拟,其计算独立于 CLUE-S 模型本身,具体方法取决于案例研究和情景。将近期土地利用变化趋势外推到远期是计算土地利用需求的常用方法,有需要时可进一步根据人口增长或土地资源减少的变化进行校正。位置特征指某时刻的土地利用转换预计将在当时对特定土地利用类型"偏好"最高的地点进行。偏好代表了不同行为体和决策过程之间相互作用的结果。

Dyna-CLUE 模型是 CLUE-S 模型的改编版本，它将土地利用变化自上而下的网格单元分配与特定土地利用自下而上的转换相结合。Dyna-CLUE 将土地利用类型分为两类：由需求驱动的土地利用类型和无法确定总需求的土地利用类型。需要特别说明的是，Dyna-CLUE 将无法确定需求的土地覆盖类型定义为一个新类别，其面积总变化是由其他土地利用类型变化引起的，即这个新类别的总面积变化对应于需求驱动的土地利用类型的净变化，进而弥补了传统模型无法确定(半)自然土地覆盖具体需求的不足。

2. CLUE 模型的具体应用

以目前国土综合整治中较为常用的 CLUE-S 模型为例，介绍 CLUE 系列模型的具体应用。CLUE-S 模型对 CLUE 模型的驱动因子计算、空间分配等多个环节进行了改进，使之更适应小尺度下的土地利用数据表达方式和精度要求，且 CLUE-S 模型所模拟单元的土地利用特征借用主要的土地利用类型表征，不仅可以发现土地利用变化的热点地区，还可以模拟近期土地利用变化的不同情景(蔡玉梅等，2004)。

CLUE-S 建模过程一般包括 4 个基本步骤：①利用 logistic 回归方法计算各驱动因子对土地利用变化的影响，形成各用地类型的概率分布，回归方程可通过 ROC(relative operating characteristics)方法进行检验；②通过经验研究，根据土地转化的难易程度设定土地利用变化的相对弹性系数；③根据区域社会经济数据，利用数学和经济学预测模型或采用情景分析方法，确定研究区域土地利用需求；④利用迭代方法，模拟土地利用的时间推演，完成土地类型的空间分配。以上步骤主要借助需求分析模块、统计分析模块(土地利用空间变化的驱动力分析)和空间分配模块三个部分完成。

土地利用需求可由多种算法计算得出，一般常用的是趋势外推法，将土地利用现状数据作为基期数据源，形成内插经验公式，进而得到模拟期的土地需求数量(邓华等，2016)。但是随着其他地理空间模型研究的深入与普及，元胞自动机、马尔可夫模型、系统动力学模型等也被应用于 CLUE-S 模型的土地利用需求的数量模拟之中(刘甲红等，2018；乔治等，2022；田多松等，2016)。根据不同的研究目的及研究区的实际状况，对于空间政策限制的输入图层也有不同的选择，如国有林场(王璐等，2017)、湖泊水面及重要水库(赵筱青等，2019)、生态功能保护区(丰思捷等，2021)等。进而，根据准确性、可量化性、统一性的驱动因子选取原则，选取气候因子、土壤性质因子、地形因子、植被因子、社会经济因子、位置因子等作为土地利用变化驱动因子。然后，对土地利用类型的优先权进行经验性估算，具有最高优先权的土地利用类型将成为该区域新的土地利用类型。公式如下

$$R_{ki} = C + \sum_{n=1}^{N} a_{nk} \cdot X_{ni} \tag{8.24}$$

式中，R_{ki} 表示栅格 i 对土地利用类型 k 的优先权；C 为常数；N 表示驱动因子数量；X_{ni} 表示驱动因子对栅格 i 的影响；a_{nk} 表示驱动因子对栅格 i 的影响权重。

统计分析模块通过对土地利用转换弹性和土地利用转换矩阵等参数对土地利用转换过程进行限制。土地利用转换弹性表征土地利用类型是否可以发生可逆性变化，其数值在 0～

1 之间，数值越大土地利用类型越不易发生变化。土地利用转换矩阵表示两种土地利用类型之间是否可以相互转换，其取值为 0 或 1，0 代表不允许转换，1 代表允许转换。CLUE-S 模型保持空间限制区域的土地利用类型不变，在空间分配模块中对其余区域根据以上参数的限制进行土地利用模拟。具体公式如下

$$\text{Ptran}_{t,i,\text{LU}} = \text{Ploc}_{t,i,\text{LU}} + \text{Pres}_{\text{LU}} + \text{Pcomp}_{t,\text{LU}} \tag{8.25}$$

$$\log\{\text{Ploc}_{t,i,\text{LU}} / (1 - \text{Ploc}_{t,i,\text{LU}})\} = \beta_0 + \sum_{n=1}^{N} \beta_n \cdot X_{n,i} \tag{8.26}$$

式中，$\text{Ptran}_{t,i,\text{LU}}$ 表示栅格 i 在时间 t 对土地利用类型 LU 的转变潜能；$\text{Ploc}_{t,i,\text{LU}}$ 表示栅格 i 在时间 t 对土地利用类型 LU 的适宜性；Pres_{LU} 表示对土地利用类型 LU 的转换阻力；$\text{Pcomp}_{t,\text{LU}}$ 表示土地利用类型 LU 的相对竞争力，是一种迭代变量；β_0 表示 logistic 回归模型常数；N 表示驱动因子的数量；β_n 表示驱动因子 n 的权重；$X_{n,i}$ 表示作用在栅格 i 的各种驱动因子。

8.2.3　FLUS 模型

未来土地利用变化情景模拟模型(a future land use simulation model, FLUS)是在传统 CA 模型基础上，通过引入人工神经网络(artificial neural network, ANN)算法和基于轮盘赌的自适应惯性竞争机制而发展形成的土地利用空间模拟与预测模型(Liu et al., 2017)。FLUS 模型首先利用神经网络算法，从某期土地利用数据与多种驱动力因子(气温、降水、土壤、地形、交通、区位、政策等方面)获取各类用地的适宜性概率，然后耦合系统动力学(system dynamics, SD)模型和元胞自动机(CA)模型来提高模型的适用性，并且在 CA 模型中，引入一种自适应惯性竞争机制，以处理多种土地利用类型在自然与人类活动共同影响下发生相互转化时的复杂性和不确定性，使得 FLUS 模型具有较高的模拟精度，并且能获得与现实土地利用分布相似的结果。因此，FLUS 模型已被广泛应用于多尺度多情景下的土地利用模拟与空间优化研究。

1. FLUS 模型组成

FLUS 模型综合考虑人类活动和自然生态效应，构建了可预测不同情景下的多个土地利用需求的可持续发展模型，在结构上主要包括基于 SD 的土地利用需求预测和基于 CA 的土地利用变化模拟两部分。其中，FLUS 开发的 SD 模型共包括人口、经济、气候和土地利用四个部分。人口对经济、气候和土地利用均有影响，进而导致相应变化。国内生产总值(gross domestic product, GDP)影响固定资产投资，从而带动各种土地利用类型的经济投资。气候条件(尤其是年降水量和温度)对改变自然景观过程具有长期影响，也被纳入 SD 模型中。土地利用主要考虑了城市土地、耕地、草地、森林、水域和未利用土地共 6 种地类类型。各土地利用类型的变化受社会经济和气候条件的综合影响及各种土地利用类型之间的相互作用制约。在 SD 模型确定的土地利用需求基础上，FLUS 模型进一步开发多重 CA 分配模型，以模拟未来土地利用的空间格局。CA 分配模型共包含两个步骤：土地利用类型的发生概率模拟和土地利用类型之间的竞争处理。其中，特定网格单元上每种土地利用类型的发生概率主要利用人工神经网络训练完成；而不同土地利用类型之间的竞争和相互作用

主要利用自适应惯性和竞争机制解决。在此基础上，估计每个网格单元所有土地利用类型的组合概率，并在 CA 迭代期间将主要土地利用类型分配给该网格单元。在分配过程中，网格单元要么保留当前的土地使用类型，要么根据其组合概率和轮盘赌方式选择转换为另一种类型。

1) 土地利用类型的发生概率模拟

具有多个输入和输出神经元的 ANN 通常由三层类型组成：输入层、隐藏层和输出层。在输入层，每个神经元对应一个输入变量，如 CA 模型中的独立空间变量、社会经济变量和自然气候变量，可用下式表达：

$$X = [x_1, x_2, \cdots, x_i]^{\mathrm{T}} \tag{8.27}$$

式中，x_i 是输入层的第 i 个神经元。

在隐藏层中，神经元 j 在 t 时刻从网格单元 p 的所有输入神经元接收到的信号可以用下式表示：

$$\mathrm{net}_j(p,t) = \sum_i w_{i,j} \times x_i(p,t) \tag{8.28}$$

式中，$\mathrm{net}_j(p,t)$ 是隐藏层中神经元 j 接收到的信号；$x_i(p,t)$ 是在 t 时刻与网格单元 p 上与输入神经元 i 相关的第 i 个变量；$w_{i,j}$ 是输入层和隐藏层之间的自适应权重，在训练过程中进行校准。

隐藏层和输出层之间的连接由激活函数 sigmoid 确定，可用下式表达：

$$\mathrm{sigmoid}(\mathrm{net}_j(p,t)) = \frac{1}{1 + \mathrm{e}^{-\mathrm{net}_j(p,t)}} \tag{8.29}$$

最终，网格单元 p 在训练时间 t 出现土地利用类型 k 的概率 $P(p,k,t)$ 可以用下式表示：

$$P(p,k,t) = \sum_j w_{j,k} \times \mathrm{sigmoid}(\mathrm{net}_j(p,t)) = \sum_j w_{j,k} \times \frac{1}{1 + \mathrm{e}^{-\mathrm{net}_j(p,t)}} \tag{8.30}$$

$P(p,k,t)$ 的值越大，表示特定网格单元对于目标土地利用类型的发生概率越高。

2) 自适应惯性与竞争机制

网格单元是否会发展为特定的土地利用类型，不仅取决于此网格单元上这种土地利用类型的发生概率，还取决于预测期内其他影响因素。因此，FLUS 模型将发生概率与转换成本、邻里条件和不同土地利用类型之间的竞争结合起来，以估计每个土地网格的组合概率，从而确定网格单元在分配过程中的土地使用类型。

2. FLUS 模型应用

FLUS 模型将自上而下的 SD 需求预测模型和自下而上的 CA 模型紧密联合，将研究期划分为多个时间段，在这些时间段内，两个子模型协同进化。从上一时间节点的 SD 模型得出的预计土地利用需求被用作 CA 模型的输入，以模拟当前时间节点的土地使用模式，该模拟与其他驱动因素一起，用于使用 SD 模型将土地利用需求预测到下一时间节点。这种投入、产出的相互反馈持续下去，最终在模拟期结束时生成土地利用模式。因此，FLUS 模型在解决国土空间整治中的多要素系统优化、结构重组等方面具有独特优势。

案例 8.3　耦合 MOP 与 GeoSOS-FLUS 模型的县级土地利用结构与布局复合优化

一、基本原理

采用黎夏团队开发的 GeoSOS-FLUS 模型，设定了自然演变、经济优先和生态优先三种发展情景，引入自然条件、交通区位、社会经济、耕地质量等驱动力因子，叠加地类转换限制性图层，对常州市金坛区 2030 年土地利用进行布局优化，以期为区域土地资源的优化配置提供参考和借鉴。GeoSOS-FLUS 模型适用于未来土地利用变化情景模拟研究，是进行地理空间模拟、空间优化、辅助决策制定的有效模型。该模型首先利用人工神经网络(ANN)算法获取各类用地的适宜性概率，然后通过耦合系统动力学模型(SD)和元胞自动机(CA)模型以提高模型的适用性。其中，在 CA 模型中，引入一种自适应惯性竞争机制，以处理多种土地利用类型在自然与人类活动共同影响下发生相互转化时的复杂性和不确定性。

二、模型构建方法

首先，以自然地形、交通区位、社会经济、耕地质量作为土地利用转换的驱动力因子；其次，在协同发展、城乡融合、可持续发展的管控法则背景下，基于神经网络模型获取各地类间转换的适宜性概率；最后，采用元胞自动机模型，以适宜性概率作为规则输入端、优化后的土地利用结构作为变化数量目标输入端，根据限制转化约束控制，通过空间优化配置模拟，得到三种发展情景下的土地利用优化布局。

三、模拟结果

以 2005 年为基础，利用 GeoSOS-FLUS 模型，在自然演变情景下对研究区 2015 年的土地利用布局进行模拟，经与实际情况对比，ROC 值为 0.9516、Kappa 指数为 0.7743，模型精度满足要求。故以 2015 年土地利用现状图为基础，在相应的数量控制和准则控制下，对 2030 年研究区三种发展情景下的土地利用布局进行优化，结果如表 8.3-1 所示。

表 8.3-1　不同情景下金坛区土地利用布局景观指数

景观指数	情景 1(自然演变)	情景 2(经济优先)	情景 3(生态优先)
平均分维数	1.13	1.44	1.11
景观分离度	0.96	0.97	0.94
香农多样性指数	1.35	1.24	1.61
聚合度指数	93.83	92.13	95.46

结果表明，在自然演变情景下，中心城镇布局较为规则，整体破碎化程度适中，不同景观类型的空间聚合度适中；在经济优先情景下，中心城镇布局较为分散，整体破碎化程度较高，不同景观类型在空间上的聚合程度较低；在生态优先情景下，中心城镇布局较为规则，整体破碎化程度较低，不同景观类型的空间聚合度较高。

参考文献：

曹帅, 金晓斌, 杨绪红, 等. 2019. 耦合 MOP 与 GeoSOS-FLUS 模型的县级土地利用结构与布局复合优化[J]. 自然资源学报, 34(6): 1171-1185.

8.2.4　Agent 模型

Agent 模型(agent-based models，ABMs)是近年兴起的土地系统模拟方法，通过结合土地变化模拟的社会途径和空间途径模拟大量微观主体决策过程，以空间涌现方式实现土地利用变化格局和过程模拟，是模拟土地系统变化的有效工具(杨微石等，2020)。ABMs 属于自上而下的土地利用模拟建模方法，与人工神经网络、遗传算法等自上而下建模方法类似，其理论思想以复杂性科学理论为主。该理论认为，复杂系统中大量微观主体(agent)之间的相互作用随时间推移能在系统宏观尺度上突显为新的结构和功能，局部的规则转换也可导致系统宏观全局的变化(薛领和杨开忠，2002；吴文斌等，2007)。"复杂系统理论"(complex system theory)作为复杂性科学理论下的子领域，认为系统由无数处于底层的微观主体构成，动态性、无序性及多层次耦合性等是系统的基本特征，微观主体的活动与系统宏观功能或特征之间也会产生协同影响。这是 agent 模型的主要理论原理。与元胞自动机、数学方程模型、经验统计模型等不同，ABMs 既可模拟土地利用中的人类选择或决策行为，也可分析社会体制及宏观政策等对土地利用决策行为及其结果的影响作用，有效弥补了以往土地利用模拟中侧重"地"而忽略"人"的不足(吴文斌等，2007)，广泛应用于国土综合整治中不同利益主体的行为决策、效益权衡等方面。

1. Agent 模型组成

ABMs 的组成个体包括实体(entity)、对象(object)和主体(agent)。其中，实体是最抽象的一层，是一些属性的结合，而环境则可被定义为多个实体的集合；对象是具有某种能力的实体，而能力可被定义为在一定环境可被执行的一组动作原语的集合，动作可改变环境的状态；主体是具有某种目的的自主活动对象。实体、对象和主体之间的层次关系形成了人们对 ABMs 系统基本组成的抽象认识。通常，对象是实体的继承与细化，而主体是对象的继承与细化，故而主体具有弱定义的特征。由于主体的弱定义性，ABMs 的使用者可根据不同的建模目的，较方便地添加较为细化的 agent 特性，使 ABMs 的层次结构具有可扩展性(廖守亿，2005)。

2. Agent 模型应用

Agent 模型在城市土地利用变化模拟中多采用自下而上的方法，注重大量微观 agent 间非线性的相互作用。尤其在城市土地利用/覆盖变化背景下，agent 可指地理空间中真实或抽象的离散主体，包括土地所有者、农民、商人、管理中介及政策制定者等，所有这些主体都制定决策或采取行动来影响土地利用模式和过程。与传统的土地利用/覆盖变化模拟模型相比，agent 模型通过模拟不同主体的行动，并量化这种主体行动所带来的随时间变化的系统行为和结果，不仅具备传统计算机模拟的优点，更具明确描述主体行为的能力及优势。

案例 8.4　基于多智能体系统的城市增长时空动态模拟——以江苏省连云港市为例

一、模型的概念框架

本案例基于联合"自上而下"和"自下而上"决策行为的视角，提出了统筹考虑宏、微观土地利用行为主体决策行为的城市增长时空动态模拟多智能体系统(multi-agent system, MAS)模型，并以江苏省连云港市为例，模拟了该市中心城区的 3 种城市增长情景，以期更好地了解该地区的城市增长驱动机制。在本案例构建的 MAS 模型中，根据土地利用政策实施的层次，agent 被分为宏观(以政府为代表)和微观(以居民、农民、工业企业主、环境保护主义者为代表)2 类。宏观 agent 的决策行为代表政府实施的"自上而下"的宏观土地利用规划行为，微观 agent 的决策行为代表居民、农民、工业企业主、环境保护主义者等行为主体自主发起的"自下而上"的微观土地利用空间诉求行为。当面向不同的社会目标(如侧重发展经济或加强环境保护)时，宏观 agent 和微观 agent 均通过调整相应决策变量的权重影响土地用途转换的概率，二者最终通过联合决策推动研究区域的城市化进程。模型主要由三部分组成，分别为多智能体系统(包括宏观 agent、微观 agent)、决策框架和外部环境(包括土地利用、地价等信息)，多智能体系统需要从外部环境提取信息以供决策，同时又将宏观 agent 与微观 agent 相互作用的结果反馈给外部环境，从而引起外部环境(如土地利用)的变化。决策框架包括基于 GIS 的环境数据和 agent 决策规则。

二、模型构建方法

(一)宏观 agent 决策及其实现

采用 MCE-CA 模型模拟宏观城市空间布局，所考虑的布局因素包括一系列空间决策变量(Liu et al., 2008)：距市区距离(v_1)、距高速公路距离(v_2)、距道路距离(v_3)、距海岸线距离(v_4)、距农田保护区距离(v_5)、距限制发展区域距离(v_6)等因素。此外，城市发展概率还与局部邻域的发展密度 Ω 有关(Liu et al., 2010)。本案例将邻域定义为 3×3 单元的摩尔邻域，发展密度 $\Omega_{i,j}^{t}$ 表示为

$$\Omega_{i,j}^{t} = \frac{\sum\limits_{3\times3}\mathrm{con}(s_{i,j}=\mathrm{urban})}{3\times3-1} \tag{1}$$

式中，$\sum\limits_{3\times3}\mathrm{con}(s_{i,j}=\mathrm{urban})$ 表示邻域中城市单元的个数。由于城市发展还受随机性因素 ε 的影响。最后，在考虑发展区位、邻域发展密度和随机性因素后，政府将单元(i,j)布局为城市用地的概率($Q_{i,j}^{t}$)可以表示为

$$Q_{i,j}^{t} = \exp\left\{\alpha\times\left[\left(r_{i,j}^{t}/r_{\max}\right)-1\right]\right\}\times\Omega_{i,j}^{t}\times\varepsilon \tag{2}$$

式中，转换概率由土地利用单元(i,j)的区位属性 $r_{i,j}^{t}$ 来确定；$r_{\max}$ 是最高的属性值；α 为扩散系数。

(二)微观 agent 决策及其实现

在城市增长过程中，参与决策的微观 agent 主要包括城市居民 agent、农民 agent、工

业企业 agent、环保主义 agent 等，每类微观 agent 被赋予一定的期望(表 8.4-1)。

表 8.4-1　微观 agent 类型及期望

agent 类型	agent 期望
城市居民 agent	(a)新增城市用地应尽量靠近已有建成区
	(b)新增城市用地应具有良好的公共设施可达性
农民 agent	(c)新增城市用地应尽量远离现有农用地区域
	(d)镇中心应尽量向城市区域靠近
工业企业 agent	(e)新增城市用地应具有便利的交通条件
	(f)新增城市用地应向已有工业区集聚
	(g)新增城市用地应尽量选择地价较低的区域
环保主义 agent	(h)新增城市用地应尽量远离自然保护区
	(i)城市扩张过程中应尽量保护滩涂、湿地等自然资源

微观 agent 的期望通过其观察行为将被映射为一个关于环境的事件。例如，工业企业 agent 表达期望需要执行以下操作：①观察可供开发的潜力单元；②获取潜力单元的交通条件和地价水平等信息，并计算其与最近的城市用地单元之间的距离；③根据权重，综合工业企业 agent 的交通条件、用地集聚水平、地价水平期望，得到环境观察事件分布。

(三)连云港市中心城区城市增长情景模拟

为探索连云港市中心城区可能的城市增长结果，设计了基准情景、生态保护情景、经济发展情景 3 种情景，代表不同的发展模式。

三、模拟结果

情景 1、2、3 下，2020 年城市用地将分别达到 206.58 km²、195.81 km²、229.47 km²，2030 年将分别达到 234.49 km²、212.42 km²、278.46 km²。情景 2 的城市增长明显慢于其他两种情景，这是因为对生态环境保护的重视，使得非城市用地转换为城市用地受到更多的限制。情景 3 侧重发展经济，城市增长最快，到 2030 年，城市用地的数量已超出政府规划的城市发展规模的 18.58%。

使用景观指数来描述 3 种情景下 2020 年和 2030 年的城市规模和城市形态的复杂性。以下 4 种景观指数用 Fragstats 软件计算：城市斑块数量(NP)、城市边缘密度(ED)、城市斑块平均大小(MPS)、面积加权平均斑块分维数(AWMPFD)。从分析结果(图 8.4-1)来看，3 种情景下，2008~2020 年 NP 值均大幅下降，2020~2030 年下降的趋势有所减缓，而 MPS 值在整个模拟期内均逐步增加，MPS 值的变化表明城市化过程中用地扩张的同时伴随着斑块的合并。从 NP 和 MPS 数值变化的程度可看出，城市增长在情景 3 中由于优先发展经济而加速，在情景 2 中由于重视生态环境保护而减缓。在 3 种情景下，由于城市斑块的合并，ED 值持续下降，与之相伴随的是 MPS 的增加和 NP 的减少，AWMPFD 的变化结果与 ED 相符合。

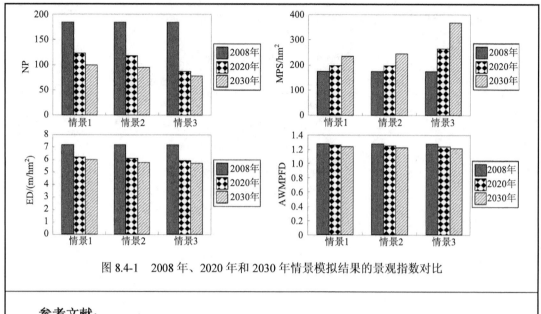

图 8.4-1　2008 年、2020 年和 2030 年情景模拟结果的景观指数对比

参考文献：

张鸿辉, 王丽萍, 金晓斌, 等. 2012. 基于多智能体系统的城市增长时空动态模拟——以江苏省连云港市为例[J]. 地理科学, 32 (11): 1289-1296.

8.3　政　策　模　拟

国土综合整治具有系统性、综合性等特征 (韩博等, 2021)。除土地利用外, 人口数量、产业结构、收入差距等社会经济要素的未来发展趋势对国土综合整治的决策支持作用同样不容忽视。但在实际生产中, 社会经济要素在很大程度上受宏观政策的影响与调控, 这就需要模拟宏观政策变化情况, 以支撑国土综合整治在不同情景下的决策。为此, 本节聚焦国土综合整治中的政策模拟, 选取常用的动态随机一般均衡模型和决策树分析, 系统介绍其基本原理及具体应用。

8.3.1　动态随机一般均衡模型

动态随机一般均衡 (dynamic stochastic general equilibrium, DSGE) 模型是重要的宏观经济学分析工具, 一般应用于解决国土空间综合整治中的土地财政问题。DSGE 模型考虑生产部门、财政部门等宏观经济因素和气候变化等自然环境因素, 探讨各宏观经济变量的动态影响及能够减缓土地利用不利冲击的积极因素和政策选择, 对国土空间治理具有重要的现实意义和应用价值。

1. DSGE 模型求解

DSGE 模型的建模过程分为模型求解和模型估计两部分。其中, 模型求解意为求出刻画模型中各个内生变量动态变化的方程式; 模型估计是使用实际数据来确定模型中的各个参数，使模型的行为尽可能贴近现实。绝大多数的 DSGE 模型是含预期的非线性模型，难以求取显式解。对于这些模型，目前最为常用的处理方法是将模型在其恒定态(steady state)的邻域线性化，将模型转换为含预期的线性系统，进而求解(徐高, 2008)。随着计算机技术的发展，目前较为通用的方法是通过最大似然(maximum likelihood)及贝叶斯(Bayesian)方法估计模型参数，进而应用到 DSGE 模型的估计中。常用的 DSGE 求解软件为 Dynare 软件(https://www.dynare.org/)。由于 Dynare 语法规则较多，且随着版本更新会删除和新增部分命令。一般来说，一个模型文件(*.mod)由 5 个部分组成：前导部分(preamble)、模型声明部分(model)、稳态值或初始值声明部分(steady state or initial values)、外生冲击声明部分(shocks)和模型计算部分(computation)。

2. DSGE 模型应用

近年来，随着我国经济由高速度增长转向高质量发展，传统以高投资、高资产价格为主要特征的规模速度型发展方式逐渐向质量效率型转变，如何平衡城乡发展、缩小贫富差距已成为当前政府部门的工作重点。因此，DSGE 模型对探究城乡经济发展的动态影响、助力全域土地整治具有良好的应用前景。

8.3.2　决策树分析

决策树分析法在管理学中是常用的风险分析决策方法。决策树(decision tree)一般自上而下生成，每个决策或事件(即自然状态)都可引出两个或多个事件，并导致不同的结果输出，将这种决策分支以图形方式呈现，其与树的枝干相像，故称决策树。决策树法具有条理清晰、程序严谨、定量与定性分析相结合等优点。尤其是土地利用变化多受自然、社会、政策等诸多因素的复合影响，运用传统土地利用变化模型对未来土地利用状况进行情景模拟的方式，一方面对模型参数有较高的要求，另一方面随着政策偏向、城市化加速推进等因素的不断变动，经济水平、人口数量等诸多因子的未来状况越来越难被有效预测，不利于国土空间情景模拟及决策。因此，决策树分析法有助于减少模型模拟未来情景的参数不确定性，尤其适用于国土综合整治效益测算、政策分析、利益相关者决策等诸多领域。

1. 决策树的决策程序

一个完整的决策树一般包含三种类型节点：决策节点、状态节点和结果节点。其中，决策节点通常用矩形表示，是对几种可能方案的最优选择。若是包含多级决策的决策树，则决策树的中间可有多个决策点，以决策树根部的决策点为最终决策方案。状态节点通常用圆形表示，表示备选方案的期望值，通过各个状态节点的期望值对比，按照一定的决策标准选出最佳方案。此外，由状态节点引出的分支是概率枝。概率枝的数量可表示自然状态出现的可能数量，并且每个概率枝上要标明该状态出现的概率。结果节点通常用三角形表示，并且需要在结果节点的右端注明每个方案在各种自然状态下的损益值。

决策树的决策程序通常分为 3 个步骤：绘制决策树、计算各个方案的期望值和剪枝优选。

(1)绘制决策树。一般遵循从左到右的顺序绘制决策树，此过程本身亦是对决策问题的再分析过程。

(2)计算各个方案的期望值。按从右到左的顺序沿着决策树反方向来计算各方案的期望值，并将结果写在相应方案节点上方。

(3)剪枝优选。对比各方案期望值的大小，进行剪枝优选。在舍去的备选方案枝上，用不等号记号隔断。

作为最常见的随机决策模型，决策树可有效控制决策风险，属于风险型决策方法。因此，应用决策树分析法时需要具备以下条件：具有决策者期望达到的明确目标；存在决策者可以选择的两个以上的备选方案；存在决策者无法控制的两种以上的自然状态；决策者可估计不同自然状态的发生概率；不同备选方案在不同自然状态下的损益值可计算。

2. 决策树的具体应用

决策树方法是基于已知各种情况的发生概率，根据信息熵的大小，求得最大净现值期望大于 0 或等于 0 的概率的一种监督学习方法(汪晓春等, 2021)。决策树方法在给出一些已知样本的前提下，根据这些样本已知的属性、类别与特征，通过训练学习后，可得到适用于该类样本可用的分类器，进而根据该分类器可实现对新样本的分类判断与模拟预测。以下案例介绍了决策树方法在优化农用地整治分区中的应用。

案例 8.5　黄土台塬区农用地整治分区研究

一、分区原则

黄土高原台塬区农用地整治分区体系的分区原则有：①整体综合性原则；②层级差异性原则；③层内相似性原则。

二、分区方法

以黄土台塬区分布图为底图，利用相关空间和属性数据，采用自上而下的分区方法，运用 GIS 和遥感(remote sensing, RS)技术，利用主导因素分析、综合加权评分、决策树法、图层叠置法进行土地整治分区，技术路线见图 8.5-1。

三、分区体系

土地整治分区服务于特定区域土地整治的目标、方向和途径，为确定区域土地整治重点及适宜的整治模式提供参考。根据分区对象、尺度、目的的不同，本案例提出包括一级宏观地貌区、二级形态影响区、三级条件限制区的黄土台塬农用地整治分区体系。

(一)一级农用地整治区

一级区以相对稳定的自然条件为主要依据，体现区域内部地貌、水文、生态等条件的相对一致性及区间的差异性，为二、三级类型区划分发挥指导和控制作用。选取地貌类型、高程、热量和水资源量作为主导指标，其中地貌是自然环境的基础要素，复杂多变，在不同尺度上制约着气候、植被、土壤、水文等其他自然环境要素的变化；水热资源和地形决定了植物生长的条件，控制着土地利用的主要方向。

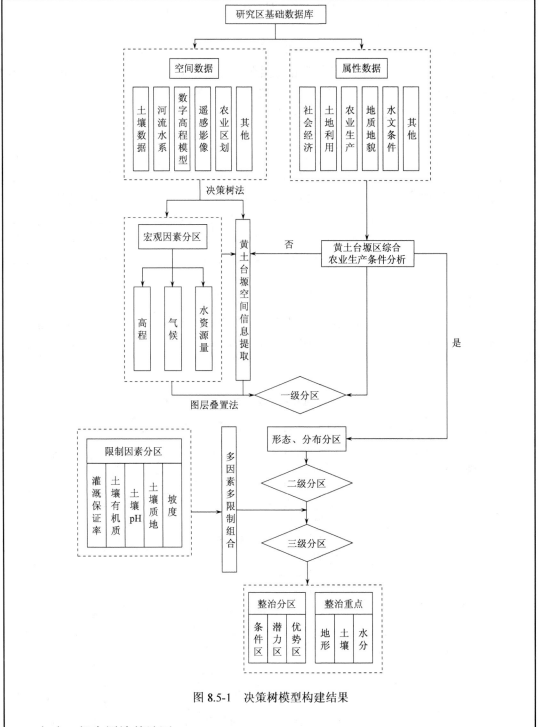

图 8.5-1　决策树模型构建结果

(二)二级农用地整治区

　　二级区主要考虑黄土台塬区内部特征,通过细化内部差异,确定土地整治重点区域和主要方向。黄土台塬的地貌格局进一步影响水热分布,从而影响土地利用方向和利用效率。本级分区重点考虑黄土台塬的分布(分散、集中)和形态(破碎、完整),辅以区域内部高程、水分和气候的差异，对一级宏观控制区进一步细化。

（三）三级农用地整治区

三级区从农用地整治的限制因素出发，考虑多限制因素类型组合，为确定土地整治模式提供指导。水资源短缺及水土匹配错位是黄土台塬区土地整治面临的主要障碍（赵岩等，2013），同时坡度和高程对土地利用和土地生产力有直接影响（周万村，2001）。故选取水资源、土壤（叶艳妹等，2001）及地形等因子，兼顾影响因素的主导性和可获得性原则，进行三级分区。

四、分区命名

本案例主要从地貌概况、台塬特征和农业生产限制条件三类控制因素出发，对黄土台塬进行农用地整治分区。因此，一级区主要体现自然条件的差异，二级区细化台塬内部特征，三级区注重土地整治重点方向，故一级区以"地理区位"命名，二级区用"地理区位+台塬特征"命名，三级区用"地理区位+重点整治方式"命名。一级区用罗马数字编码，二级区用"罗马数字+阿拉伯数字"编码，如I1，三级区在二级区基础上加字母进行编码，如I1A。

五、分区结果

从地貌概况、台塬特征和农业生产限制条件三类分区控制因素出发，黄土台塬区农用地整治可划分为4个宏观地貌一级区、11个形态影响二级区和20个条件限制三级区，见表8.5-1。

表8.5-1　黄土高原台塬区农用地整治分区体系

一级类型区	二级类型区	三级类型区	限制因素组合及级别	整治重点
太行山塬区（I）	长治高山盆地集中塬区（I1）	长治盆地引水提质区（I1A）	水分[**]+有机质[*]	土壤质量+灌溉
	豫西丘陵破碎塬区（I2）	豫西丘陵土壤改良区（I2A）	有机质[*]+pH[*]+质地[*]	土壤质量
汾渭谷盆地黄土塬区（II）	太原盆地高塬区（II1）	太原盆地北部提水提质区（II1A）	水分[*]+有机质[**]+pH[*]+质地[*]	土壤质量+灌溉
		太原盆地南部土壤改良区（II1B）	有机质[**]+pH[*]+质地[*]	土壤质量
	临汾盆地低塬区（II2）	临汾盆地中部土壤改良区（II2A）	有机质[*]+pH[*]+质地[*]	土壤质量
		临汾盆地中部引水提质区（II2B）	水分[*]+有机质[*]+pH[*]+质地[*]	生态+土壤质量+灌溉
	运城盆地低塬区（II3）	运城盆地土壤改良区（II3A）	有机质[**]+pH[*]+质地[*]	生态+土壤质量
		运城盆地条件整治区（II3B）	有机质[**]+pH[**]+质地[**]	生态+土壤质量
	渭河谷地黄土低塬区（II4）	渭河谷地土壤改良区（II4A）	有机质[*]+pH[*]+质地[*]	生态+土壤质量
		渭河谷地改状培肥区（II4B）	有机质[*]+pH[**]+质地[**]	生态+土壤质量
		渭河谷地培肥提质区（II4C）	有机质[**]+pH[*]+质地[*]	生态+土壤质量

续表

一级类型区	二级类型区	三级类型区	限制因素组合及级别	整治重点
陇东渭北黄土台塬区(III)	洛川-董志破碎塬区(III1)	洛川-董志引水提质区(III1A)	水分*+有机质*+pH*+质地*	生态+土壤质量+灌溉
	渭北黄土台塬区(III2)	渭北条件整治区(III2A)	水分*+有机质*+pH*+质地*+坡度*	生态+土壤质量+灌溉
		澄城-韩城提水提质区(III2B)	水分*+有机质*+pH*+质地*	土壤质量+灌溉
		渭北条件整治区(III2C)	水分*+有机质**+pH**+质地**	生态+土壤质量+灌溉
		渭北提水提质区(III2D)	水分*+有机质*+pH*+质地*	土壤质量+灌溉
	宜川-清涧残塬区(III3)	宜川-清涧条件限制区(III3A)	水分**+有机质**+pH*+质地*+坡度**	生态+土壤质量+灌溉
陇东宁北黄土塬区(IV)	陇东分散破碎塬区(IV1)	陇东破碎塬区(IV1A)	水分*+有机质*+pH*+质地**	生态+土壤质量+灌溉
	宁北分散破碎塬区(IV2)	宁北土壤改良区(IV2A)	有机质*+pH*+质地**	生态+土壤质量
		宁北条件整治区(IV2B)	有机质**+pH**+质量**	生态+土壤质量

*表示该因素对当地农业生产限制较小；**表示该因素对当地农业生产限制较大。

参考文献：

黄晓阳, 金晓斌, 郭贝贝, 等. 2014. 黄土台塬区农用地整治分区研究[J]. 资源科学, 36(3): 438-445.

参 考 文 献

蔡玉梅, 刘彦随, 宇振荣, 等. 2004. 土地利用变化空间模拟的进展: CLUE-S 模型及其应用[J]. 地理科学进展, (4): 63-71, 115.

曹帅, 金晓斌, 杨绪红, 等. 2019. 耦合 MOP 与 GeoSOS-FLUS 模型的县级土地利用结构与布局复合优化[J]. 自然资源学报, 34(6): 1171-1185.

陈培阳, 朱喜钢. 2013. 中国区域经济趋同: 基于县级尺度的空间马尔可夫链分析[J]. 地理科学, 33(11): 1302-1308.

陈兴鹏, 戴芹. 2002. 系统动力学在甘肃省河西地区水土资源承载力中的应用[J]. 干旱区地理, (4): 377-382.

党耀国, 刘思峰, 王正新, 等. 2009. 灰色预测与决策模型研究[M]. 北京: 科学出版社.

邓华, 邵景安, 王金亮, 等. 2016. 多因素耦合下三峡库区土地利用未来情景模拟[J]. 地理学报, 71(11): 1979-1997.

邓聚龙. 1990. 灰色系统理论教程[M]. 武汉: 华中理工大学出版社.

邓聚龙. 1996. 灰色系统理论与应用进展的若干问题[C]. 武汉: 华中理工大学出版社.

邓聚龙. 2002. 灰预测与灰决策[M]. 武汉: 华中科技大学出版社.

丰思捷, 陈宝雄, 刘云慧. 2021. 农区土地利用强度变化对生物多样性的影响[J]. 生态与农村环境学报, 37(10): 1271-1280.

冯永玖, 杨倩倩, 崔丽, 等. 2016. 基于空间自回归 CA 模型的城市土地利用变化模拟与预测[J]. 地理与地理信息科学, 32(5): 37-44, 127.

高凯, 雷磊. 2010. 土地利用规划中建设用地需求量预测研究: 以葫芦岛市为例[J]. 知识经济, (6): 64-65.

龚波, 肖国安, 张四梅. 2012. 基于灰色系统理论的湖南粮食产量预测研究[J]. 湖南科技大学学报(社会科学版), 15(5): 62-65, 79.

谷秀娟, 李超. 2012. 基于马尔科夫链的房价预测研究[J]. 消费经济, 28(5): 40-42, 48.

韩博, 金晓斌, 顾铮鸣, 等. 2021. 乡村振兴目标下的国土整治研究进展及关键问题[J]. 自然资源学报, 36(12): 3007-3030.

胡玉奎. 1988. 系统动力学: 战略与策略实验室[M]. 杭州: 浙江人民出版社.

黄麒元, 王致杰, 王东伟, 等. 2015. 马尔科夫理论及其在预测中的应用综述[J]. 技术与市场, 22(9): 12-13, 16.

柯林. 2013. 基于趋势外推法的 B2C 总体发展趋势预测[J]. 电子商务, (9): 61-62, 87.

赖红松, 祝国瑞, 董品杰. 2004. 基于灰色预测和神经网络的人口预测[J]. 经济地理, (2): 197-201.

李逸川, 王海涛, 田淑芳. 2010. 基于偏最小二乘回归的投影寻踪耦合模型在土地利用预测中的应用[J]. 中国土地科学, 24(5): 9-12, 31.

廖守亿. 2005. 复杂系统基于 agent 的建模与仿真方法研究及应用[D]. 长沙: 国防科学技术大学.

刘甲红, 胡潭高, 潘骁骏, 等. 2018. 基于 Markov-CLUES 耦合模型的杭州湾湿地多情景模拟研究[J]. 生态环境学报, 27(7): 1359-1368.

刘思峰, 菅利荣, 米传民. 2020. 管理预测与决策方法[M]. 北京: 科学出版社.

宁龙梅, 王学雷, 胡望斌. 2004. 利用马尔科夫过程模拟和预测武汉市湿地景观的动态演变[J]. 华中师范大学学报(自然科学版), (2): 255-258.

欧国良. 2006. 黄石市土地可持续利用灰色系统建模与预测分析[D]. 武汉: 华中科技大学.

乔治, 蒋玉颖, 贺疃, 等. 2022. 土地利用变化模拟: 进展、挑战和前景[J]. 生态学报, 42(13): 1-12.

邱炳文, 陈崇成. 2008. 基于多目标决策和 CA 模型的土地利用变化预测模型及其应用[J]. 地理学报, (2): 165-174.

孙丹峰, 李红, 张凤荣. 2005. 基于动态统计规则和景观格局特征的土地利用覆被空间模拟预测[J]. 农业工程学报, (3): 121-125.

田多松, 傅碧天, 吕永鹏, 等. 2016. 基于 SD 和 CLUE-S 模型的区域土地利用变化对土壤有机碳储量影响研究[J]. 长江流域资源与环境, 25(4): 613-620.

汪晓春, 熊峰, 王振伟, 等. 2021. 基于 POI 大数据与机器学习的养老设施规划布局——以武汉市为例[J]. 经济地理, 41(6): 49-56.

王丽萍, 金晓斌, 杜心栋, 等. 2012. 基于灰色模型-元胞自动机模型的佛山市土地利用情景模拟分析[J]. 农业工程学报, 28(3): 237-242.

王良健, 刘伟, 包浩生. 1999. 梧州市土地利用变化的驱动力研究[J]. 经济地理, (4): 74-79.

王璐, 邵景安, 郭跃, 等. 2017. 社区水平森林景观格局的动态变化与未来情景模拟[J]. 自然资源学报, 32(4): 568-581.

王志杰, 苏嫄. 2017. 基于遥感和 GIS 的陕南地区近 20 年土地利用时空变化特征[J]. 自然灾害学报, 26(6): 164-174.

吴培乐. 2002. 灰色预测法在西安市农村电话预测中的应用[J]. 西安邮电学院学报, (2): 20-23.

吴清烈, 蒋尚华. 2004. 预测与决策分析[M]. 南京: 东南大学出版社.

吴文斌, 杨鹏, 柴崎亮介, 等. 2007. 基于 Agent 的土地利用/土地覆盖变化模型的研究进展[J]. 地理科学, (4): 573-578.

武艺杰, 孔雪松. 2022. 江苏省"生态-农业-建设"用地空间格局模拟及发展模式选择[J]. 自然资源遥感, 34(1): 238-248.

谢花林, 李波. 2008. 基于 logistic 回归模型的农牧交错区土地利用变化驱动力分析: 以内蒙古翁牛特旗为例[J]. 地理研究, (2): 294-304.

徐高. 2008. 基于动态随机一般均衡模型的中国经济波动数量分析[D]. 北京: 北京大学.

徐建华. 2002. 现代地理学中的数学方法[M]. 北京: 高等教育出版社.

徐建华. 2006. 计量地理学[M]. 北京: 高等教育出版社.

薛领, 杨开忠. 2002. 复杂性科学理论与区域空间演化模拟研究[J]. 地理研究, 21(1): 79-88.

杨微石, 戴尔阜, 郑度, 等. 2020. 基于多主体模型的典型区域退耕还林工程实施空间模拟[J]. 地理学报, 75(9): 1983-1995.

叶艳妹, 吴次芳, 黄鸿鸿. 2001. 农地整理工程对农田生态的影响及其生态环境保育型模式设计[J]. 农业工程学报, (5): 167-171.

查秀芳. 2003. 马尔可夫链在市场预测中的作用[J]. 江苏大学学报(社会科学版), (1): 110-113.

张磊, 杨远. 2015. 基于隶属度-信息熵的灰色关联理论模型在评标决策中的应用[J]. 黑龙江科技信息, (32): 121-122.

张庶, 金晓斌, 徐霄枭, 等. 2014. 基于 SD 和模糊综合评价的土地整治项目社会影响评价[J]. 中国农学通报, 30(34): 81-88.

赵筱青, 李思楠, 谭琨, 等. 2019. 城镇-农业-生态协调的高原湖泊流域土地利用优化[J]. 农业工程学报, 35(8): 296-307, 336.

赵岩, 王治国, 孙保平, 等. 2013. 中国水土保持区划方案初步研究[J]. 地理学报, 68(3): 307-317.

郑华伟, 夏梦蕾, 张锐, 等. 2016. 基于熵值法和灰色预测模型的耕地生态安全诊断[J]. 水土保持通报, 36(3): 284-289, 296.

钟丽燕. 2017. 趋势外推法在人均 GDP 预测中的应用[J]. 经贸实践, (7): 84, 86.

钟永光, 贾晓菁, 钱颖, 等. 2013. 系统动力学[M]. 北京: 科学出版社.

钟永光, 钱颖, 于庆东, 等. 2006. 系统动力学在国内外的发展历程与未来发展方向[J]. 河南科技大学学报(自然科学版), 27(4): 101-104.

周成虎, 孙战利, 谢一春. 1999. 地理元胞自动机研究[M]. 北京: 科学出版社.

周万村. 2001. 三峡库区土地自然坡度和高程对经济发展的影响[J]. 长江流域资源与环境, (1): 15-21.

Liu J, Jin X B, Xu W Y, et al. 2019. Influential factors and classification of cultivated land fragmentation, and implications for future land consolidation: A case study of Jiangsu Province in eastern China[J]. Land Use Policy, 88: 104185.

Liu S F, Lin Y. 1998. An Introduction to Grey Systems Theory[M]. Grove City: IIGSS Academic Publisher.

Liu X, Li X, Liu L, et al. 2008. A bottom-up approach to discover transition rules of cellular automata using ant intelligence[J]. International Journal of Geographical Information Science, 22(11-12): 1247-1269.

Liu X, Li X, Shi X, et al. 2010. Simulating land-use dynamics under planning policies by integrating artificial immune systems with cellular automata[J]. International Journal of Geographical Information Science, 24(5): 783-802.

Liu X P, Liang X, Li X, et al. 2017. A future land use simulation model(FLUS)for simulating multiple land use scenarios by coupling human and natural effects[J]. Landscape and Urban Planning, 168: 94-116.

Xu W Y, Jin X B, Liu J, et al. 2020. Impact of cultivated land fragmentation on spatial heterogeneity of agricultural agglomeration in China[J]. Journal of Geographical Sciences, 30(10): 1571-1589.

第 9 章　空间优化方法

随着城市空间扩张和土地利用强度增加，涌现出诸多土地利用问题，如利用低效、空间错配、功能冲突等。提高土地利用效率、优化其空间格局是开展国土综合整治的重要目标之一，这需要综合权衡土地利用中的经济、社会、生态等多元效益及彼此之间的耦合关系，同时规避外部性负面影响，进而实现既定约束条件下土地利用综合效益的最大化。因此，基于国土空间利用问题现状，通过线性规划模型、多目标规划模型、图论与复杂网络、智能优化算法等空间优化方法，合理优化和配置各类自然资源，明确资源利用布局和方式，可为优化国土空间利用格局、完善地域功能系统等提供重要方法支撑。鉴于此，本章聚焦国土综合整治中的土地资源优化配置、生态安全格局构建等问题，对其中较为常用的线性规划模型(非线性规划模型)、多目标决策模型、图论与网络模型、智能优化算法等空间优化方法进行系统介绍，并结合案例说明这些空间优化方法可能的应用情景及成果输出，以期为相关国土综合整治和生态保护修复实践提供方法借鉴。

9.1　线性规划模型

线性规划是运筹学的重要分支，其源于工业生产组织管理中的决策问题，通常用以确定多变量线性函数在变量满足线性约束条件下的最优值。随着计算机技术的发展，线性规划已广泛应用于工业、农业、军事、交通运输、科学实验等领域。其中，在土地利用领域的应用主要包括土地利用资源空间优化配置、土地利用规划决策等。

9.1.1　线性规划模型简介

1. 基本概念

线性规划问题的模型是由一组含有等式、不等式的代数方程，以及一个具有求极值关系的目标函数(优化函数)表达式构成的复合式抽象数学模型。

构成线性规划问题模型的四个必要条件和一个充分条件如下。

必要条件一：需求解问题所包含的每个决策变量均已确定，其取值范围也已知，且问题所包含的决策变量总数是有限的。

必要条件二：问题中所包含的每一种资源数量均确定。

必要条件三：每一种决策变量利用相关资源的约束系数均确定。

必要条件四：不同的决策变量对于某一种资源的需求之和与该种资源的现有总量相对应，且每一类现有资源的总量与相关决策要素对该类资源的总需求相比所获得的关系也是确定的。

充分条件：存在一个确定的、期望达到的目标，并且这个目标可用全部或部分决策变量与相关价值(费用)系数乘积之和(称为目标函数)来表达。

满足上述四个必要条件的数学模型称为线性等式(不等式)方程组。线性等式(不等式)方程组加上目标函数则构成了线性规划问题的数学模型。

如果模型中包含的目标函数不止一个，则称该模型为多目标线性规划问题数学模型。若模型中包含一个或多个二次方以上变量，则称该模型为非线性规划问题数学模型。若模型中一个以上的决策变量随时间的变化而变化，则称该模型为动态规划问题数学模型。

2. 一般形式

基于上述基本概念，线性规划模型的一般形式可表现为

$$\max(\min) \quad z = \sum_{i=1}^{n} c_i x_i$$

$$\text{s.t.} \quad \sum_{j=1}^{n} a_{ij} x_j \leqslant (\text{或} \geqslant, =) b_i, \quad i = 1, 2, \cdots, m$$

$$x_j \geqslant 0, \quad j = 1, 2, \cdots, n \tag{9.1}$$

式中，z 为"目标函数"；待确定的变量 x_i 称为"决策变量"；s.t. 代表所有约束条件，决策变量需满足所有的约束条件；a 为约束条件系数；b 为约束条件值；c 为决策变量的权重。

写成矩阵形式为

$$\max(\min) \quad z = c^{\mathrm{T}} x$$

$$\text{s.t.} \quad AX \leqslant (\text{或} \geqslant, =) b$$

$$x \geqslant 0 \tag{9.2}$$

式中，$x = (x_1, x_2, \cdots, x_n)^{\mathrm{T}}$ 为决策向量；$c = (c_1, c_2, \cdots, c_n)^{\mathrm{T}}$ 为目标函数的系数向量；$b = (b_1, b_2, \cdots, b_n)^{\mathrm{T}}$ 为常数向量；$A = (a_{ij})_{m \times n}$ 为系数矩阵。

3. 标准形式

线性规划模型的目标函数可以是求最大值，也可以是求最小值，约束条件的不等号可为小于等于或大于等于。但上述模型形式的多样性为模型求解带来了一些不便，因此有必要给出线性规划的标准形式。一般地，线性规划问题的标准形式可表示为

$$\min \quad z = c^{\mathrm{T}} x$$

$$\text{s.t.} \quad Ax = b$$

$$x \geqslant 0 \tag{9.3}$$

凡不是标准形式的线性规划均可转化为标准形式。例如，若标准形式的目标函数是求最小值最优，则可在原有目标函数前取负号，即可将原问题转化为相同约束条件下求最小值。若约束条件中有不等号"$\geqslant$"或"$\leqslant$"，则可在"$\geqslant(\leqslant)$"的左端加(或减)一个非负变量(称为松弛变量)使其成为等号约束。

满足约束条件的向量 x 称为线性规划问题的可行解，所有可行解构成的集合称为可行域，使目标函数达到最小值的可行解叫最优解。线性规划问题的可行域和最优解有如下结论：①如果线性规划问题存在可行域，则其可行域是凸集；②如果线性规划问题的可行域

有界，则问题的最优解一定在可行域的顶点达到。

9.1.2 线性规划的求解方法

针对特定问题，线性规划的求解方法具有多种途径，其中较为常见的有单纯形法及借助计算机编程语言进行求解。尤其是随着计算机算法的蓬勃发展，基于 Matlab 和 LINGO 求解线性规划模型的效率更高、速度更快，其应用领域也更为广泛。

1. 单纯形法

线性规划单纯形法的基本思路是先找到一个可行解，判断它是否为最优解，如果不是，则转换到相邻的另一个可行解(两个可行解相邻是指它们之间仅有一个变量不相同)，并使目标函数值下降(或不上升)，这样重复进行有限次后，即可找到最优解或判断问题有无最优解。单纯形法的解题步骤如下：

①找出问题的变量、目标函数和约束条件，并将它们化为标准形式。

②列出 m 个约束方程的系数矩阵。

③找出 m 个线性独立的约束系数向量构成一个基。

④根据第一个基找出对应的基变量。

⑤令非基变量系数全为零，求出一个基可行解，同时得到第一个目标函数值。

⑥以求 max 目标函数为例，分析非基变量列检验数，若还存在正检验数的非基变量，则表示目标函数数值还有增加的可能，就需要将某个非基变量与上次确定的某个基变量进行对换，以求出最大的目标函数值。

⑦选择具有最大值检验数对应的非基变量，作为新的基变量换入。

⑧确定需要从基中换出的变量，使之成为非基变量。

⑨重复步骤⑤、⑥、⑦、⑧，直到非基变量列的检验数中不存在正数为止。

⑩与最大的目标函数值对应的各决策变量值即该线性规划问题的最优解。

2. 基于 Matlab 求解

设线性规划问题的数学模型为

$$\min \quad z = c^{\mathrm{T}} x$$

$$\text{s.t.} \quad \begin{cases} Ax \leqslant b \\ Aeq \cdot x = beq \\ lb \leqslant x \leqslant ub \end{cases} \tag{9.4}$$

式中，Aeq 表示等号约束；beq 表示相应的常数项；lb、ub 分别表示决策变量 x 的上、下限。

Matlab 中求解上述模型的命令如下：

x=linprog$(c, A, b, Aeq, beq, lb, ub)$

注意，如果没有某种约束，则相应的系数矩阵和右端常数项为空矩阵，用[ ]代替；如果某个 x 没有上下界，可设定 lb=−inf 或 lb=inf，用[x, Fval]替代命令行左边的 x，则可同时得到最优值。当求解有指定迭代初始值 x_0 时，求解命令如下：

x=linprog$(c, A, b, Aeq, beq, lb, ub, x_0)$

3. 基于 LINGO 求解

LINGO 是由美国 LINDO 系统公司开发的用于求解最优化问题的数学软件，其主要功能是求解线性、非线性和整数规划问题。该软件具有运行速度快、模型输入简练直观、内置建模语言可方便描述较大规模的优化模型等特点。

启动 LINGO 后，可在标题为"LINGO Model-LINGO1"的模型窗口中直接输入类似于数学公式的小型规划模型。在 LINGO 中，输入总是以"MODEL:"开始，以"END"结束；中间语句之间须用";"分开；LINGO 不区分字母大小写；目标函数用"MAX=…;"或"MIN=…;"给出。LINGO 中所有的函数均以"@"符号开始，函数中变量的界定如下。

@GIN(X)：限制 X 为整数；

@BIN(X)：限定变量 X 为 0 或 1；

@FREE(X)：取消对 X 符号的限制(即可取任意实数包括负数)；

@BND(L, X, U)：限制 $L \leqslant X \leqslant U$。

基于线性规划求解多目标最优值的方法，在确定土地整治方式、明晰未来土地利用方向、确定最优土地利用模式等方面，可为国土综合整治提供重要的方法支撑。例如，针对土地整治项目区尺度的耕地资源优化配置问题，依托线性规划模型可明晰农户地块形态和位置，调整农地权属关系，进一步为改善耕地细碎化程度、提高耕地生产能力、缓解土地利用矛盾提供方法借鉴。

案例 9.1　土地整治项目区耕地资源优化配置研究

一、研究背景

耕地细碎化是世界上许多国家农业生产中面临的普遍性问题。尽管细碎化现象具有积极和消极两方面的影响，但学术界普遍认为耕地细碎化导致农业生产效率降低、土地利用可持续性下降、耕地撂荒增多等农业问题，是农业地区衰退的重要原因之一。为有效减轻耕地细碎化现象，提高农业生产能力，缓解土地利用矛盾，许多国家(地区)实施了多种形式的土地整治，并取得积极的效果。本案例基于多目标线性规划方法，从工程设计、权属调整和地块分配等方面构建土地整治项目区耕地资源优化配置模型，以促进耕地资源优化配置，改善耕地细碎化状况，提高农业生产效率。

二、模型构建方法

(一)总体思路

在项目区尺度，耕地资源的优化配置是指在土地整治中基于既有土地利用格局、土地权属状况和农业生产条件，结合农田水利、田间道路等工程建设，对农户地块(即农户所拥有的、用于农业生产的最小耕作单元，简称地块)进行形态和位置的调整，以实现农业生产成本的降低和农业生产效率的提高。其优化配置过程可分为三个阶段：①工程建设阶段。通过平整土地、配套灌排设施、修建田间道路等工程措施形成耕作田块(由田间灌排渠系、道路、林带等固定工程设施所围成的耕地图斑，是进行田间耕作、管理与建设的最基本单位，包含农户地块，以下简称田块)的初步格局。②权属调整阶段。在满足农民意愿的前提下，以降低农业生产消耗为目标，确定项目区内各农户地块所属的田块。③地块分配阶段。以挖掘农业生产潜力为目标，确定各田块中地块分配的具体位置，形成耕地资源的空间配置格局。

以此为基础，本案例形成技术路线如下：①以行政村为单元，根据土地整治项目规划设计，结合田间灌排体系、道路、林带等农田基础设施划分耕作田块；②分析耕地资源空间配置对农业生产效率的影响并进行数学抽象，以农户 i 在田块 j 中分配的耕地面积 X_{ij} 为决策变量，构建多目标线性规划模型，以工程设计标准和农民意愿为基础制定地块分配规则，形成分配结果；③根据耕地资源优化目标，从农业生产消耗、形态要素改善、位置要素改善、权属状况改善四个方面将模型优化结果与土地整治前后耕地资源状况进行对比分析，检验模型效果。具体技术流程见图9.1-1。

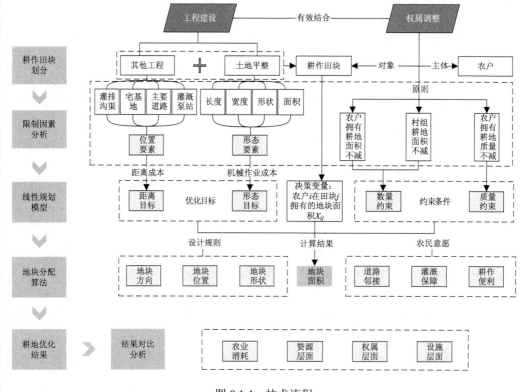

图 9.1-1　技术流程

(二)具体实施

1. 决策变量

多目标线性规划模型由决策变量、目标函数及约束条件构成。本案例决策变量 X_{ij} 为农户 i 在该村田块 j 中拥有的耕地面积，因此模型共有 $i×j$ 个决策变量。这一决策变量设置，意味着农户 i 在田块 j 中有且仅有一块面积为 X_{ij} 的地块。

2. 目标函数

模型构建的总体目标是通过优化地块的空间配置，实现项目区农业生产效率的提升。总体目标由两个单项目标函数组成，即形状目标函数和距离目标函数。为使地块位置和形状对农业生产效率的影响定量可比，引入"粮食单元"（grain units，GU，1 GU 定义为 1 t 谷物所等量的能量与蛋白质）概念。分别将地块的长度、宽度及面积，地块与权属人宅基地的距离，地块与主要农村道路的距离，地块与泵站的距离，换算为机械作业消耗、耕作交通消耗、运输消耗、农业灌溉消耗的 GU。设定当总消耗最小时，农业生产效率最高，从而实现优化目标。具体目标函数如下。

（1）根据地块几何形态与农业机械作业消耗的关系，构建形状目标函数：

$$\text{Cost1}=\sum_{i=1}^{m}\sum_{j=1}^{n}\alpha_1 \times W_j + \alpha_2 \times \frac{X_{ij}}{W_j} + \alpha_3 \times X_{ij} \times W_j \tag{1}$$

式中，Cost1 为由地块形状因素产生的农业生产消耗；X_{ij} 为农户 i 在田块 j 中拥有的地块面积；W_j 为将田块 j 视为矩形时的宽度（与线性工程垂直的边视为宽），在地块长边方向与田块长边方向垂直的条件下，W_j 也视为地块的长；m 为农户总户数；n 为田块总数；α_1、α_2、α_3 分别为地块长度、宽度和面积的消耗系数，根据项目区实际情况确定。

（2）根据地块与特定地物空间距离产生的消耗情况，构建距离目标函数：

$$\text{Cost2}=\sum_{i=1}^{m}\sum_{j=1}^{n}\beta_1 \times X_{ij} \times \text{Dist}H_{ij} + \beta_2 \times X_{ij} \times \text{Dist}R_j + \beta_3 \times X_{ij} \times \text{Dist}P_j \tag{2}$$

式中，Cost2 为由地块位置因素产生的农业生产消耗；$\text{Dist}H_{ij}$ 为田块 j 到农户 i 宅基地的距离，由于优化后农户拥有的地块在田块中的具体位置尚未确定，因此用 $\text{Dist}H_{ij}$ 近似等于地块到权属人宅基地的距离；$\text{Dist}R_j$ 为田块 j 到最近农村公路的距离，近似等于内部各地块到最近农村公路的距离；$\text{Dist}P_j$ 为田块 j 到最近灌溉泵站的距离，近似等于内部各地块到最近灌溉泵站的距离；β_1、β_2、β_3 分别为地块到宅基地距离的交通消耗系数、地块到农村公路距离的运输消耗系数、地块到灌溉泵站距离的灌溉消耗系数，根据项目区实际情况确定。选用线性加权求和法构建总体目标函数，计算方法如下：

$$\text{Minf}\left(Z(x)\right)=\sum_{i=1}^{r}\omega_i Z_i(x) \tag{3}$$

式中，$\text{Minf}\left(Z(x)\right)$ 为目标总消耗；r 为单目标函数个数，本研究中 $r=2$；$Z_i(x)$ 为第 i 个单目标函数，本研究中 $Z_1(x)=\text{Cost1}$，$Z_2(x)=\text{Cost2}$；ω_i 为第 i 个单目标函数的加权系数，根据实际情况结合专家意见确定。

3. 约束条件

多目标线性规划的约束条件[式（4）]包括数量约束、质量约束及模型约束，其中，数量约束指各农户在优化后拥有的耕地面积不减少，质量约束指各农户在优化后拥有的耕地质量不下降，模型约束指田块 j 中各地块面积之和不大于田块 j 的总面积。模型约束条件如下：

$$\text{s.t.}\begin{cases}\sum_{j=1}^{n}X_{ij}=\text{Area}_i\\\sum_{j=1}^{n}X_{ij}\times Q1_j\geqslant Q_i\\\sum_{i=1}^{m}X_{ij}\leqslant\text{Area}1_j\end{cases}\quad(4)$$

式中，Area_i 为农户 i 优化前拥有的耕地面积；Q_i 为优化前农户 i 耕地的质量等别（利用等），$Q1_j$ 为优化后田块 j 的耕地质量等别；$\text{Area}1_j$ 为田块 j 的面积。研究构建的多目标线性规划模型由决策变量 X_{ij}、目标函数及约束变量共同构成。以行政村为计算单元和边界控制，选用 LINGO 12.0 对模型进行求解，得到村级最小农业生产消耗及决策变量 X_{ij}。

三、研究结果与应用

基于多目标线性规划模型，构建了土地整治项目区耕地资源空间配置优化方法，选取典型项目进行实证分析，从农业生产消耗、资源层面、权属层面和设施层面进行了对比分析，结果表明：①考虑土地整治的特点，可基于多目标线性规划方法，从工程设计、权属调整和地块分配等方面构建土地整治项目区耕地资源优化配置模型；②通过模型优化结果与传统土地整治效果的对比分析，传统土地整治方法在缩短农户耕作距离、提高耕地道路邻接性、促进耕地产权集中等方面还有提升空间；③模型优化结果表明，结合土地整治进行土地权属调整对降低因地块分散、耕作不便导致的农业生产消耗，改善耕地细碎化状况，提高农业生产效率具有重要作用。为充分地发挥土地整治效果，亟待在土地整治制度设计、管理模式、工程技术等方面积极探索。

参考文献：

韩博, 金晓斌, 孙瑞, 等. 2019. 土地整治项目区耕地资源优化配置研究[J]. 自然资源学报, 34(4): 718-731.

9.2　多目标规划模型

在地理学研究中，诸多问题需考虑并协调经济效益、社会效益、生态效益等多个目标，为解决这类问题，有必要采用多目标规划模型。多目标规划(multi-objective programming, MOP)是数学规划的一个分支，用以研究多于一个的目标函数在给定区域上的最优化，又称多目标最优化。多目标规划模型在土地利用结构及布局优化、整治项目区耕地及水资源配置优化、生态网络优化等方面可为国土综合整治与生态修复提供方法支撑(曹帅等, 2019; 张孟真等, 2020; 韩博等, 2019)。

尽管多目标规划模型有多种形式，但基本组成部分包括：①2 个以上的目标函数；②若干个约束条件。其数学模型一般为

$$\max(\min)Z = F(X)$$
$$\phi(X) \leqslant G \tag{9.5}$$

式中，$Z = F(X)$ 是 k 维函数向量，k 是目标函数的个数；$\phi(X)$ 是 m 维函数向量；G 是 m 维常数向量；m 是约束方程的个数。

相较单目标规划问题，多目标规划的求解不仅追求某一特定目标的最优化（最大或最小），还需综合考虑各目标的整体结果，因而在多目标规划问题的求解中，非劣解（又称非支配解或帕累托解）是非常重要的概念。通常，当目标函数存在冲突时，则不会存在使所有目标函数同时达到最大（或最小）的最优解，该情形下只能通过寻求非劣解来实现多个目标整体结果的最优。因此，求解多目标规划问题本质上即在多个非劣解中寻求一个最令人满意的规划方案，这常需将多目标规划问题转化为单目标规划问题以进一步处理（徐建华，2006），通常有以下几种转化模型的方法。

9.2.1　效用最优化

建立最优化模型的依据是基于一个假设：规划问题的各个目标函数可通过一定的方式进行求和运算。该方法将一系列目标函数与效用函数建立相关关系，各目标之间通过效用函数协调，进而将多目标规划问题转化为传统的单目标规划问题：

$$\max Z = \psi(X)$$
$$\phi(X) \leqslant G \tag{9.6}$$

式中，ψ 是与各目标函数相关的效用函数的和函数。

特别的，在以效用函数作为规划目标时，需要确定一组权值 λ_i 来反映原问题中各目标函数在总体目标中的权重，即

$$\max \psi = \sum_{i=1}^{k} \lambda_i \psi_i$$
$$\varphi_i(x_1, x_2, \cdots, x_n) \leqslant g_i (i = 1, 2, \cdots, m) \tag{9.7}$$

式中，φ_i 指决策变量 x 的约束函数；λ_i 应满足：

$$\sum_{i=1}^{k} \lambda_i = 1$$

9.2.2　罚款模型

如果对每个目标函数，规划决策者都能提出一个所期望的值（满意值）f_i^*，则可通过比较实际值 f_i 与期望值 f_i^* 之间的偏差来选择问题的解。

罚款模型的基本公式为

$$\min Z = \sum_{i=1}^{k} a_i \left(f_i - f_i^* \right)^2$$
$$\varphi_i(x_1, x_2, \cdots, x_n) \leqslant g_i (i = 1, 2, \cdots, m) \tag{9.8}$$

式中，a_i 是与第 i 个目标函数相关的权重。

9.2.3　约束模型

约束模型的理论依据是：如果规划问题的某一目标可以给出可供选择的范围，则该目标就可作为约束条件而被排除出目标组，进入约束条件组中。

如果除了第一个目标外其余目标都可以提出一个可供选择的范围，根据约束模型的理论依据，该多目标规划问题就可以转化为单目标规划问题：

$$\max(\min)Z = f_1(x_1, x_2, \cdots, x_n)$$

$$\varphi_i(x_1, x_2, \cdots, x_n) \leqslant g_i \ (i = 1, 2, \cdots, m)$$

$$f_j^{\min} \leqslant f_j \leqslant f_j^{\max} \ (j = 2, 3, \cdots, k) \tag{9.9}$$

式中，$f_j^{\max}$ 是目标可取的最大值；$f_j^{\min}$ 是目标可取的最小值。

9.2.4　目标规划模型

该方法是由美国学者查恩斯(A. Charnes)和库珀(W. W. Cooper)于 1961 年在线性规划的基础上提出来的。其基本思想是，给定若干目标及实现这些目标的优先顺序，在有限的资源条件下，使总的偏离目标值的偏差最小。

目标规划模型也需预先确定各个目标的期望值 f_i^*，同时给每一个目标赋予一个优先因子和权重系数。假定有 K 个目标，L 个优先级（$L \leqslant K$），目标规划的数学公式为

$$\min Z = \sum_{l=1}^{L} p_l \sum_{k=1}^{K} \left(\omega_{lk}^- d_k^- + \omega_{lk}^+ d_k^+ \right)$$

$$\varphi_i(x_1, x_2, \cdots, x_n) \leqslant g_i \ (i = 1, 2, \cdots, m)$$

$$f_i + d_i^- - d_i^+ = f_i^* \ (i = 1, 2, \cdots, K) \tag{9.10}$$

式中，d_i^+ 和 d_i^- 分别表示 f_i 对应的与目标 f_i^* 相比的超过值和不足值，即正、负偏差变量；p_l 表示第 l 个优先级；ω_{lk}^+ 与 ω_{lk}^- 表示在同一优先级 p_l 中，不同目标的正、负偏差变量的权重系数。

9.2.5　目标达到法

首先将多目标规划模型化为如下标准形式：

$$\min F(x) = \min \begin{bmatrix} f_1(\boldsymbol{X}) \\ f_2(\boldsymbol{X}) \\ \vdots \\ f_k(\boldsymbol{X}) \end{bmatrix} \tag{9.11}$$

$$\phi(\boldsymbol{X}) = \begin{pmatrix} \varphi_1(\boldsymbol{X}) \\ \varphi_2(\boldsymbol{X}) \\ \vdots \\ \varphi_m(\boldsymbol{X}) \end{pmatrix} \leqslant \begin{pmatrix} 0 \\ 0 \\ \vdots \\ 0 \end{pmatrix} \tag{9.12}$$

在求解之前，先设计与目标函数相应的一组目标值理想化的期望目标 $f_i^* \ (i = 1, 2, \cdots, k)$，

每一个目标对应的权重系数为 $\omega_i\,(i=1,2,\cdots,k)$，再设 γ 为一松弛因子。那么，多目标规划问题的标准形式就转化为

$$\min_{X,\ \gamma}\gamma$$
$$f_i(X)-\omega_i\gamma\leqslant f_i^*\,(i=1,2,\cdots,k)$$
$$\varphi_j(X)\leqslant 0\,(j=1,2,\cdots,m) \tag{9.13}$$

用目标达到法求解多目标规划的计算过程，可通过调用 Matlab 软件系统优化工具箱中的 fgoalattain 函数实现，具体方法见下文。

9.2.6　多目标规划模型的 Matlab 解法

将多目标规划模型归纳为

$$\min_{X,\ \gamma}\gamma$$

使得

$$F(x)-\text{weight}\cdot\gamma\leqslant\text{goal}$$
$$A\cdot x\ \leqslant\ b,\ \text{Aeq}\cdot x=\text{beq}$$
$$c(x)\ \leqslant\ 0,\ \text{ceq}(x)=0$$
$$\text{lb}\leqslant x\leqslant\text{ub} \tag{9.14}$$

式中，x、weight、goal、b、beq、lb 和 ub 是向量；A 和 Aeq 是矩阵；$c(x)$、ceq(x) 和 $F(x)$ 是向量函数，它们可以是非线性函数。$F(x)$ 是所考虑的目标函数，goal 是欲达到的目标，多目标规划的 Matlab 函数 fgoalattain 的用法为

```
[x,fval] = fgoalattain('fun',x0,goal,weight)
[x,fval] = fgoalattain('fun',x0,goal,weight,A,b)
[x,fval] = fgoalattain('fun',x0,goal,weight,A,b,Aeq,beq)
[x,fval] = fgoalattain('fun',x0,goal,weight,A,b,Aeq,beq,lb,ub,nonlcon)
```

式中，fun 是用 M 文件定义的目标向量函数；x_0 是初值；weight 是权重。A 和 b 定义不等式约束 $A*x\leqslant b$，Aeq 和 beq 定义等式约束 Aeq*x=Beq，nonlcon 是用 M 文件定义的非线性约束 $c(x)\leqslant 0$，ceq(x)=0。返回值 fval 是目标向量函数的值。

案例 9.2　基于多目标整形规划的黄土台塬区水资源空间优化配置研究

一、研究背景

黄土高原是我国典型的半干旱区，降水稀少，蒸发强烈，水源短缺。黄土台塬地势较为平坦、完整，是黄土高原的主要耕地分布区，区内部分区域有灌溉条件和设施，但因缺乏养护，泵站和渠道老化严重，水利用系数较低，节水灌溉潜力大。分析这一特定区域的水资源状况，并提出相应的节水灌溉工程建设方向，对提高耕地质量、增加粮食产量有重要作用。根据耕地保护和粮食安全的国家目标，通过水利工程改造建设和粮食作物种植结构优化等方法，以水土资源耦合和生态保育为理念，进行水资源优化配置，以更经济地利用水资源，全面提高自然降水利用率和灌溉效率，保持可持续灌溉，缓解

水资源供需矛盾，在理论和实践上具有重要价值。

二、模型构建方法

(一)总体思路

本案例依据研究区现状工程类型，按照水源类型划分一级区域，再依据水源工程类型划分二级区域，根据不同区域类型下的灌水制度和灌溉定额研究区域单位面积可供水量，并计算相应的供水量下的单位面积费用和不同粮食作物种植组合下的经济效益。具体技术路线见图9.2-1。

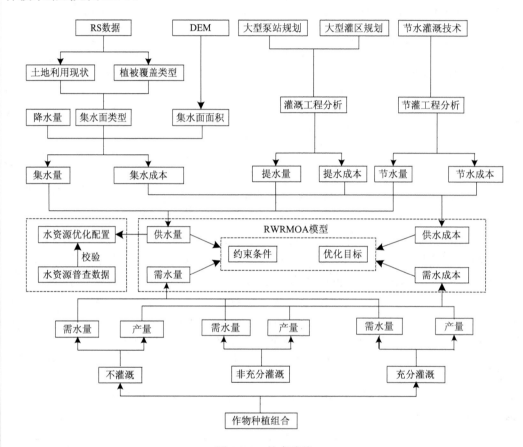

图 9.2-1　技术路线

研究区水资源时空分布不均，部分区域水量有富余，且农业生产结构有调整空间，适宜采用多目标规划。在优化农田灌溉水量时，要充分考虑作物需水量和产量之间的关系，本案例以协调年度水资源量空间布局为切入点，以最大化生产产量、生产边际效率和生产效益为目标，从水资源空间优化配置角度嵌入动态帕累托寻优策略，构建区域水资源多目标优化配置模型，即 RWRMOA (regional water resource multi-objective optimization allocation) 模型。上述三种单目标的解不可能同时存在，因此本研究拟寻求帕累托最优，构建 RWRMOA 模型如下：

$$\max Z(x) = F(x) = \left\{ f_1(x), f_2(x), \cdots, f_m(x) \right\}$$

$$\text{s.t.} \begin{cases} g_i(x) \geqslant 0 \\ h_j(x) = 0 \end{cases}$$

$$i = 1, 2, \cdots, p; \ j = 1, 2, \cdots, q \tag{1}$$

式中，$Z(x)$ 为总目标；$f(x_i)$ 为单目标；m 为目标变量的维数；$x=(x_1, x_2, \cdots, x_n) \in X \subset R^n$，$X$ 为 n 维决策向量；$g_i(x) \geqslant 0 \ (i=1, 2, \cdots, p)$ 为 p 个不等式约束；$h_j(x)=0 \ (j=1, 2, \cdots, q)$ 为 q 个等式约束。

(二)具体实施

1. 单目标函数

本案例分析黄土台塬区灌溉水资源，旨在通过灌溉增加粮食作物产量，乃是一种资源投入与产品产出间的关系问题。考虑经济因素，分析投入费用与产出效益之间的关系，以 P_y 表示作物产量的综合价格(籽粒及副产品等)，P_w 为灌溉水量的综合价格(水价及电费)，F、F_c 分别表示单位面积总费用和除灌水以外的其他费用投入，I 与 NI 表示单位总收入和净收入，则单位面积总收入 $\text{NI}=I-F$，$I=P_y \times Y$，$F=P_w M+F_c$。针对 T 个区域设定 3 种优化目标，即

生产产量类最优：

$$\max Y = \sum_{t=1}^{T} \sum_{i=1}^{N_{\text{crop}}} \gamma_{ti} f(M_{ti} + M_{tr}) \tag{2}$$

生产边际效应最优：

$$\max E_Y = \sum_{t=1}^{T} \sum_{i=1}^{N_{\text{crop}}} \gamma_{ti} \frac{\mathrm{d}Y_{ti}}{\mathrm{d}M_{ti}} \cdot \frac{M_{ti}}{Y_{ti}} \tag{3}$$

生产效益类最优：

$$\max \text{NI} = \sum_{t=1}^{T} \sum_{i=1}^{N_{\text{crop}}} \gamma_{ti} \left[P_{yti} Y_{ti} - (P_{wt} M_{ti} + F_{ct}) \right] \tag{4}$$

式中，N_{crop} 为种植作物类型；$\gamma_{ti} \in (0, 1)$，$\gamma_{ti}=1$ 为第 t 个区域使用第 i 种作物组合种植；$\gamma_{ti}=0$ 为第 t 个区域不种植第 i 种组合作物；M_{ti} 为第 t 个区域种植第 i 种作物的非充分灌溉定额；M_{tr} 为第 t 个区域的降水量。

2. 约束条件

(1)种植作物组合约束。根据作物生长规律，设每个区域每年只可种植一种或者两种作物，当 t 地区只能种植一种作物(如水稻)时，令 $v_{ti} = \left\{ 1, 0, \cdots, 0_{\text{第}N_{\text{crop}}-1\text{个}0} \right\}$；当 t 地区能种植任意两种作物时，$v_{ti} = \left\{ 0, 1, \cdots, 1_{\text{第}N_{\text{crop}}-1\text{个}1} \right\}$，约束条件表达为

$$C_1: \sum_{i=1}^{N_{\text{crop}}} \gamma_{ti} \cdot v_{ti} = 1, \ \sum_{i=1}^{N_{\text{crop}}} \gamma_{ti} = 1, \ \gamma_{ti} \in (0, 1), \ \forall t \in T \tag{5}$$

(2)水源工程类型约束。每个区域的水源条件不同，依据灌水类型之间的互斥性，每个区域只设定一种或者两种最佳水源工程类型。当 t 地区不灌溉时，令 $\beta_{ti} = \left\{ 1, 0, \cdots, 0_{\text{第}N_{\text{type}}-1\text{个}0} \right\}$；当 t 地区只能采用一种水源工程灌溉方式(如集雨)时，令

$\beta_{ti} = \left\{ 0, 1, \cdots, 0_{\text{第} N_{\text{type}}-1 \text{个} 0} \right\}$；当 t 地区可采用两种水源工程灌溉方式时，令 $\beta_{ti} = \left\{ 0, 0, 1, \cdots, 1_{\text{第} N_{\text{type}}-2 \text{个} 1} \right\}$，水源工程约束为

$$C_2 : \sum_{i=1}^{N_{\text{type}}} \delta_{ti} \cdot \beta_{ti} = 1, \sum_{i=1}^{N_{\text{type}}} \delta_{ti} = 1, \quad \delta_{ti} \in (0, 1), \quad \forall t \in T \tag{6}$$

式中，N_{type} 为水源工程总类型数；$\delta_{ti} \in (0, 1)$，$\delta_{ti}=1$ 为采用第 i 种水源工程类型，$\delta_{ti}=0$ 为不采用第 i 种水源工程类型。

(3)输配水工程和田间工程约束。

$$C_3 : \sum_{j=1}^{N} \alpha_{tj} \cdot c_{tj} \leqslant C_{\max}, \quad \forall t \in T \tag{7}$$

$$C_4 : 0 \leqslant M_{tj} \leqslant \sum_{j=1}^{N} \alpha_{tj} \cdot q_{tj} + M_{tr}, \quad \forall t \in T \tag{8}$$

式中，N 为输配水和田间工程类型总数；$\alpha_{tj} \in (0, 1)$，$\alpha_{tj}=1$ 指采用第 j 种工程类型，$\alpha_{tj}=0$ 指不采用第 j 种工程类型；$C_{\max}$ 为单位面积最大投资额度，根据黄土高原台塬区土地整理单位投资强度，$C_{\max}=12.75$ 万元/hm²；c_{tj} 为每种工程投资费用；q_{tj} 为每种工程输配水量；M_{tr} 为第 t 个区域的降水量。

(4)水资源总量约束。

$$C_5 : \sum_{t=1}^{T} M_t \leqslant \lambda Q_{\text{总}}, \quad \forall t \in T \tag{9}$$

式中，λ 为水资源利用系数；$Q_{\text{总}}$ 为区域水资源总量；M_t 为第 t 个区域需水量。

三、研究结果与应用

基于遥感和 GIS 数据，采用帕累托寻优原理建立了区域水资源多目标优化配置(RWRMOA)模型，依据设定的三个有针对性的单目标进行区域水资源多目标优化。首先，利用生产产量最大化目标充分挖掘了区域内的水资源潜力；其次，通过生产效率目标识别了区域内较为缺水的区域；再次，通过生产效益目标求解了区域内水资源投入是否能获得经济效益；最后，通过三个目标的结合求得帕累托最优解。本案例可从中宏观层次解决干旱、半干旱区域水资源在时间上和空间上分布不均的水资源短缺及补充水量的问题，还可通过研究证明节水灌溉方式对水资源节约的重要性。

结果表明：①黄土台塬区水资源供需分布不均，渭河、黄河两岸、渭南和豫西部分区域水资源挖潜潜力较大；②占研究区总面积 63.87%的董志塬、山西峨嵋塬及豫西等区域，只要适当增加灌水量便可提高产量；③占区域总面积约30%的渭南和豫西等区域，能在经济效益最优的前提下满足作物非充分灌溉水量；④关中地区井渠结合的灌溉方式效益较高，提水灌区经济效益较差。本案例的结果可为区域灌溉工程建设提供参考。

参考文献：

郭贝贝, 杨绪红, 金晓斌, 等. 2014. 基于多目标整形规划的黄土台塬区水资源空间优化配置研究[J]. 资源科学, 36(9): 1789-1798.

9.3　图论与复杂网络

9.3.1　图论

图论是以图为对象，研究由顶点和边所组成的图形的数学理论和方法，旨在用简单的图形来直观反映复杂世界的结构关系。在图论中，复杂世界被抽象为由点集 V 和边集 E 组成的图 $G=(V, E)$。其中，节点代表系统的各种构成要素，节点间的边表示要素之间的某种联系(Harary, 1969)。生态学家将图论引入景观格局研究中并提出了基于图论的景观图。景观图将异质性景观中的生境网络用图来表示，是一种描述景观及生境网络的有效工具(Foltête and Vuidel, 2017)。具体地，在景观图中，生境斑块被定义为节点，生境斑块之间的功能连接用边表示(Urban and Keitt, 2001)。基于图论的景观图分析方法在生态网络研究中主要有两方面的应用：

(1)基于生物多样性保护的景观图应用的核心内容是识别影响生物体迁徙或扩散的重要景观要素(宋利利等, 2020)，保护关键性的景观要素是生物多样性保护的重要途径之一，也是构建生态网络的核心出发点。

(2)基于图论的景观分析评价方法在构建生态网络及生态网络效用评价方面发挥了重要作用，图论指数也被作为生态安全格局优化的重要评价标准。例如，图论中的 α、β、γ 系数可用于评价生态网络的整体稳定性(孔繁花和尹海伟, 2008)；利用整体连通性指数(integral index of connectivity, IIC)对景观连接度进行分析和评价(王玉莹等, 2019)；基于移除某斑块前后可能性连接度指数(probability of connectivity, PC)减少的相对百分数识别生态网络中重要的栖息地斑块(张利等, 2021)；基于图论开发的 Graphab 软件也在生态网络构建及优化研究中发挥了重要的作用(史芳宁等, 2019)。表 9-1 列出了生态网络构建及优化中常用的图论指数。

表 9-1　生态网络构建及优化常用的图论指数介绍

分类	指标	公式	解释
二进制连接度指数	Harary 指数 (H)	$H=\dfrac{1}{2}\sum\limits_{i=1}^{n}\sum\limits_{j=1,\ i\neq j}^{n}\dfrac{1}{nl_{ij}}$	n: 研究区域内斑块个数；nl_{ij}: 斑块 i 和斑块 j 存在的最小连接数，斑块间 nl_{ij} 无穷大时，斑块间连接不存在；p_{ij}^{*}: 斑块 i 和斑块 j 之间各个扩散途径最大概率；$a_i \times a_j$: 斑块 i 斑块 j 属性值相乘，一般为斑块面积；A_L: 研究区域总属性值，一般为研究区域总面积；H、IIC、PC 的值越大，研究区域连接度越高
	整体连通性指数 (IIC)	$\text{IIC}=\dfrac{\sum\limits_{i=1}^{n}\sum\limits_{j=1}^{n}\dfrac{a_i \times a_j}{1+nl_{ij}}}{A_L^2}$	
可能性连接度指数	可能性连接度指数 (PC)	$\text{PC}=\dfrac{\sum\limits_{i=1}^{n}\sum\limits_{j=1}^{n}a_i \times a_j \times p_{ij}^{*}}{A_L^2}$	
等效连接面积指数	等效整体连通性指数 [EC(IIC)]　等效可能连通性指数 [EC(PC)]	$\text{ECA}=\sqrt{\sum\limits_{i=1}^{n}\sum\limits_{j=1}^{n}a_i a_j p_{ij}^{*}}$	等效连接面积指数(ECA)指最大连接单个斑块的大小，可表征景观连接概率。EC(IIC)、EC(PC)具有 IIC、PC 指数所有属性和优先排序能力，适用于量化景观连通性变化
斑块重要性指数	斑块重要性指数 (dI)	$\text{d}I_k = 100 \times \dfrac{I-I_{\text{remove},\ k}}{I}$	$\text{d}I_k$: 连接度指数 I 对应斑块 k 的重要性指数；I: 研究区原先的连接度指数；$I_{\text{remove},\ k}$: 去除斑块 k 后研究区的连接性指数值
	斑块中心度 (BC)	$\text{BC}_k = \sum\limits_{i}\sum\limits_{j}\dfrac{g_{ij}(k)}{g_{ij}}$	$g_{ij}(k)$: 通过斑块 k 的所有最短路径数的和；g_{ij}: 整个景观中每一组可能连通的斑块间存在的最短路径数之和，其中 i, $j \neq k$

9.3.2　复杂网络理论

复杂系统与复杂性科学被誉为"21 世纪的科学",而"复杂系统理论"是复杂科学下的子领域。复杂网络的抽象研究方法成为目前复杂系统研究的新热点,其所关注的研究对象是系统中个体相互关联作用的拓扑结构。因此,图论与复杂网络有着天然的联系,对于一个复杂网络,如果不考虑其动态特征,将每个网络节点视为一个点,节点间的连接关系视为边,则复杂网络就是一个图(宋利利等, 2020)。

复杂网络是一种现实抽象网络,主要由若干节点及其相互联系所构成,具备复杂的拓扑结构与动力学行为特征(刘涛等, 2005)。复杂网络作为一种抽象网络,源于现实社会生活中的真实复杂系统,其标志性的模型就是小世界网络模型(small world network model)及无标度模型。本质上,复杂网络是一种非同质的拓扑结构,即复杂网络中的各组成要素之间存在差异,因此,不同组成要素对于整体网络的重要性也存在差异,有针对性地探讨网络中的关键节点,能够促进对关键节点的有效利用。现实生活中诸多具有拓扑结构的事物均可被抽象为复杂网络,进而便于开展对其组成要素、传递效率、网络鲁棒性等方面的研究。而基于景观生态学理论的生态网络是一种特殊的复杂网络,可将其理解为区域内生态源地、生态廊道和生态节点三种景观格局要素所组成的复杂网络,其结构、功能及两者之间的联系一直是网络科学和景观生态学的重点研究内容(Rubinov and Sporns, 2010)。

在复杂网络优化方面,城市物流、传感器网络等领域中对节点的空间布局研究较多,主要的布局方法包括沃罗诺伊(VOR)算法、遗传算法、贪婪寻优算法、CBS(conflict-based search)策略等。其中,CBS 策略将复杂网络中节点的覆盖优化问题进行简化,同时考虑节点间的距离并通过算法改进得到基于泰森盲区多边形形心的部署策略(BCBS 模型)而被广泛应用于生态网络优化研究中(于强等, 2016),这种优化算法能够大幅提高复杂网络的覆盖率,从而依托生态节点优化布局实现生态网络的全局优化。

案例 9.3　基于 MSPA 和 MCR 模型的江苏省生态网络构建与优化

一、研究背景

伴随着高强度的土地开发与土地利用方式的转变,快速的城镇化进程不断蚕食和侵占生境斑块,使其日益破碎化、岛屿化,直接影响区域景观格局和可持续发展。生态学家认为,生境斑块破碎化会导致种群孤立,从而大大增加种群灭绝的概率,严重威胁生物多样性。构建生态网络被认为是维护区域生态安全、提升自然生态系统服务价值的有效方法。通过生态网络规划将破碎的生境斑块进行有效连接,形成系统、完整的生态空间格局,从而提高生态系统的质量和保护生物多样性已成为学界共识。

二、模型构建方法

(一)总体思路

以江苏省为例,采用形态学空间格局分析(morphological spatial pattern analysis, MSPA)方法识别重要生态源地,基于最小累积阻力(minimal cumulative resistance, MCR)模型构建生态网络连接生态源地,并选取整体连通性指数(IIC)量化生态源地斑块和生态廊道的重要性，最后提出江苏省生态网络优化建议，为构建江苏省生态安全格局提供参考和借鉴。

(二)具体实施

1. 基于 MSPA 方法的生态源地识别

基于江苏省第二次土地利用调查变更数据，将林地、湿地、水域三种景观类型提取出来作为前景，将农田、园地、草地、城镇建设用地、采矿用地、村庄、交通用地及其他用地作为背景。利用 Guidos 分析软件，采用八邻域分析方法对数据进行景观格局分析，得到七类景观类型，其中核心区可为物种提供较大的栖息地，将核心区中面积大于 3 km^2 的斑块筛选出来作为生态源地。

2. 景观阻力面生成

本案例参考已有研究对不同景观分别赋以基础阻力值，运用夜间灯光数据对基础阻力面进行修正。水域生态系统往往受人类活动的影响比较小，其夜间灯光值很低，经修正后的水域土地类型的阻力值非常小，但事实上，水域对动物迁徙，特别是对陆生动物迁徙有着较大阻力，因此本案例中水域阻力值依旧采用基础阻力值(表 9.3-1)。

表 9.3-1　各景观类型基础阻力值

土地利用类型	林地	湿地	农田	园地	草地	水域	城镇建设用地	采矿用地	村庄	交通用地	其他
阻力值	3	5	100	30	30	600	1000	1000	800	600	700

3. 基于最小累积阻力模型的生态网络构建

在景观图分析方法基础上，本案例采用最小累积阻力模型，确定源与目标之间的最小消耗路径，它是生物物种迁移与扩散的最佳路径。在识别生态源地和确定景观阻力面的基础上，基于 ArcGIS 10.3 平台，运用 Linkage Mapper 1.1.0 插件计算最小累积消耗路径，获得生态廊道的空间位置，并对生态廊道的景观构成进行统计。最小累积阻力模型的基本公式如下：

$$\text{MCR} = f \min \sum_{j=n}^{i=m} \left(D_{ij} \times R_i \right) \tag{1}$$

式中，f 是一个未知的正函数，反映空间中任一点的最小阻力与其到所有源的距离和景观基面特征的正相关关系；D_{ij} 是物种从源 j 到空间某一点所穿越的某景观的基面 i 空间距离；R_i 是景观 i 对某物种运动的阻力。

本案例基于图论选取了 IIC 分析各斑块和廊道对景观连通性的重要程度，通过软件 Conefor Sensinode 2.6 和 ArcGIS 10.3 计算 IIC 和 dI(计算公式见表 9-1)，并根据 dI 值对斑块和廊道进行重要性排序，进而运用自然断点法将斑块和廊道依据重要性划分为非常重要、比较重要和一般。

三、研究结果与应用

本案例基于 MSPA 方法、最小累积阻力模型和图论构建了江苏省潜在生态廊道，初步形成了省域生态网络体系，为物种迁移、扩散提供良好的生态廊道，并提出了生态网络优化措施。其中：①基于 MSPA 方法进行的景观格局分析结果如表 9.3-2 所示，研究区核心区面积约为 95.78 万 hm²，占生态景观总面积的 36.02%，主要包括太湖、洪泽湖、高邮湖、骆马湖等大型湖泊，东部沿海地区的湿地及江苏西南部的林地斑块。②基于 MCR 模型提取的生态廊道结果如表 9.3-3 所示，潜在生态廊道中耕地的占比最大，其次是水域，对动物栖息和迁徙有着重要作用的林地、湿地、园地、草地占比较小；城镇建设用地、采矿用地和交通用地在物种迁移的过程中起着较大的阻碍作用，在生态网络中分别占 2.32%、1.42% 和 3.16%，其他用地占 1.89%。③基于图论指数的斑块、廊道重要性分析结果表明，太湖作为江苏省面积最大的湖泊，承载着重要的生态景观功能，其复杂的景观边界和周围较丰富的绿地资源有利于塑造良好的滨水湿地环境，从而增强景观连通性，洪泽湖、高邮湖和骆马湖面积较大，较好地连接了苏中、苏北的自然景观。在廊道重要性评价中，主要廊道包括两条纵向廊道组合：其中一条为京杭大运河自然生态廊道，连接骆马湖—洪泽湖—高邮湖—太湖水系，另一条为沿海生态廊道，连接沿海滩涂湿地并向北延伸至连云港云台山自然保护区，形成江苏省东部沿海地区防风固堤、防灾减灾的生态防护体系。

表 9.3-2　基于 MSPA 所得结果的景观类型分类统计表

景观类型	面积/hm²	占生态景观总面积比例/%
核心区	957848.16	36.02
环道区	75882.29	2.85
孔隙	11483.67	0.43
岛状斑块	1109037.30	41.70
边缘区	191144.31	7.19
支线	169477.95	6.37
桥接区	144684.23	5.44

表 9.3-3　江苏省潜在廊道的景观组成

土地利用类型	总面积/hm²	在廊道中的面积/hm²	占生态网络总面积的比例/%
林地	260088.75	24899.97	6.42
湿地	590044.68	19956.92	5.14
耕地	4715527.23	192322.79	49.57
园地	310786.92	13439.84	3.46
草地	40778.55	2374.71	0.61
水域	2303152.2	67705.62	17.45
城镇建设用地	691040.97	9011.33	2.32
采矿用地	117381.96	5494.44	1.42
村庄	1048473.63	33117.74	8.54
交通用地	399561.39	12277.61	3.16
其他	180203.31	7344.53	1.89
总计	10657039.59	387945.51	100

参考文献：

王玉莹, 沈春竹, 金晓斌, 等. 2019. 基于 MSPA 和 MCR 模型的江苏省生态网络构建与优化[J]. 生态科学, 38(2): 138-145.

9.4　智能优化算法

优化是一种以数学为基础、用于求解各种工程问题优化解的应用技术。最优化求解的传统方法的计算时间与问题规模通常呈指数关系，导致实际应用中对复杂优化问题的求解存在一定不足。群体智能算法是近几十年发展起来的仿生模拟进化的新型算法，具有操作简单、通用性强、易于并行处理和鲁棒性强等特点。群体智能算法将问题的所有可能解集看作解空间，从代表问题可行解的一个子集开始，通过对该子集施加某种算子操作，从而产生新的解集，并逐渐使种群进化到包含最优解或近似最优解的状态。在进化过程中仅需要目标函数的信息，不受搜索空间是否连续或可微的限制即可找到最优解。智能优化算法已被广泛应用于机器学习、组合优化、神经网络训练、工业优化控制、模式分类、模糊系统控制、图像处理等多个领域，并成为人们求解复杂优化问题强有力的工具。在国土综合整治及其相关领域，较为常见的智能优化算法主要包括遗传算法、粒子群算法及蚁群算法。上述算法为大尺度、精细化的复杂土地利用优化问题提供了强有力的方法支撑，但也在算法原理、运算流程等方面存在显著差异。为此，本节主要参考张强(2018)、钟珞等(2015)的相关研究，对常见智能优化算法进行总结与介绍，以期为科学推进国土综合整治提供方法借鉴。

9.4.1　遗传算法介绍

1. 遗传算法基本概念

遗传算法是解决复杂优化问题的理论和方法。它通过模拟生物进化的基本过程，用编码串来类比生物体中的染色体，基于选择、交叉、变异等遗传算子来模拟生物的基本进化过程，利用适应度函数来评价染色体所蕴含问题解的质量优劣，使最优染色体个体所代表的问题解逼近问题的全局最优解。通过适应度函数引导种群的进化方向和各染色体不断"更新换代"，从而提高每代种群的平均适应度。

在遗传算法中，每个问题的可行解对应一个染色体，通常可用特定编码方式(如二进制编码)产生编码串来表示染色体。采用遗传算法求解问题时，首先需要利用染色体将优化问题的解编码，在染色体的解空间中随机产生指定个数的染色体构成初始种群，然后通过迭代的选择操作、基因重组操作和变异操作对种群中的染色体个体进行进化。在达到结束条件后对最优的染色体进行解码，便可以得到待求解问题的最优解或近似最优解。

2. 遗传算法流程

遗传算法的流程主要包括以下 6 个步骤：

（1）算法初始化。具体优化参数为：初始化解空间的寻优范围、种群大小、遗传算法的交叉率和变异率、算法的结束条件和最大迭代次数，最后在解空间内随机生成一个初始种群。

（2）适应度评价。染色体的适应度体现了所表示问题解的优劣程度，是种群个体不断进行选择操作的依据。适应度函数通常由所求解的最优化问题的寻优目标来确定。例如，在求函数最小值时，可直接将目标函数值作为适应度函数，函数值越小，相应的适应度也越小。

（3）选择操作。选择是优胜劣汰的过程。在计算出每个个体的适应度后，较优的个体将以较大的概率生存下来，而较差的个体很可能被淘汰。为实现上述目标，通常使用轮盘赌选择法和锦标赛选择法两种经典选择策略。

（4）交叉操作。交叉操作是父代基因重新组合的过程。基因重组的方式有单点交叉、多点交叉、均匀交叉等多种方式。

（5）变异操作。个体的基因在进化过程中会以很小的概率发生变异。变异操作给染色体种群带来了新的基因，是保证算法找到最优解，以及使算法以渐进形式逼近最优解的重要操作。

（6）评估新种群的适应度。这一步骤对新生的种群重新进行适应度评估。此时，若达到算法的终止条件则停止算法，否则返回步骤（3）继续操作。

与传统算法相比，遗传算法具有隐式并行性和全局搜索性两大主要特点，作为强有力且应用广泛的随机搜索和优化方法，遗传算法可能是当今世界最广泛的进化计算方法之一。近几十年来，遗传算法成功应用于包括函数优化、机器学习、组合优化、人工神经元网络训练、自动程序设计、专家系统等领域。

9.4.2　蚁群算法介绍

1. 蚁群算法基本概念

蚁群算法又称蚂蚁算法，是一种用来在图中寻找优化路径的概率型算法，也是对自然界蚂蚁的寻径方式进行模拟而得出的一种仿生算法。蚂蚁在运动过程中，能够在它所经过的路径留下一种外激素物质进行信息传递，以此指导自己的运动方向。因此，由大量蚂蚁组成的蚁群集体行为便呈现出一种信息正反馈现象：某一路径上走过的蚂蚁越多，则后来者选择该路径的概率就越大。

蚁群算法采用了分布式正反馈并行计算机制，易于与其他方法结合，并具有较强的鲁棒性，主要具有以下特性：

（1）其原理是一种正反馈机制，又称增强型学习系统，它通过信息素的不断更新达到最终收敛于最优路径。

（2）它是一种通用型随机优化方法，但人工蚂蚁绝不是对实际蚂蚁的简单模拟，更融进了人类的智能。

（3）它是一种分布式的优化算法，不仅适合目前的串行计算机，而且适合未来的并行计算机。

（4）它是一种全局优化方法，不仅可用于求解单目标优化问题，而且可用于求解多目标优化问题。

(5)它是一种启发式算法，计算复杂性为 $O(NC \times m \times n^2)$，其中，NC 是迭代次数，$m$ 是蚂蚁数目，n 是目的节点数目。

一般蚁群算法的框架主要由三个部分组成：蚁群的活动、信息素的挥发和信息素的增强，主要体现在转移概率公式和信息素更新公式上。

2. 蚁群算法流程

基本蚁群算法流程如下：

(1)初始状态下，一群蚂蚁外出，此时没有信息素，那么各自会随机选择一条路径。

(2)在下一个状态，每只蚂蚁到达了不同的点，从初始点到这些点之间留下了信息素，蚂蚁继续走，已经到达目标的蚂蚁开始返回，与此同时，下一批蚂蚁出动，它们会按照各条路径上信息素的多少选择路线，更倾向选择信息素多的路径走。

(3)再下一个状态，刚刚没有蚂蚁经过的路线上的信息素不同程度地挥发掉，而刚刚经过了蚂蚁的路线上信息素增强。然后，又出动一批蚂蚁，重复第(2)个步骤。

(4)每个状态到下一个状态的变化称为一次迭代，在迭代多次后，就会有某条路径上的信息素明显多于其他路径，这通常就是一条最优路径。

9.4.3　粒子群算法介绍

1. 粒子群算法基本概念

粒子群(particle swarm optimization, PSO)算法是继蚁群算法后，另一种著名的群体智能算法，于 1995 年由美国学者 J. Kennedy 和 R. C. Eberhart 受鸟群觅食行为的启发而提出，设想：一群鸟在随机搜索食物，但在特定区域仅有一块食物，且所有的鸟均不知食物的具体位置，但可判断自己当前位置离食物的距离。那么找到食物的最优策略即搜寻目前离食物最近的鸟的周围区域，利用搜索过程中离食物最近鸟的经验及自身的经验，整个鸟群便很容易锁定食物的具体位置。

若将鸟的捕食行为与优化搜索相对应，则可理解为：每个优化问题的解都是搜索空间中的一只鸟，若将鸟抽象成一个没有质量和体积、只有位置和速度的"粒子"，则所有粒子都有一个由被优化的函数决定的适应值，且每个粒子还有一个速度以决定其飞翔的方向和距离，同时假定每个粒子均知道其到目前为止发现的最好位置，以及整个群体中所有粒子发现的最好位置。那么整个问题的求解过程可看作一群鸟协作觅食的过程，食物的最优位置即最优解的位置。因此，在粒子群算法中，每个优化问题的潜在解被想象成 d 维空间上的一个点，称为一个粒子(高海兵等，2005)。粒子在搜索空间中以一定的速度飞行，速度依据其本身和同伴的飞行经验进行动态调整。所有粒子都有一个被目标函数决定的适应值，并能明确自己到目前为止发现的最好位置、当前位置，以及目前为止整个群体所有粒子所发现的最好位置。粒子根据以下信息改变当前位置：①当前位置；②当前速度；③当前位置与自己最好位置之间的距离；④当前位置与群体最好位置之间的距离。上述内容即为粒子群算法的基本原理，其数学描述如下：

设搜索空间为 D 维，总粒子数为 n，第 i 个粒子表示为 $X_i = (x_{i1}, x_{i2}, \cdots, x_{id})$，粒子 i 的速度记为 $V_i = (v_{i1}, v_{i2}, \cdots, v_{id})$，个体最好位置记为 $P_i = (p_{i1}, p_{i2}, \cdots, p_{id})$，又称 P_{best}，群体的最

好位置记为 P_g，又称 g_{best}。每个粒子的位置按如下公式进行变化：

$$v_{id}(t+1) = \omega \times v_{id}(t) + c_1 \times \mathrm{rand}() \times \left[p_{id}(t) - x_{id}(t) \right] + c_2 \times \mathrm{rand}() \times \left[p_{gd}(t) - x_{id}(t) \right]$$

$$x_{id}(t+1) = x_{id}(t) + v_{id}(t+1) \quad (1 \leqslant i \leqslant n, 1 \leqslant d \leqslant D) \tag{9.15}$$

式中，c_1 和 c_2 为正整数，称为加速因子；$\mathrm{rand}()$ 为[0,1]之间的随机数；ω 称为惯性因子，ω 较大适合对解空间进行大范围探查，ω 较小适合进行小范围搜索。第 $d(1 \leqslant d \leqslant D)$ 维的位置变化范围为 $[-X_{\mathrm{MAX}d}, X_{\mathrm{MAX}d}]$，速度变化范围为 $[-V_{\mathrm{MAX}d}, V_{\mathrm{MAX}d}]$，迭代中若位置和速度超过边界范围则取边界值。

2. 粒子群算法流程

基本粒子群算法的流程如下：
(1)设定粒子群系统相关参数；
(2)随机初始化粒子群；
(3)计算每个粒子的适应值；
(4)统计个体极值和群体极值；
(5)更新每个粒子的速度和位置；
(6)判断是否满足停止条件，若满足则进行步骤(7)，若不满足则重复(3)～(5)；
(7)返回当前群体极值。

粒子群优化算法与遗传算法相似，都是从随机解出发，通过迭代和适应度来寻找最优解。但相比遗传算法，粒子群优化算法通过追随当前搜索到的最优值来寻找全局最优，避免了遗传算法中的"交叉"和"变异"操作，在计算上更为简单，具有实现容易、精度高、收敛快等优点，被广泛应用于函数寻优、神经网络训练、模式分类、模糊系统控制及工程应用等领域。

总体上，伴随对智能进化算法的不断深入研究和行业应用，研究者们发现，必须采用特定的参数和进化方式，算法才能有效地求解特定的优化问题。由于所有可能函数的相互补偿作用，所有优化算法的性能是等价的。也就是说，不存在任何最优化算法在所有问题上的性能都比其他最优化算法更好的情况。因此，必须根据研究问题的特点及优化算法的特性来调整算法的参数，或是对其进行改进，才能使智能进化算法具有更好的性能。

例如，国土空间生态保护修复作为未来国土空间综合整治与空间规划研究的重要内容，亟待系统性解决方法，以维护生态系统完整性和可持续性。开展区域生态系统保护修复，需明确区域生态保护修复对象、范围和目标，有针对性地开展整治活动。一是注重生态节点保护规划。在生态红线划定、生态管控区选择上，依据资源型战略点和结构型薄弱点分布，对区域具有重要生态功能的节点进行保护。二是注重生态节点工程建设。在开展生态保护修复工程建设方面，应对结构型战略点进行重点培育，通过合理选择位置、扩大节点面积、减少人为活动等方式，优化生态节点布局，提升节点效用和节点连通性。在此背景下，遗传算法可为多目标导向下不同层级生态节点的识别和优化提供重要方法支撑，也可为区域生态安全格局构建、山水林田湖草工程布局等提供指导，其应用过程与技术细节详见下述案例。

案例 9.4　基于多目标遗传算法的层级生态节点识别与优化——以常州市金坛区为例

一、研究背景

基于"基质-斑块-廊道"的景观生态学理论，生态网络构建与优化已成为量化区域生态安全格局的重要手段。生态网络通过识别关键生态节点，提取重要生态廊道，形成区域生态安全格局骨架，使景观中的生态过程在物质、能量上达到高效。其中，识别关键生态节点十分关键，是开展相关研究的前提。然而，在生态节点识别上，尽管传统的生态节点识别方法较多，但多注重其位于生态廊道薄弱处的特性，往往忽略其在整体景观格局中处于重要战略位置的特点。在此背景下，多目标遗传算法(MO-GA)作为群智能算法的一种，通过仿效生物界中的"物竞天择、适者生存"的演化法则，利用选择(selection)、交叉(crossover)、变异(mutation)三种基本算子，使后生代种群总比前代更加适应环境，最终迭代产生的末代种群经过最优个体解码(decoding)，作为多目标问题的近似最优解，在解决全局最优问题上具有显著优势。因此，采用多目标遗传算法识别整体景观格局中最优的战略位置，可进一步丰富和完善生态节点内涵及识别方法，也为生态节点布局与优化提供新的研究思路。

二、研究方法

(一)总体思路

生态网络是区域生态安全格局的骨架，其中生态源地作为生态安全格局的基础，具有重要的生态功能和一定的辐射能力。生态廊道将不同生态源地相连，是网络中重要的组成部分，发挥着维护网络稳定性的作用。借鉴俞孔坚提出的"景观生态战略点"的概念，生态节点应至少具有两种基本特性：空间属性、功能属性。在功能属性上，具有重要生态功能或生态敏感性、脆弱性的生态源地应为生态节点，该类点记为资源型战略点。空间属性上，在整体景观格局中占据重要空间战略位置或易受人类破坏的关键地段应为生态节点，前者记为结构型战略点，后者记为结构型薄弱点。资源型战略点、结构型战略点和结构型薄弱点共同构成生态网络中的生态节点，并发挥着不同功能和效用(图9.4-1)。从节点影响范围来看，资源型战略点具有最大的影响范围，往往由生态源地及其缓冲区组成，起到生态源的作用；结构型战略点、结构型薄弱点具有一定影响范围，前者以提升生态流传递效率为目的，后者以疏通生态廊道、保护生态网络为目的。从节点空间分布来看，资源型战略点主要位于较大生境斑块的几何中心点或重心点；结构型战略点并不依靠现有景观格局直接确定，而基于多目标优化算法识别，达到最佳生态网络连通性、最大有效覆盖度。由此可见，将结构型战略点纳入多层级生态节点体系，识别区域生态安全关键战略点，是非常重要的中间环节。

利用遗传算法识别生态节点中的"结构型战略点"，需在多目标、多条件限制的需求下，借助群智能算法实现。其中，多条件限制是指：①由于资源型战略点具有较大的影响范围，考虑生态节点效率，结构型战略点的位置选择不能重复；②从结构型战略点自身生态属性出发，非生态用地的城市建设用地不能选择。多目标优化是指：在保证节点覆盖区连通的同时，节点数量最少，避免节点出现较多冗余。结构型战略点和辅助资源型战略点共同构成初步生态网络骨干节点。

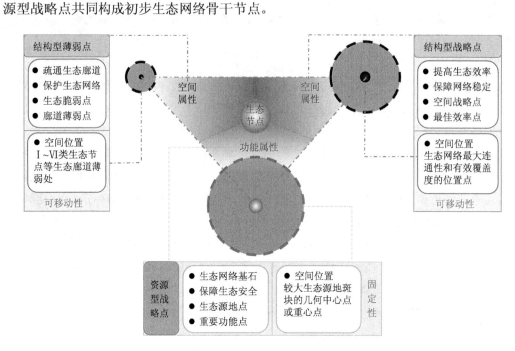

图 9.4-1　生态节点内涵解析

(二)具体实施

遗传算法(genetic algorithm, GA)是一种模拟自然界生物进化的发展规律,在自然选择原理和自然遗传机制基础上发展起来的迭代式自适应概率性搜索方法。其优化过程始于一组随机解,称为"种群"(population),种群中每一个个体为一个解,个体解的优劣通过适应度函数评判的"适值"(fitness)来确定,适值高的个体适应能力强,具有较高的生存概率。子代(offspring)种群由父代通过选择、交叉、变异等遗传算法算子产生,经反复迭代,最终找到全局最优解。

结构型战略点识别过程是一个多条件、多目标的优化问题。设定基本条件限制:结构型战略点分布位置应在可建设生态节点的用地上;为避免与资源型战略点过多交叉重叠,结构型战略点应尽量分布在资源型战略点影响范围之外;结合资源型战略点的影响范围,结构型战略点的影响范围设定为以结构型战略点为圆心、半径为 2 km 的圆形区域。设置多目标的适应度函数:在保证连通性情况下,放置的结构型战略点数量应尽可能少,且节点连通性和节点覆盖度达到最佳位置。整个优化过程通过 Matlab 代码编程实现。

结构型战略点识别的适应度函数数学模型:

(1)位于资源型战略点影响范围之外且可建设生态节点的区域,为结构型战略点解空间,其解空间的监测区域为二维平面:$\{S(x,y): 0 \leqslant x \leqslant \text{Length}, 0 \leqslant y \leqslant \text{Width}\}$,其中 Length、Width 分别为可行解在空间上的长和宽。

(2)根据监测区域的大小估算需要的 n 个结构型战略点,节点坐标为 (x,y)。

(3)节点 i、j 之间的距离用 d_{ij} 表示。

(4)所有结构型战略点的影响范围相同,均为以节点坐标 (x,y) 为圆心、半径为 r 的圆。

(5) 把所有节点看作一个无向图，用 A 表示无向图的邻接矩阵，当 $d_{ij} < r$ 时，节点 i、j 可以直接互相通信，称 i、j 之间有一条弧，对应的 A_{ij} 为 1。

(6) 达到最大节点连通性目标函数 f_1 如下。

$$f_1 = \sum_{\substack{i=0 \\ }}^{M-1} \sum_{\substack{j=0 \\ j \neq i}}^{M-1} \frac{e^{\frac{-d_{ij}^2}{b_D}}}{b_M} \tag{1}$$

式中，b_D 为距离基值，用于判断两节点重合程度；b_M 为重合节点数量的基值，其值取决于监测区域节点数目。d_{ij} 越小，则式(1)的值越大，重合度越大；b_D 越小，重合判断越精细。

(7) 达到最大节点覆盖度目标函数 f_2 如下。

节点 v_i 的覆盖区为

$$C(v_i) = \{P(x,y) \mid \sqrt{(x-x_i)^2 + (y-y_i)^2} \leqslant r\} \tag{2}$$

若节点 v_i 覆盖区与其他节点覆盖区重叠，记为 $C'(v_i)$，则节点 v_i 的有效覆盖区记为 $C''(v_i)$，$C''(v_i) = C(v_i) - C'(v_i)$。若将所有结构型战略点的有效覆盖区域记为 S'，则 $S' = \bigcup_i^n (C''(v_i) \bigcup C'(v_i))$。若监测区域记为 S，则监测区覆盖率为

$$f_2 = \frac{\iint_{x,y} S'}{\iint_{x,y} S} \times 100\% \tag{3}$$

(8) 总适应度函数为

$$f = \alpha_1 f_1 + \alpha_2 f_2 \tag{4}$$

式中，α_1、α_2 为子目标函数对应的权值，满足 $\alpha_1 + \alpha_2 = 1$，这里取值 $\alpha_1 = \alpha_2 = 0.5$。

三、研究结果与应用

结构型战略点应位于可建设生态节点的用地类型上，对园地、林地、草地、水域等生态用地类型进行提取，得到生态用地面积为 428.25 km²。生态用地作为解空间，利用多目标遗传算法识别结构型战略点的最优位置。多目标遗传算法运行需要指定初始种群个数 Pop(initial population)，即结构型战略点个数。经多次尝试，得到不同初始种群下资源型战略点位置，并通过比较节点冗余情况、平均节点覆盖率及节点连通率，确定初始种群 Pop=30 为最佳选择。不同资源型战略点的对比结果详见表 9.4-1。当结构型战略点个数为 30 时，节点连通率达 86.67%，而且平均节点覆盖率最高，节点分布更均匀。

表 9.4-1 不同资源型战略点的结果对比

初始种群个数/个	节点覆盖面积/km²	平均节点覆盖率/%	节点连通率/%
Pop=50	625.15	1.28	96.00
Pop=30	473.95	1.62	86.67
Pop=20	231.03	1.18	70.00
Pop=10	125.06	1.28	50.00

参考文献：

张晓琳, 金晓斌, 赵庆利, 等. 2020. 基于多目标遗传算法的层级生态节点识别与优化——以常州市金坛区为例[J]. 自然资源学报, 35(1): 174-189.

参 考 文 献

曹帅, 金晓斌, 杨绪红, 等. 2019. 耦合 MOP 与 GeoSOS-FLUS 模型的县级土地利用结构与布局复合优化[J]. 自然资源学报, 34(6): 1171-1185.

高海兵, 周驰, 高亮. 2005. 广义粒子群优化模型[J]. 计算机学报, 28(12): 1980-1987.

郭贝贝, 杨绪红, 金晓斌, 等. 2014. 基于多目标整形规划的黄土台塬区水资源空间优化配置研究[J]. 资源科学, 36(9): 1789-1798.

韩博, 金晓斌, 孙瑞, 等. 2019. 土地整治项目区耕地资源优化配置研究[J]. 自然资源学报, 34(4): 718-731.

孔繁花, 尹海伟. 2008. 济南城市绿地生态网络构建[J]. 生态学报, (4): 1711-1719.

刘涛, 陈忠, 陈晓荣. 2005. 复杂网络理论及其应用研究概述[J]. 系统工程, (6): 1-7.

史芳宁, 刘世梁, 安毅, 等. 2019. 基于生态网络的山水林田湖草生物多样性保护研究: 以广西左右江为例[J]. 生态学报, 39(23): 8930-8938.

宋利利, 秦明周, 张鹏岩, 等. 2020. 基于图论的景观图表达、分析及应用[J]. 应用生态学报, 31(10): 3579-3588.

王玉莹, 沈春竹, 金晓斌, 等. 2019. 基于 MSPA 和 MCR 模型的江苏省生态网络构建与优化[J]. 生态科学, 38(2): 138-145.

徐建华. 2006. 计量地理学[M]. 北京: 高等教育出版社.

于强, 岳德鹏, Yang D, 等. 2016. 基于 BCBS 模型的生态节点布局优化[J]. 农业机械学报, 47(12): 330-336, 329.

张利, 何玲, 闫丰, 等. 2021. 基于图论的两栖类生物栖息地网络规划: 以黑斑侧褶蛙为例[J]. 应用生态学报, 32(3): 1054-1060.

张孟真, 金晓斌, 韩博, 等. 2020. 基于改进 CoMOLA 模型的镇域土地利用优化[J]. 农业工程学报, 36(12): 257-267, 330.

张强. 2018. 智能进化算法概述及应用[M]. 哈尔滨: 哈尔滨工业大学出版社.

钟珞, 袁景凌, 李琳, 等. 2015. 智能方法及应用[M]. 北京: 科学出版社.

Foltête J C, Vuidel G. 2017. Using landscape graphs to delineate ecologically functional areas[J]. Landscape Ecology, 32: 249-263.

Harary F. 1969. Graph Theory[M]. Reading, MA, USA: Addison-Wesley.

Rubinov M, Sporns O. 2010. Complex network measures of brain connectivity: Uses and interpretations[J]. NeuroImage, 52(3): 1059-1069.

Urban D, Keitt T. 2001. Landscape connectivity: A graph-theoretic perspective[J]. Ecology, 82: 1205-1218.

第10章 调查监测方法

国土综合整治活动是一项复杂的系统性工作，涉及自然、经济、社会、生态等诸多方面。无论是整治规划的编制，还是具体整治工程项目的可行性研究、规划设计、实施监管、竣工验收等，均需大量科学、翔实、客观的数据资料作为基础支撑。这些空间与非空间数据资料涵盖土地、土壤、水文、地形地貌、地质、气象等自然资源领域和行政区划、人口、政策、经济发展、产业结构、农村环境与社会风貌等社会经济领域，有的来源于既有出版物，集中体现了前人的思想智慧和相关工作要求，为即将开展的国土综合整治活动提供了数据积累与资料支撑；有的来源于科学观测、田野调查和实地采样，需要通过先进的仪器设备、科学的分析方法、周密的方案计划进行调查获取和连续监测，进而辅助国土综合整治活动评估及决策。此外，随着信息大爆炸和大数据时代的到来，以大数据、人工智能、云计算、物联网等为代表的信息技术迅猛发展，也为国土综合整治活动中基础数据资料的采集、存储、处理、分析等提供了新的技术手段。本章将对国土综合整治活动中的相关调查监测方法及大数据与人工智能等基本情况进行介绍，并结合案例说明这些调查监测方法的应用成果。

10.1 调 查 方 法

10.1.1 文献调查

文献指以文字、图形、符号、音频、视频等方式记录在各种载体上的知识和信息，主要包括图书、连续出版物及学位论文、专利、标准等信息资源(表 10-1)。其特点是经过加工、整理，较为系统、准确、可靠，便于保存与利用。

表 10-1 常见的文献类型

文献的主要类型	具体内容和特点
图书	国家标准《信息与文献 术语》(GB/T 4894—2009)将图书定义为"通常是分页并形成一个物理单元的，以书写、印刷或电子形式出版的知识作品。"图书是文献中最古老、最重要的类型。按文种可分为中文图书和外文图书；按写作方式可分为专著、编著、翻译、编译等；按出版卷可分为单卷本、多卷本等；按刊行情况可分为单行本、丛书、抽印本等；按版次情况可分为初版、重版、修订本等
连续出版物	指具有同一题名、定期或不定期以分册形式出版，有卷期或年月标识、计划无限期连续出版的文献。主要包括期刊、报纸、年度出版物及其他连续报告、专著性丛刊等。连续出版物是与图书并列的最主要的文献类型，其特点是内容新颖、报道及时、信息密集、形式一致等
特种文献	也称"灰色文献"，指有特定内容、特定用途、特定读者范围、特定出版发行方式的文献，包括学位论文、研究报告、专利、标准和政府出版物等，具有内容新颖、实用性强、信息量大、参考性高等特点，是极为重要的信息资源

文献调查是以文献为对象的调查方法，通过搜集各种文献资料，从中获取与研究工作或课题有关信息的过程。具体而言，首先应根据研究工作或课题内容，形成和明确具体的信息需求；然后针对各类潜在文献信息源的特点，选择合适的文献检索系统；再次采用合适的检索策略和方法，从文献集合中准确地查找所需文献，并对获取的文献进行适当的组织和管理；最后通过泛读和精读对获取的原文或能反映原文的文摘进行分析评判和吸收消化，并用于特定的工作需求，甚至将其融入自身的知识体系。文献调查的一般过程如图 10-1 所示。由于各类文献类型的特点和所能提供的信息不尽相同，文献调查在国土综合整治活动中的应用范围也存在一定差异 (表 10-2)。

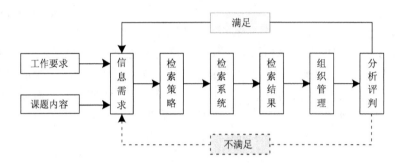

图 10-1　文献调查的一般过程

表 10-2　文献调查在国土综合整治活动中的应用

文献类型	主要应用范围
图书、期刊论文、学位论文	国土综合整治基础理论知识、研究进展、专题研究、方法探讨应用、典型案例介绍剖析等
标准、指南、规范	土地利用现状分类、生态环境状况调查的主要内容和方法等；国土综合整治术语、具体实施内容与程序、潜力评价与测算方法、制图与数据库建设成果要求等
统计年鉴	经济社会发展状况基础数据(人口、经济发展、产业结构、农业生产等)资料收集
发明专利、软件著作	基础数据资料收集处理新方法新技术、整治工程新材料新技术新工艺等
报纸	国土综合整治有关政策介绍、解读、地方实践与典型案例介绍(正面、反面)等

常用的中、外文献检索系统平台(网络出版数据库)主要包括中国知网(CNKI)、维普中文期刊服务平台、万方数据知识服务平台、ISI Web of Knowledge、Elsevier ScienceDirect、Scopus、JSTOR、SAGE、EBSCO 等(表 10-3)。上述网络文献数据库通常提供多样化的检索功能和方法，以帮助用户获得更全面、更准确的检索结果。例如，中国知网提供了基于主题、关键词、篇名、全文、作者、作者单位、基金、摘要、参考文献、文献来源、DOI 等十多项检索项的初级检索功能，以及运用逻辑组合和逻辑表达式进行更精确检索的高级检索、专业检索等功能。此外，还能对检索结果按照相关度、发表时间、被引量、下载量等进行排序。其他网络数据库的检索方法也都大同小异。

随着可供获取的文献资源越来越多，仅凭个人大脑和传统处理方式，已难以实现海量文献资料的有效管理，在此背景下，文献管理工具应运而生。以期刊文献为例，目前常用的文献管理软件主要有知网研学(原 E-Study)、NoteExpress、EndNote、Mendeley、Zotero、JabRef 等。这些软件通常都具有丰富的文献管理功能。例如，通过内置的收费或免费数

表 10-3　常用的中、外文献网络出版数据库

语种	数据库名称	简介
中文	中国知网	又称中国知识基础设施工程(China National Knowledge Infrastructure, CNKI)，于1999 年 6 月由清华大学、清华同方发起组织实施。通过与期刊界、出版界等内容提供商合作，中国知网已经发展成为集学术期刊、学位论文、会议论文、报纸、年鉴、专利、标准、图书、学术辑刊、法律法规、政府文件、科技报告等多种文献类型数据库于一体、具有国际领先水平的网络出版出台。其中，《中国学术期刊(网络版)》是具有全球影响力的连续动态更新的中国学术期刊全文数据库，以学术、技术、政策指导、高等科普及教育类期刊为主，内容覆盖自然科学、工程技术、农业、哲学、人文社会科学等各个领域。收录国内学术期刊 8000 种，全文文献总量 5800 万篇
中文	维普中文期刊服务平台(中文科技期刊数据库)	重庆维普资讯有限公司(简称维普资讯)前身为中国科学技术情报研究所重庆分所数据库研究中心，是全球第一家从事中文期刊数据库研究的机构。《中文科技期刊数据库》源于维普资讯 1989 年创建的《中文科技期刊篇名数据库》，累计收录期刊15000 余种，现刊 9000 余种，文献总量 7000 余万篇，涵盖经济管理、哲学宗教、天文地球、农业科学等 35 个学科大类，457 个学科小类，是我国数字图书馆建设的核心资源之一，也是高校图书馆文献保障系统的重要组成部分
中文	万方数据知识服务平台	北京万方数据股份有限公司成立于 2000 年，是国内较早以信息服务为核心的股份制高新技术企业。《万方数据知识服务平台》是其旗下的主要产品之一，是以自然科学为主的大型科技、商务信息平台，内容涉及自然科学和社会科学各个专业领域，包括学术期刊、学位论文、会议论文、外文文献、专利、标准、科技成果、政策法规、机构、科技专家、地方志等数据库。其中，《中国学术期刊数据库》收录自 1998年以来国内出版的各类期刊 8000 余种，核心期刊 3300 余种，涵盖自然科学、工程技术、医药卫生、农业科学、社会学科等各个学科
外文	ISI Web of Knowledge	其为汤森路透(Thomson Reuters)公司开发的信息检索平台，是一个基于互联网建立的动态的、整合的数字研究环境。将学术期刊、发明专利、学术会议、学术网站及其他各种高质量信息资源整合在同一系统内，提供自然科学、工程技术、社会科学、艺术与人文等领域的学术信息。Web of Science 是世界上有影响的多学科学术文献文摘索引数据库，其核心合集包含三大期刊引文索引(SCIE、SSCI、A&HCI)、两大国际会议论文引文索引(CPCI-S、CPCI-SSH)和两大化学索引等 7 个子数据库，经过严格的遴选，收录了 10000 多种世界权威的、高影响力的学术期刊和超过 11万种国际会议的学术期刊，内容涵盖自然科学、工程技术、生物医学、社会科学、艺术与人文等领域
外文	Elsevier ScienceDirect	荷兰爱思唯尔(Elsevier)出版集团是全球最大的科技与医学文献出版发行商之一，现已有 180 多年的历史。其 ScienceDirect 全文数据库，自 1999 年开始向读者提供电子出版物全文的在线服务，拥有全球超过四分之一的科学、技术、医学和社会科学全文，以及同行评审文章。通过 ScienceDirect，用户可以找到超过 2500 种同行评审期刊、过刊扩展包(回溯至第一卷第一期)，以及一万多册的权威书籍，包括参考工具书、手册、专著、系列丛书和教材等，涉及物理学与工程、生命科学、健康科学、社会科学与人文科学等学科领域，收录全文文章总数已超过 1200 万篇
外文	Scopus	Scopus 是全球最大的文摘和引文数据库，收录了来自全球 5000 多家国际出版商的21900 种期刊，含 20000 多种同行评议期刊，2800 种开放获取访问期刊，超过 75000本图书和 680 万篇会议论文，涵盖自然科学、医学、社会科学和生命科学 4 大领域27 个学科

据库资源，可实现对海量文献的轻松、高效检索，并将检索结果保存在本地供随时查阅，在取得有关权限的前提下，甚至可获取文献全文；根据个人喜好，按照不同的研究主题或方向对文献进行分类管理，并可按时间、作者、标题等信息进行排序；对题录(文摘)信息

进行多字段统计分析，高效了解某领域内的重要专家、研究机构和研究热点等；利用软件自带的"笔记"功能，可随时记录阅读文献时的重要内容和思考想法；在撰写论文时自动生成符合要求的参考文献列表，并支持不同参考文献格式一键转换，从而规范写作和提高效率，等等。除上述以侧重高效组织和管理文献为主要功能的软件工具外，CiteSpace 更是一款兼具识别检索科学文献、洞察科学发展态势、计量分析科学文献数据等功能的高效文献信息可视化软件。该软件主要基于共引(co-citation)分析理论和寻径(pathfinder)网络算法等，通过对特定领域文献(集合)进行计量分析，以探寻学科领域发展的演化过程、发展脉络、关键路径等，进而将文献之间的关系以科学知识图谱的方式进行可视化，既能帮助用户梳理过去的研究轨迹，也能促进读者对当前研究前沿及未来前景形成初步认识。可以说，CiteSpace 软件是利用分时动态的可视化图谱展示科学知识的宏观结构及其发展脉络的有效方式，是科学与艺术的完美结合(侯剑华和胡志刚，2013)。

案例 10.1　国际生态修复理念与方法对我国新时期国土综合整治的启示(节选)

一、研究背景

随着社会经济的发展和城镇化进程的加速，生态环境日益恶化，人类逐渐认识到不断出现的环境问题所带来的严重后果，生态修复作为改善生态环境、保障人类福祉的重要手段，对其的科学研究和实践探索迅速发展。新时期，我国国土综合整治和生态修复遵循"山水林田湖草生命共同体"的理念，对国土空间实施整体保护、系统修复、综合治理，要求从过去的单一要素保护修复转变为以生态系统服务功能提升为导向的多要素保护修复(王夏晖等，2018)。目前，我国国土综合整治已取得较为丰富的理论成果和实践经验，但修复侧重于非生物环境，修复手段多以工程性措施为主，修复尺度多为小范围特定环境。基于此，迫切需对当前国际生态修复的概念、内涵、研究内容及进展进行系统梳理，明晰生态修复的对象、目标和方法路径，以期为我国国土综合整治和生态修复提供有益借鉴。在这方面，翁睿等在对相关文献进行综合分析的基础上，系统梳理生态修复的概念和内涵，总结发达国家生态修复的理念及方法措施，以期为新时期我国国土综合整治提供参考和借鉴。

二、研究方法

应用 CiteSpace 5.6.R3 版本，对科学引文索引(Web of Science)核心合集进行数据收集。为了增强提取信息的合理性，以标题作为检索方式，分别以"ecological restoration"和"restoration ecology"为关键词进行检索，检索时间为 1988~2020 年，在剔除非学术文献之后，共检索到相关文献 4220 篇。

三、研究结果

(一)生态修复研究关键词分析

文献关键词能够概括和反映研究内容和焦点。通过对科学引文索引进行生态修复研究关键词共现分析，得到节点数 903，连线数 9238，网络密度 0.0227，对关键词进行同义替换后，统计关键词频次大于 500 的关键词(共 6 个)的词频位序图(图 10.1-1)，具体包括"restoration"(修复)、"ecological restoration"(生态修复)、"biodiversity"(生物多样性)、"conservation"(保护)、"management"(管理)和"ecology"(生态学)。

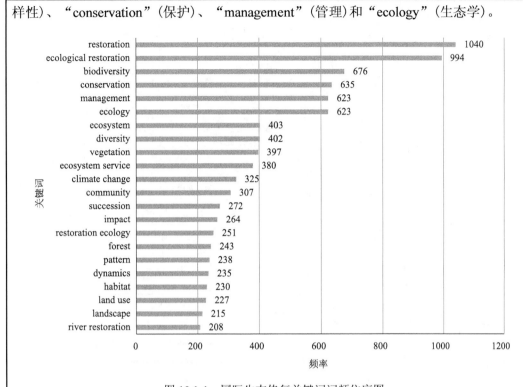

图 10.1-1 国际生态修复关键词词频位序图

自 1988 年以来，国际上关于生态修复的研究内容主要围绕"ecological restoration"(生态修复)、"disturbance"(干扰)、"conservation"(保护)、"ecosystem management"(生态系统管理)、"land use"(土地利用)、"degradation"(退化)等关键词展开；修复目标主要包括"biodiversity"(生物多样性)、"community structure"(群落结构)、"ecosystem function"(生态系统功能)等；修复对象主要包括"river"(河流)、"vegetation"(植被)、"forest"(森林)、"wetland"(湿地)等；修复区域主要包括"California"(加利福尼亚)、"Australia"(澳大利亚)等；修复尺度主要包括"landscape"(景观)、"habitat"(栖息地)、"population"(人)等；修复方法主要包括"fire"(火)、"adaptive management"(适应性管理)、"monitoring"(监测)等(图 10.1-2)。

(二)前沿热点分析

通过 CiteSpace 软件中的"burst detection"和"Time Zone View"工具，对国际生态修复研究进行前沿热点和发展方向分析。突变关键词统计图(图 10.1-3)表明了 1988 年以来突变词的突变时期和突变强度，突变强度大于 5 的关键词包括："rehabilitation"(重建)、"disturbance"(干扰)、"ecosystem management"(生态系统管理)、"wetland"(湿地)、"habitat"(栖息地)、"Ponderosa Pine"(西黄松)、"mitigation"(减缓)、"California"(加利福尼亚)、"floodplain"(河漫滩)、"ecological integrity"(生态完整性)、"management"(管理)、"eutrophication"(富营养化)、"system"(系统)、"ecosystem"(生态系)、"perspective"(观点)和"river"(河流)。其中，"rehabilitation"(重建)突变强度最大，为 10.14，突变年份为 2000~2008 年，说明这段

时间"重建"是生态修复的爆发性话题。

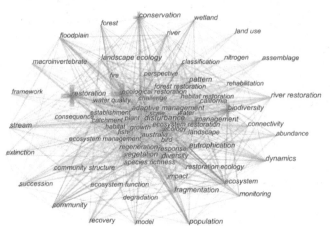

图 10.1-2　国际生态修复关键词共现网络

关键词	开始年份	结束年份	1988~2020 年
rehabilitation	2000	2008	
disturbance	1996	2004	
ecosystem management	2000	2010	
wetland	1997	2002	
habitat	2000	2006	
Ponderosa Pine	2001	2012	
mitigation	2000	2009	
California	1995	2005	
floodplain	2000	2008	
ecological integrity	2000	2005	
management	2002	2004	
eutrophication	1995	2003	
system	1999	2003	
ecosystem	1997	2002	
perspective	1997	2008	
river	2002	2007	
pinus ponderosa	1999	2006	
arizona	1999	2006	
netherland	2002	2006	
biology	2000	2012	
population	1992	1998	
classification	2004	2007	
dynamics	1996	1999	
salt marsh	2000	2002	
model	2001	2003	

图 10.1-3　国际生态修复突变关键词 TOP25

总体来说，国际生态修复热点主要集中在 1992~2007 年，这段时间生态修复领域出现了多个关键词，包括 "ecological restoration"（生态修复）、"conservation"（保护）、"dynamics"（动力学）、"biodiversity"（生物多样性）、"fragmentation"（破碎）、"adaptive management"（适应性管理）、"climate change"（气候变化）等。2004 年，"land-use change"（土地利用变化）成为新的研究热点，到 2011 年，"biodiversity conservation"（生物多样性保护）又为学术界所关注。可以看到，国际研究热点前期主要集中于生态系统和生物本身，之后研究领域逐渐扩大，与土地覆盖、气候变化等相联系，在技术手段上逐渐专业化（图 10.1-4）。

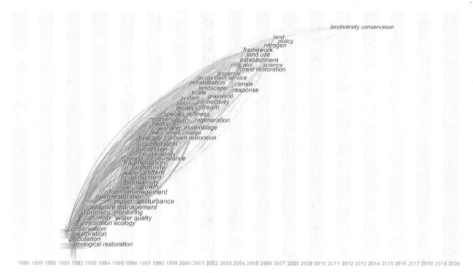

图 10.1-4　国际生态修复关键词时区分布

参考文献：

翁睿, 韩博, 孙瑞, 等. 2020. 国际生态修复理念与方法对我国新时期国土综合整治的启示[J]. 土地经济研究, (1): 117-140.

10.1.2　野外调查

从国土综合整治活动的工作内容和要求来看，野外调查一方面是采用高分卫星或航空遥感影像、土地承包经营权登记、国土执法监察等最新数据资料，对已有的土地利用现状调查成果进行核实、更新、细化和补充，以确保土地利用现状调查数据的准确性和时效性；另一方面则是重点围绕以土地为载体或与土地资源密切相关的土壤、水文、地质、动植物等资源要素，通过实地查勘、测量、统计、采样分析等方法，明确各类要素的物理性质、化学性质和数量、质量等时空分布格局，从而服务整治区域生态环境问题的诊断与评估，为明确区域国土综合整治的重点任务提供决策参考和科学依据。

1. 土地利用现状调查

土地利用现状调查是以县(市、区)级行政辖区为基本调查单位,利用遥感、测绘、地理信息、互联网等技术手段,实地调查土地的地类、面积、分布、权属、利用等基本信息,是开展区域国土综合整治规划编制、工程项目实施等活动的先导工作,主要包括农村土地利用现状调查和城市、建制镇、村庄(简称"城镇村庄")内部土地利用现状调查。我国自1984年起开展了第一次全国土地调查[①](简称"一调"),并于2006年、2017年分别启动了第二次[②]和第三次全国土地调查[③](简称"二调"和"三调")工作,同时全国每年进行一次土地变更调查,以保持调查成果的现势性。其中,由于国家机构改革、人员变动和工作需要,2018年8月,国务院决定将第三次全国土地调查调整为第三次全国国土调查[④];2021年8月,《第三次全国国土调查主要数据公报》正式在北京对外发布。目前,国土综合整治活动中涉及的土地利用现状调查主要依托第三次全国国土调查及其年度变更调查成果。"三调"以《土地利用现状分类》(GB/T 21010—2017)为基础,对部分地类进行了细化和归并,采用"第三次全国国土调查工作分类"(简称"工作分类")认定地类(表10-4),同时对工作分类中05、06、07、08、09各地类,0603、1004、1005、1201二级类,以及城镇村居民点范围内的其他各类用地按《城镇村及工矿用地》进行归并(表10-5),确保地类不重不漏全覆盖。

表10-4　第三次全国国土调查工作分类

一级类		二级类		含义
编码	名称	编码	名称	
00	湿地			指红树林地,天然的或人工的,永久的或间歇性的沼泽地、泥炭地、盐田、滩涂等
		0303	红树林地	沿海生长红树植物的土地
		0304	森林沼泽	以乔木森林植物为优势群落的淡水沼泽
		0306	灌丛沼泽	以灌丛植物为优势群落的淡水沼泽
		0402	沼泽草地	指以天然草本植物为主的沼泽化的低地草甸、高寒草甸
		0603	盐田	指用于生产盐的土地,包括晒盐场所、盐池及附属设施用地
		1105	沿海滩涂	指沿海大潮高潮位与低潮位之间的潮浸地带。包括海岛的沿海滩涂。不包括已利用的滩涂
		1106	内陆滩涂	指河流、湖泊常水位至洪水位间的滩地;时令湖、河洪水位以下的滩地;水库、坑塘的正常蓄水位与洪水位间的滩地。包括海岛的内陆滩地。不包括已利用的滩地
		1108	沼泽地	指经常积水或渍水,一般生长湿生植物的土地。包括草本沼泽、苔藓沼泽、内陆盐沼等。不包括森林沼泽、灌丛沼泽和沼泽草地

---

① 《国务院批转农牧渔业部、国家计委等部门关于进一步开展土地资源调查工作的报告的通知》(国发〔1984〕70号)。
② 《国务院关于开展第二次全国土地调查的通知》(国发〔2006〕38号)。
③ 《国务院关于开展第三次全国土地调查的通知》(国发〔2017〕48号)。
④ 《国务院办公厅关于调整成立国务院第三次全国国土调查领导小组的通知》(国办函〔2018〕53号)。

续表

一级类		二级类		含义
编码	名称	编码	名称	
01	耕地			指种植农作物的土地，包括熟地，新开发、复垦、整理地，休闲地(含轮歇地、休耕地)；以种植农作物(含蔬菜)为主，间有零星果树、桑树或其他树木的土地；平均每年能保证收获一季的已垦滩地和海涂。耕地中包括南方宽度<1.0 m，北方宽度<2.0 m 固定的沟、渠、路和地坎(埂)；临时种植药材、草皮、花卉、苗木等的耕地，临时种植果树、茶树和林木且耕作层未被破坏的耕地，以及其他临时改变用途的耕地
		0101	水田	指用于种植水稻、莲藕等水生农作物的耕地。包括实行水生、旱生农作物轮种的耕地
		0102	水浇地	指有水源保证和灌溉设施，在一般年景能正常灌溉，种植旱生农作物(含蔬菜)的耕地。包括种植蔬菜的非工厂化的大棚用地
		0103	旱地	指无灌溉设施，主要靠天然降水种植旱生农作物的耕地，包括没有灌溉设施，仅靠引洪淤灌的耕地
02	种植园用地			指种植以采集果、叶、根、茎、汁等为主的集约经营的多年生木本和草本作物，覆盖度大于 50%或每亩株数大于合理株数 70%的土地。包括用于育苗的土地
		0201	果园	指种植果树的园地
			0201K　可调整果园	指由耕地改为果园，但耕作层未被破坏的土地
		0202	茶园	指种植茶树的园地
			0202K　可调整茶园	指由耕地改为茶园，但耕作层未被破坏的土地
		0203	橡胶园	指种植橡胶树的园地
			0203K　可调整橡胶园	指由耕地改为橡胶园，但耕作层未被破坏的土地
		0204	其他园地	指种植桑树、可可、咖啡、油棕、胡椒、药材等其他多年生作物的园地
			0204K　可调整其他园地	指由耕地改为其他园地，但耕作层未被破坏的土地
03	林地			指生长乔木、竹类、灌木的土地。包括迹地，不包括沿海生长红树林的土地、森林沼泽、灌丛沼泽、城镇、村庄范围内的绿化林木用地，铁路、公路征地范围内的林木，以及河流、沟渠等护堤林
		0301	乔木林地	指乔木郁闭度≥0.2 的林地。不包括森林沼泽
			0301K　可调整乔木林地	指由耕地改为乔木林地，但耕作层未被破坏的土地
		0302	竹林地	指生长竹类植物，郁闭度≥0.2 的林地
			0302K　可调整竹林地	指由耕地改为竹林地，但耕作层未被破坏的土地
		0305	灌木林地	指灌木覆盖度≥40%的林地，不包括灌丛沼泽
		0307	其他林地	包括疏林地(树木郁闭度≥0.1、<0.2 的林地)、未成林地、迹地、苗圃等林地
			0307K　可调整其他林地	指由耕地改为未成林造林地和苗圃，但耕作层未被破坏的土地
04	草地			指生长草本植物为主的土地。不包括沼泽草地
		0401	天然牧草地	指以天然草本植物为主，用于放牧或割草的草地，包括实施禁牧措施的草地，不包括沼泽草地
		0403	人工牧草地	指人工种植牧草的草地
			0403K　可调整人工牧草地	指由耕地改为人工牧草地，但耕作层未被破坏的土地
		0404	其他草地	指树木郁闭度<0.1，表层为土质，不用于放牧的草地

一级类		二级类		含义
编码	名称	编码	名称	
05	商业服务业用地			指主要用于商业、服务业的土地
		05H1	商业服务业设施用地	指主要用于零售、批发、餐饮、旅馆、商务金融、娱乐及其他商服的土地
		0508	物流仓储用地	指用于物资储备、中转、配送等场所的用地，包括物流仓储设施、配送中心、转运中心等
06	工矿用地			指主要用于工业、采矿等生产的土地。不包括盐田
		0601	工业用地	指工业生产、产品加工制造、机械和设备修理及直接为工业生产等服务的附属设施用地
		0602	采矿用地	指采矿、采石、采砂(沙)场，砖瓦窑等地面生产用地，排土(石)及尾矿堆放地，不包括盐田
07	住宅用地			指主要用于人们生活居住的房基地及其附属设施的土地
		0701	城镇住宅用地	指城镇用于生活居住的各类房屋用地及其附属设施用地，不含配套的商业服务设施等用地
		0702	农村宅基地	指农村用于生活居住的宅基地
08	公共管理与公共服务用地			指用于机关团体、新闻出版、科教文卫、公用设施等的土地
		08H1	机关团体新闻出版用地	指用于党政机关、社会团体、群众自治组织，广播电台、电视台、电影厂、报社、杂志社、通讯社、出版社等的用地
		08H2	科教文卫用地	指用于各类教育，独立的科研、勘察、研发、设计、检验检测、技术推广、环境评估与监测、科普等科研事业单位，医疗、保健、卫生、防疫、康复和急救设施，为社会提供福利和慈善服务的设施，图书、展览等公共文化活动设施，体育场馆和体育训练基地等用地及其附属设施用地
		08H2A	高教用地 指高等院校及其附属设施用地	
		0809	公用设施用地	指用于城乡基础设施的用地。包括供水、排水、污水处理、供电、供热、供气、邮政、电信、消防、环卫、公用设施维修等用地
		0810	公园与绿地	指城镇、村庄范围内的公园、动物园、植物园、街心花园、广场和用于休憩、美化环境及防护的绿化用地
		0810A	广场用地 指城镇、村庄范围内的广场用地	
09	特殊用地			指用于军事设施、涉外、宗教、监教、殡葬、风景名胜等的土地
10	交通运输用地			指用于运输通行的地面线路、场站等的土地。包括民用机场、汽车客货运场站、港口、码头、地面运输管道和各种道路以及轨道交通用地
		1001	铁路用地	指用于铁道线路及场站的用地。包括征地范围内的路堤、路堑、道沟、桥梁、林木等用地
		1002	轨道交通用地	指用于轻轨、现代有轨电车、单轨等轨道交通用地，以及场站的用地
		1003	公路用地	指用于国道、省道、县道和乡道的用地。包括征地范围内的路堤、路堑、道沟、桥梁、汽车停靠站、林木及直接为其服务的附属用地
		1004	城镇村道路用地	指城镇、村庄范围内公用道路及行道树用地，包括快速路、主干路、次干路、支路、专用人行道和非机动车道，及其交叉口等
		1005	交通服务场站用地	指城镇、村庄范围内交通服务设施用地，包括公交枢纽及其附属设施用地、公路长途客运站、公共交通场站、公共停车场(含设有充电桩的停车场)、停车楼、教练场等用地，不包括交通指挥中心、交通队用地

一级类		二级类		含义
编码	名称	编码	名称	
10	交通运输用地	1006	农村道路	在农村范围内，南方宽度≥1.0 m、≤8.0 m，北方宽度≥2.0 m、≤8.0 m，用于村间、田间交通运输，并在国家公路网络体系之外，以服务于农村农业生产为主要用途的道路(含机耕道)
		1007	机场用地	指用于民用机场、军民合用机场的用地
		1008	港口码头用地	指用于人工修建的客运、货运、捕捞及工程、工作船舶停靠的场所及其附属建筑物的用地，不包括常水位以下部分
		1009	管道运输用地	指用于运输煤炭、矿石、石油、天然气等管道及其相应附属设施的地上部分用地
11	水域及水利设施用地			指陆地水域，沟渠、水工建筑物等用地。不包括滞洪区
		1101	河流水面	指天然形成或人工开挖河流常水位岸线之间的水面，不包括被堤坝拦截后形成的水库区段水面
		1102	湖泊水面	指天然形成的积水区常水位岸线所围成的水面
		1103	水库水面	指人工拦截汇集而成的总设计库容≥10 万 m³ 的水库正常蓄水位岸线所围成的水面
		1104	坑塘水面	指人工开挖或天然形成的蓄水量<10 万 m³ 的坑塘常水位岸线所围成的水面
				1104A　养殖坑塘　指人工开挖或天然形成的用于水产养殖的水面及相应附属设施用地
				1104K　可调整养殖坑塘　指由耕地改为养殖坑塘，但可复耕的土地
		1107	沟渠	指人工修建，南方宽度≥1.0 m、北方宽度≥2.0 m 用于引、排、灌的渠道，包括渠槽、渠堤、护堤林及小型泵站
				1107A　干渠　指除农田水利用地以外的人工修建的沟渠
		1109	水工建筑用地	指人工修建的闸、坝、堤路林、水电厂房、扬水站等常水位岸线以上的建(构)筑物用地
		1110	冰川及永久积雪	指表层被冰雪常年覆盖的土地
12	其他土地			指上述地类以外的其他类型的土地
		1201	空闲地	指城镇、村庄、工矿范围内尚未使用的土地。包括尚未确定用途的土地
		1202	设施农用地	指直接用于经营性畜禽养殖生产设施及附属设施用地；直接用于作物栽培或水产养殖等农产品生产的设施及附属设施用地；直接用于设施农业项目辅助生产的设施用地；晾晒场、粮食果品烘干设施、粮食和农资临时存放场所、大型农机具临时存放场所等规模化粮食生产所必需的配套设施用地
		1203	田坎	指梯田及梯状坡地耕地中，主要用于拦蓄水和护坡，南方宽度≥1.0 m、北方宽度≥2.0 m 的地坎
		1204	盐碱地	指表层盐碱聚集，生长天然耐盐植物的土地
		1205	沙地	指表层为沙覆盖、基本无植被的土地。不包括滩涂中的沙地
		1206	裸土地	指表层为土质，基本无植被覆盖的土地
		1207	裸岩石砾地	指表层为岩石或石砾，其覆盖面积≥70%的土地

注：数据来源于《第三次全国国土调查技术规程》(TD/T 1055—2019)。

表 10-5 城镇村及工矿用地

一级类		二级类		含义
编码	名称	编码	名称	
20	城镇村及工矿用地			指城乡居民点、独立居民点以及居民点以外的工矿、国防、名胜古迹等企事业单位用地,包括其内部交通、绿化用地
		201	城市	即城市居民点,指市区政府、县级市政府所在地(镇级)辖区内的,以及与城市连片的商业服务业、住宅、工业、机关、学校等用地。包括其所属的,不与其连片的开发区、新区等建成区,及城市居民点范围内的其他各类用地(含城中村)
		201A	城市独立工业用地 城市辖区内独立的工业用地	
		202	建制镇	即建制镇居民点,指建制镇辖区内的商业服务业、住宅、工业、学校等用地。包括其所属的,不与其连片的开发区、新区等建成区,及建制镇居民点范围内的其他各类用地(含城中村),不包括乡政府所在地
		202A	建制镇独立工业用地 建制镇辖区内独立的工业用地	
		203	村庄	即农村居民点,指乡村所属的商业服务业、住宅、工业、学校等用地。包括农村居民点范围内的其他各类用地
		203A	村庄独立工业用地 村庄所属独立的工业用地	
		204	盐田及采矿用地	指城镇村庄用地以外采矿、采石、采砂(沙)场,盐田,砖瓦窑等地面生产用地及尾矿堆放地
		205	特殊用地	指城镇村庄用地以外用于军事设施、涉外、宗教、监教、殡葬、风景名胜等的土地

注: 数据来源于《第三次全国国土调查技术规程》(TD/T 1055—2019)。

"三调"采用 2000 国家大地坐标系、1985 国家高程基准,以图斑为基本单元开展调查(包括道路、沟渠、河流等线状地物),按照图斑的实地利用现状认定图斑地类,即"所见即所得"。单一地类地块,以及被行政区、城镇村庄等调查界线或土地所有权界线分割的单一地类地块称为图斑。城镇村庄内部同一地类的相邻宗地合并为一个图斑。道路被权属界线分割的,则按不同图斑上图。农村土地利用现状调查全面采用优于 1 m 分辨率的遥感影像资料,城镇内部土地利用现状调查原则上采用优于 0.2 m 分辨率的航空遥感影像资料,并在此基础上制作数字正射影像图(digital orthophoto map, DOM),按照工作分类,依据影像特征内业逐地块判读土地利用类型,提取土地利用图斑。在最新 DOM、矢量图斑和参考地类信息基础上制作调查底图,采用"综合调绘法"实地调查每块图斑的地类、位置、范围、面积等利用状况。综合调绘法是内业判读、外业调查补测和内业建库相结合的调绘方法。在开展外业实地调查的同时,一并开展图斑举证工作,对影像未能反映的地物进行补测,最后依据外业调查结果,进行内业矢量化和建库。更详尽的调查要求、内容、方法和流程等可参阅《第三次全国国土调查技术规程》(TD/T 1055—2019)、《第三次全国国土调查实施方案》和《第三次全国国土调查工作分类地类认定细则》等资料。

案例 10.2 第三次全国国土调查主要数据公报(节选)

"三调"以 2019 年 12 月 31 日为标准时点汇总数据,全面查清了全国国土利用状况,建立了覆盖国家、省、地、县四级的国土调查数据库。全面掌握了全国主要地类数据:
(1)耕地 12786.19 万公顷(191792.79 万亩)。其中,水田 3139.20 万公顷(47087.97 万

亩），占 24.55%；水浇地 3211.48 万公顷（48172.21 万亩），占 25.12%；旱地 6435.51 万公顷（96532.61 万亩），占 50.33%。

（2）园地 2017.16 万公顷（30257.33 万亩）。其中，果园 1303.13 万公顷（19546.88 万亩），占 64.60%；茶园 168.47 万公顷（2527.05 万亩），占 8.35%；橡胶园 151.43 万公顷（2271.48 万亩），占 7.51%；其他园地 394.13 万公顷（5911.93 万亩），占 19.54%。

（3）林地 28412.59 万公顷（426188.82 万亩）。其中，乔木林地 19735.16 万公顷（296027.43 万亩），占 69.46%；竹林地 701.97 万公顷（10529.53 万亩），占 2.47%；灌木林地 5862.61 万公顷（87939.19 万亩），占 20.63%；其他林地 2112.84 万公顷（31692.67 万亩），占 7.44%。

（4）草地 26453.01 万公顷（396795.21 万亩）。其中，天然牧草地 21317.21 万公顷（319758.21 万亩），占 80.59%；人工牧草地 58.06 万公顷（870.97 万亩），占 0.22%；其他草地 5077.74 万公顷（76166.03 万亩），占 19.19%。

（5）湿地 2346.93 万公顷（35203.99 万亩）。湿地是"三调"新增的一级地类，包括 7 个二级地类。其中，红树林地 2.71 万公顷（40.60 万亩），占 0.12%；森林沼泽 220.78 万公顷（3311.75 万亩），占 9.41%；灌丛沼泽 75.51 万公顷（1132.62 万亩），占 3.22%；沼泽草地 1114.41 万公顷（16716.22 万亩），占 47.48%；沿海滩涂 151.23 万公顷（2268.50 万亩），占 6.44%；内陆滩涂 588.61 万公顷（8829.16 万亩），占 25.08%；沼泽地 193.68 万公顷（2905.15 万亩），占 8.25%。

（6）城镇村及工矿用地 3530.64 万公顷（52959.53 万亩）。其中，城市用地 522.19 万公顷（7832.78 万亩），占 14.79%；建制镇用地 512.93 万公顷（7693.96 万亩），占 14.53%；村庄用地 2193.56 万公顷（32903.45 万亩），占 62.13%；采矿用地 244.24 万公顷（3663.66 万亩），占 6.92%；风景名胜及特殊用地 57.71 万公顷（865.68 万亩），占 1.63%。

（7）交通运输用地 955.31 万公顷（14329.61 万亩）。其中，铁路用地 56.68 万公顷（850.16 万亩），占 5.93%；轨道交通用地 1.77 万公顷（26.52 万亩），占 0.18%；公路用地 402.96 万公顷（6044.47 万亩），占 42.18%；农村道路 476.50 万公顷（7147.56 万亩），占 49.88%；机场用地 9.63 万公顷（144.41 万亩），占 1.01%；港口码头用地 7.04 万公顷（105.64 万亩），占 0.74%；管道运输用地 0.72 万公顷（10.85 万亩），占 0.08%。

（8）水域及水利设施用地 3628.79 万公顷（54431.78 万亩）。其中，河流水面 880.78 万公顷（13211.75 万亩），占 24.27%；湖泊水面 846.48 万公顷（12697.16 万亩），占 23.33%；水库水面 336.84 万公顷（5052.55 万亩），占 9.28%；坑塘水面 641.86 万公顷（9627.86 万亩），占 17.69%；沟渠 351.75 万公顷（5276.27 万亩），占 9.69%；水工建筑用地 80.21 万公顷（1203.19 万亩），占 2.21%；冰川及常年积雪 490.87 万公顷（7362.99 万亩），占 13.53%。

"三调"结果显示，2019 年末全国耕地 19.18 亿亩，从全国层面看，实现了国家规划确定的耕地保有量目标。"二调"以来的 10 年间，全国耕地地类减少了 1.13 亿亩，在非农建设占用耕地方面严格落实了占补平衡的情况下，耕地地类减少的主要原因是农业结构调整和国土绿化。过去 10 年的地类转换中，既有耕地流向林地、园地的情况，也有林地、园地流向耕地的情况，结果是耕地净流向林地 1.12 亿亩，净流向园地 0.63 亿亩。耕地流向园地等农用地中，有的破坏了耕作层，有的没有破坏，"三调"专门对此进行了调查标注，全国共有 8700 多万亩即可恢复为耕地的农用地，还有 1.66 亿亩可以通过工程措施恢复为耕地的农用地，如果需要，这部分农用地可通过相应措施恢复为耕地。

基于生态文明建设需要，"三调"将"湿地"调整为与耕地、园地、林地、草地、水域等并列的一级地类。"三调"结果显示，10 年间，生态功能较强的林地、草地、湿地、河流水面、湖泊水面等地类合计净增加了 2.6 亿亩，生态建设取得了积极成效。同时，全国有 2.29 亿亩耕地流向林地、草地、湿地、河流水面、湖泊水面等生态功能较强的地类，而又有 2.17 亿亩上述地类流向耕地，反映出生态建设格局在局部地区不够稳定，一些地方还暴露出生态建设的盲目性、生态布局不合理等问题，必须坚持最严格生态环境保护制度，统筹生态建设。

"三调"结果显示，全国建设用地总量 6.13 亿亩，较"二调"时增加 1.28 亿亩，增幅 26.5%，同期国内生产总值增长 109.4%，常住人口城镇化率从 48.34% 提高到 62.71%，建设用地的增加与经济社会发展的用地需求总体相适应。但从"三调"数据看，城镇建设用地总规模达到 1.55 亿亩，节约集约程度不够问题依然突出，一些地方存在大量低效和闲置土地。全国村庄用地规模达 3.29 亿亩，总量较大，布局不尽合理。城乡建设用地盘活利用具有较大潜力。

参考文献：

新华社. 2021. 第三次全国国土调查主要数据成果发布[EB/OL]. (2021-08-26).

2. 土壤环境现状调查

土壤环境现状调查主要针对农用地土壤展开，采用抽样调查和重点调查相结合的方式，通过观察土壤剖面和采集土壤样品进行分析，重点调查土壤的理化性质、利用条件及环境质量状况(表 10-6)。通常，以在采样点挖掘的 1 m×1.5 m 左右的长方形土壤剖面坑的向阳面作为剖面观察面。土坑深度根据具体情况确定，一般要求达到母质层，同时还需根据剖面的土壤颜色、结构、质地、松紧度、湿度及植物根系分布等划分土层，并按计划项目逐项进行观察、描述、记载。土壤样品采样时应遵循一定线路，按照"随机""等量""多点混合"等原则进行采样。其中，"随机"即每一个采样点均是任意决定的，以使采样单元内的所有点都有同等机会被采到；"等量"要求每个采样点采集的土样深度、采样量等需一致；"多点混合"是指把一个采样单元内各点所采的土样均匀混合形成一个混合样品，以提高样品的代表性，一个混合样品通常由 15～20 个样点组成。混合样的采集方法主要有对角线法、梅花点法、棋盘式法和蛇形法。不同类型农作物生长习性不同，采样深度也存在一定差异。例如，一般农作物种植区通常需采 0～20 cm 深度耕层土样，而林果类农作物种植区则需采 0～60 cm 深度土样。一个混合土样以取 1 kg 左右为宜，若采集的样品数量较多，可用四分法将多余土壤舍弃。最后，将采集的样品放入样品袋，写好标签，内外各具一张，注明采样地点、日期、采样深度、土壤名称、编号及采样人等信息，同时做好采样记录。

表 10-6　国土综合整治活动中土壤环境调查项目及分析方法

序号	调查项目	分析方法	方法参考
1	土壤类型	剖面观察	
2	有效土层厚度		
3	耕作层厚度	土壤剖面尺测量	/
4	障碍层深度		
5	障碍层厚度		
6	土壤质地	揉条法	《土壤环境监测技术规范》（HJ/T 166—2004）
		比重计法	《土壤检测 第 3 部分：土壤机械组成的测定》（NY/T 1121.3—2006）
7	pH	电位法	《土壤 pH 的测定》（NY/T 1377—2007）
8	有机质	重铬酸钾容量法	《土壤检测 第 6 部分：土壤有机质的测定》（NY/T 1121.6—2006）
9	全氮	凯氏法	《土壤质量 全氮的测定 凯氏法》（HJ 717—2014）
10	有效磷	钼锑抗比色法	《土壤检测 第 7 部分：土壤有效磷的测定》（NY/T 1121.7—2014）
11	速效钾	火焰光度计法	《土壤速效钾和缓效钾含量的测定》（NY/T 889—2004）
12	缓效钾		
13	有效锌	二乙三胺五乙酸（DTPA）浸提—原子吸收分光光度法	《土壤有效态锌、锰、铁、铜含量的测定 二乙三胺五乙酸(DTPA)浸提法》（NY/T 890—2004）
14	有效锰		
15	有效铁		
16	有效铜		
17	有效硼	甲亚胺—H 比色法	《土壤检测 第 8 部分：土壤有效硼的测定》（NY/T 1121.8—2006）
18	有效钼	极谱仪测定法	《土壤检测 第 9 部分：土壤有效钼的测定》（NY/T 1121.9—2012）
19	有效硫	硫酸钡比浊法	《土壤检测 第 14 部分：土壤有效硫的测定》（NY/T 1121.14—2006）
20	有效硅	比色法	《土壤检测 第 15 部分：土壤有效硅的测定》（NY/T 1121.15—2006）
21	铬	火焰原子吸收分光光度法	《土壤和沉积物 铜、锌、铅、镍、铬的测定 火焰原子吸收分光光度法》（HJ 491—2019）
22	镉	原子吸收法	《土壤质量 有效态铅和镉的测定 原子吸收法》（GB/T 23739—2009）
23	汞		《土壤质量 总汞、总砷、总铅的测定 原子荧光法 第 1 部分：土壤中总汞的测定》（GB/T 22105.1—2008）
24	砷	原子荧光法	《土壤质量 总汞、总砷、总铅的测定 原子荧光法 第 2 部分：土壤中总砷的测定》（GB/T 22105.2—2008）
25	铅		《土壤质量 总汞、总砷、总铅的测定 原子荧光法 第 3 部分：土壤中总铅的测定》（GB/T 22105.3—2008）

案例 10.3　全国土壤污染状况调查公报

　　根据国务院决定，2005 年 4 月至 2013 年 12 月，我国开展了首次全国土壤污染状况调查。调查范围为中华人民共和国境内(未含香港特别行政区、澳门特别行政区和台湾地区)的陆地国土，调查点位覆盖全部耕地，部分林地、草地、未利用地和建设用地，实际调查面积约 630 万平方公里。调查采用统一的方法、标准，基本掌握了全国土壤环境质量的总体状况。

现将主要数据成果公布如下：

一、总体情况

全国土壤环境状况总体不容乐观，部分地区土壤污染较重，耕地土壤环境质量堪忧，工矿业废弃地土壤环境问题突出。工矿业、农业等人为活动以及土壤环境背景值高是造成土壤污染或超标的主要原因。

全国土壤总的超标率为 16.1%，其中轻微、轻度、中度和重度污染点位比例分别为 11.2%、2.3%、1.5% 和 1.1%。污染类型以无机型为主，有机型次之，复合型污染比重较小，无机污染物超标点位数占全部超标点位的 82.8%。

从污染分布情况看，南方土壤污染重于北方；长江三角洲、珠江三角洲、东北老工业基地等部分区域土壤污染问题较为突出，西南、中南地区土壤重金属超标范围较大；镉、汞、砷、铅 4 种无机污染物含量分布呈现从西北到东南、从东北到西南方向逐渐升高的态势。

二、污染物超标情况

（一）无机污染物

镉、汞、砷、铜、铅、铬、锌、镍 8 种无机污染物点位超标率分别为 7.0%、1.6%、2.7%、2.1%、1.5%、1.1%、0.9%、4.8%（表 10.3-1）。

表 10.3-1　无机污染物超标情况

污染物类型	点位超标率/%	不同程度污染点位比例/%			
		轻微	轻度	中度	重度
镉	7.0	5.2	0.8	0.5	0.5
汞	1.6	1.2	0.2	0.1	0.1
砷	2.7	2.0	0.4	0.2	0.1
铜	2.1	1.6	0.3	0.15	0.05
铅	1.5	1.1	0.2	0.1	0.1
铬	1.1	0.9	0.15	0.04	0.01
锌	0.9	0.75	0.08	0.05	0.02
镍	4.8	3.9	0.5	0.3	0.1

（二）有机污染物

六六六、滴滴涕、多环芳烃 3 类有机污染物点位超标率分别为 0.5%、1.9%、1.4%（表 10.3-2）。

表 10.3-2　有机污染物超标情况

污染物类型	点位超标率/%	不同程度污染点位比例/%			
		轻微	轻度	中度	重度
六六六	0.5	0.3	0.1	0.06	0.04
滴滴涕	1.9	1.1	0.3	0.25	0.25
多环芳烃	1.4	0.8	0.2	0.2	0.2

三、不同土地利用类型土壤的环境质量状况

耕地：土壤点位超标率为 19.4%，其中轻微、轻度、中度和重度污染点位比例分别为 13.7%、2.8%、1.8%和 1.1%，主要污染物为镉、镍、铜、砷、汞、铅、滴滴涕和多环芳烃。

林地：土壤点位超标率为 10.0%，其中轻微、轻度、中度和重度污染点位比例分别为 5.9%、1.6%、1.2%和 1.3%，主要污染物为砷、镉、六六六和滴滴涕。

草地：土壤点位超标率为 10.4%，其中轻微、轻度、中度和重度污染点位比例分别为 7.6%、1.2%、0.9%和 0.7%，主要污染物为镍、镉和砷。

未利用地：土壤点位超标率为 11.4%，其中轻微、轻度、中度和重度污染点位比例分别为 8.4%、1.1%、0.9%和 1.0%，主要污染物为镍和镉。

四、典型地块及其周边土壤污染状况

(一)重污染企业用地

在调查的 690 家重污染企业用地及周边的 5846 个土壤点位中，超标点位占 36.3%，主要涉及黑色金属、有色金属、皮革制品、造纸、石油煤炭、化工医药、化纤橡塑、矿物制品、金属制品、电力等行业。

(二)工业废弃地

在调查的 81 块工业废弃地的 775 个土壤点位中，超标点位占 34.9%，主要污染物为锌、汞、铅、铬、砷和多环芳烃，主要涉及化工业、矿业、冶金业等行业。

(三)工业园区

在调查的 146 家工业园区的 2523 个土壤点位中，超标点位占 29.4%。其中，金属冶炼类工业园区及其周边土壤主要污染物为镉、铅、铜、砷和锌，化工类园区及周边土壤的主要污染物为多环芳烃。

(四)固体废物集中处理处置场地

在调查的 188 处固体废物处理处置场地的 1351 个土壤点位中，超标点位占 21.3%，以无机污染为主，垃圾焚烧和填埋场有机污染严重。

(五)采油区

在调查的 13 个采油区的 494 个土壤点位中，超标点位占 23.6%，主要污染物为石油烃和多环芳烃。

(六)采矿区

在调查的 70 个矿区的 1672 个土壤点位中，超标点位占 33.4%，主要污染物为镉、铅、砷和多环芳烃。有色金属矿区周边土壤镉、砷、铅等污染较为严重。

(七)污水灌溉区

在调查的 55 个污水灌溉区中，有 39 个存在土壤污染。在 1378 个土壤点位中，超标点位占 26.4%，主要污染物为镉、砷和多环芳烃。

(八)干线公路两侧

在调查的 267 条干线公路两侧的 1578 个土壤点位中，超标点位占 20.3%，主要污染物为铅、锌、砷和多环芳烃，一般集中在公路两侧 150 米范围内。

注释

[1] 本公报中点位超标率是指土壤超标点位的数量占调查点位总数量的比例。

[2] 本次调查土壤污染程度分为 5 级：污染物含量未超过评价标准的，为无污染；在 1 倍至 2 倍(含)之间的，为轻微污染；2 倍至 3 倍(含)之间的，为轻度污染；3 倍至 5 倍(含)之间的，为中度污染；5 倍以上的，为重度污染。

参考文献：

环境保护部. 2014. 环境保护部和国土资源部发布全国土壤污染状况调查公报[EB/OL]. (2014-04-17). https://www.mee.gov.cn/gkml/sthjbgw/qt/201404/t20140417_270670.htm.

3. 水环境现状调查

水环境现状调查多采用重点调查的方式，通过对采集水样进行分析，明确与特定区域灌排活动相关的主要河流、湖泊、水库等水质状况(表 10-7)。通常，河流或水系背景监测断面应布设在上游接近河流源头处，或未受人类活动明显影响及扰动的上游河段。当河段内有较大支流汇入时，也宜在汇入点支流上游及充分混合后的干流下游处分别布设监测断面。湖泊、水库监测断面应布设在出入口、中心区、滞流区、近坝区等水域。一般来说，湖泊、水库水质无明显差异的，可采用网格法均匀布设，网格大小依据湖泊、水库面积而定，设在湖泊、水库的重要供水水源取水口，以取水口处为圆心，按扇形法在 100~1000 m 范围布设若干弧形监测断面或垂线。但针对不同的水面宽及水深情况，河流、湖泊、水库等监测断面上的采样线及采样点的布设应符合相关标准及要求(表 10-8 和表 10-9)，包括数量、位置等。采集的样品在时间和空间上应具有足够的代表性，能充分反映水资源质量自然变化和受人类活动影响的变化规律。采样器应有足够强度，且使用灵活、方便可靠，与水样接触部分应采用惰性材料，如不锈钢、聚四氟乙烯等。采样容器在使用前应先用洗涤剂洗去油污，用自来水冲净，再用 10%盐酸荡洗，自来水冲净后备用。采样时，不得搅动水底沉积物，避免影响样品的真实代表性。在同一采样点进行分层采样时，应自上而下进行，避免不同层次水体混扰。水样装入容器后，应按规定要求立即加入相应的固定剂摇匀，贴好标签或低温避光保存。采样时应做好现场记录，结束前应核对采样计划、填好水样送检单、核对瓶签，如有错误或遗漏，应立即补采或重采。每批水样应选择部分项目加采现场平行样、制备现场空白样，且与样品一同送实验室分析。

表 10-7 国土综合整治活动中水环境质量调查项目及分析方法

序号	常规调查项目	分析方法	方法参考
1	水温	温度计法	《水质 水温的测定 温度计或颠倒温度计测定法》(GB 13195—1991)
2	pH	玻璃电极法	《水质 pH 值的测定 玻璃电极法》(GB/T 6920—1986)
3	溶解氧	电化学探头法	《水质 溶解氧的测定 电化学探头法》(HJ 506—2009)
4	高锰酸盐指数	见方法来源	《水质 高锰酸盐指数的测定》(GB 11892—1989)
5	化学需氧量	重铬酸盐法	《水质 化学需氧量的测定 重铬酸盐法》(HJ 828—2017)

续表

序号	常规调查项目	分析方法	方法参考
6	五日生化需氧量	稀释与接种法	《水质 五日生化需氧量(BOD₅)的测定 稀释与接种法》(HJ 505—2009)
7	氨氮	纳氏试剂分光光度法	《水质 氨氮的测定 纳氏试剂分光光度法》(HJ 535—2009)
		水杨酸分光光度法	《水质 氨氮的测定 水杨酸分光光度法》(HJ 536—2009)
		气相分子吸收光谱法	《水质 氨氮的测定 气相分子吸收光谱法》(HJ/T 195—2005)
8	总磷	钼酸铵分光光度法	《水质 总磷的测定 钼酸铵分光光度法》(GB/T 11893—1989)
		气相分子吸收光谱法	《水质 总氮的测定 气相分子吸收光谱法》(HJ/T 199—2005)
9	总氮	碱性过硫酸钾消解紫外分光光度法	《水质 总氮的测定 碱性过硫酸钾消解紫外分光光度法》(HJ 636—2012)
10	砷		《水质 砷的测定 原子荧光光度法》(SL 327.1—2005)
11	汞	原子荧光光度法	《水质 汞的测定 原子荧光光度法》(SL 327.2—2005)
12	硒		《水质 硒的测定 原子荧光光度法》(SL 327.3—2005)
13	铜		
14	锌	原子吸收分光光度法	《水质 铜、锌、铅、镉的测定 原子吸收分光光度法》(GB 7475—1987)
15	铅		
16	镉		
17	氟化物	离子选择电极法	《水质 氟化物的测定 离子选择电极法》(GB 7484—1987)
		氟试剂分光光度法	《水质 氟化物的测定 氟试剂分光光度法》(HJ 488—2009)
		茜素磺酸锆目视比色法	《水质 氟化物的测定 茜素磺酸锆目视比色法》(HJ 487—2009)
18	六价铬	二苯碳酰二肼分光光度法	《水质 六价铬的测定 二苯碳酰二肼分光光度法》(GB 7467—1987)
19	氰化物	容量法和分光光度法	《水质 氰化物的测定 容量法和分光光度法》(HJ 484—2009)
		真空检测管-电子比色法	《水质 氰化物等的测定 真空检测管-电子比色法》(HJ 659—2013)
		流动注射-分光光度法	《水质 氰化物的测定 流动注射-分光光度法》(HJ 823—2017)
20	挥发酚	4-氨基安替比林分光光度法	《水质 挥发酚的测定 4-氨基安替比林分光光度法》(HJ 503—2009)
21	石油类	紫外分光光度法	《水质 石油类的测定 紫外分光光度法(试行)》(HJ 970—2018)
22	阴离子表面活性剂	亚甲蓝分光光度法	《水质 阴离子表面活性剂的测定 亚甲蓝分光光度法》(GB 7494—1987)
23	硫化物	气相分子吸收光谱法	《水质 硫化物的测定 气相分子吸收光谱法》(HJ/T 200—2005)
24	粪大肠菌群	滤膜法	《水质 粪大肠菌群的测定 滤膜法》(HJ 347.1—2018)
		多管发酵法	《水质 粪大肠菌群的测定 多管发酵法》(HJ 347.2—2018)
25	氯化物	硝酸汞滴定法	《水质 氯化物的测定 硝酸汞滴定法(试行)》(HJ/T 343—2007)
26	叶绿素 a	分光光度法	《水质 叶绿素 a 的测定 分光光度法》(HJ 897—2017)
27	透明度	塞氏盘法	《透明度的测定(透明度计法、圆盘法)》(SL 87—1994)

表 10-8　采样垂线设置标准

水面宽/m	采样垂线	说明
<50	1 条(中泓)	1. 应避开污染带；考虑污染带时，应增设垂线；
50～100	2 条(左、右岸有明显水流处)	2. 能证明该断面水质均匀时，可适当调整采样垂线；
100～1000	3 条(左岸、中泓、右岸)	3. 解冻期采样时，可适当调整采样垂线
>1000	5～7 条	

注：数据来源于《水环境监测规范》(SL 219—2013)。

表 10-9　采样垂线上采样点的设置要求

水深/m	采样点	说明
<5	1 点(水面下 0.5 m 处)	1. 水深不足 1.0 m 时，在水深 1/2 处；
5～10	2 点(水面下 0.5 m、水底上 0.5 m 处)	2. 封冻时在冰下 0.5 m 处采样，有效水深不足 1.0 m 处时，在水深 1/2 处采样；
>10	3 点(水面下 0.5 m、水底上 0.5 m、中层 1/2 水深处)	3. 潮汐河段应分层设置采样点

注：数据来源于《水环境监测规范》(SL 219—2013)。

案例 10.4　苏南地区景观格局特征与坑塘水质关联关系

一、研究背景

地表水资源是人类生存发展的重要基础，其水质好坏对区域环境保护、农业发展等均产生重要影响，而水体的理化性质在一定程度上反映了水质状况。现阶段，作为苏南农村地区重要的地表水体，坑塘水域在促进乡村社会经济发展、维持地区生态平衡与安全等方面发挥了关键作用，但随着该地区城乡一体化建设进程加快、围垦养殖等土地开发活动不断增多，坑塘景观格局正受到直接或间接的改变，区域内自然坑塘不断消失，景观多样性不断减弱，研究不同空间尺度景观类型与景观格局指数对农村坑塘水质的影响程度和机制对于快速城镇化背景下乡村水环境保护具有重要的现实意义。

二、水质指标的选取

苏南农村地区对水质造成威胁的污染物主要来自生活污水、粗放养殖、农业非点源污染等。选取酸碱度(pH)、电导率(COND，μS/cm)、溶解氧(DO，mg/L)、可溶性总磷酸盐(TDP，mg/L)和氨氮(NH_3-N，mg/L)表征坑塘水质状况。其中，pH 是水溶液重要的参数之一，其值的变化可反映水体酸碱度及硬度的变化；COND 常用来推测水中离解物质的含量，一般水中无机离子(含盐量)浓度越高，电导率值越大；DO 是水体污染程度和水质新鲜程度的重要指标；磷是各种生物必需的营养元素之一，自然水环境中能够被浮游植物和沉水植物吸收的主要是可溶性磷酸盐，磷超标会导致水体富营养化，造成水体恶臭；NH_3-N 是一种耗氧污染物，易导致水体富营养化，还会对一些水生生物产生毒害作用。检测仪器包括便携式 pH 仪、便携式电导仪及 Lovibond 多光谱水质检测仪。

三、水质指标描述性分析结果

由图 10.4-1 可知，坑塘水质在不同地区分异明显。pH 波动范围为 7.3～9.5，均偏碱性且波动较小，最大值出现在句容市，此样点为临村坑塘，除是生活污水主要汇集点之外，还靠近村中垃圾集中收集处，同时也作为养殖水面，说明该地区坑塘污染源的多重性；COND 值整体较高，可能是该地区污水较为集中地通过地表径流及地下径流注入坑塘水体，坑塘中离子浓度升高，使 COND 增大；DO 整体上波动较大，整体上处于劣 V 类水范围，在常州市境内值相对较低；TDP 在镇江市值较大，在常州市较小，间接说明在镇江市坑塘水体受到较大影响；NH_3-N 整体上波动较大，均值处于 II 类水，最大值处于 III 类水，整体上在无锡市值较大，可能原因为无锡市境内的坑塘多为村塘及养殖坑塘，水体的污染程度与坑塘连通性的优劣有重要关联，一般临村相对较封闭的水体和养殖水面的坑塘氨氮值总体较高。同时，从不同类型坑塘来看，其水质结果也存在一定差异。DO 及 NH_3-N 值整体在村塘相对较高，在养殖塘较低，而 TDP 值在养殖塘相对较高，在田塘值较低。pH 及 COND 在 3 种类型坑塘中的值变化较均衡。

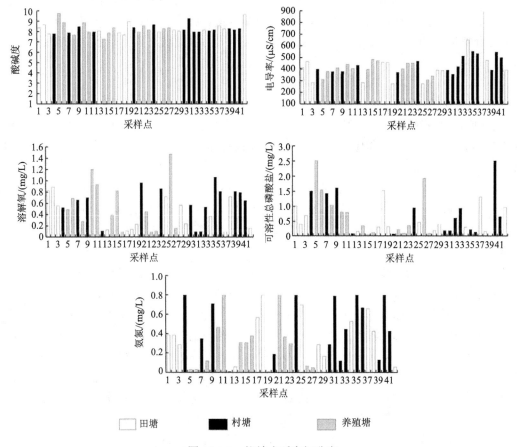

图 10.4-1　坑塘水质空间分布

采样坑塘主要分布在镇江市（句容市、丹阳市）13 个（采样点编号 1～13）、常州市（金坛区、溧阳市）14 个（采样点编号 14～27）和无锡市（宜兴市、江阴市）15 个（采样点编号 28～42）

参考文献：

乔郭亮，周寅康，顾铮鸣，等. 2021. 苏南地区景观格局特征与坑塘水质关联关系[J]. 农业工程学报，37(10)：224-234.

10.1.3　社会调查

社会调查是基于一定的理论和方法基础,运用某些手段或技术直接搜集有关经验、数据、资料的一种社会实践活动(袁朝晖等,2018),广泛应用于国土综合整治的规划设计、实施进展与成效评估等方面。根据调查方式和手段等的不同,社会调查主要包括实地调查、访问调查和问卷调查等几种类型。

1. 实地调查

实地调查是通过参观、踏勘、体验等方式亲临现场,采取眼看、耳听、手记或借助一些辅助工具(如摄影、录像等)来获取信息,目的是全面了解调查区域在自然环境、社会经济、历史文化、土地利用等方面的基本特征、主要问题和发展诉求等。由于调查者或研究者通过实地调查能直接观察、了解当地自然环境特征、经济社会现象等,甚至参与具体的国土综合整治活动实践,对获取一手基础数据资料具有显著优势,且获取的信息通常较为真实、具体。

2. 访问调查

访问调查是指按事先准备的提纲,向调查对象提出问题并获得答复的一种调查方法,主要包括个别深度访谈、集中座谈等形式。访问调查的特点是面对面直接沟通,可及时提出不理解、存疑或想要进一步了解的问题,所获得的信息一般来说比较翔实和准确。作为一种半结构化的访谈方法,在访问调查时需注意沟通交流的技巧,以多思、多问、多听、多记为主。同时,也可适时表达自己的观点看法,从而营造良好的交流氛围。

3. 问卷调查

问卷调查是根据调查目的,明确调查对象后,设计相应的调查问卷及内容,然后邀请调查对象回答、填写或由调查人员代为填写,最后回收问卷进行统计分析、归纳整理、得出结论的一种调查方法。问卷调查的对象一般采取抽样调查方法进行选取,以保证调查对象在其所属社会群体和地域范围内具有良好的代表性。抽样调查(survey sampling)也称样本调查(sample survey),是非全面调查中的一种重要方法,它按一定程序从所研究对象的全体(总体)中抽取一部分(样本)进行调查或观察,获取数据,并以此为依据推测总体目标量(参数)。常用的抽样调查方法主要包括简单随机抽样、分层抽样、整群抽样、二阶与多阶抽样、系统抽样、不等概率抽样等,考虑到不同抽样方法的利弊,实际调查中通常对这些方法进行组合运用(冯士雍等,1998)。其中,简单随机抽样(simple random sampling)也称单纯随机抽样,即从总体 N 个单元中抽取 n 个单元作为样本,抽取方法是从总体中逐个不放回地抽取单元,每次均是在所有未入样本的单元中等概率抽取。简单随机样本也可一次同时从总体中抽得,但需保证全部可能样本中每个样本被抽中的概率相等。分层抽样(stratified sampling)是将总体按一定的原则(如性别、年龄、经济状况等)分成若干个子总体,每个子总体称为层,在每个层内进行抽样,而不同层的抽样相互独立。特别地,若每层的抽样都是简单随机抽样,则称为分层随机抽样。在分层抽样中,需先根据层样本对层的参数进行估计,再将这些层估计加权平均或取总和作为总体均值或总量的估计。分层抽样特别适用于既要对总体参数进行估计,又需要对各子总体(层)参数进行估计的情形.整群抽样(cluster sampling)先要将总体中的各个单元归并成数量较少而规模较大的单元,如街道、村组等,也称为群.抽样仅对群抽,对抽中的群调查其中每一个较小的单元,未被抽中的群则无须进行任何调查.因此,整群抽样中的样本单元是以整群形式出现的,故称整群抽样或集团抽样.为进一步提高整群抽样的效率,对每个被抽中的一级单元所包含的所有二级单元再进行抽样,仅调查其中一部分,这样的抽样则称为二阶抽样(two-stage sampling).如果每个二级单元又由若干个三级单元组成,则对每个被抽中的二级单元再抽样,仅调查其中一部分三级单元,这样的抽样即三阶抽样.同样可定义四阶甚至更高阶的抽样,即为多阶抽样(multi-stage sampling),也称多阶段抽样或多级抽样,在大规模调查中常被采用.例如,在一项全国性的调查中,若并不需要对每个省进行调查,则可先对省进行第一阶抽样,然后对抽中的省进行对市、县的第二阶抽样,再对每个抽中的市、县进行对街道、乡或镇的第三阶抽样,等等.系统抽样(systematic sampling)也称机械抽样.若总体中的单元都按一定顺序排列,在规定的范围内随机地抽取一个单元作为初始单元,然后按照一套事先确定好的规则确定其他样本单元,这种抽样方法称为系统抽样.最简单的系统抽样是在取得一个初始单元后,按相等的间隔抽取样本单元,即为等距抽样.但在现实中,样本抽取不一定为等概率.特别是在单元大小不相等时,如在整群抽样或多阶抽样中,常采用不等概率抽样(sampling with unequal probabilities).最常用的不等概率抽样是按与单元大小成比例的概率抽样.

问卷内容(调查表)设计是问卷调查的一个重要环节,直接影响调查分析结果的质量和效果.调查表通常没有固定的内容和格式要求,可结合调查对象的特点和实际情况自行拟定,一般包括封闭性问题和开放性问题两种提问方式.其中,封闭性问题是指在问题之后列出多种答案,要求调查对象在预设的答案中进行选择;而开放性问题是只提问题,而不给出可供选择的回答和范围,调查对象需根据自身对问题的理解和实际情况进行回答.由于调查通常面向非专业人士,问卷的设计应通俗易懂、没有歧义,贴近调查对象的日常生活和认知水平.封闭性问题的答案应有一定的区分度,特别是对于一些主观感受类问题;开放性问题通常放在问卷末尾.问卷调查正式开展前应对调查人员进行培训,以便在实际工作中向调查对象做好解释和说明,让其更好地理解调查的目的和问题设置的意图,从而指导相关调查对象填写问卷.同时,有必要在小范围内事先开展预调查,以检验问卷内容设置的合理性,并及时进行修订与完善,以保证问卷回收的有效性,提高正式调查的工作效率.

案例 10.5　农用地整治对耕地细碎化影响的多维评价:方法与实证(节选)

一、研究背景

耕地细碎化是与土地规模经营相对应的土地利用格局,是世界上多数国家农业生产过程中普遍存在的问题(孙雁和刘友兆,2010).农业部 2003 年调查数据显示,中国农户家庭平均土地经营规模为 0.5011 hm^2,每户平均拥有 5.722 个地块,每块地平均面积为 0.0876 hm^2.2017 年中央一号文件中提出了"积极发展适度规模经营""加快发展土地流转型、服务带动型等多种形式规模经营"的宏观部署。在此背景下，深入认识农用地整治对耕地细碎化的多维影响，对合理制定应对政策、明确扶持重点、改进整治方向等都具有重要意义。

二、调查过程

2017 年 6～8 月，课题组共 16 人，分 4 组分别对应 4 个行政村，对项目区进行了 2 次实地调研，搜集相关数据资料，包括项目建设资料、土地权属资料、社会经济资料和实地调研资料。

土地整治前、后的土地权属及承包经营情况均以村级土地确权资料(鱼鳞图)为底图，邀请村主任和了解村情的老人逐一确定，并对每村随机抽取 10 户进行入户调查，以确保基础数据的准确性。在对调研资料上图入库时，以土地变更调查为基础，结合遥感影像、无人机航片、鱼鳞图与实地调研手绘图件成果，在 ArcGIS 中对各农户拥有的所有田地进行数字化，并添加相应的权属字段，分别得到耕作地块图层和土地权属图层；根据从村主任和农户处调研所获得的种粮大户、家庭农场、专业公司及农业合作社信息，经过叠加套合，得到规模经营图层。通过村组户籍统计资料，配合宅基地位置图，确定各户宅基地坐落。最终得到研究分析所需的基础数据。

三、研究结果

研究发现，通过土地整治提高了耕作地块规模，改善了田间基础设施，案例区田块细碎化评价值由 0.45 下降到 0.40，细碎化程度由一般降低为轻度；通过土地整治增加了耕作便利程度，促进了农地规模经营，案例区经营细碎化评价值由 0.91 下降到 0.71，细碎化程度由严重降低为轻度；由于案例区在整治中未进行大范围土地权属调整，故权属细碎化状况未发生显著改变，权属细碎化评价值由 0.23 下降到 0.22，细碎化程度由较轻降低为轻度。

参考文献：

曹帅, 金晓斌, 杨绪红, 等. 2019. 农用地整治对耕地细碎化影响的多维评价: 方法与实证[J]. 中国农业大学学报, 24(8): 157-167.

10.2 监测方法

10.2.1 遥感监测

任何目标物都具有发射、反射和吸收电磁波的性质，目标物与电磁波的相互作用构成了目标物的电磁波特性，在地学领域称为地物波谱或地物光谱。遥感(remote sensing)即"遥远的感知"，是应用探测仪器，不与探测目标直接接触，基于一定空间距离记录探测目标的电磁波特性，揭示探测目标特征性质及其变化的综合性探测技术(梅安新等，2001)。通常，同一地物的波谱曲线反映出不同波段的不同反射率，同种地物在不同内部结构和外部条件下的形态表现(反射率)也不尽相同，将此与遥感传感器对应波段接收的辐射数据相对照，即可获取遥感数据与对应地物的识别规律，进而为遥感影像判读提供依据。

接收、记录目标物电磁波特性的仪器，被称为传感器。例如，公众较为熟悉的美国陆地卫星(Landsat)搭载的多光谱扫描仪(multispectral scanner，MSS)、专题制图仪(thematic mapper，TM)、增强专题制图仪(enhanced thematic mapper plus, ETM+)、陆地成像仪(operational land imager，OLI)和热红外传感器(thermal infrared sensor，TIRS)等，均为相应的传感器。通常，传感器接收目标地物的电磁波信息，并将该信息记录在高密度数字磁带(high density digital tape, HDDT)、光盘等数字磁介质上，经过一系列专业处理即可转换为公众经常使用的遥感影像。在国土综合整治中，利用遥感监测技术的主要目的是高效获取大范围、多时相的土地利用现状基础数据，进而开展农业资源调查、区域生态环境质量状况评价、农作物长势估产、病虫害监测预测等，以及通过对至少 2 期同一项目区域的遥感影像进行解译、对比和空间分析，结合实地调查，不定期地监测和指导国土综合整治工作的开展，科学评估其实施成效等(表 10-10)。

表 10-10　遥感监测技术在国土综合整治中的应用

国土综合整治活动类型	应用领域	具体内容
国土综合整治规划	基础数据资料收集	获取土地利用现状数据及识别限制性因素、辅助测算各类整治活动潜力和评估区域生态环境状况等
国土综合整治项目实施	项目设计	通过遥感影像获取项目区田块分布、居民点布局、道路状况等信息，结合实地踏勘，确定建设规模，对整治工程进行精细化设计和平面布置
	立项审查	利用遥感影像全面核实项目区土地利用现状和基础设施情况，评估整治项目实施的可行性
	项目监管	将遥感影像与项目规划图进行比对，分别提取与规划图一致和不一致的新增耕地、沟渠、道路等工程建设内容，判断项目的建设进展；将提取的不一致工程作为疑似问题，并反馈给建设单位，推动项目有序实施
	项目验收	将项目竣工图与完工后的遥感影像进行对比，有针对性地进行工程验收，保证验收工作质量
国土综合整治绩效评价	评价标准	通过项目区实施前后两期遥感影像对比，直观展示项目建成的新增耕地、高标准农田，以及水利、道路、防护林等工程设施，利用空间提取、叠加分析和数理统计模型，定量评价实施绩效

遥感平台(platform)是搭载传感器的工具。根据运载工具的类型，一般可分为航天遥感、航空遥感和地面遥感等类型。

1. 航天遥感

航天遥感指传感器设置于环绕地球的航天器上，如人造地球卫星、航天飞机、空间站、火箭等。航天平台的高度在 150 km 以上，其中最高的是静止卫星，位于赤道上空 36 000 km 高度；其次是高度为 700～900 km 的地球观测卫星；航天飞机的高度在 300 km 左右。根据服务内容的不同，通常将航天遥感分为气象卫星系列、陆地卫星系列和海洋卫星系列等。例如，我国的高分专项卫星系列(高分一号至十四号)(图 10-2)、资源卫星系列(资源一号至三号)(图 10-3)、风云气象卫星系列(风云一号至四号)和海洋卫星系列(海洋一号至三号)，美国陆地卫星系列(Landsat)(图 10-4)、NOAA 气象卫星系列,法国 SPOT 卫星系列(图 10-5)和欧洲航天局哨兵卫星系列(Sentinel)等。

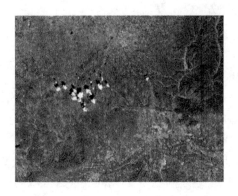

图 10-2　高分六号(GF-6)卫星拍摄的遥感影像① 　　图 10-3　资源三号(ZY-3)卫星拍摄的遥感影像

图 10-4　Landsat 8 卫星拍摄的遥感影像 　　　　图 10-5　SPOT 6 卫星拍摄的遥感影像

案例 10.6　基于多源遥感数据融合的土地整治区产能动态监测：方法与案例(节选)

一、研究背景

目前，在项目区尺度进行产能(产量)变化监测主要包括直接法和间接法。其中，直接法多采用样地监测(管栩等，2014)、农户调查(信桂新等，2017)、统计上报(谢向向等，2016)等方式，其数据准确性和数据获取范围通常受调查区域、调查方法及调查者和调查对象等因素的限制(李少帅等，2014)；间接法多采用耕地质量等别变化、土地生产潜力估算、生产能力评价等方法，其虽能综合反映区域耕地产能变化的趋势和特点，但结果的有效性难以验证。与传统数据相比，遥感数据由于具有时空连续性好、区域覆盖面积大等优势，利用其估算的耕地净初级生产力(NPP)为产能变化有效监测创造了条件(He et al., 2017)。然而，目前主流的 NPP 产品空间分辨率相对较低，利用遥感数据估算 NPP 受基础数据限制，空间分辨率一般也仅能达到 250 m×250 m，这对于一般建设规模为 2～10 km² 的土地整治项目区而言，难以有效使用。洪长桥等采用 ESTARFM (enhanced spatial

---

and temporal adaptive reflectance fusion model)时空数据融合方法, 综合 Landsat 数据(较高空间分辨率)和中分辨率成像光谱仪(moderate-resolution imaging spectroradio-meter, MODIS)数据(较高时间分辨率)的优势, 结合耕地生产力光能利用率模型, 改进项目区尺度耕地产能监测的技术方法, 并选取典型项目区进行案例实证, 为有效开展大规模土地整治实施成效评估提供方法参考。

二、研究思路

　　土地整治通过工程建设(如土地平整、灌溉与排水、田间道路、农田防护与生态保护等工程)、土地管理、土地利用等综合作用对耕地生产特征产生明显影响(王军等, 2014)。通常认为, 由于土地整治工程中一系列人为干扰造成对生产环境的短期扰动(刘涓等, 2015; 范业婷等, 2016), 使得耕地产能变化存在时间变异过程; 同时, 又因为土地整治工程的局部差异性, 使得整治区内耕地(旱地、水浇地和水田)结构、形态(张超等, 2017)及其产能变化存在空间变异过程。传统的统计调查方法难以有效反映这一动态过程。尽管目前利用 NPP 来衡量大区域耕地生产力动态变化的研究已日趋成熟, 但受现有卫星与传感器的局限, 难以直接将其数据应用于土地整治项目区尺度的耕地产能监测。

　　为克服现有遥感数据产品在应用于项目区尺度时面临的时空分辨率上的限制, 基于 MODIS、TM/ETM+/OLI 数据, 结合 CASA 模型和 ESTARFM 方法, 探索基于多源遥感数据融合的土地整治区产能动态监测技术方法。研究总体思路如图 10.6-1 所示, 主要思路如下:

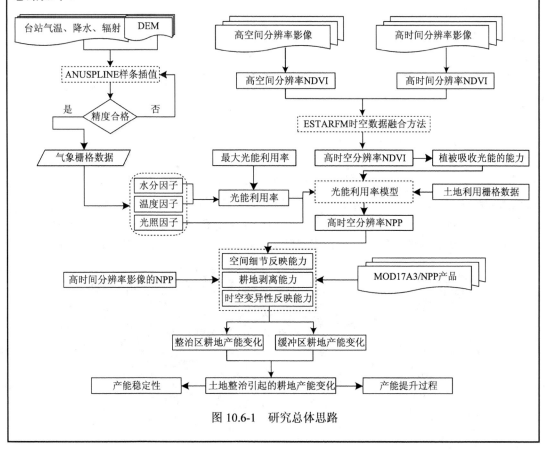

图 10.6-1　研究总体思路

（1）获取高时空分辨率 NPP，将该结果作为耕地产能度量指标。采用 ESTARFM 算法对高空间分辨率归一化植被指数（NDVI）和高时间分辨率 NDVI 进行融合，得到高时空分辨率 NDVI，进而模拟出植被吸收光能的能力；基于气象站点和辐射站点数据获取水分、温度、光照等限制因子，结合耕地最大光能利用率得到实际光能利用率；根据光能利用率模型模拟出高时空分辨率 NPP。

（2）结合高空间分辨率土地利用数据，在空间细节反映能力、耕地剥离能力及时空变异性反映能力等方面，对高时空分辨率 NPP 与现有 1 km×1 km NPP（MOD17A3 产品）及基于高时间分辨率 NDVI 模拟的 NPP 进行比较。

（3）利用 GIS 缓冲区分析功能设置对照区，即项目区边界外 1 km 未经过整治的区域。对照区在气象条件、作物类型、种植制度、田间管理等内外部要素上，与整治区基本相同；通过对比分析一定时期整治区和对照区的 NPP 差异情况，可以基本视为是由土地整治引起的耕地产能提升程度和稳定性变化。

三、研究结果

基于融合数据获取的高时空分辨率结果能较好地分离项目区整治前后的地类特征，细化产能季节波动，显化产能动态变化过程；从监测结果看，试验区产能呈现先减后增的总体趋势，多年变化范围为 519.87～728.29 g C/(m²·a)，整治后产能均值提升、稳定性提高。

参考文献：

洪长桥, 金晓斌, 陈昌春, 等. 2017. 基于多源遥感数据融合的土地整治区产能动态监测: 方法与案例[J]. 地理研究, 36(9): 1787-1800.

2. 航空遥感

航空遥感指传感器设置于航空器上，包括低、中、高空飞机，以及飞艇、气球等。这些航空器的高度在百米至几十千米不等。近年来，无人机遥感平台（图 10-6）因具有运载便利、灵活性高、作业周期短、影像数据分辨率高等优势，在关键地物提取（周涛等, 2021）、地质灾害预测（刘飞等, 2021）、水土保持监测（夏晨真和张月, 2020）等方面得到了广泛应用。无人机遥感通过垂直摄影和倾斜摄影等航空摄影技术，在表达地物几何纹理、拓扑关系等特征参量方面更为细致，提高了地物识别精度，使其对关键地物信息的提取更加快捷、完

图 10-6　无人机遥感平台及其拍摄的影像

图片来源于大疆创新（https://www.dji.com/cn）

整、准确（王旭东等, 2017）。在借助无人机进行国土综合整治项目监测方面, 已有研究实践主要围绕整治区农作物分类（田振坤等, 2013）, 路网、沟渠提取（韩文霆等, 2017）, 作物产能评估（刘杨等, 2021）等方面展开。

案例 10.7　基于无人机遥感影像监测土地整治项目道路沟渠利用情况（节选）

一、案例背景

随着遥感监测技术从大尺度到小尺度、从低精度向高精度发展, 遥感监测技术逐渐成为土地整治监测的重要组成部分（罗开盛等, 2013; 张兵等, 2015）。尽管如此, 现阶段卫星影像的分辨率及纹理特征尚难以对土地整治工程质量、设施建设实际利用情况等实现有效监测（徐秀云等, 2017）, 迫切需要寻求一种影像获取简便、精度适中、方法智能的技术手段满足土地整治建后利用监测快速、准确的工作要求, 提高基础设施监测效率及精度。在这方面, 顾铮鸣等从数据获取的便利性和识别手段通用性出发, 利用通用无人机平台获取项目区影像, 通过词袋（bag of words, BoW）模型对土地整治项目区内典型地物特征纹理信息构建特征识别库, 利用智能识别算法对主要基础设施使用状况进行分类识别, 进而讨论不同空间分辨率影像及不同等级工程设施的分类效果, 以期对土地整治项目区基础设施建后利用状况实现有效的识别。

二、技术框架

本案例对土地整治项目基础设施使用状态的识别过程包括数据预处理、地物提取、特征分类和精度评价 4 个部分。首先, 使用大疆无人机平台航拍影像并拼接; 其次, 使用 ArcGIS 10.2 进行关键地物提取; 然后, 基于 BoW 模型进行图像特征分类, 并将样本特征库导入支持向量机（support vector machine, SVM）分类器进行训练; 最后, 对分类结果进行精度评价。总体研究技术框架如图 10.7-1 所示。

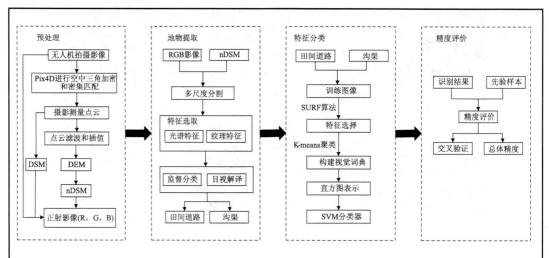

图 10.7-1　研究总体技术框架

三、数据源

本案例使用的数据包括项目竣工验收资料和无人机航拍影像。竣工验收资料包括项目竣工验收报告、工程平面布置图(1∶2000)和项目竣工验收图(1∶2000)。影像数据由无人机航拍获得,拍摄时间为 2017 年 11 月 29 日正午时分,无云,微风三级左右。采用的拍摄系统为大疆精灵 4 小型无人机平台,搭载其自带相机,影像传感器为 12.8 mm CMOS(互补金属氧化物半导体),有效像素 2000 万,24 mm 光圈镜头。无人机飞行相关参数见表 10.7-1。研究区内大部分为耕地,具有显著特征的地物较少,为保证影像匹配精度,在航线规划中增加了重叠度,航向重叠不低于 75%,侧向重叠不低于 10%。由于航拍片为单幅(面积约为 0.1 hm^2)形式的栅格图片,故需对图幅进行拼接和预处理。使用 Pix4D Mapper 数字摄影测量软件进行空中三角加密,生成摄影测量点云及正射影像,使用 TerraScan 中的不规则三角网加密滤波方法进行点云滤波。在 ENVI 5.3 中对影像进行正射校正,经配准后得到研究区影像。为保证影像精度及对地物辨识的有效性做进一步验证,对重点研究区域进行了补充拍摄和倾斜拍摄,以进一步探讨不同影像空间分辨率与线状工程宽度对分类结果的影响。

表 10.7-1　无人机飞行航线详细参数

飞行航线	拍摄方式	飞行绝对高度/m	航向重叠率/%	侧向重叠率/%	航线全长/km	海拔范围/m	最低点分辨率/m	照片数	相机俯仰角/(°)
航线 1	垂直拍摄	300	75	65	6.4	25～40	0.2	360	90
航线 2a	垂直拍摄	150	75	70	3.6	25～40	0.07	201	90
航线 2b	倾斜拍摄	150	80	10	3	25～40	0.1	184	35

图 10.7-2 为研究区飞行航线与影像范围,其中航线 1 是为了获取研究区总体情况,所得到的影像空间分辨率为 0.2 m,拍摄面积为 25 hm^2;航线 2a 沿研究区主要田间道路和沟渠进行高精度拍摄,所获取的影像空间分辨率为 0.1 m,拍摄面积为 15 hm^2;航线 2b 进行倾斜拍摄,以获取关键地物细部纹理特征,所获取的影像空间分辨率为 0.1 m,拍摄

面积为 15 hm^2。遥感影像的投影参数为 UTM(Zone 49)/WGS84。

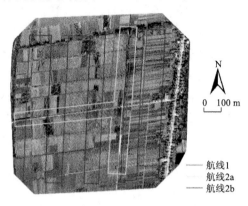

图 10.7-2 研究区飞行航线与影像范围

四、典型要素提取

根据《高标准农田建设 通则》，土地整治工程包括土地平整等面状工程，灌排沟渠、田间道路、防护林网等线性工程，以及机耕桥、泵站、闸门等点状工程。受航拍影像光谱及纹理特征的影响，线状工程由于具有灰度均一、排列有序、纹理特征明显等特点，其利用状况在遥感影像上易于识别。当线状工程出现损坏或堆积物时，会引起地表粗糙度和反射率的变化，进而改变影像中的灰度均一性及纹理结构。同时，单个像元对应的地面面积越小，地物轮廓特征也越清晰。考虑到航拍照片精度(0.1~0.2 m)，目视解译能识别的损坏一般大于 10 个像元，因此初步选择识别的整治工程线状地物宽度大于 2 m。

研究选择一级田间道路(路面宽度 3 m，混凝土路面)、斗渠(底宽 1.0 m、上口宽 2.0 m、深度 1.0 m、边坡比 1∶0.5，混凝土板衬砌)和斗沟(底宽 1.6 m、上口宽 3 m、深度 1.4 m、边坡比 1∶0.5，混凝土板衬砌)作为监测对象，在 ArcGIS 10.2 下对道路、沟渠中线设置缓冲区，沿缓冲区对影像进行裁剪，利用 "Create Fishnet" 工具生成相应的矢量网格并编号，在 Matlab 2017 软件中根据网格大小进行影像切片，切片名称与生成的道路、沟渠网格编号一致，所得到的影像库即为待判断的样本总体。研究区田间道路、沟渠提取情况如图 10.7-3 所示。由图可知，研究区田间道路和骨干沟渠呈相间分布。

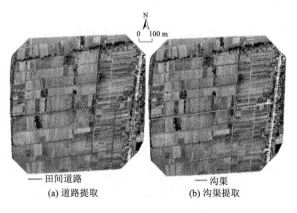

(a) 道路提取 (b) 沟渠提取

图 10.7-3 研究区田间道路、沟渠提取

五、研究结果

无人机遥感方法可初步识别研究区基础设施建后利用情况；研究区田间道路和骨干沟渠淤塞情况识别总体分类精度分别达到 80%和 70%；田间道路分类误差主要来自通行不畅与路面裂缝，骨干沟渠分类误差主要来自轻度淤塞；在提高影像精度的情况下，田间道路利用状况识别精度有所提升但不显著，骨干沟渠通畅状况识别精度无明显变化，模型对宽度 2 m 以下的沟渠识别结果精度较差。基于无人机遥感对土地整治项目基础设施利用情况进行自动分类识别具有可行性且效率较高，而监测精度有待于后期进一步提升。

参考文献：

顾铮鸣, 金晓斌, 杨晓艳, 等. 2018. 基于无人机遥感影像监测土地整治项目道路沟渠利用情况[J]. 农业工程学报, 34(23): 85-93.

3. 地面遥感

地面遥感指传感器设置于地面平台上，如车、船、塔等，高度一般在 0～50 m 的范围内(图 10-7)。例如，近年来兴起的无人船走航监测技术，通过搭载水质流动注射分析仪、声学多普勒流速剖面仪、单波束或多波束测深仪和侧扫声呐及高清摄像头等，广泛应用于水下地貌测绘、航道测量、水质监测和水下地质勘探等领域。

图 10-7　地面遥感监测平台

图片来源于中测新图(北京)遥感技术有限责任公司(http://www.chinatoprs.com/gjdlxxyjjcc)和上海华测导航技术股份有限公司(http://www.huace.cn/)

10.2.2　野外科学观测研究站监测

野外科学观测研究站(简称"野外站")是科技创新体系的重要组成部分，是依据我国自然地理分异规律，面向社会经济和科技战略布局，为科技创新与经济可持续发展提供基础支撑和条件保障的科技创新基地。其以开展长期定位监测、试验和研究为核心任务，旨在服务于生态学、地学、农学、环境科学等领域的发展，是获取一手科学数据的观测平台。

我国历来高度重视野外观测与研究工作。据不完全统计，目前全国有 7000 多个各类野外站。按等级划分，主要有国家野外站、教育部野外站和省野外站；按观测对象和领域划分，主要有气象站、水文站、水土保持监测站、泥石流观测站、冰川站、沙漠站、生态系统观测站等(图 10-8)。各类野外站主要依托自然资源部、农业农村部、生态环境部、水利部、国家林业和草原局、中国气象局、中国地震局、中国科学院等部门机构及院所高校，大部分以业务观测功能为主，科研功能导向为主的野外站仅占 15%左右(高春东和何洪林，2019)。同时，由于资源生态环境问题的多尺度特征，单一台站的长期定位监测、试验和研究对解决区域/全球生态环境问题有明显的局限性，而按照统一规范开展的联网观测、试验和研究可为解决地学和生物学等领域中更具复杂性的问题提供重要手段(廖小罕等，2020)。目前，比较有代表性的监测网络主要有中国生态系统研究网络(Chinese Ecosystem Research Network, CERN)、国家生态系统观测研究网络(National Ecosystem Research Network of China, CNERN)、中国通量观测研究网络(ChinaFLUX)和中国物候观测网等。

(a) 江苏南京国家基准气候站

(b) 河北衡水水文站

(c) 江苏无锡龙寺生态园水土保持监测站

(d) 中国科学院东川泥石流观测研究站

(e) 山东禹城农田生态系统国家野外科学观测研究站

(f) 黄山国家公园生态系统教育部野外科学观测研究站

(g) 江苏南京长三角大气过程与环境变化国家野外科学观测研究站(南京大学)

图 10-8 野外科学观测研究站

图片分别来源于新浪微博(https://weibo.com/3910208895/G8XBd66UH?type=comment)、搜狐网(https://www.sohu.com/a/411773625_120338710?qq-pf-to=pcqq.c2c)、澎湃新闻(https://www.thepaper.cn/newsDetail_forward_14663131)、中国科学院东川泥石流观测研究站官网(http://nsl.imde.ac.cn/)、山东禹城农田生态系统国家野外科学观测研究站官网(http://yca.cern.ac.cn/)、安徽省林业科学研究院官网(http://www.ahlky.com/news_view.php?ic_id=95&i_id=1769)和南京大学大气科学学院官网(https://as.nju.edu.cn/gcxt/list.htm)

案例 10.8　基于 GIS 的关中地区农业生产自然灾害风险综合评价研究(节选)

一、研究背景

中国是世界上受自然灾害影响最严重的国家之一,20 世纪 90 年代以来,自然灾害造成的经济损失呈上升趋势,已成为影响经济发展和社会安定的重要因素。自然风险是农业生产风险中的主要因素,对其进行分析与评价一直是相关研究的热点。但已有研究多针对农业生产自然风险中的某种特定类型,对区域自然风险进行综合分析的研究较为鲜见。

周寅康等以关中地区为研究对象,参考前人研究成果,选取旱灾、洪涝灾害、地质灾害、水土流失、农业生态环境恶化等自然风险类型,从各类型自然灾害的危险度和承灾体脆弱度两方面对研究区农业生产风险进行综合评价。研究结果有助于深化对关中地区农业生产风险格局特征的认识,为制定区域农业发展战略和采取有针对性的土地整治措施提供参考和借鉴。

二、数据源

本案例收集的主要资料包括:TM 遥感影像(2010 年)、地形图(1∶20 万)、河流水系图与道路交通图(1∶100 万),各县(市)历年气象观测数据(包括年平均降水量、地面蒸腾量和气温数据),第二次土壤普查和历年土壤调查分析资料,各县(市)土地调查变更数据;各县(市)统计年鉴等。

三、研究结果

关中地区农业生产自然灾害综合风险总体较高,高、中、低级别风险区分别占研究区面积的 28.2%、46.6%和 25.2%,其中高风险区主要分布在凤县、太白县、麟游县及陇县的北部地区,中风险区主要分布在台塬边缘区和低山地区,低风险区主要分布在关中盆地地区(图 10.8-1)。从具体灾害类型上看,高风险区域主要面临地质灾害和水土流失的威胁，中风险区域主要灾害是水土流失和生态环境恶化，低风险区域则是干旱和洪涝灾害。研究结果可为区域土地整治规划提供决策依据。时间上，低风险区应是近期土地整治的重点区域，中、高风险区则可作为中远期土地整治的目标；整治方向上，低风险区应以建设高标准基本农田为重点，加强农田基础设施建设，提高抗旱抗涝能力，中、高风险区应以生态保护为重点，加强水土保持工程建设。

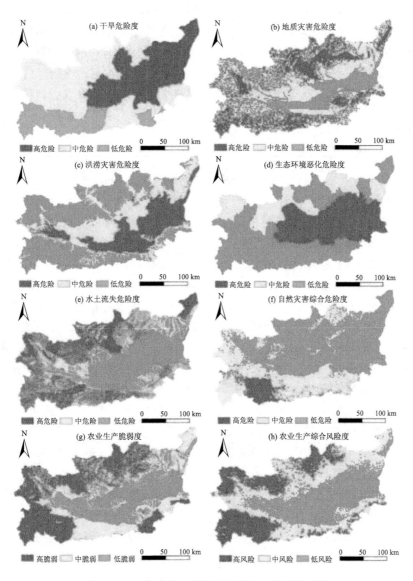

图 10.8-1　关中地区农业生产综合风险评价结果

参考文献：

周寅康, 金晓斌, 王千, 等. 2012. 基于 GIS 的关中地区农业生产自然灾害风险综合评价研究[J]. 地理科学, 32(12): 1465-1472.

10.2.3　原位监测

原位监测主要基于特定研究目的，依托样点或样地，利用各类先进的便携式数据采集器、传感器和专业摄像机等，实时动态地监测有关指标数据，并能够在现场得出分析结果，而无须采集样品带回实验室进行分析，主要应用于土壤学、作物学、生态学、地质学等领域，具有直观便捷、数据精度高等优点，可为明确项目区尺度的土地整治方向、基础数据资料收集和实施成效评估等提供有力支撑。需要注意的是，在社会科学领域也有"原位监测"的概念，通常称为"固定观察点"，其在国土综合整治的研究和实践中应用更为广泛。例如，纪月清等(2016)采用全国农村固定观察点的农户调查数据，探讨了土地细碎化与农村劳动力转移之间的关系，发现土地细碎化不仅降低了农户参与非农劳动供给的概率，还降低了劳动供给时间，从侧面反映出国土综合整治在推动农地适度规模经营、有序引导农村劳动力转移等方面的关键作用。

案例 10.9　全国农村固定观察点简介

全国农村固定观察点工作旨在在全国农村选择一批村庄，开展全面的农村经济社会典型调查，并在此基础上对这些村庄进行逐年跟踪调查以了解其发展变化，为探索新形势下中国农村改革和发展道路提供基层调查资料。原中共中央书记处农村政策研究室、原中国农村发展研究中心自 1982 年开始酝酿进行农村社会经济典型调查，于 1984 年正式批准中共中央书记处农村政策研究室的《关于建议开展农村社会经济调查的报告》，并由中共中央书记处农村政策研究室和原中国农村发展研究中心牵头，组织协调 28 个省区市农村工作部门的 8000 多名调查人员，对 37422 户、272 个村、93 个乡和 71 个县进行了一次全面的农村社会经济典型调查。在此基础上，建立了现在的全国农村固定观察点调查体系。

全国农村固定观察点的主要工作内容包括常规调查、专题调查和动态情况调查等。常规调查是一种数据指标形式的基础调查，它把农村社会经济的相关内容转化为具体的统计指标，并把统计指标设在统计调查表中。具体有三种类型：一是农户调查表，每户的调查内容包括家庭人口构成、土地情况、固定资产情况、家庭生产经营情况、出售农产品情况、购买生产资料情况、家庭全年收支情况、全年主要食物消费量及主要耐用物品年末拥有量和居住情况等 8 大部分、902 项指标。二是村域企业表，调查内容包括基本情况、资产情况、全年经营收入、费用及利益分配情况等 5 部分、106 项指标。三是村综合调查表，内容包括人口、农户、全村经营收入和经营费用、村集体财务收支情况和社会情况等 6 大部分、133 项指标。专题调查是根据中央和地方政府各个时期的中心任务，由中央或省农调办确定调研课题，对热点、难点问题进行跟踪调研。这种调研要求结合实际，进行一定的理性分析，直接为政府决策提供依据。动态情况调查就是不定期地对农村的苗头性问题以及有关农村的政策法规出台后群众的反映、接受程度所进行的调查，这是对政策效果情况的一种反馈。每年调查户都要根据自己的实际情况建立家庭日记台账，调查户发生的每一项经济活动都要有记录，年底进行常规调查时对台账进行整理，填写常规调查表。

全国农村固定观察点调查体系现已建成国家、省(区、市)、县(市、区)、村四级调查管理体系和覆盖全国的样本体系,涉及全国除港、澳、台以外 31 个省(自治区、直辖市)的 368 个县、375 个样本村、23000 户记账农(牧)户和 1600 多个记账新型农业经营主体,成为直接沟通农户的重要渠道和反映农村社情民意的重要窗口,对各级党政部门及时了解农民群众诉求,准确把握农村苗头性、趋势性问题,推动农村经济社会发展发挥了重要作用。通过对村户长期固定跟踪观察和专题调查,深入开展数据分析,反映"三农"发展动态和趋势,揭示变迁逻辑与规律,用数据说话、用数据决策、用数据管理、用数据创新,农村固定观察点调查体系成为促进"三农"重大政策制定和科学决策的有力抓手,有效推动了"三农"治理体系和治理能力的现代化。

2019 年,为贯彻落实党中央、国务院决策部署,更好地发挥农村固定观察点在实施乡村振兴战略中的决策参考作用,《农业农村部关于做好农村固定观察点工作的通知》(农政改发〔2019〕4 号)提出,要紧紧围绕实施乡村振兴战略,顺应农业生产经营主体多元化,农村一、二、三产业融合发展的趋势和要求,在巩固完善农户常规调查的基础上,逐步健全对家庭农场、农民合作社、农业产业化龙头企业和返乡下乡创业创新主体的调查,逐步强化对农产品加工、休闲农业园区、餐饮民宿、农村电商、农业社会化服务等行业主体的调查。至此,针对不同类型主体,其重点调查内容、指标体系等也存在显著差异。

村庄调查:重点包括经济概况,人口、农户和劳动力情况,农村各类经营主体情况,土地情况,产业基础设施、物质装备情况,农林牧渔业生产情况,村集体经济组织经营及资产负债情况,人居环境情况,社会事业发展情况,基层组织和乡村治理情况等方面。

农户调查:重点包括家庭成员及就业情况,土地情况,固定资产情况,粮食作物生产经营情况,市场信息获取情况,大宗经济作物及园地作物生产经营情况,畜牧业、渔业生产经营情况,林业生产经营情况,农林牧渔服务业情况,乡村第二、三产业经营情况,出售农产品情况,购买生产资料情况,全年收支情况,成本收益情况,全年主要食物消费情况,主要耐用物品年末拥有量及居住情况,信息消费情况等方面。

新型农业经营主体和一、二、三产业融合主体调查:重点包括所属主体类别,负责人基本情况,主要经营活动和销售情况,成本收益情况,标准化品牌化生产,田头市场情况,冷链物流情况,新产业新业态,一、二、三产业融合发展,公共事业发展,经营模式和绩效,扶持政策等方面。

参考文献:

吉林省政府发展研究中心. 2007. 农村固定观察点情况简介 [EB/OL]. http://fzzx.jl.gov.cn/ncgdgc/ncgdgc_2010/200711/t20071119_3720252.html.

农业部. 2015. 农业部关于进一步做好农村固定观察点工作的意见 [EB/OL]. http://www.moa.gov.cn/nybgb/2015/shiyiqi/201712/t20171219_6103892.htm.

农业农村部. 2020. 农业农村部关于做好农村固定观察点工作的通知[EB/OL]. http://www.moa.gov.cn/nybgb/2019/201912/202004/t20200410_6341167.htm.

孙莹. 2020. 全国农村固定观察点工作座谈会在北京召开 [EB/OL]. http://www.farmer.com.cn/2020/12/03/wap_99862848.html.

10.3　大数据与人工智能

10.3.1　大数据

大数据(big data)概念最早出现于 2011 年全球知名咨询机构——麦肯锡全球研究所发布的《大数据：下一个创新、竞争和生产力的前沿》研究报告，它指出"数据已渗透到当今每个行业和业务职能领域，成为重要的生产因素。人们对于海量数据的挖掘和运用，预示着新一波生产率增长和消费者盈余浪潮的到来。"随着云计算、大数据、物联网、人工智能等信息技术的迅猛发展，这些技术与人类世界政治、经济、军事、科研、生活等方面不断交叉融合，催生了超越以往任何年代的巨量数据。2014 年，"大数据"首次出现在全国人大会议的《政府工作报告》中。同年，美国白宫发布了全球"大数据"白皮书研究报告《大数据：抓住机遇、守护价值》，鼓励使用大数据以推动社会进步。毋庸置疑，大数据已成为国家战略布局的重要组成部分，与人工智能技术相结合，将给各行各业带来根本性变革(肖政宏等, 2020)。

1. 大数据特征

与传统的"海量数据""超大规模数据"等概念相比，大数据具有 4V 特点：数据体量大(volume)、数据类型繁多(variety)、价值密度低(value)、处理速度快(velocity)。

1) 数据体量大(volume)

从数据存储的角度来看，数据最小的存储单位为字节(B)，按顺序依次为千字节(kilobyte，KB)、兆字节(megabyte，MB)、吉字节(gigabyte，GB)、太字节(terabyte，TB)、拍字节(petabyte，PB)、艾字节(exabyte，EB)、泽字节(zettabyte，ZB)、佑字节(yottabyte，YB)。随着互联网、物联网、移动互联技术的发展，人和事物的所有轨迹都可被记录下来，使得数据呈现出爆发性增长，而大数据通常指 100 TB 规模以上的数据量。

2) 数据类型繁多(variety)

数据类型的多样性将数据分为结构化数据、非结构化数据和半结构化数据 3 种数据结构。其中，结构化数据是指由二维表结构来逻辑表达和实现的数据，严格遵循数据格式与长度规范，主要通过关系数据库进行存储和管理。此类数据以行为单位，一行数据表示一个实体的信息，每一行数据的属性均相同。非结构化数据是没有固定结构的数据。各种办公文档、文本、图像、音频、视频等均属于典型的非结构化数据。对于这类数据，一般直接整体进行存储。半结构化数据是结构化数据的一种形式，它并不符合关系数据库或其他数据表的形式关联起来的数据模型结构，但包含相关标记，因此也被称为自描述结构。

3) 价值密度低(value)

通常，价值密度的高低与数据总量的大小成反比。数据总量越大，无效冗余的数据越多。如何通过强大的机器算法迅速完成数据的价值"提纯"，是目前大数据背景下亟待解决的难题。

4) 处理速度快(velocity)

处理速度快(velocity)是大数据区别于传统数据挖掘的最显著特征。大数据从生产到消耗，时间窗口非常小，可用于生成决策的时间非常少，时效性要求高(金大卫,2020)。

2. 大数据类型

支撑全域土地综合整治评估的大数据类型主要包括基础地理信息数据、遥感影像数据、台站观测数据、电子地图数据、手机信令数据、手机应用(APP)数据、智能交通数据、社会经济统计数据、业务管理数据、外业调查数据 10 种。具体介绍如下：

(1)基础地理信息数据。主要由自然地理信息中的地貌、水系、植被，以及社会地理信息中的居民地、交通、境界、特殊地物、地名等要素构成，还包括用于地理信息定位的地理坐标系格网(黄慧萍和李强子,2017；蒋捷和陈军,2000)，是各类地理信息用户的统一空间载体，具有极高的共享性和通用性。

(2)遥感影像数据。遥感技术具有在不接触目标情况下获取动态、多时相空间信息的能力。遥感影像真实地展现了地球表面物体的形状、大小、颜色等信息，从遥感影像上可获取包括植被、土壤、水质参数、地表温度、海水温度等丰富的信息(魏娜等,2008；张竞成等,2012；张荣华等,2012；汪沛等,2014；汪小钦等,2015；林剑远和张长兴,2019)。

(3)台站观测数据。它是基于建立的野外观测台站获取的具有真实性的第一手土壤、水文、地质、气象等观测数据，能够用于分析区域资源环境、农业生产、生态质量等时空演变规律(姚永慧等,2011；刘学锋等,2012)，辅助区域农业生产、资源利用管理决策。

(4)电子地图数据。它是利用计算机技术，以数字方式存储和查阅的电子地图中提供的兴趣点(point of interest, POI)数据，以及从电子地图中获取到的用户位置等信息，数据现势性强，有助于分析主体活动行为特征(陈蔚珊等,2016；薛冰等,2018；赵宏波等,2018)。

(5)手机信令数据。它是由手机用户在进行通话、发短信或位置移动等事件时，被运营商的通信基站捕获并记录所产生，最后经过脱密、脱敏、扩样等处理后的数据，可用于居民行为偏好、移动轨迹分析、居民点空间布局等方面的分析(方家等,2016；王德等,2016；钟炜菁等,2017；王蓓,2020)。

(6)手机应用(APP)数据。它主要包括网购支付和生活消费类手机 APP 数据，有助于获取用户的网购行为、网购种类、消费层次及用户住房区位、就业特征等(秦萧等,2014)。

(7)智能交通数据。智能公交、交通指挥平台、交通视频监控等智能交通设备每天可产生大量基于位置的交通大数据，包括用户活动路径、道路拥堵、客运迁移信息、物流货运信息等，可用于实时监测区域交通状态、居民出行行为等(黄洁等,2018；李林等,2019)。

(8)社会经济统计数据。主要来源于各类统计年鉴和公报，是评估区域社会经济发展状况及其变化最直接有效的数据。

(9)业务管理数据。主要包括土地利用变更、耕地质量、永久基本农田划定与调整、后备土地资源等数据库数据及国土空间规划、土地整治规划、农业规划、交通水利规划、林业规划、生态环境规划等规划类数据。

(10)外业调查数据。主要是针对特定问题在项目区范围内展开实地调查所获取的第一手数据，主要涉及居民基本特征及其项目实施的满意度，项目实施进展、社会参与、产业发展等相关的调查数据(范业婷等,2021)。

3. 时空大数据库

1) 时空大数据清洗

随着信息化社会的迅速发展，时空大数据的数据源以秒、分为间隔采集，且经年累月不间断，数据无限增长，如何在这些海量数据中更快、更准地挖掘用户感兴趣的信息变得越来越重要。数据清洗是数据挖掘的重要环节，但海量数据的清洗也面临巨大压力。因为数据量大并不一定意味着数据价值的增加，相反，可能意味着数据噪声的增多。另外，长期积累的数据不可能全部存储在可随机访问的磁盘或内存中。当数据继续不断积累后，必须采用一定的数据粗筛策略，即保留有价值的信息。这个过程通常以应用为导向，需要构建适于实时分析的概要结构、时空聚合和多尺度表达等方法，实现高效的数据筛选和聚合机制，以解决数据冗余及噪声问题。

2) 时空大数据存储

时空数据本质上是非结构化的数据，不仅包含空间数据，如矢量数据和栅格数据，还包括时态数据，如时间点、时间间隔等。对于这类数据，首先需探究其数据模型。同时，针对大数据应用，传统时空数据的存储方式使得检索和查询时空数据的时间复杂度非常高，因此，学术界和工业界须研究面向大规模时空数据的新的数据存储管理方式，以应对时空大数据的挑战。

3) 时空大数据索引和查询

时空数据库中通常管理着两类空间对象：一类是静态的空间对象，如山脉、道路、河流等，这类数据对象并不具有时态特性；另一类则是移动对象，指随时间的变化位置也在不断变化的物体，对移动时空对象的处理尤其重要，因为这些对象同时具有空间和时态特性。另外，时空数据索引的主要目的是对时空数据建立各种索引机制，以便有效地进行数据查询。常用的时空索引包括 B 树(balanced-tree)索引及其变体、R 树(rectangle-tree)索引及其变体、四叉树索引、网格索引及 Hash 索引等。但在大数据环境下，数据模式随着数据量的不断变化可能会处于不断的变化中，因此对索引的要求应尽可能简单，同时益于高效快速处理规模庞大的海量数据(边馥苓, 2016)。

4. 时空大数据分析方法

1) 地理社交网络分析

在移动互联网的基础上，社交网络服务增加了地理位置这一实时信息，用户可在网络中实时分享位置信息，或通过智能终端提交实时位置信息。这种将地理位置信息和社交关系信息相结合的网络，称为基于地理位置的社交网络。基于地理位置的数据主要源于以下几方面：①具体地理位置的数据，如全球定位系统(GPS)信息的经纬度，以及地图上的地理位置等；②根据 WiFi 连接位置的数据；③根据 IP 地址表示位置的数据；④根据用户标注的地理位置数据。

2) 轨迹分析

GPS 应用和智能手机的普及使行为轨迹预测成为可能。通常，依托 GPS 定位功能，用户在智能手机中开启 APP，通过 APP 将获取的信息传递给服务器，在服务器中进行信息匹配，目的是将时间、空间进行整合用来推算用户的现实情境；然后进行轨迹计算，根据位置信息测绘出路线的网状结构，比例越高的路线越粗；最后将信息匹配后的数据和物理轨迹进行数据分析，用来推断出用户的行为轨迹(黄兰情, 2018)。行为轨迹的预测可对用户进行目标人群定位，不仅具有不可估量的商业价值，还有重要的公共安全和城市规划意义，尤其通过分析用户轨迹在路径上的重叠性、频繁度等可为优化区域布局提供新思路。

3)众包与志愿者地理信息

基于 Goodchild 提出的"人人都是传感器"思想(Goodchild, 2007)，志愿者地理信息(volunteered geographic information, VGI)通过汇聚个体用户的力量，实现对地理数据的采集、编辑和更新。一般用户不仅是地理信息的使用者，也是地理信息的提供者，进而打破了地理信息专业人员和公众之间的界限，改变了传统的地理数据生产方式。通过专业部门获取地理数据往往需投入大量的人力、物力和财力，而 VGI 整合了人们贡献的地理信息，不仅降低了成本，而且其精度也可与传统数据相匹敌。在此背景下，各种 VGI 项目纷纷涌现，其中以 Open Street Map、Google Map Maker、Wikimapia 和 Waze 等最为成功并各具特色。美国著名的社交媒体定位服务提供商 Foursquare、苹果公司和 Wikipedia 等均已宣布弃用 GoogleMaps，转向 VGI 网站 Open Street Map，可见 VGI 已对传统地理信息数据行业产生了巨大影响(边馥苓, 2016)。

10.3.2　人工智能

伴随现代信息技术，特别是计算机技术和网络技术的发展，信息处理容量、速度和质量大为提高，人工智能得到了更为广泛的应用。尤其是，网络、机器人、大数据等技术发展促进了人工智能进入科技、国防、经济、民生等诸多领域，将为社会进步、经济建设和人类生活等做出卓越贡献(蔡自兴, 2016)。

1. 人工智能概述

人工智能(artificial intelligence, AI)是研究、开发用于模拟、延伸和扩展人的智能的理论、方法、技术及应用系统的一门新的技术科学。人工智能涉及哲学、认知科学、数学、神经生理学、心理学、计算机科学和信息论、控制论、不定性论等，属于自然科学和社会科学的交叉学科。其着力探索人类智能的本质，并生产出一种新的能与人类智能相似方式做出反应的智能机器。该领域的研究包括机器人、语言识别、图像识别、自然语言处理和专家系统等。人工智能不是"人的智能"，但能像人一样思考，也可能超过人的智能。

2. 人工智能相关研究领域

1)模式识别

"模式"(pattern)一词的本义是指完美无缺的、供模仿的一些标本。模式识别即指识别出给定物体所模仿的标本。人工智能所研究的模式识别是指用计算机代替人类或帮助人类感知模式，是对人类感知外界功能的模拟，研究的是计算机模式识别系统，也就是使一个计算机系统具有模拟人类通过感官接受外界信息、识别和理解周围环境的感知能力。用计算机实现文字、声音、人物、物体等模式的自动识别，是开发智能机器的一个最关键的突破口，也可为人类认识自身智能提供线索。信息处理过程的一个重要形式是生命体对环境及客体的识别。对人类来说，特别重要的是对光学信息(通过视觉器官来获得)和声学信息(通过听觉器官来获得)的识别。这是模式识别的两个重要方面。市场上可见到的代表性产品有光学字符识别(optical character recognition, OCR)系统、语音识别系统等(尹捷，2007)。

2)专家系统

专家系统(expert system, ES)是人工智能应用最为成熟的一个领域，与模式识别、智能机器人并列为人工智能技术中最活跃的三个领域。专家系统的实质是一组程序，从功能上可定义为"一个在某领域具有专家水平理解能力的程序系统"，能像领域专家一样工作，运用专家积累的工作经验与专门知识，在较短时间内对问题做出高水平的解答。从结构上讲，专家系统可定义为"由一个专门领域的知识库，以及一个能获取和运用知识的机构构成的解题程序系统"，其关键问题是知识获取、表示和推理(何新贵，1990)。专家系统把某一领域内专家的知识、人类长期总结出来的基本理论和方法输入其中，模仿人类专家的思维规律和处理模式，按一定的推理机制和控制策略，利用计算机进行演绎和推理，使专家的经验变为共享财富，克服了专家严重短缺的问题，充分利用了现代计算机高速、高效、可靠的优越性，以其强大的生命力备受欢迎(雷海燕等，2006)。

3)人工神经网络

人工神经网络是由简单单元组成的广泛并行互联的网络。其原理是根据人脑的生理结构和工作机理，实现计算机智能。它采用物理上可实现的器件或现有的计算机来模拟生物神经网络的某些结构与功能，并反过来用于工程或其他领域。人工神经网络的着眼点不是用物理器件去完整地复制生物体的神经细胞网络，而是抽取其主要结构特点，建立简单可行且能实现人们所期望功能的模型。人工神经网络由很多处理单元有机地连接起来，进行并行的工作，其最大特点是具有学习功能。

4)机器学习

机器学习是通过运用现代化计算机强大的操作能力及数据整合分析系统对大批量的数据进行处理，使计算机具备模仿人类学习的行为，并通过获取人类处理数据中的经验与技能，不断改进计算机的人工智能性能。由此可见，机器学习主要通过完善经验算法来不断改进计算机的数据处理方式，通过计算机对算法的学习，让计算机找到数据处理过程中的规律，然后对海量数据进行处理。换句话说，机器学习处理的数据量越大，数据的整合技术及预测功能就越精准(郭恒川，2021)。

3. 人工智能应用

1)智慧地球与智慧城市

作为实体基础设施与信息基础设施有效结合的典范，"智慧地球"是以"物联网"和"互联网"为主要运行载体的现代高新技术的总称，也是对现有互联网技术、传感器技术、智能信息处理等信息技术的高度集成。通俗地讲，"互联网+物联网=智慧地球"。可见"智慧地球是数字地球"的延续和发展，"数字地球"加上物联网就可以实现"智慧的地球"(张永民，2010)。

智慧城市是充分应用信息和通信技术手段观测、分析、整合城市运行核心系统的各项关键信息，从而对包括民生、环保、公共安全、城市服务、工商业活动在内的各种需求做出智能响应，为人类创造美好的城市生活。总体上，智慧城市通过完善社会基础服务质量、应用领导协同机制、促进社会不同体系相互融合及更好地使用数据信息和现代科技，以提升生活质量、提升城市运行和提供服务的效率，同时还能满足现代人和后代人在经济、社会和环境方面的需求，促进社会经济与环境可持续发展。可见，智慧城市的核心就是让城市、让市民生活变得更加美好(李成名和刘晓丽，2019)。

2) 智慧交通系统与工具

智慧交通系统作为智慧城市的一个重要构成，是解决城市交通问题的最佳方法，同时也是智慧城市建设的一项具体应用。智慧交通系统是指在交通领域中充分运用物联网、云计算、人工智能、自动控制等技术而建立起的实时、准确、高效的综合运输和管理系统。智慧交通系统的目的是使人、车、路达到密切配合，并发挥协同效应，从而提高交通运输效率、保障交通安全、改善交通运输环境。人工智能在智慧交通系统中的应用主要包括自动驾驶汽车、智能交通机器人、智能交通监控、智能出行决策等(王伟耀，2018)。

3) 智能电网

智能电网建立在电力电子技术、传感与测量技术、控制仿真决策技术、信息与通信技术、人工智能技术等基础之上，以实现发电、储能、输电、配电、用电等环节的智能化为目的。其中，人工智能技术在推动智能电网发展中起着重要作用，体现在：①人工智能推动电力系统发展。基于人工智能的电网故障检测与诊断、具有灵活自愈功能的配电自动化等技术的应用表明，在期望能取得低代价的解决方法和鲁棒性方面，人工智能的应用显著改善了传统电网对不确定、高度非线性环境的适应能力。②人工智能技术是电网"智能化"的根本体现。智能电网的本质是智能，现代人工智能技术是对人类智能的模拟，因而人工智能的应用是电网"智能化"的根本体现。③人工智能技术凸显了智能电网的本质特征。智能电网中，人工智能技术的广泛应用将使电网逐步具有模拟人类智能的能力，从而减少人的参与程度。④人工智能是推动智能电网跃进发展的革命性力量。在可以预见的将来，除了人工智能技术，其他技术均无法有效增强电网的自学习能力(戚晓耀等，2013)。

案例 10.10 大数据驱动下全域土地综合整治评估思路及其应用方向

一、背景介绍

近年来，随着信息与通信技术的快速发展，以社交网络、基于位置服务(location based services, LBS)为代表的新型信息获取方式不断涌现，大数据应用已经成为重要的研究方向，在多个学科和研究领域发挥着重要作用(孟小峰和慈祥，2013)。2011 年，McKinsey(麦肯锡)公司在其研究报告中将大数据定义为"超过了典型数据库软件工具捕获、存储、管理和分析数据能力的数据集合"，具有规模海量、流转快速、类型多样和价值巨大等特征(Manyika, 2011)。大数据的这些特征为客观评估全域土地综合整治试点区域发展现状、整治过程的规范性、整治实施后的效益提供了更加科学的技术支撑，为把握整治区域土地、人口、产业等要素的状态和变化过程进而实现全域土地综合整治的动态调控管理提供了重要支撑依据。

二、大数据驱动全域土地综合整治评估的思路

全域土地综合整治评估的内容主要是针对整治前、整治中、整治后不同阶段的考核要求具体展开。其中，整治前，重点围绕整治试点乡镇(或者村庄)选择的适宜性、建设任务安排的合理性、整治潜力等开展可行性评估，分析试点区域全域土地综合整治对优化空间格局、促进区域协调发展的作用。整治中，重点围绕整治任务实施的合规性及进展、整治措施的合理性、社会参与度，以及整治对农业生产、居民生活、生态环境的影响等方面展开监测评估。整治后，重点从社会、经济、生态、文化等维度，围绕全域土地综合整治的目标要求，开展试点建设后约束性指标执行情况，用地布局，产业发展、农业生产、社会、环境等方面的效益评估。

根据全域土地综合整治评估的实际需要，网络爬虫、网站公开应用程序接口(API)、直接下载或者与企业/研究机构合作等方式可以获取相关的大数据(黄慧萍和李强子，2017)。按照不同来源大数据的类别、格式、更新周期、统计特性等，合理规范化存储管理大数据，明确不同数据的时空尺度，采用统计汇总、空间数据融合等手段对各类原始大数据进行再加工，供后续的数据挖掘和分析使用。以客观评估全域土地综合整治全流程为导向，采用模型、空间探索性分析等方法对大数据进行深入挖掘与分析，将大数据转化为支持全域土地综合整治评估的信息和知识，在此基础上，针对全域土地综合整治过程中不同评估任务的要求，开展整治前可行性评估、整治中监测评估及整治后效益评估等。大数据驱动全域土地综合整治评估的总体框架如图 10.10-1 所示。

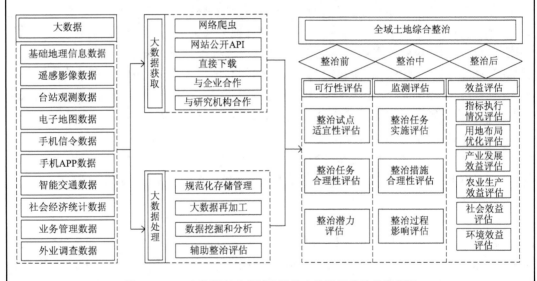

图 10.10-1　大数据驱动全域土地综合整治评估的总体框架

三、大数据在全域土地综合整治评估中的应用方向

大数据在全域土地综合整治前可行性评估中的应用方向主要体现在耕地细碎化、空间布局秩序、资源利用效率、生态系统质量、乡村发展特征、区域经济发展、群众意愿、整治任务合理性、整治潜力、土地利用功能等方面的评估；大数据在整治中监测评估中的应用方向主要表现在整治任务实施合规性、整治任务实施进展及整治措施合理性、社会参与度、整治对农业生产的影响、整治对居民生活的影响、整治对生态环境的影响、整治对传统文化的影响等方面的评估；大数据在整治后效益评估中的应用方向主要表现在约束性指标执行情况、居民满意度、用地布局、用地效益、产业发展情况、农业生产

效益、经济活力、社会效益、环境效益等方面的评估。

参考文献:

范业婷, 金晓斌, 张晓琳, 等. 2021. 大数据驱动下全域土地综合整治评估思路及其应用方向[J]. 现代城
　　市研究, (3): 40-47.

参 考 文 献

边馥苓. 2016. 时空大数据的技术与方法[M]. 北京: 测绘出版社.

蔡自兴. 2016. 人工智能及其应用[M]. 北京: 清华大学出版社.

曹帅, 金晓斌, 杨绪红, 等. 2019. 农用地整治对耕地细碎化影响的多维评价: 方法与实证[J]. 中国农业大
　　学学报, 24(8): 157-167.

陈蔚珊, 柳林, 梁育填. 2016. 基于POI数据的广州零售商业中心热点识别与业态集聚特征分析[J]. 地理研
　　究, 35(4): 703-716.

范业婷, 金晓斌, 项晓敏, 等. 2016. 农用地整治对产能影响的特征预测及评估: 方法与实证[J]. 地理研究,
　　35(10): 1935-1947.

范业婷, 金晓斌, 张晓琳, 等. 2021. 大数据驱动下全域土地综合整治评估思路及其应用方向[J]. 现代城市
　　研究, (3): 40-47.

方家, 王德, 谢栋灿, 等. 2016. 上海顾村公园樱花节大客流特征及预警研究: 基于手机信令数据的探索[J].
　　城市规划, 40(6): 43-51.

冯士雍, 倪加勋, 邹国华. 1998. 抽样调查理论与方法[M]. 北京: 中国统计出版社.

高春东, 何洪林. 2019. 野外科学观测研究站发展潜力大应予高度重视[J]. 中国科学院院刊, 34(3):
　　344-348.

顾铮鸣, 金晓斌, 杨晓艳, 等. 2018. 基于无人机遥感影像监测土地整治项目道路沟渠利用情况[J]. 农业工
　　程学报, 34(23): 85-93.

管栩, 金晓斌, 魏东岳, 等. 2014. 土地整治项目综合监测体系构建[J]. 中国土地科学, 28(4): 71-76.

郭恒川. 2021. 人工智能中的机器学习技术应用[J]. 电子技术, 50(10): 294-296.

韩文霆, 张立元, 张海鑫, 等. 2017. 基于无人机遥感与面向对象法的田间渠系分布信息提取[J]. 农业机械
　　学报, 48(3): 205-214.

何新贵. 1990. 知识处理与专家系统[M]. 北京: 国防工业出版社.

洪长桥, 金晓斌, 陈昌春, 等. 2017. 基于多源遥感数据融合的土地整治区产能动态监测: 方法与案例[J].
　　地理研究, 36(9): 1787-1800.

侯剑华, 胡志刚. 2013. CiteSpace软件应用研究的回顾与展望[J]. 现代情报, 33(4): 99-103.

环境保护部. 2014. 环境保护部和国土资源部发布全国土壤污染状况调查公报[EB/OL]. (2014-04-17).
　　https://www.mee.gov.cn/gkml/sthjbgw/qt/201404/t20140417_270670.htm.

黄慧萍, 李强子. 2017. 大数据时代土地利用优化的机遇、数据源及潜在应用[J]. 中国土地科学, 31(7):
　　74-82.

黄洁, 王姣娥, 靳海涛, 等. 2018. 北京市地铁客流的时空分布格局及特征: 基于智能交通卡数据[J]. 地理
　　科学进展, 37(3): 397-406.

黄兰情. 2018. 基于Android的用户行为轨迹分析研究与系统研发[J]. 数字技术与应用, 36(12): 164, 187.

吉林省政府发展研究中心. 2007. 农村固定观察点情况简介[EB/OL]. (2007-11-19). http: //fzzx.jl.gov.cn/ncgdgc/ncgdgc_2010/200711/t20071119_3720252. html.

纪月清, 熊晶白, 刘华. 2016. 土地细碎化与农村劳动力转移研究[J]. 中国人口·资源与环境, 26(8): 105-115.

蒋捷, 陈军. 2000. 基础地理信息数据库更新的若干思考[J]. 测绘通报, (5): 1-3.

金大卫. 2020. 大数据分析导论[M]. 北京: 清华大学出版社.

雷海燕, 曹延军, 曹建军. 2006. 人工智能和专家系统在地理学中的应用研究[J]. 计算机与现代化, (10): 7-10.

李成名, 刘晓丽. 2019. 智慧城市时空大数据平台理论与方法[M]. 北京: 科学出版社.

李林, 梁星, 陈雪洋. 2019. 实时交通大数据智能分析计算平台研究与应用[J]. 地理空间信息, 17(11): 28-30, 10.

李少帅, 陈原, 张超, 等. 2014. 基于多时相高分辨率遥感影像的土地整治项目进展评价模型研究[J]. 中国土地科学, 28(3): 83-88, 97.

廖小罕, 封志明, 高星, 等. 2020. 野外科学观测研究台站(网络)和科学数据中心建设发展[J]. 地理学报, 75(12): 2669-2683.

林剑远, 张长兴. 2019. 航空高光谱遥感反演城市河网水质参数[J]. 遥感信息, 34(2): 23-29.

刘飞, 朱庆, 丁雨淋, 等. 2021. 滑坡—堰塞湖灾情无人机应急测绘、分析与险情模拟[J]. 山地学报, 39(4): 600-610.

刘涓, 杜静, 魏朝富, 等. 2015. 紫色土区土地整理年限对土壤理化特性的影响[J]. 农业工程学报, 31(10): 254-261.

刘学锋, 梁秀慧, 任国玉, 等. 2012. 台站观测环境改变对我国近地面风速观测资料序列的影响[J]. 高原气象, 31(6): 1645-1652.

刘杨, 张涵, 冯海宽, 等. 2021. 无人机成像高光谱的马铃薯地上生物量估算[J]. 光谱学与光谱分析, 41(9): 2657-2664.

罗开盛, 李仁东, 常变蓉, 等. 2013. 面向对象的湖北省土地覆被变化遥感快速监测[J]. 农业工程学报, 29(24): 260-267.

梅安新, 彭望琭, 秦其明, 等. 2001. 遥感导论[M]. 北京: 高等教育出版社.

孟小峰, 慈祥. 2013. 大数据管理: 概念技术与挑战[J]. 计算机研究与发展, 50(1): 146-169.

农业农村部. 2015. 农业部关于进一步做好农村固定观察点工作的意见[EB/OL]. (2017-12-02). http://www.moa.gov.cn/nybgb/2015/shiyiqi/201712/t20171219_6103892. htm.

农业农村部. 2019. 农业农村部关于做好农村固定观察点工作的通知[EB/OL]. (2020-04-10). http://www.moa.gov.cn/nybgb/2019/201912/202004/t20200410_6341167. htm.

戚晓耀, 盛成玉, 孙振权, 等. 2013. 智能电网分代研究[J]. 物联网技术, 3(1): 32-36.

乔郭亮, 周寅康, 顾铮鸣, 等. 2021. 苏南地区景观格局特征与坑塘水质关联关系[J]. 农业工程学报, 37(10): 224-234.

秦萧, 甄峰, 朱寿佳, 等. 2014. 基于网络口碑度的南京城区餐饮业空间分布格局研究: 以大众点评网为例[J]. 地理科学, 34(7): 810-817.

孙雁, 刘友兆. 2010. 基于细碎化的土地资源可持续利用评价: 以江西分宜县为例[J]. 自然资源学报, 25(5): 802-810.

孙莹. 2020. 全国农村固定观察点工作座谈会在北京召开[EB/OL]. (2020-12-03). http://www.farmer.com.cn/2020/12/03/wap_99862848.html.

田振坤, 傅莺莺, 刘素红, 等. 2013. 基于无人机低空遥感的农作物快速分类方法[J]. 农业工程学报, 29(7): 109-116, 295.

汪沛, 罗锡文, 周志艳, 等. 2014. 基于微小型无人机的遥感信息获取关键技术综述[J]. 农业工程学报, 30(18): 1-12.

汪小钦, 王苗苗, 王绍强, 等. 2015. 基于可见光波段无人机遥感的植被信息提取[J]. 农业工程学报, 31(5): 152-159.

王蓓, 王良, 刘艳华, 等. 2020. 基于手机信令数据的北京市职住空间分布格局及匹配特征[J]. 地理科学进展, 39(12): 2028-2042.

王德, 朱查松, 谢栋灿. 2016. 上海市居民就业地迁移研究: 基于手机信令数据的分析[J]. 中国人口科学, (1): 80-89, 127.

王军, 顿耀龙, 郭义强, 等. 2014. 松嫩平原西部土地整理对盐渍化土壤的改良效果[J]. 农业工程学报, 30(18): 266-275.

王伟耀. 2018. 人工智能技术在智慧交通领域中的应用[J]. 电子技术与软件工程, (3): 251.

王夏晖, 何军, 饶胜, 等. 2018. 山水林田湖草生态保护修复思路与实践[J]. 环境保护, 46(Z1): 17-20.

王旭东, 段福洲, 屈新原, 等. 2017. 面向对象和 SVM 结合的无人机数据建筑物提取[J]. 国土资源遥感, 29(1): 97-103.

魏娜, 姚艳敏, 陈佑启. 2008. 高光谱遥感土壤质量信息监测研究进展[J]. 中国农学通报, (10): 491-496.

翁睿, 韩博, 孙瑞, 等. 2020. 国际生态修复理念与方法对我国新时期国土综合整治的启示[J]. 土地经济研究, (1): 117-140.

夏晨真, 张月. 2020. 基于厘米级无人机影像的水土保持措施精准识别[J]. 水土保持学报, 34(5): 111-118, 130.

肖政宏, 李俊杰, 谢志明. 2020. 大数据技术与应用[M]. 北京: 清华大学出版社.

谢向向, 张安录, 杨蒙. 2016. 土地整治绩效空间差异及投入优先序: 以湖北省为例[J]. 资源科学, 38(11): 2058-2071.

新华社. 2021. 第三次全国国土调查主要数据成果发布[EB/OL]. (2021-08-26). http://www.mnr.gov.cn/dt/ywbb/202108/t20210826_2678337.html.

信桂新, 杨朝现, 杨庆媛, 等. 2017. 用熵权法和改进 TOPSIS 模型评价高标准基本农田建设后效应[J]. 农业工程学报, 33(1): 238-249.

徐秀云, 陈向, 刘宝梅. 2017. 微型无人机助力土地整治项目监管[J]. 测绘通报, (3): 86-90.

薛冰, 肖骁, 李京忠, 等. 2018. 基于 POI 大数据的城市零售业空间热点分析: 以辽宁省沈阳市为例[J]. 经济地理, 38(5): 36-43.

姚永慧, 张百平, 韩芳. 2011. 基于 Modis 地表温度的横断山区气温估算及其时空规律分析[J]. 地理学报, 66(7): 917-927.

尹捷. 2007. 人工智能在模式识别领域的应用[J]. 科技资讯, (12): 249.

袁朝晖, 田兰兰, 马艳平. 2018. 文献信息检索与利用[M]. 成都: 电子科技大学出版社.

张兵, 崔系民, 赵彦博, 等. 2015. 基于 High-1 卫星影像的土地整治遥感监测方法研究与实践[J]. 农业工程学报, 31(20): 225-233.

张超, 刘佳佳, 陈英义, 等. 2017. 土地整治区田块空间形态变化遥感监测与评价[J]. 农业机械学报, 48(1): 104-111.

张竞成, 袁琳, 王纪华, 等. 2012. 作物病虫害遥感监测研究进展[J]. 农业工程学报, 28(20): 1-11.

张荣华, 杜君平, 孙睿. 2012. 区域蒸散发遥感估算方法及验证综述[J]. 地球科学进展, 27(12): 1295-1307.

张永民. 2010. 解读智慧地球与智慧城市[J]. 中国信息界, (10): 23-29.

赵宏波, 余涤非, 苗长虹, 等. 2018. 基于 POI 数据的郑州市文化设施的区位布局特征与影响因素研究[J]. 地理科学, 38(9): 1525-1534.

钟炜菁, 王德, 谢栋灿, 等. 2017. 上海市人口分布与空间活动的动态特征研究: 基于手机信令数据的探索[J]. 地理研究, 36(5): 972-984.

周涛, 胡振琪, 韩佳政, 等. 2021. 基于无人机可见光影像的绿色植被提取[J]. 中国环境科学, 41(5): 2380-2390.

周寅康, 金晓斌, 王千, 等. 2012. 基于 GIS 的关中地区农业生产自然灾害风险综合评价研究[J]. 地理科学, 32(12): 1465-1472.

Goodchild M F. 2007. Citizens as sensors: The world of volunteered geography[J]. GeoJournal, 69(4): 211-221.

He C Y, Liu Z F, Xu M, et al. 2017. Urban expansion brought stress to food security in China: Evidence from decreased cropland net primary productivity[J]. Science of the Total Environment, 576: 660-670.

Manyika J, Chui M, Brown B, et al. 2011. Big data: The next frontier for innovation, competition, and productivity[R]. McKinsey Global Institute.

国土综合整治——实务篇

第11章　国土综合整治规划

自1999年"土地整理"首次写入《土地管理法》，经过20余年发展，我国土地整治经历了从片面关注耕地利用到统筹推进山水林田湖草等多要素系统治理的国土综合整治转型与升级，顺应了不同时期经济社会发展对资源利用与管理的需求，有效支撑了土地资源集约利用与可持续发展。在当前统筹推进国土空间规划的背景下，国土综合整治规划是国土空间规划的重要组成部分，对引领国土综合整治布局、实施及管护等具有关键作用。因此，面向当前乡村振兴、生态文明建设、农业现代化等国家战略，厘清传统土地整治规划目标内涵、功能定位及基本内容等，对深刻理解要素多元、目标多维、功能复合的国土综合整治规划的框架结构、等级体系、编制程序、实施路径等具有积极意义。为此，本章首先分析传统土地整治规划的内涵特征、功能定位、目标任务、基本内容及存在问题，在此基础上，解析国土综合整治规划的等级体系和编制程序，最后面向耕地、居民点、工矿废弃地、城镇低效用地等典型要素，从规划背景、规划要求、典型案例等方面对国土综合整治规划中的典型专项规划和建设内容进行简要介绍。

11.1　土地整治规划概述

11.1.1　土地整治规划的内涵及定位

1. 土地整治规划的内涵

土地整治规划是在土地利用总体规划的指导和控制下，对一定区域内的土地整理、土地复垦、土地开发等土地利用活动进行总体部署和统筹安排，尤其针对规划区未利用、暂时不能利用或已利用但利用不充分的土地，进行重新开发、利用和改造，确定其方向、规模、空间布局及时间顺序等(刘新卫等，2014)。作为一项宏观控制性规划，土地利用总体规划制定的土地整治内容通常通过专项规划进行细化、完善，其整治目标也通过专项规划逐步分解、落实。因此，土地整治规划是土地利用总体规划的进一步深化和补充(林坚等，2014；封志明等，2006)。由于传统土地利用总体规划实施中存在宏观控制与微观落实脱节的问题，迫切需要编制全国范围内分层次的土地整治规划，以逐级落实土地利用总体规划中确定的土地整治任务及目标。因此，通过编制土地整治规划，明确不同区域土地整治的方向、重点，不仅有利于科学指导和规范各地土地整治活动，也对增加有效耕地面积、提高土地利用效率、改善生态环境等发挥重要作用(许晓婷，2014)。

作为一项实施性规划，土地整治规划体系包括国家、省、市、县、乡及跨省市县的区域规划。其中，省、市、县、乡级整治规划通常以行政级别为依据划分，区域层次规划则依据整治对象的自然、经济、社会等某一属性或综合特征边界划分，但该划分方法通常无法与管理需求相结合，且存在数据统计口径不统一、资料获取难度大等问题(李晨，2013)。

2. 土地整治规划的功能定位

土地整治目标的确定是土地整治规划编制和实施的前提与基础。由于土地整治规划具备国家、省、市、县、乡的等级体系特征，因此，不同等级体系下土地整治规划的功能定位也具备一定的空间尺度差异。其中，省域作为全国范围内的重要行政区，其土地整治规划多属于政策引导性规划，主要功能为土地资源保障、粮食安全保障、促进区域统筹发展等。市级区域在我国行政管理层级中处于中间层级，因此，市级土地整治规划在土地整治规划体系中居于承上启下的特殊地位，既承接省级土地整治规划的目标及任务，又指导县级土地整治规划的实施(郧文聚和宇振荣，2011)。市级土地整治规划是落实省级规划的重要环节，需在省级规划的控制和指导下明确土地整治的方向及具体目标，进而提出市级土地整治规划的规模、数量结构及空间布局，为全面、深入、有序开展土地整治工作提供基础(温润，2014)。县乡级土地整治规划是深化和实施市级土地整治规划和县级土地利用总体规划的重要手段，也是土地整治项目立项及审批的基本依据，属于具体落实性规划，旨在通过土地利用现状结构及权属关系调整，优化土地利用结构，改善生态环境(许晓婷，2014)；通过土地综合整治项目的实施，改善和提升生产生活条件，实现土地的经济效益、社会效益和生态效益最优。因此，具体项目的设计与落实是县级土地整治规划的主要任务(景慧，2014)。

11.1.2 土地整治规划的目标与内容

1. 土地整治规划的目标与任务

土地整治规划体系的空间尺度特征决定了不同等级体系整治规划目标的空间尺度差异和层级差异。一方面，不同层次土地整治规划总目标中分目标的构成比例往往决定于各级政府的主导意志。结合我国的基本国情，通常，大尺度土地整治规划总目标中，耕地保护目标是主要目标，占大部分比重；中尺度的土地整治规划总目标中，耕地保护、集约节约用地、生态保护目标是主要目标；而小尺度的土地整治规划总目标中，集约节约用地、促进新农村建设与城乡统筹发展、生态保护是主要目标。另一方面，土地整治规划实行逐级控制，即省级规划控制市级规划，并且土地整治规划是土地利用总体规划的专项规划，因而，市级土地整治规划目标的确定需依据省级土地整治规划及市级土地利用总体规划所确定的目标，为跨县区域经济社会的可持续发展提供资源保障，实现土地整治的区域分工与合作，统筹区域土地整治的经济、社会与生态效益。

为保障各级土地整治活动科学、顺利开展，针对不同等级体系的土地整治规划，在目标导向、整治方向、整治规模、空间结构与布局、项目实施、资金安排等方面均具有明确的任务设计。一般来说，空间尺度越大，土地整治的调控越宏观，宏观布局也越笼统。尺度越小，土地整治事务安排越具体、布局越精确，实施方案越具有针对性和控制性。即随着空间尺度升级，土地整治规划的任务从微观控制趋向于宏观调控(张勇等，2014；刘新卫等，2014；严飞，2013)。例如，全国土地整治规划的任务应是在战略和政策层面调控全国和各区域土地整治方向，统筹安排农用地、建设用地整理、开发、复垦等各类土地整治活动。省级土地整治规划应充分考虑土地整治的社会经济和生态环境效益，大力推进农用地整治、合理开发宜耕未利用地、加强以改善生态环境为目的的土地复垦、大规模建设旱涝保收高标准基本农田。稳妥推进农村建设用地整理，积极开展城镇工矿建设用地整治，优化土地利用结构、布局和节约集约用地。提出省域土地整治战略目标和差别化的区域土地整治政策，为省内跨市区域级和市级土地整治规划的编制提供依据。同时，市级土地整治规划一般面向具有一定同质性和关联性的自然、社会、经济属性的地区，提出统筹区域土地整治和促进集约节约利用土地、协调土地整治与生态环境建设的土地整治战略，制定差别化的土地整治政策，为编制区域内县级土地整治规划提供重要依据。而县级土地整治规划的任务应是统筹安排土地整治项目，并落实到具体空间位置，针对具体土地整治项目实施工程建设，开展项目设计、实施与管护等活动。

2. 土地整治规划的内容

与不同等级整治规划的目标任务差异相似，空间尺度越大、等级越高，土地整治规划的内容越偏向战略性、全局性，侧重战略思路制定与政策引导；尺度越小，土地整治规划内容越具备实操性、具体性，侧重土地整治指标分解和空间落实。例如，全国土地整治规划内容主要包括土地整治战略研究、差别化土地整治政策研究、国家级土地整治重大工程建设安排、规划实施制度保障措施等。省级土地整治规划是地方高层次且具有综合性、整体性、战略性和长期性的土地整治规划，其内容与全国性规划相近，但更强调区域土地整治的规模、结构和布局，土地整治的重点区域更加明确，整治政策的区域差异更为具体。具体包括：明晰省域土地整治总体情况、特点及问题，制定省域土地整治战略；优化全省土地利用结构和空间总体布局；构建全省土地整治生态建设与保护总体格局；根据各市经济发展状况与土地资源利用特征，确定所辖地市土地整治目标和方向，并将相关整治规划指标分解到具体地市，尤其是明确各市高标准基本农田建设和补充耕地任务、农村建设用地规模和总体布局；进行土地整治地域综合分区，制定差别化的土地整治政策；做好跨市、县域的重点区域、重点工程(或重大项目)布局，如农用地整治、土地开发、复垦等，防止重复建设；从省级层面提出规划实施保障措施等。市级土地整治规划主要发挥承上启下的作用，即对上承接省级土地整治规划内容，对下指导县级土地整治规划编制的同时解决跨县土地整治问题。其关键内容是落实省级土地整治规划目标、方向及空间布局，将相关指标进一步分解到具体县域，重点明确各县高标准基本农田建设和补充耕地任务，确定全市各县农村建设用地规模和总体布局。以县级地方政府为编制和执行主体的县级土地整治规划是县级行政辖区组织实施土地整治活动的基本依据，也是具体落实市级土地整治规划和县级土地利用总体规划的重要手段。县级规划作为实施的最基本层次，其规划内容不仅要体现定性、定量、定位、定序的要求，还应具有低层次规划较强的可操作性，同时具备约束性指标控制和预期性指标引领。其中，约束性指标除高标准基本农田建设、补充耕地外，还需有建设用地整治规模、城乡建设用地增减挂钩指标；而预期性指标则包括人均用地，生产、生活、环境条件改善指标等。县级土地整治规划内容主要包括市(地)级土地整治任务落实，特别是高标准基本农田建设的项目、布局、规模、时序和工程措施，提出土地整治资金投入和安排计划，制定实施规划的具体保障措施等(张川等，2015；汤怀志等，2016)。

11.1.3　土地整治规划存在的问题

传统土地整治规划已形成了自上至下的规划体系，颁布了土地整治规划编制规程等行业标准，形成了政府组织、专家领衔、公众参与、上下衔接的规划编制方法，积累了大量规划编制和实施的经验，为有效指导土地整治活动提供了依据。然而，随着我国经济社会的快速发展，土地整治的内涵与外延也不断深化和拓展，土地整治规划的编制任务、目标定位、实施手段等也都发生了显著变化，导致其在地方实践探索中也暴露出诸多问题(梁梦茵等，2021；唐秀美等，2018；张勇等，2014)，表现为：

(1)规划指标单一，指标体系不完整。政府土地整治管理的政策取向及制定决定着土地整治规划的目标，也决定了土地整治规划的原则、技术路线及土地整治管理的思路和方法。但传统土地整治规划多以推进耕地占补平衡、增加耕地数量为单一目标导向，忽视了耕地质量、潜力及土地利用的经济、社会、生态等综合效益，导致地方在实践中不考虑新增耕地质量、不顾当地生态潜在风险而盲目进行开发等问题。事实上，土地整治规划应是涵盖粮食安全、节约集约、乡村振兴、生态文明等多目标的规划，规划指标体系的构建更应体现全面性和综合性。

(2)规划指标设置雷同，层次差异不强。目前我国土地整治规划内容雷同，国家、省、市、县等级规划指标设置基本一样，面临宏观上过细、微观上过粗等问题。但随着土地整治内容的不断扩大和地位的提高，各级规划由于其性质和作用不同，其内容深度也应不同。

(3)规划指标确定的科学性不强，实施管理水平不高。指标的编制与分解应是上下互动的过程，一般先将计划执行的指标分解给地方，然后地方根据自身实际情况做出相应调整或提出修改意见，征求意见后，上级部门再结合地方需求和国家发展需要进行相互沟通，沟通协调后方可以计划形式下达。但在实践中，各部门在分解指标时并未充分考虑相关因素和协调，而是硬性分解，地方则无条件接受分解结果。同时，目前我国多数地方的土地整治规划模式仍是计划经济时期的"对号入座"式规划，未能对当地特征进行深入分析，也未充分考虑当地真实需求，只是机械地按照土地整理、复垦、开发类型进行规划，缺乏空间的具体布局和对当地真实特色的反映。因此，"自上而下逐级控制"的指标分解方法虽有利于加强整体控制，但下级规划同上级衔接性不强，空间相关性差，缺乏必要的反馈和协调，不能体现系统的土地整治功能。甚至部分地区在规划指标落实、分解中并未考虑区域差别，导致无序、重复的土地整治，形成"过程性浪费"。

(4)规划指标的权责不对称，管理制度存在漏洞。现行的规划指标控制体系是建立在改革开放初期的计划经济体制基础之上的，规划指标自上而下逐级分解，规划权力却向上逐级集中，虽在一定历史时期内扭转了土地无序整治的混乱局面，但权力与责任的脱节导致土地整治实施效果不尽理想。

11.2　国土综合整治规划概述

11.2.1　国土综合整治规划等级体系

1. 国土综合整治规划的内涵与定位

相较于传统土地整治规划，国土综合整治规划是指为满足人类生产、生活和生态功能需求，依据国土空间规划，在一定区域范围内，通过综合运用相关政策，采取先进工程技术，调整土地利用结构，优化土地空间布局以实现粮食安全、现代农业、精准扶贫、生态修复等综合效益的治理规划，具有内容丰富、要素多维、模式多样、目标多元、手段综合等特点，是推进乡村振兴和城市更新、实现城乡融合发展的重要平台(林坚等，2018；严金明等，2017；尹延兴等，2022)。因此，不同于传统土地整治规划，国土综合整治规划的内涵、定位、目标等更为丰富，主要体现为"四个转变"。一是定位由项目向平台转变。传统土地整治以工程实施为主，而国土综合整治规划是构建土地、房屋、生态、文化等城乡要素流动的平台，促进整治工作由工程实施向要素资源统筹转向。二是空间由分散向集中转变。土地整治项目类型多、空间分散，而国土综合整治规划要求对某一区域进行整体设计、整体推进，集中优势资源重点打造。三是目标由单目标向多目标转变。土地整治的主要目标是增加耕地面积、拓展建设空间等，而国土综合整治规划拓展至乡村产业发展、价值实现、生态优化、功能提升等综合目标。四是职能由单部门向多部门转变。土地整治由原国土资源部门负责，而国土综合整治规划由自然资源部门牵头，其他相关部门共同参与、协同推进(曹帅等，2018)。

因此，新时期国土综合整治规划的定位主要体现在以下三个方面。一是保护耕地和节约集约利用土地的必然选择。我国人多地少的矛盾和农村建设用地利用粗放、闲置浪费的问题长期存在。通过国土综合整治规划，推进"三调"中"即可恢复和工程恢复地类"向耕地转化、增加耕地面积、提高耕地质量、提升农村建设用地节约集约利用水平，是落实最严格耕地保护制度和最严格节约用地制度的有效途径。二是促进乡村振兴和城乡融合发展的重要抓手。通过对田、水、路、林、村等全要素的综合整治，提高国土空间开发利用质量和效益，加快形成"以城带乡、城乡互补、全面融合、共同繁荣"的新型城乡关系，着力构建农田集中连片、建设用地节约集约、空间形态科学合理的土地利用格局。三是聚合多方力量、实施国土空间规划的重要平台。以乡级国土空间总体规划和村庄规划为依据，按照"渠道不乱、用途不变、集中投入、各负其责、各记其功、形成合力"的原则，以国土综合整治为平台，以整治项目为载体，整合分散在各部门的涉农资金，发挥聚合效益，突出重点，集中力量办大事。

2. 国土综合整治规划等级体系

国土综合整治规划作为国土空间规划的重要内容之一，借鉴国土空间规划等级体系可将国土综合整治规划分为"五级"，"五级"是从纵向对应我国的行政管理体系，分五个层级，即为国家级、省级、市级、县级、乡镇级，并以此为基础，构建"专项规划、整治单元规划、工程规划"的分级分类规划编制体系及落实路径(图 11-1)。《中共中央 国务院关于建立国土空间规划体系并监督实施的若干意见明确》指出，国土空间规划是国家空间发展的指南、可持续发展的空间蓝图，是各类开发保护建设活动的基本依据。而国土综合整治规划是对国土空间做出的全局安排，是国土空间保护、开发、利用、修复的政策总纲，侧重战略性；省级国土综合整治规划是对国家级规划的落实，指导市、县级规划编制，侧重协调性；市、县和乡镇级国土综合整治规划是本级政府对上级规划要求的细化落实，是对本行政区域开发保护做出的具体安排，侧重实施性(表 11-1)。

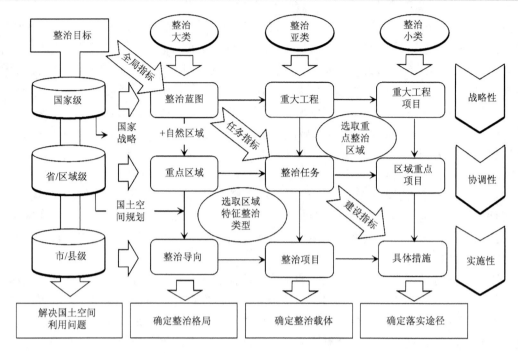

图 11-1　国土综合整治分类体系落实途径

表 11-1　各级国土空间规划中国土综合整治内容架构

级别	主体内容	主要图表	侧重
国家	明确思想、原则、任务、指标体系和方针；确定不同地区重点整治空间类型及生态修复重点要素；明确整治和修复重点区域和重大工程；建立实施保障措施及相关考核机制；制定近期战略部署	三图两表：国土综合整治和生态修复格局图、重点区域和重大工程分布图、近期实施工程分布图；新增国土综合整治和生态修复面积指标表、国土综合整治和生态修复重大工程安排表	侧重战略部署
省	落实目标任务及重点方向；分解新增国土综合整治和生态修复的面积指标；明确整治和修复重点区域和重大工程；确定投资方向和保障措施；制定近期项目行动指南		侧重协调行动
市	①分解和落实新增国土综合整治和生态修复的面积指标；②明确目标任务、策略途径及重点方向；③提出整治和修复的规模结构和布局；④确定重点项目和资金安排；⑤制定近期具体项目布局及实施时序；⑥统筹安排市辖区各类整治和修复项目规模、布局、工程措施及实施时序	四图两表：市域国土综合整治和生态修复格局图、重点项目分布图、市辖区国土综合整治和生态修复项目分布图、近期实施项目分布图；新增国土综合整治和生态修复面积指标表、国土综合整治和生态修复重大工程安排表	
县	①落实新增国土综合整治和生态修复的面积指标；②统筹安排各类整治和修复项目规模、布局、工程措施及实施时序；③提出资金投入、安排计划及保障措施；④制定近期具体项目布局及实施时序	四图两表：市域国土综合整治和生态修复格局图、重点项目分布图、市辖区国土综合整治和生态修复项目分布图、近期实施项目分布图；新增国土综合整治和生态修复面积指标表、国土综合整治和生态修复重大工程安排表	侧重实施落地
乡镇	①落实具体项目规模和范围；②针对涉农空间整体推进"田、水、路、林、村"综合整治和生态修复	两图两表：乡镇国土综合整治和生态修复项目分布图、近期实施项目分布图；新增国土综合整治和生态修复面积指标表、国土综合整治和生态修复项目安排表	

省级国土综合整治规划在规划体系中具有承上启下的作用,承担着落实中央战略部署、进行省域空间整治修复、指导市县空间管控,以及探索规划管理体制改革等多重任务(曹帅等,2018;刘珺,2021)。首先,省级国土综合整治规划需要落实中央治国理政的新理念、新思想、新战略,对《全国主体功能区规划》《全国国土规划纲要(2016—2030 年)》的重要战略部署和空间布局进行落实,对全国国土规划确定的国土综合整治"三位一体"的总体格局进行空间落实。其次,需要在科学评估省域资源环境承载力的基础上,根据经济社会发展的需求,确定区域空间发展战略,明确综合整治、生态环境保护与修复等主要空间开发利用布局和重点任务。最后,省级层面的国土综合整治规划是市、县级规划的上级规划,需要向市、县层面下达约束性指标,并对城镇、农业、生态空间的划定和管控提出原则性的要求。

市级专项规划定位为指导整治项目选址、资金统筹与项目整合,由市级自然资源部门组织编制,报同级人民政府审批。其主要内容是,根据资源环境承载能力、现有开发密度和发展潜力等,划分乡村地区主体功能区;在功能区基础上,以行政村为单元划定国土综合整治单元;提出国土综合整治目标,构建乡村生态景观体系;衔接农业、水利、园林等相关规划,明确国土综合整治重点区域、建立国土综合整治项目库。

县级整治单元规划是市级国土空间总体规划的深化,是"产业-规划-实施"一体化运作的实施性村庄规划。由县级自然资源部门或者乡镇政府组织编制,报市级自然资源部门审查。规划主要内容是明确功能定位、建设目标、产业发展、用地布局、生态修复、乡村风貌、资金需求、时序安排等,为整治单元和乡村发展实施提供前瞻性、系统性指引。

乡镇级/项目工程规划定位为指导具体项目建设而编制的相关规划、设计、方案等,如城乡建设用地增减挂钩项目实施方案、高标准农田项目规划设计、还建区规划方案设计、绿化建设方案等,由县级相关职能部门或者乡镇政府组织编制,根据审批权限报批。

总体上,五级国土综合整治规划体系中的内容架构存在显著差异(图 11-1),并在以下方面与国土空间规划进行衔接:①定位衔接。新时期国土综合整治规划与国土空间保护、开发、利用共同构成了国土空间规划格局,其中,国土综合整治规划重点面向利用失序、功能退化的国土空间,通过资源改造、格局优化、功能提升等途径进行国土空间利用优化与布局。②目标衔接。国土综合整治规划应以解决资源环境承载能力和国土空间开发适宜性评价明确的国土空间利用问题、实现空间发展蓝图为目标。③对象衔接。国土综合整治规划分类与国土空间规划中空间类型划分(如生态空间、农业空间、城镇空间等)及空间边界划定(如"三线划定")相衔接,但也应符合国土综合整治工程实施的具体要求。按照国家、省/区域、市县的尺度分级可以确定不同层面整治分类的落实途径。由于不同尺度面对的国土空间与资源利用问题不同,对国土综合整治分类的目标与要求也不同。国家层面重点按照整治大类构建国土综合整治蓝图,在进行重点区域与重大工程选择时结合特定问题选择相应整治亚类与小类;省/区域层面根据自身特征与国土空间规划选择区域性的整治大类与亚类,按照国家整治目标的总体要求制定不同类型的整治任务;市县层面需因地制宜选择与地方问题衔接的整治小类,完成整治任务,实现整治目标(韩博等,2019)。

11.2.2　国土综合整治规划编制

1. 规划编制的基本原则

国土综合整治规划是落实国土空间规划相关目标任务的重要手段，也是指导地方科学开展土地整治工作的重要依据(严飞, 2013; 戴立红, 2021; 林坚等, 2018)。因此，在当前国土空间规划背景下，国土综合整治规划应遵循相关指导原则，以促进其科学编制和严格实施。首先，应依法依规科学规划。以相关法律法规为依据，落实和细化国土空间规划及上位国土综合整治规划对土地整治的部署安排，在调查研究基础上，合理确定国土综合整治目标，明确规划期间的整治规模和范围、补充耕地任务、整治修复重点工程、整治修复示范项目区和相关政策措施等，确保规划确定的目标任务科学可行。其次，应促进城乡统筹发展。要结合城镇化和新农村建设规划要求，以国土综合整治项目为平台，整合资源，聚合资金，提高耕地综合生产能力，促进节约集约利用土地，改善农民生产生活条件，发挥国土整治综合效益。再次，应遵循上下结合相互协调的原则。坚持上下结合，充分考虑当地经济社会发展要求和土地整治潜力，按国土空间规划及上位国土综合整治规划确定的目标，统筹安排土地整治目标任务，在重要指标、重点工程和重点项目安排上做到省、市、县三级相互衔接。最后，应遵循专家领衔、公众参与的原则。在规划编制中加强重大问题研究，加强规划的咨询论证。采取多种方式和渠道，扩大规划编制的公众参与，坚持尊重民意、量力而行，增强规划编制的公开性和透明度，实行科学、民主决策(赖春潮, 2022)。

2. 规划任务与程序

明确规划编制任务是开展国土综合整治规划的基础。规划编制的主要任务包括：①全面总结、客观评价上一轮土地整治规划实施及相关工作情况，总结经验和存在的问题，提出有序推进的意见和措施。②深入分析国土综合整治潜力。充分利用第三次全国国土调查和相关资源调查成果，结合规划编制重点。做好补充调查，全面分析测算国土综合整治潜力，包括补充耕地的规模、质量、条件和空间分布，农村建设用地整治及其节约土地的规模和范围等。③开展国土综合整治重大问题研究。围绕国家对国土综合整治工作提出的新要求和规划目标，结合地方实际，组织开展国土综合整治与城乡统筹发展、国土综合整治与农业发展、国土综合整治与生态保护修复、国土综合整治权属管理、国土综合整治重点工程安排、城乡建设用地增减挂钩的土地收入使用、实施国土综合整治规划政策措施等重大问题研究。④明确国土综合整治的目标任务。研究提出规划期间国土综合整治的总体目标、主要任务和基本原则，确定国土综合整治的规模、结构、布局和时序。⑤确定国土综合整治重点布局安排。以国土综合整治潜力为基础，围绕粮食产能核心区和战略后备区建设、基本农田集中区建设、全域整治试点建设、城乡经济社会一体化发展示范区等相关区划开展建设，科学划定国土综合整治重点区域，确定国土综合整治重点工程和项目，提出实施计划和资金使用安排方案。⑥制定保障规划实施的政策措施，包括经济、科技、行政等措施和手段。重点加强耕地占补平衡、补充耕地、乡村生态保护、城市更新等政策研究，加强制度创新。⑦推进国土综合整治规划信息化建设。按照"一张图"综合监管平台建设的总体部署,充分运用信息技术与"二调"成果,与其他专项规划数据库建设相衔接,同步建设国土综合整治规划数据库,并实现规划成果动态更新(刘珺,2021;范业婷等,2021;宋依芸等,2021)。

规划编制的关键程序包括:①组织准备。建立由政府负责,自然资源、农业农村、发展改革、财政、建设、环保、水利等部门参加的规划编制工作领导小组,负责制定工作计划、审查规划方案、协调重大问题、落实编制经费等。由自然资源管理部门牵头设立规划编制工作组,负责规划编制具体工作。②调查分析。省级规划以县为单元,市、县规划以乡镇为单元,收集自然资源条件、经济社会状况、生态环境状况、土地利用现状、相关规划及标准等基础资料,必要时进行实地核实和补充调查,分析评价土地整治条件和潜力,开展国土综合整治重大问题研究。③拟订方案。在国土综合整治潜力评价和重大问题研究的基础上,明确国土综合整治战略和目标,根据国土空间规划和当地经济社会发展要求等,与相关规划相协调,提出国土综合整治规划方案,并与上级规划相衔接。④协调论证。采取多种方式广泛征求公众意见,组织有关部门、专家对规划供选方案进行论证。综合各方面意见,修改、确定规划方案,完善规划成果。⑤评审报批。组织有关部门和专家对规划成果进行评审。规划成果经同级人民政府审核同意后,报上级自然资源部门审批。

此外,规划成果应由规划文本、规划说明、规划图件和规划附件等组成。①规划文本。重点阐述国土综合整治的条件和要求,国土综合整治战略和目标,国土综合整治规模、结构、布局和时序安排,国土综合整治重点区域、重点工程和重点项目,资金安排与效益分析,规划实施保障措施等。②规划说明。简述国土综合整治编制的背景,说明规划目标任务、重点区域、重大工程、重点项目和资金安排等确定的依据,以及规划方案拟定、论证、确定的情况。③规划图件。包括国土综合整治潜力分布图,国土综合整治规划图,国土综合整治重点区域图,重点工程、重点项目等规划专题图。④规划附件。包括规划专题研究报告、基础资料、评审论证材料等。⑤规划数据库。

3. 规划编制技术难点及解决方案

在生态文明理念下,国土综合整治规划更强调"山水林田湖草生命共同体"系统思想,在规划编制中应统筹管理自然资源与水-气-土-生物要素的管理,在传统土地整治规划的基础上进一步平衡国土资源利用保护与经济发展的关系(戴立红,2021;韩博等,2021)。其难点主要包括国土综合整治与生态修复内容的完善和国土综合整治规划思路与内容的构建(梅江和李振宇,2021;王军等,2020)。

首先,在新时期"山水林田湖草生命共同体"的系统性思维影响下,传统单一项目、局部范围的土地整治已逐渐向全域谋划、全域统筹的国土综合整治方向转型,数量、质量、生态、人文"四位一体化"理念影响日益深入,国土综合整治规划的精神内核不断提升,其尤其强调国土整治与生态保护修复的相互支撑(贾文涛,2013)。其中,国土整治主要针对效能低下、品质较低的空间进行调整和治理,生态修复主要对结构不良、功能受损的生态系统进行修复,而两者都以改善生态系统作为关键目标;生态修复是国土综合整治的重要内容及形式,国土综合整治是生态修复的主要方法之一,在内涵上"整治"与"修复"都是"生态系统"及"山水林田湖草生命共同体"的内在逻辑统一和外在重要途径。其次，整治范围全域化是国土综合整治规划面临的又一技术难点。全域化国土综合整治及生态修复从规划角度而言是一种适应生态文明建设的规划范式，摆脱了原有项目类别在单一要素及局部区域的束缚，从区域范围的土地利用条件出发，将农用地、建设用地、生态用地的整治及修复项目统筹协调后进行布局，更加全面地考虑城乡用地布局，提出科学性高、操作性强的整治修复规划方案，引导要素资源在城乡间合理有序地流动。此外，应创新整治路径，优化国土综合整治布局。新时期国土综合整治应从生态系统结构合理性、功能良好性出发，强化"生命共同体"的系统性思维，分区域加快推进国土综合整治与生态修复，推进形成"四区一带"国土综合整治格局，加快构建"五类三级"国土全域保护格局，实施全域全要素的国土要素分类整治与修复，并根据事权划分和部门职责分工，加强上下工作融合。例如，在矿产集中开发区等区域实施点状综合整治及生态修复工程，在海岸海域实施海岸带等线状生态修复工程，在乡村地区、农业区、城镇低效区等实施面域土地综合整治工程，对于重点生态功能区实施山水林田湖草生态系统性整治与修复工程，优化形成合理分布，点、线、面、系统相结合的生态修复工程布局(王军等，2020; 梅江和李振宇，2021)。

11.3 面向要素的国土综合整治规划

11.3.1 高标准农田建设

1. 规划背景

随着"藏粮于地"国家战略的深入落实，高标准农田建设不仅是提高中国耕地综合生产能力、改善农业生产条件、夯实国家粮食安全基础、发展现代农业的宏观战略举措，也是推动农村经济发展、农业产业培育及农村社会和谐有序治理的基础平台和重要抓手，关系着中国社会经济的可持续发展(信桂新等，2017; 王晓青等，2018)。2008 年，《政府工作报告》中首次提出"建设一批高标准农田"。2011 年，《国民经济和社会发展第十二个五年规划纲要》明确提出"大规模建设旱涝保收高标准农田"。2013 年，国务院批准了《国家农业综合开发高标准农田建设规划(2011—2020 年)》，提出农业综合开发高标准农田建设的目标任务，到 2020 年改造中低产田、建设高标准农田 0.27 亿 hm^2，亩均粮食生产能力比实施农业综合开发前提高 100 kg 以上，带动种粮农民亩均增收约 200 元，促进耕地保护和节约集约利用，实现农民增收、农业增产、农村发展。2019 年，中央一号文件提出"修编全国高标准农田建设总体规划，统一规划布局、建设标准、组织实施、验收考核、上图入库"。2021 年，中央一号文件更要求"实施新一轮高标准农田建设规划"。2022 年，农业农村部下达全国高标准农田建设任务，进一步加快了高标准农田建设进程。总体上，在国家农业综合开发战略转型的大框架下，高标准农田建设工作有序开展，并实现了中国耕地保护从注重数量保护的"耕地占补平衡"向质数并重的"高标准农田建设"转变。在中国大力推进农业供给侧结构性改革、提高农业综合效益和竞争力的背景下，开展耕地质量保护与提升行动，大规模建设高标准农田将发挥重要的基础支撑作用(王晓青等，2018)。

高标准农田建设是指为改善或消除限制农业生产的主要制约因素，全面提升农田质量而开展的土地平整、土壤改良、灌溉与排水、田间道路、农田防护与生态环境保持、农田输配电及其他工程建设，并保障其高效利用的建设活动[《高标准农田建设评价规范》(GB/T 33130—2016)]。最终通过土地整治建设形成土地平整、集中连片、设施完善、农电配套、土壤肥沃、生态良好、抗灾能力强，与现代农业生产和经营方式相适应的旱涝保收、高稳高产，并被划定为基本农田实行永久保护的耕地[《高标准农田建设评价规范》(GB/T 33130—2016)]。通过高标准基本农田建设，能够有效解决耕地分割细碎、水利设施短缺、耕地质量低和农田环境恶化等问题，实现田块结构与布局优化、农田水路基础设施改善、耕地质量与地力提升、农业机械化推广和农田生态防护体系构建，增强农业抗灾能力，提高粮食综合产能，推进以转变农业发展方式为主线的中国特色农业现代化，助推农民收入持续增长与宜居家园建设(信桂新等，2017)。

高标准农田建设规划是为加快推进高标准农田建设，提高农业综合生产能力，确保国家粮食安全和主要农产品有效供给，提高耕地生产效率和水资源利用效率，实现我国农业可持续发展所制定的规划。该规划全面贯彻新时期发展理念，构建新发展格局，以推动高质量发展为主题，以提升粮食产能为首要目标，坚持新增建设和改造提升并重、建设数量和建成质量并重、工程建设和建后管护并重，健全和完善投入保障机制，为保障国家粮食安全和重要农产品有效供给提供坚实基础。项目工程主要包括田块整治、土壤改良、灌溉与排水、田间道路、农田防护与生态环境保护、农田输配电配套、科技服务、管护利用等。

2. 规划要求

高标准农田建设规划致力于分析全国高标准农田建设面临的形势，明确高标准农田建设的方向和目标任务，是指导今后一个时期系统开展高标准农田建设的重要依据和行动指南，对凝聚各方共识加快构建农田建设新格局，推动农业高质量发展和乡村全面振兴，夯实国家粮食安全基础具有十分重要的意义。具体规划要求如下。

(1)统一规划布局。开展高标准农田建设专项清查，全面摸清各地高标准农田数量、质量、分布和利用状况。结合国土空间、水资源利用等相关规划，修编全国高标准农田建设规划，形成国家、省、市、县四级农田建设规划体系，找准潜力区域，明确目标任务和建设布局，确定重大工程、重点项目和时序安排。把高效节水灌溉作为高标准农田建设重要内容，统筹规划，同步实施。

(2)统一建设标准。加快修订高标准农田建设通则，研究制定分区域、分类型的高标准农田建设标准及定额，健全耕地质量监测评价标准，构建农田建设标准体系。各省(区、市)可依据国家标准编制地方标准，因地制宜开展农田建设。完善高标准农田建设内容，统一规范工程建设、科技服务和建后管护等要求。综合考虑农业农村发展要求、市场价格变化等因素，适时调整建设内容和投资标准。在确保完成新增高标准农田建设任务的基础上，鼓励地方结合实际，对已建项目区进行改造提升。

(3)统一组织实施。及时分解落实高标准农田年度建设任务，同步发展高效节水灌溉。统筹整合各渠道农田建设资金，提升资金使用效益。规范开展项目前期准备、申报审批、招标投标、工程施工和监理、竣工验收、监督检查、移交管护等工作，实现农田建设项目集中统一高效管理。严格执行建设标准，确保建设质量。充分发挥农民主体作用，调动农民参与高标准农田建设积极性，尊重农民意愿，维护好农民权益。积极支持新型农业经营主体建设高标准农田，规范有序推进农业适度规模经营。

(4)统一验收考核。建立健全"定期调度、分析研判、通报约谈、奖优罚劣"的任务落实机制，确保年度建设任务如期保质保量完成。按照粮食安全省长责任制考核要求，进一步完善高标准农田建设评价制度。强化评价结果运用，对完成任务好的予以倾斜支持，对未完成任务的进行约谈处罚。严格按程序开展农田建设项目竣工验收和评价，向社会统一公示公告，接受社会和群众监督。

(5)统一上图入库。运用遥感监控等技术，建立农田管理大数据平台，以土地利用现状图为底图，全面承接高标准农田建设历史数据，统一标准规范、统一数据要求，把各级农田建设项目立项、实施、验收、使用等各阶段相关信息上图入库，建成全国农田建设"一张图"和监管系统，实现有据可查、全程监控、精准管理、资源共享。各地要加快完成高标准农田上图入库工作，有关部门要做好相关数据共享和对接移交等工作[《国务院办公厅关于切实加强高标准农田建设提升国家粮食安全保障能力的意见》(国办发〔2019〕50号)]。

3. 典型案例

案例 11.1　河南省商水县高标准农田示范区

该示范区充分运用现代农业装备，集中布局测土配肥机、土地深耕机械、土壤墒情与气象监测站、无人巡视机、秸秆粉碎还田机等现代化农业农机设备，并配套发展了仓储、物流和电商等产业。充分发挥新型农业经营主体资金、管理与技术优势，积极引导土地向合作社集中、生产向机械化集中、管理向专业化集中、经营向市场化集中，壮大培育了一批本土农业品牌，有效推动了专业合作社联合发展，大力提高了粮食种植生产的规模效应。大力实施智慧化农业"148"工程，提升粮食生产科技含量，实现藏粮于技，有效提升高标准农田示范区管理智慧化水平，打造成农业与互联网高效联动的县级解决方案典型。成立智慧农业技术管理中心，设置大数据存储、农情监控、应急处理、智慧气象四个平台，充分应用资产管理及设备监控分析系统、云视频管理系统、水肥一体控制系统、天空地一体化智慧气象等八项农业物联网先进技术。依托农业物联网、土地银行网、农产品集购网、农牧人商城四个互联网智慧平台，互为依托、互为支撑，为商水智慧农业发展提供解决方案。商水县农业、气象部门在高标准农田内配套实施了"智能气象监测预警防控系统"，通过人工智能农田生态气象监测系统、户外智慧气象云屏等技术设备，实现农情与天气要素精准检测、智能预报、智慧决策，让天气对作物生长的影响程度变得可控，为种植户提供精细化服务(图11.1-1)。

图 11.1-1 河南省商水县高标准农田示范区

参考文献：

河南省乡村振兴网. 2021. 河南乡村振兴：商水县高标准农田建设案例——高标准农田建设促进智慧农业发展[EB/OL]. https://www.hnsxczxw.cn/doc_22252698.html.

11.3.2 特色田园综合体

1. 规划背景

当前，我国城乡一体化发展步伐加快，一二三产业融合发展加速，社会资本向农业农村流动力度加大，新型农业经营主体实力不断加强，农村生产方式、经营方式、组织方式深刻调整，农业生产体系、产业体系、经营体系优化完善，农业农村发展处于前所未有的新方位，已到了转型升级、全面创新的新阶段。特色田园综合体建设顺应了农业农村发展趋势和历史性变化，是经济新常态、传统农业园区转型发展、工商资本下乡、农村资源要素制约等多种社会经济背景下探索特色农业产业升级、资源统筹开发的创新举措和必然选择(白春明等, 2018)。为有效拓展农民增收空间、保障农产品的有效供给和市场竞争力，2017年中央一号文件明确提出"支持有条件的乡村建设以农民合作社为主要载体、让农民充分参与和受益，集循环农业、创意农业、农事体验于一体的田园综合体，通过农业综合开发、农村综合改革转移支付等渠道开展试点示范。"这不仅是中央在新形势下对农业农村发展的重大政策创新，也是赋予农业综合开发的重要任务。随之，财政部发布《关于开展田园综合体建设试点工作的通知》（财办〔2017〕29号）、国家农业综合开发办公室发布《关于开展田园综合体建设试点工作的补充通知》（国农办〔2017〕18号)后，决定在18个省份开展田园综合体建设试点工作。2021年5月，财政部办公厅印发《关于进一步做好国家级田园综合体建设试点工作的通知》（财办农〔2021〕20号），继续支持有条件的地区开展国家级田园综合体建设试点。这是自党的十八大以来，继美丽乡村建设、特色小镇建设、发展现代农业等部署后，又一项推进新农村建设的国家方略，充分反映了国家对农业、农村、农民问题的重视(庞玮和白凯, 2018)。自2023年中央一号文件发布以来，"三农"工作重心转向全面推进乡村振兴，以田园综合体为代表的奖补政策层出不穷。

特色田园综合体是以乡村为地理基础，以现代特色农业为核心产业，以农民或农民合作社为主要载体，以文旅休闲为主要特色，通过一二三产业深度融合，实现生产生活生态同步改善的一种新型农村综合体（郑健壮，2020）。建设田园综合体对于培育农业农村发展新动能、加快城乡一体化步伐、推动农业农村实现历史性变革具有深刻的历史意义和重要的现实意义，其核心是要提供一个机制创新和融合发展的新平台、新载体、新模式。国内各地广泛开展了田园综合体建设的探索，如何从战略层面更好地将乡村资源打造成为适应市场发展需要的多元化特色产业，从而有效盘活大量的农村土地资源，促进乡村振兴战略的实施，这成为国内各地田园综合体建设实践努力解决的问题，其中最为关键的环节是需要一套系统化的顶层设计与实施方案作为后续工作开展的蓝图。因此，开展田园综合体规划建设是新时代背景下乡村振兴的重要抓手，对加强"三农"工作有着重要的现实意义。

2. 建设要求

2017 年，南京市成为首个田园综合体建设试点，并率先出台《南京市田园综合体建设指南》。该指南旨在从规划编制、田园社区建设、农业功能拓展、特色风光塑造及旅游产业开发等方面指导田园综合体的建设。次年，山东省发布了全国首个田园综合体建设地方标准，内容涵盖了田园综合体建设规范总则、规划编制指南、田园社区建设规范及乡村创业创新服务平台建设规范等，进一步探索田园综合体规划建设的相关路径和要求。田园综合体规划的建设要求主要包括：

（1）夯实基础，完善生产体系发展条件。要按照适度超前、综合配套、集约利用的原则，集中连片开展高标准农田建设，加强田园综合体区域内"田园+农村"基础设施建设，整合资金完善供电、通信、污水垃圾处理、游客集散、公共服务等配套设施条件。

（2）突出特色，打造涉农产业体系发展平台。立足资源禀赋、区位环境、历史文化、产业集聚等比较优势，围绕田园资源和农业特色，做大做强传统特色优势主导产业，推动土地规模化利用和三产融合发展，大力打造农业产业集群；稳步发展创意农业，利用"旅游＋""生态＋"等模式，开发农业多功能性，推进农业产业与旅游、教育、文化、康养等产业深度融合；强化品牌和原产地地理标志管理，推进农村电商、物流服务业发展，培育形成 1～2 个区域农业知名品牌，构建支撑田园综合体发展的产业体系。

（3）创业创新，培育农业经营体系发展新动能。积极壮大新型农业经营主体实力，完善农业社会化服务体系，通过土地流转、股份合作、代耕代种、土地托管等方式促进农业适度规模经营，优化农业生产经营体系，增加农业效益。同时，强化服务和利益联结，逐步将小农户生产、生活引入现代农业农村发展轨道，带动区域内农民可支配收入持续稳定增长。

（4）绿色发展，构建乡村生态体系屏障。牢固树立绿水青山就是金山银山的理念，优化田园景观资源配置，深度挖掘农业生态价值，统筹农业景观功能和体验功能，凸显宜居宜业新特色。积极发展循环农业，充分利用农业生态环保生产新技术，促进农业资源的节约化、农业生产残余废弃物的减量化和资源化再利用，实施农业节水工程，加强农业环境综合整治，促进农业可持续发展。

（5）完善功能，补齐公共服务体系建设短板。要完善区域内的生产性服务体系，通过发展适应市场需求的产业和公共服务平台，聚集市场、资本、信息、人才等现代生产要素，推动城乡产业链双向延伸对接，推动农村新产业、新业态蓬勃发展。完善综合体社区公共服务设施和功能，为社区居民提供便捷高效服务。

（6）形成合力，健全优化运行体系建设。妥善处理好政府、企业和农民三者关系，确定合理的建设运营管理模式，形成健康发展的合力。政府重点负责政策引导和规划引领，营造有利于田园综合体发展的外部环境；企业、村集体组织、农民合作组织及其他市场主体要充分发挥在产业发展和实体运营中的作用；农民通过合作化、组织化等方式，实现在田园综合体发展中的收益分配、就近就业[《关于开展田园综合体建设试点工作的通知》（财办〔2017〕29号）]。

3．典型案例

案例 11.2　江苏省无锡市阳山镇田园东方

江苏省无锡市阳山镇田园东方是国内首个田园综合体，项目规划总面积约为 6246 亩。项目以"美丽乡村"的大环境营造为背景，以"田园生活"为目标核心，将田园东方与阳山的发展融为一体，贯穿生态与环保的理念（图 11.2-1）。项目包含现代农业、休闲文旅、田园社区三大板块，主要规划有乡村旅游主力项目集群、田园主题乐园、健康养生建筑群、农业产业项目集群、田园社区项目集群等，打造以生态高效农业、农林乐园、园艺中心为主体，体现花园式农场运营理念的农林、旅游、度假、文化、居住综合性园区。运营模式以打造生态、生产、生活的"三生"的产品功能，通过农业、加工业、服务业的有机结合与关联共生，实现生态农业、休闲旅游、田园居住复合功能。项目盈利模式以区域开发的思路来开发，前期通过小尺度配套物业确保持久运营。具体以文旅板块顶级资源引入提升土地价值，旅游消费和住房销售同步进行的旅游+地产综合盈利模式。后期进行配套完善，做到良性循环可持续发展。

图 11.2-1　无锡市阳山镇田园东方乡村生活中心

参考文献：

东滩产研院. 2019. 无锡阳山田园东方——田园综合体经典案例[EB/OL]. http://www.dongtanimc.cn/index.php?c=content&a=show&id=1372.

11.3.3 工矿废弃地复垦利用

1. 规划背景

近年来，由于中国经济增速变缓、产业结构不断优化升级和矿产品价格下降，矿产资源整合、产能过剩、行业关停等产生了大量的工矿废弃地，造成我国历史遗留工矿废弃地数量多，长期以来复垦率低下，不仅破坏了地表生态景观，易引发矿区土壤污染、土壤侵蚀、土壤盐渍化和滑坡等消极生态环境影响，而且压占了大量土地，不利于矿业地区的生态环境保护和经济发展(周妍等，2015；刘向敏和岳永兵，2014)。工矿废弃地主要包括采矿废弃地，交通、水利等基础设施建设造成的废弃地，工业废弃地和其他废弃地等类型(周妍等，2015)。作为土地整治工作的重要组成部分，工矿废弃地复垦利用是将历史遗留的工矿废弃地及交通、水利等基础设施废弃地加以复垦，在治理改善矿山环境的基础上，与新增建设用地相挂钩，盘活和合理调整建设用地，确保建设用地总量不增加、耕地面积不减少、质量有提高的措施(刘向敏和岳永兵，2014)。通过工矿废弃地复垦利用，从不同程度修复或恢复土地的利用价值，既可以缓解紧张的建设用地需求指标，合理调整建设用地，为各省市城市建设规划和城市发展提供基础保障；又可以将闲置已久的工矿废弃地重新加以整治和利用，有利于恢复区域生态平衡，促进整体生态环境的良性循环，实现生态文明建设和美丽城市建设的愿景(常毅，2014)。

2. 复垦条件及要求

工矿废弃地专项规划旨在对区域现有历史遗留工矿废弃地资源进行摸底，分析历史遗留工矿废弃地复垦区规模、布局和时序安排，进而提出可行的保障措施，并指导区域规范有序地开展工矿废弃地复垦利用。其按照"总量控制、用好增量、盘活存量、提高质量"的原则，通过对工矿废弃地进行治理及挂钩指标的利用，逐步盘活存量建设用地，充分节约利用土地资源和提高土地综合利用效率，拓展区域城乡建设和经济社会发展用地的空间。拟开展工矿废弃地复垦利用的市县应满足以下开垦条件及要求：

(1)申请开展历史遗留工矿废弃地复垦利用试点的市、县，应当具备以下条件：①历史遗留工矿废弃地复垦潜力较大，且待复垦土地相对集中连片；②工矿业活动对当地群众生产生活和生态环境造成的影响较大，群众对改善生态环境和生产生活条件的要求迫切；③推进新型城镇化和区域协调发展用地供需矛盾突出，需要对建设用地结构和布局进行调整优化；④当地政府重视，土地管理严格规范，近两年内没有因违法违规用地被市级以上人民政府问责或约谈。

(2)开展历史遗留工矿废弃地复垦利用试点的市、县，应当依据土地调查成果，进行必要的补充调查。尤其是，需查明工矿废弃地的类型、分布、数量、权属，以及用地合法性、复垦义务人等情况。在调查基础上，应当综合考虑土地损毁状况、区位条件、水土资源、生态环境风险等，做好土地复垦适宜性评价与潜力分析。

(3) 工矿废弃地复垦坚持以生态建设为导向，科学评价复垦土地的适宜性。应做到宜耕则耕、宜林则林、宜水则水、宜牧则牧；采取山、水、田、林、路综合整治措施，保障复垦质量，促进土地可持续利用。

(4) 工矿废弃地复垦项目实施前必须完成土地确权登记。涉及土地权属调整的，应本着互利互惠的原则，自愿、有偿、平等协商解决，有权属争议的地块，不得纳入工矿废弃地复垦项目。复垦项目验收合格后，应及时将变化图斑纳入年度土地变更调查，并做好确权登记发证。复垦后的土地不得改变农业用途，非国有土地可通过承包等方式就近确定给农村集体经济组织和农户使用，确保有效利用。

(5) 复垦土地应达到《土地复垦质量控制标准》(TD/T 1036—2013)和国家土壤环境质量有关标准。工矿废弃地复垦为耕地的，应与区域内建设占用耕地耕作层剥离再利用相结合，切实提高复垦耕地质量。对存在污染风险的工矿废弃地复垦项目，实施前应当开展土壤污染调查与评价。严禁将存在严重污染隐患且在短期内无法修复的工矿废弃地复垦为耕地。禁止将有毒有害物质用作工矿废弃地复垦的回填或者充填材料。鼓励工矿废弃地复垦项目实施中，运用土地复垦先进技术，改善土壤质量与生态环境。建新区涉及农用地转为建设用地的，可以与经验收的工矿废弃地复垦区一起，经县级人民政府审核同意后，逐级上报省级人民政府整体审批，可不再办理农转用审批。建新区占用基本农田的，应按照国家有关规定，报经国务院批准。

(6) 复垦和建新应当做到：①建新区面积不得大于复垦区面积，复垦耕地的数量和质量不得低于建新占用耕地的数量和质量。②建新区应安排在土地利用总体规划确定的允许建设区内，允许建设区内确实不能安排的，也可安排在有条件建设区，但必须按规定做好规划修改并按程序报批。

3. 典型案例

案例 11.3　徐州市贾汪区采煤塌陷区综合治理

贾汪区是徐州市煤炭开采的发源地，自 1882 年至今已有 140 余年的开采历史，是江苏省唯一依托国有煤矿成立的市辖区，境内地下煤炭资源丰富，煤田面积 202 km²，可采储量 4.68 亿 t，鼎盛时期全区有大小矿井 252 对，累计为国家贡献 3.6 亿 t 煤炭，目前矿井已全部关闭。由于煤炭资源被长期高强度大规模开采，造成采煤塌陷地高达 13.23 万亩，土地资源和生态环境遭到严重破坏，原本丰富的煤矿资源已经枯竭。2011 年底，贾汪区被列为全国第三批资源枯竭城市，为江苏省唯一。

随后，贾汪区以"四个转型"为导向，适时提出"山水生态城、休闲度假区、徐州后花园、城市副中心"的发展目标，在转型发展的道路上，迈出了坚实步伐。贾汪区找准生态转型作为突破口，带动其他转型。为此，高起点、高标准编制完成了《贾汪区生态区建设规划》等多个生态建设专项规划和方案。潘安湖治理工程，为中华人民共和国成立以来首次以"综合整治"作为独立科目单独立项的工程。建设规模 1.74 万亩，一期累计投资 18 亿元，项目区 95%以上的土地为贾汪区长期采煤塌陷严重区域，通过对受损土地进行修复，对相应桥、涵、闸、站、渠等进行科学规划，精心实施，将低产田甚至是绝产田，整治成高效农业示范区，实现农业增产、农民增收，整治后耕地成为"田成方、林成网、路相通、沟相连"的高效农业区，在很大程度上提高了人均耕地面积，缓解了人地关系紧张的状况，给地方政府的发展提供了空间，有力地促进了地方经济和社会的发展。

潘安湖采煤塌陷地整治坚持生态效益、社会效益、经济效益的有机统一，既要绿水青山，也要金山银山。通过土地综合整治，将昔日伤痕累累、荒凉破败的塌陷地建成了"湖美、景靓、田丰"的特色景观区，拓展了生产、生活和生态空间。潘安湖改造工程形成了 4000 亩开阔水面和 2000 亩湿地景观，成为全国采煤塌陷治理、资源枯竭型城市生态环境修复再造的样板与典范。潘安湖二期工程在延续一期风格的基础上，新增景区面积 3880 亩，总面积达到 11000 亩。在做好潘安湖项目的同时，贾汪区还对城区周边的采煤塌陷地进行环境修复治理，大大改善了地表严重损毁、道路破损、垃圾乱倒的状况。此外，兴建了首个以煤矿为主题的公园——五号井矿工公园，在城区北部塌陷地修建了凤凰泉湿地公园，对因采煤塌陷损毁的人民公园进行修复改造，并更名为东方鲁尔广场。修复治理和改造后，采煤塌陷地旧貌换新颜，为百姓提供了整洁干净、环境优美的休闲场所与居住环境(图 11.3-1)。

图 11.3-1　徐州市贾汪区解忧湖采煤塌陷地现貌

参考文献：

闫磊, 陈艳杰, 宋团团, 等. 2021. 采煤塌陷区综合治理研究: 以徐州市解忧湖为例[J]. 内蒙古煤炭经济, (11): 11-12.

王惠. 2020. 潘安湖区域演变与转型发展优化策略研究[D]. 徐州: 中国矿业大学.

11.3.4　城镇低效用地再开发

1. 规划背景

改革开放以来，我国城镇化、工业化、信息化进程迅速，城镇规模快速扩张，不可避免地产生了大量城镇低效用地。在生态文明建设和新型城镇化的时代背景下，城镇开发边界向外蔓延式扩张的粗放用地模式已难以持续，建设用地供需矛盾日益凸显。推动土地节约集约利用，实施城市更新，从增量扩张转向存量低效用地挖潜必将成为城镇国土空间开发的最优选择(陈郁青等，2021)。在新型城镇化建设背景下，通过建立城镇低效用地再开发制度全面推进低效用地再开发，是解决城镇建设用地利用不合理问题和提高土地节约集约利用水平的新路径，也是实现以生态文明建设引领高质量跨越式发展的重要举措(杨少敏和李资华，2021)。

城镇低效用地是指经第三次全国国土调查已确定为建设用地中的权属清晰、不存在争议和法律纠纷，但布局散乱、利用粗放、用途不合理、建筑危旧的城镇存量建设用地。其范围一般包括低效产业用地、低效商业用地、旧城用地、旧村用地及其他低效用地五大类[《城镇低效用地再开发专项规划编制规程(DB34/T 3778—2020)]。城镇低效用地再开发则是指通过多种途径对已认定的低效用地进行再开发和再利用，优化城镇土地利用结构，改善居民生活环境，促进经济发展方式转变，提高土地对经济社会发展的保障能力。政府层面的城镇低效用地再开发工作始于 2007 年广东省率先开展的"三旧"改造，随后经历了上海、江苏、福建等十个省市级试点探索和全国全面推广等阶段(陈郁青等，2021)。2013 年《国土资源部关于印发开展城镇低效用地再开发试点指导意见的通知》(国土资发〔2013〕3 号)首次明确提出城镇低效用地的概念。2016 年国土资源部印发《关于深入推进城镇低效用地再开发的指导意见(试行)》(国土资发〔2016〕147 号)进一步明确规定规范推进城镇低效用地再开发，促进城镇更新改造和产业转型升级，优化土地利用结构，提升城镇建设用地人口、产业承载能力，建设和谐宜居城镇。

2. 规划要求

城镇低效用地再开发专项规划以城镇土地利用现状为基础，旨在明确规划期内城镇低效用地的再开发潜力、目标及任务，统筹安排各类低效用地再开发的规模、布局和时序，是指导规划期间区域城镇低效用地再开发工作的纲领性文件，在规范城镇低效用地有序合理开发利用、促进节约集约利用资源等方面具有重要作用。尤其是，通过确定规划期内的重点实施片区和重点实施项目，修缮、兴建城市公益基础设施，保护历史文化建筑和街区等，城镇低效用地再开发有利于发挥土地级差收益、优化土地结构布局、改善城镇生活居住环境、提升城镇化质量，进而促进城市和谐宜居、富有活力。具体规划内容及要求包括：

(1)分析与评价低效用地现状与潜力。低效用地现状分析应结合调查工作中获取的相关资料，综合分析各类城镇低效用地的规模，重点从空间分布和用地类型两方面分析城镇低效用地的总体分布情况，客观评价城镇低效用地特征及开发优势，分析其存在的问题及原因。低效用地潜力评价应结合城市建设相关规划利用强度、用途规定等，对城镇低效用地再开发潜力进行可行性分析，确定规划期内可实现再开发的城镇低效用地规模、类型和分布。

(2)合理确定城镇低效用地再开发目标。应以土地利用总体规划为指导，并与城乡规划等相关规划充分衔接，依据可再开发的城镇低效用地潜力，确定规划期内城镇低效用地再开发的总体目标。

(3)明确规划布局、结构和强度。按照有利于城市功能再造、产业结构调整历史文化保护和人居环境改善的原则，与相关规划充分衔接，划分城镇低效用地再开发规划区域，明确各区域改造开发利用方向(功能完善、优化调整、批而未用土地及历史遗留用地盘活)、开发模式(全面改造、局部改造、综合整治)，合理安排居住、教育、就业、开放空间及公共交通用地，促进用地布局和结构优化。按照国家建设项目节约集约利用相关标准要求，合理确定再开发项目区开发利用强度优化目标。

(4)综合安排项目时序。规划应依据再开发项目区的布局和规划目标，并与相关规划充分衔接，充分考虑不同类型城镇低效用地再开发改造的模式及土地权利人的意愿、再开发成本及资金投入能力等因素，合理选择确定城镇低效用地再开发地块的分布位置、项目类型、规模和开发利用方向等；合理安排城镇低效用地再开发的建设时序，包括分年度开发建设项目的个数、规模、比例和分布情况等，拟定再开发的重点工程。

(5)开展规划实施效益评价。规划应结合目标就城镇低效用地再开发可能带来的城市功能提升、产业结构升级、人居环境改善和历史人文景观保护等社会、经济、生态效益进行综合分析。

3. 典型案例

案例 11.4　福建省泉州源和 1916 创意产业园

福建省泉州源和 1916 创意产业园位于泉州市鲤城区，改造前为国营老厂区，聚集了源和堂蜜饯厂、面粉厂、麻纺厂等一批老字号工厂。由于经营机制原因，20 世纪 90 年代相继关停并转让，造成土地和厂房闲置，环境卫生脏乱差。产业园通过企业租赁、改造旧厂房等方式，引入文化创意产业，实现产业优化升级，提升土地利用效率。主要做法包括：2010 年 5 月，中侨集团、福建创新传媒有限公司、泉州筑城设计咨询中心三家以股份制形式(占比分别为 51%、34%、15%)，共同出资成立源和创意产业园运营公司，租赁老工业区 108518 m² 旧厂房进行改造。改造坚持"土地使用权利用性质不变、建筑物产权不变、主建筑风格不变"的"三不变"原则，保留旧厂房、办公室的基本结构，根据新的用途，对建筑进行必要的改造、修补、装饰，注入新的创意产业元素，打造一个新的创意产业平台，吸引以设计为主的企业入驻。主要成效：改造后，原先没落的旧厂房获得了新的生命力，在符合规划条件的基础上，实现了资源再利用；根据城市发展定位，新兴业态得到发展，产业得到优化升级；原土地使用权人租金收入增加，运营公司获得满意的投资回报，政府也在改变规划、用途升级中得到增值收益。经过五年多的运营，运营公司已完成 6 万 m² 旧厂房的改建，入驻企业 130 多家，2013 年实现产值 16 亿元，上缴税收 1.5 亿元(图 11.4-1)。

图 11.4-1　福建省泉州源和 1916 创意产业园

参考文献：

林毅涌. 2013. 泉州古城文化产业园发展战略研究[D]. 泉州：华侨大学.

齐璟. 2013. 泉州创意产业发展模式研究[D]. 泉州：华侨大学.

参 考 文 献

白春明, 尹衍雨, 柴多梅, 等. 2018. 我国田园综合体发展概述[J]. 蔬菜, 2018(2)：1-6.

曹帅, 金晓斌, 韩博, 等. 2018. 从土地整治到国土综合整治：目标、框架与模式[J]. 土地经济研究, (2)：133-151.

常毅. 2014. 工矿废弃地复垦价值评价体系研究：以太原市为例[D]. 太原：山西农业大学.

陈郁青, 朱高龙, 王旭东, 等. 2021. 城镇低效用地空间格局及再开发模式研究：以福州市为例[J]. 城市发展研究, 28(9)：13-17.

戴立红. 2021. 土地整治规划编制的影响因素及创新探讨[J]. 居业, (6)：47-48.

东滩产研院. 2019. 无锡阳山田园东方——田园综合体经典案例[EB/OL]. http://www.dongtanimc.cn/index. php?c=content&a=show&id=1372.

范业婷, 金晓斌, 张晓琳, 等. 2021. 乡村重构视角下全域土地综合整治的机制解析与案例研究[J]. 中国土地科学, 35(4)：109-118.

封志明, 潘明麒, 张晶. 2006. 中国国土综合整治区划研究[J]. 自然资源学报, (1)：45-54.

韩博, 金晓斌, 顾铮鸣, 等. 2021. 乡村振兴目标下的国土整治研究进展及关键问题[J]. 自然资源学报, 36(12)：3007-3030.

韩博, 金晓斌, 孙瑞, 等. 2019. 新时期国土综合整治分类体系初探[J]. 中国土地科学, 33(8)：79-88.

河南省乡村振兴网. 2021. 河南乡村振兴：商水县高标准农田建设案例——高标准农田建设促进智慧农业发展[EB/OL]. (2022-01-24). https://www.hnsxczxw.cn/doc_22252698.html.

贾文涛. 2013. 以生态文明理念为引领 大力推进国土综合整治[J]. 南方国土资源, (4)：17-19.

景慧. 2014. 县级土地整治规划方案研究：以汉中市汉台区为例[D]. 西安：长安大学.

赖春潮. 2022. 国土空间规划中综合整治与生态修复要点[J]. 华北自然资源, (2)：135-138.

李晨. 2013. 土地整治规划尺度差异及统筹协调研究：以浙江省为例[D]. 北京：中国地质大学.

梁梦茵, 孔凡婕, 梁宜. 2021. "十三五"土地整治规划的回顾与反思[J]. 中国土地, (1)：36-38.

林坚, 宋萌, 张安琪. 2018. 国土空间规划功能定位与实施分析[J]. 中国土地, (1): 15-17.

林坚, 杨绍银, 宋健, 等. 2014. 市县两级土地整治规程"制图标准"要点分析[J]. 中国土地科学, 28(1): 40-45.

林毅涌. 2013. 泉州古城文化产业园发展战略研究[D]. 泉州: 华侨大学.

刘珺. 2021. 基于国土空间规划体系的全域土地综合整治上海实践: 以崇明区三星镇为例[J]. 上海国土资源, 42(4): 21-27.

刘向敏, 岳永兵. 2014. 工矿废弃地复垦利用机制优化分析与思考[J]. 中国矿业, 23(4): 62-64, 78.

刘新卫, 梁梦茵, 郧文聚, 等. 2014. 地方土地整治规划实施的探索与实践[J]. 中国土地科学, 28(12): 4-9.

梅江, 李振宇. 2021. 生态中国视域下国土空间规划的综合整治与生态修复体系建设[J]. 农村经济与科技, 32(15): 18-20.

庞玮, 白凯. 2018. 田园综合体的内涵与建设模式[J]. 陕西师范大学学报(自然科学版), 46(6): 20-27.

齐璟. 2013. 泉州创意产业发展模式研究[D]. 泉州: 华侨大学.

宋依芸, 何汇域, 唐娟. 2021. 国土空间规划体系下村庄规划与全域土地综合整治融合研究[J]. 农村经济与科技, 32(17): 3-6.

汤怀志, 梁梦茵, 范金梅, 等. 2016. 我国土地整治规划的发展历程、趋势与反思[J]. 郑州轻工业学院学报(社会科学版), 17(6): 52-59.

唐秀美, 潘瑜春, 刘玉, 等. 2018. 基于全过程的土地整治项目实施问题、成因及对策研究[J]. 中国土地科学, 32(3): 35-42.

王惠. 2020. 潘安湖区域演变与转型发展优化策略研究[D]. 徐州: 中国矿业大学.

王军, 应凌霄, 钟莉娜. 2020. 新时代国土整治与生态修复转型思考[J]. 自然资源学报, 35(1): 26-36.

王晓青, 史文娇, 孙晓芳, 等. 2018. 黄淮海高标准农田建设项目综合效益评价及区域差异[J]. 农业工程学报, 34(16): 238-248, 300.

温润. 2014. 市级土地整治规划环境影响评价: 以沧州市为例[D]. 北京: 中国地质大学.

信桂新, 杨朝现, 杨庆媛, 等. 2017. 用熵权法和改进 TOPSIS 模型评价高标准基本农田建设后效应[J]. 农业工程学报, 33(1): 238-249.

许晓婷. 2014. 县级土地整治规划理论与方法研究[D]. 西安: 长安大学.

闫磊, 陈艳杰, 宋团团, 等. 2021. 采煤塌陷区综合治理研究: 以徐州市解忧湖为例[J]. 内蒙古煤炭经济, (11): 11-12.

严飞. 2013. 丘陵山区不同空间尺度土地整治规划效益评价研究[D]. 重庆: 西南大学.

严金明, 张雨榴, 马春光. 2017. 新时期国土综合整治的内涵辨析与功能定位[J]. 土地经济研究, (1): 14-24.

杨少敏, 李资华. 2021. 城镇低效用地类型和认定标准探讨[J]. 中国国土资源经济, 34(2): 42-48.

尹延兴, 金晓斌, 韩博, 等. 2022. "空间冲突-功能障碍"视角下国土综合整治内涵、机制与实证[J]. 农业工程学报, 38(7): 272-281, 345.

郧文聚, 宇振荣. 2011. 土地整治加强生态景观建设理论、方法和技术应用对策[J]. 中国土地科学, 25(6): 4-9, 19.

张川, 余建新, 郑宏刚, 等. 2015. 基于系统工程和统计学理论的中国土地整治体系框架构建[J]. 农业工程学报, 31(15): 255-263.

张勇, 汪应宏, 包婷婷, 等. 2014. 土地整治研究进展综述与展望[J]. 上海国土资源, 35(3): 15-20.

郑健壮. 2020. 田园综合体: 基本内涵、主要类型及建设内容[J]. 中国农业资源与区划, 41(8): 205-212.

周妍, 张立平, 周旭, 等. 2015. 县域工矿废弃地复垦空间集中连片度评价方法研究[J]. 生态环境学报, 24(11): 1837-1842.

第 12 章　国土综合整治实务

面向粮食安全、生态文明建设、乡村振兴等国家战略与时代需求，国土综合整治与生态修复既是建设美丽中国的重要抓手，也是推进国土综合整治规划落地实施的重要手段。二者一脉相承，本质上都是从源头解决我国不同发展阶段最为紧迫的资源瓶颈问题，但也由于自然资源利用和管理方式、生态系统内在机理等的不同，国土综合整治与生态修复在对象、目标、治理手段等方面存在一定差异。其中，国土综合整治一是面向粗放利用、产能低下、设施缺失的农用地，通过高标准农田建设、中低等耕地提质改造、宜耕后备资源开发、农田半自然生境建设等途径，旨在塑造以守数量、提质量、强生态、优功能、提价值等为主要特征的新时期耕地利用与保护新格局；二是面向布局散乱、废弃闲置和低效利用的城乡建设用地，通过农村建设用地整理、城镇低效用地再开发、工矿废弃地复垦等措施，旨在优化土地空间结构、促进建设用地节约集约利用。而生态修复主要针对全地域、全流域生态系统及要素，尤其是聚焦生态空间、农业空间、城镇空间中要素错配、结构失序、功能受损等问题，通过生态安全格局构建、农业面源污染治理、城镇棕地修复等途径，旨在优化自然资源结构与布局，缓解经济发展与自然资源之间的矛盾冲突，促进生态平衡。为此，本章将从基本概况、重点内容等方面，对上述国土综合整治与生态修复实务进行简要介绍，并结合案例说明国土综合整治与生态修复实施成果。

12.1　农用地整理

保障重要农产品有效供给和国家粮食安全已成为现代农业发展的首要任务。在这个过程中，农用地整理作为耕地利用、保护的重要手段，伴随不同时期社会经济发展历程的推进，已历经以补充耕地数量为主要目标的数量潜力挖掘，到综合考虑耕地数量与质量并重，再到重视一体化统筹管理的数量-质量-生态多目标整治的转型与升级，对提高粮食产能、稳定粮食生产格局、切实落实藏粮于地战略等具有重要意义。农用地整理是以农用地为对象，通过实施土地平整、灌溉与排水、田间道路、农田防护与生态环境保持等工程，提高土地质量，增加有效耕地面积，改善农业生产条件和生态环境的活动[①]。总体上，根据不同的类型、目标和整治路径，其核心内容包括面向高产稳产的高标准农田建设、面向产能提升的中低等耕地提质改造、面向耕地补充的宜耕后备资源开发和面向生态强化的农田生态系统功能提升等。

---

① 《土地整治术语》(TD/T 1054—2018)。

12.1.1　面向高产稳产的高标准农田建设

1. 基本概况

高标准农田（well-facilitated farmland）是指田块平整、集中连片、设施完善、节水高效、农电配套、宜机作业、土壤肥沃、生态友好、抗灾能力强，与现代农业生产和经营方式相适应的旱涝保收、稳产高产的耕地。高标准农田建设（well-facilitated farmland construction）指为减轻或消除主要限制性因素、全面提高农田综合生产能力而开展的田块整治、灌溉与排水、田间道路、农田防护与生态环境保护、农田输配电等农田基础设施建设和土壤改良、障碍土层消除、土壤培肥等农田地力提升活动[①]。伴随当前粮食消费结构不断升级，粮食需求增长与资源禀赋相对不足之间的矛盾凸显，加之国际贸易与外部环境日趋复杂及不稳定，确保国家粮食安全的任务更为艰巨。为此，党的十九大提出乡村振兴战略，第十九届五中全会对保护粮食安全做出重要部署。而确保重要农产品特别是粮食供给，是实施乡村振兴战略、加快农业农村现代化建设的首要任务。其中，建设旱涝保收、高产稳产的高标准农田，更是巩固和提高粮食生产能力、保障国家粮食安全的关键举措[②]。为此，国家层面相继出台了一系列政策文件，指导高标准农田建设有序开展。例如，2019 年《国务院办公厅关于切实加强高标准农田建设提升国家粮食安全保障能力的意见》（国办发〔2019〕50 号）提出构建集中统一高效的规划布局、建设标准、组织实施等管理新体制，为大力推进高标准农田建设提供了政策保障。2021 年，国务院批准实施《全国高标准农田建设规划（2021—2030 年）》，分析了全国高标准农田建设面临的形势，明确了高标准农田建设的方向和目标任务，是指导规划期内系统开展高标准农田建设的重要依据和行动指南。2022 年，农业农村部修订了《高标准农田建设　通则》（GB/T 30600—2022），进一步明确不同地区高标准农田建设目标、重点、能力和条件，并因地制宜地确定高标准农田基础设施建设标准和农田地力标准参考值，对进一步规范高标准农田建设行为、提升建设质量具有重要意义。

在相关政府部门和科研单位的推进及努力下，我国高标准农田建设取得显著成就，为保障旱涝保收、产能稳定等发挥了重要作用。但受资源禀赋限制、经济社会发展、自然灾害破坏等因素影响，当前我国已建成高标准农田占总耕地面积的比例约 40%，这意味着大部分耕地仍面临基础设施薄弱、抗灾能力不强、耕地质量不高、田块细碎化等问题。同时，受自然灾害破坏等因素影响，部分已建成高标准农田也面临不同程度的工程不配套、设施损毁等问题，影响农田使用成效。另外，早期建设的高标准农田侧重产能提升而对改善农田生态环境重视不够，一些高标准农田建成后，仍然沿用传统粗放的生产方式，资源消耗强度大，耕地质量提升不明显。因此，为加快补齐农业基础设施建设短板，不断提升耕地质量和粮食产能，增强农田防灾抗灾减灾能力，推动形成绿色生产方式，在当前高标准农田建设主要聚焦田块整治、土壤改良、农田防护和生态环境保护等内容的基础上，推动农业经营规模化、生产专业化，实现土地和水资源集约节约利用，促进农业可持续发展。

---

① 《高标准农田建设　通则》（GB/T 30600—2022）。
② 《全国高标准农田建设规划（2021—2030 年）》。

2. 重点内容

1) 田块整治

充分考虑水、土、光、热资源环境条件等因素，进一步优化高标准农田空间布局。根据不同区域地形地貌、作物种类、机械作业和灌溉排水效率等因素，合理划分和适度归并田块，确定田块的适宜耕作长度与宽度。在山地丘陵区因地制宜修筑梯田，增强农田保土、保水、保肥能力。通过客土填充、剥离回填表土层等措施平整土地，合理调整农田地表坡降，改善农田耕作层，提高灌溉排水适宜性。建成后，农田土体厚度宜达到 50 cm 以上，水田耕作层厚度宜在 20 cm 左右，水浇地和旱地耕作层厚度宜在 25 cm 以上，丘陵区梯田化率宜达到 90% 以上，田间基础设施占地率一般不超过 8%。

2) 土壤改良

通过工程、生物、化学等方法，治理过沙或过黏土壤、盐碱土壤和酸化土壤，提高耕地质量水平。采取深耕深松、秸秆还田、增施有机肥、种植绿肥等方式，增加土壤有机质，治理退化耕地，改良土壤结构，提升土壤肥力。根据不同区域的生产条件，推广合理轮作、间作或休耕模式，减轻连作障碍，改善土壤生态环境。实施测土配方施肥，促进土壤养分平衡。建成后，土壤 pH 宜在 5.5～7.5（盐碱区土壤 pH 不高于 8.5），土壤的有机质含量、容重、阳离子交换量、有效磷、速效钾、微生物碳量等其他物理、化学、生物指标达到当地自然条件和种植水平下的中上等水平。

3) 灌溉和排水

按照旱、涝、渍和盐碱综合治理的要求，科学规划建设田间灌排工程，加强田间灌排工程与灌区骨干工程的衔接配套，形成从水源到田间完整的灌排体系。因地制宜配套小型水源工程，加强雨水和地表水收集利用。按照灌溉与排水并重要求，合理配套建设和改造输配水渠(管)道、排水沟(管)道、泵站及渠系建筑物，完善农田灌溉排水设施。因地制宜推广渠道防渗、管道输水灌溉和喷灌、微灌等节水措施，支持建设必要的灌溉计量设施，提高农业灌溉保证率和用水效率。倡导建设生态型灌排系统，保护农田生态环境。建成后，田间灌排系统完善、工程配套、利用充分，输、配、灌、排水及时高效，灌溉水利用效率和水分生产率明显提高，灌溉保证率不低于 50%，旱作区农田排水设计暴雨重现期达到 5～10 年一遇，1～3 天暴雨从作物受淹起 1～3 天排至田面无积水；水稻区农田排水设计暴雨重现期达到 10 年一遇，1～3 天暴雨 3～5 天排至作物耐淹水深。

4) 田间道路

田间道路布置应按照区域生产作业需要和农业机械化要求，优化机耕路、生产路布局，整修田间道路，充分利用现有农村公路，因地制宜确定道路密度、宽度等要求。机耕路宽度宜 3～6 m，生产路宽度一般不超过 3 m，在大型机械化作业区，路面可适当放宽。合理配套建设农机下田坡道、桥涵、错车道和末端掉头点等附属设施，提高农机作业便捷度。倡导建设生态型田间道路，因地制宜减少硬化路面及附属设施对生态的不利影响。建成后，在集中连片的耕作田块中，田间道路直接通达的田块数占田块总数的比例，平原区达到 100%，山地丘陵区达到 90% 以上，满足农机作业、农资运输等农业生产活动的要求。

5）农田防护和生态环境保护

根据因害设防、因地制宜的原则，对农田防护与生态环境保护工程进行合理布局，与田块、沟渠、道路等工程相结合，与村庄环境相协调，完善农田防护与生态环境保护体系。以受大风、沙尘等影响严重区域、水土流失易发区为重点，加强农田防护与生态环境保护工程建设，完善农田防护林体系。在风沙危害区，结合立地和水源条件，兼顾生态和景观要求，确定树种、修建农田林网，对退化严重的农田防护林抓紧实施更新改造；在水土流失易发区，合理修筑岸坡防护、沟道治理、坡面防护等设施，提高水土保持和防洪能力。建成后，区域内受防护农田面积比例一般不低于 90%，防洪标准达到 10～20 年一遇。

6）农田输配电

对适宜电力灌排和信息化的农田，铺设高压和低压输电线路，配套建设变配电设施，为泵站、机井及信息化工程等提供电力保障。根据农田现代化建设和管理要求，合理布设弱电设施。输配电设施布设应与田间道路、灌溉与排水等工程相结合。建成后，实现农田机井、泵站等供电设施完善，电力系统安装与运行符合相关标准，用电质量和安全水平得到提高。

7）科技服务

建立高标准农田耕地质量长期定位监测点，跟踪监测耕地质量变化情况，推广免耕少耕、黑土地保护等技术措施，保护和持续提升耕地质量。推进数字农业、良种良法、科学施肥、病虫害综合防治等农业科技应用，科学合理利用高标准农田。建成后，田间定位监测点布设密度符合要求，农田监测网络基本完善，科学施肥施药技术基本全覆盖，良种覆盖率、农作物耕种收综合机械化率明显提高。

8）管护利用

全面开展高标准农田建设项目信息统一上图入库，实现有据可查、全程监控、精准管理、资源共享。依据《耕地质量等级》（GB/T 33469）国家标准，在项目实施前后及时开展耕地质量等级调查评价。深入推进农业水价综合改革，落实高标准农田管护主体和责任，引导新型农业经营主体参与高标准农田设施运行管护，健全管护制度，落实管护资金。加强管护资金使用监管，研究制定高标准农田管护投入成本标准体系，对管护资金实施全过程绩效管理。及时修复损毁工程，确保建成的高标准农田持续发挥效益。对建成的高标准农田，要划为永久基本农田，实行特殊保护，确保高标准农田数量不减少、质量不降低。

案例 12.1　河南省商水县高标准农田建设案例

商水县是河南省传统农业大县和人口大县，拥有多达 124 万的人口和 139 万余亩的耕地面积。近年来，商水县按照全省一流、全国领先的粮食生产示范区建设标准，加快高标准农田和高效节水灌溉示范区建设，在高标准农田项目顶层设计上遵循"建设标准化、经营规模化、装备现代化、应用智能化、管护规范化"的"五化"要求，形成高标准农田体系，成功树立了标杆、打造了样板（图 12.1-1）。其主要做法包括：

（1）加强基础设施建设。2019 年以来，商水县投资 1.75 亿元，按照每亩投资不低于 3000 元的标准，高标准建成了 5 万亩高标准农田示范区。配套建有物联网控制中心 1 座、

图 12.1-1　河南省商水县高标准农田建设现状

土壤墒情监测站 1 座、田间气象站 1 座及物联网监控系统 20 套。新修道路 16.2 km、硬化沟渠 42.4 km，建设固定式喷灌 1.07 万亩、机井及配套 268 口、农桥 67 架、地埋线 134.2 km、地埋管 74 km、种植绿化树木 18900 棵。示范区充分运用现代农业装备，集中布局测土配肥机、土地深耕机械、土壤墒情与气象监测站、无人巡视机、秸秆粉碎还田机等现代化农业农机设备，并配套发展了仓储、物流和电商等产业。

（2）推动规模化经营。充分发挥新型农业经营主体资金、管理与技术优势，积极引导土地向合作社集中、生产向机械化集中、管理向专业化集中、经营向市场化集中，壮大培育了一批本土农业品牌，有效推动了专业合作社联合发展，大力提高了粮食种植生产的规模效应。在高标准农田示范区的引领下，商水县成立新型农业经营主体 3237 家，流转加托管面积达到 44 万亩。

（3）建立智慧服务平台。成立智慧农业技术管理中心，设置大数据存储、农情监控、应急处理、智慧气象四个平台，充分应用资产管理及设备监控分析系统、云视频管理系统、水肥一体控制系统、天空地一体化智慧气象等八项农业物联网先进技术。依托农业物联网、土地银行网、农产品集购网、农牧人商城四个互联网智慧平台，互为依托、互为支撑，为商水县智慧农业发展提供解决方案。

（4）提供精准服务。商水县农业、气象部门在高标准农田内配套实施了"智能气象监测预警防控系统"，通过人工智能农田生态气象监测系统、户外智慧气象云屏等，实现农情与天气要素精准检测、智能预报、智慧决策，让天气对作物生长的影响程度变得可控，为种植户提供精细化服务。

参考文献：

河南省乡村振兴网. 2021. 河南乡村振兴：商水县高标准农田建设案例——高标准农田建设促进智慧农业发展[EB/OL]. https://www.hnsxczxw.cn/doc_22252698.html.

12.1.2　面向产能提升的中低等耕地提质改造

1. 基本概况

当前，我国仍处于城镇化快速发展时期，面临耕地保护与建设占用、生态用地等多重矛盾，优质耕地资源流失、现有耕地持续高强度利用等形势依然严峻。与此同时，以"山水林田湖草生命共同体"理念为引领的耕地资源保护修复，也面临工程技术体系尚未建立、管控体系不完善及海量资金缺口等问题。在此背景下，我国实行了最严格的耕地保护制度，其中，耕地占补平衡政策是破解经济社会发展用地需求与耕地保护矛盾、确保耕地总量动态平衡的重要举措(汤怀志等, 2020)。2016 年，国土资源部印发《关于补足耕地数量与提升耕地质量相结合落实占补平衡的指导意见》(国土资规〔2016〕8 号)，提出将提质改造纳入土地整治规划，并对提质改造规模、布局等作出统筹安排。2017 年，国土资源部印发《关于改进管理方式切实落实耕地占补平衡的通知》(国土资规〔2017〕13 号)，其中明确了"以数量为基础、产能为核心"的占补新机制，为耕地保护向数量、质量、生态"三位一体"发展奠定了基础。

总体上，我国耕地"占补平衡"制度的实施在保障耕地数量稳定、总量平衡等方面取得显著成效，但建设占用优质耕地而补充劣质耕地的现象也日趋严重，优质耕地日渐减少，耕地质量呈现总体下降趋势，威胁国家粮食安全。因此，大力推进土地整治，同步实施耕地提质改造不仅是提高耕地质量的重要手段，也是缓解当前耕地"占补平衡"困境的关键举措，既能有效确保耕地占补平衡数量、质量双到位，满足地方政府落实建设项目占补平衡实际需求，又能保障工业化、城镇化用地需求(张步雄, 2016；洪莉, 2020)。

耕地提质改造是指对当前等级较低且恶劣的耕地的土壤、排灌等农业生产条件进行改善，从而使耕地质量得到提升，或将水利农田的设施进行改造升级，把旱地改造为水田的活动[①]。现今，中低等耕地提质改造的核心主要聚焦于旱地改造为水田(以下简称"旱改水")、边际耕地资源改造等方面。

2. 重点内容

1) 旱地改造水田

"旱改水"是耕地提质改造的核心内容，通常选择土壤、水源、地形坡度条件较好的地块，依托土壤改良、土地平整、灌排设施修筑等农田水利设施建设，结合生物措施将其改造为水田，以满足种植水稻、莲藕等水生农作物的要求。2014 年，国土资源部耕地保护司在耕地占补平衡方面提出新理念，采取"旱改水"方式落实"占优补优、占水田补水田"的耕地占补平衡要求。当前，"旱改水"项目实施的主要内容包括项目选址条件分析、工程技术等。

(1)"旱改水"项目选址条件。

水源保障情况。"旱改水"项目选址要求有充足的灌溉水源，禁止在灌溉水源无法保障的区域进行改造。

地形坡度条件。"旱改水"项目适用于水源充足的低坡、低丘或山地，通过抽水(一级扬程提水)能满足灌溉条件的补充耕地，禁止在地形坡度大于 25° 的区域进行改造。

集中连片程度。集中连片程度亦是"旱改水"项目建设中的重要因素。集中连片的耕地便于耕作、管理，以及耕作设施投入及高效利用。

耕地地力情况。"旱改水"项目选址受耕地土壤成土母质特征、农田基础设施及培肥

---

① 国土资源部. 2016. 《关于补足耕地数量与提升耕地质量相结合落实占补平衡的指导意见》。

水平、土壤理化性状等多种反映耕地综合生产能力的因素影响。

其他禁止改造情况。主要包括土壤改善后仍不适用水田利用及其相应农耕活动（如水稻种植）的区域；水土流失、土地退化等生态脆弱区域；因挖损、塌陷、压占等造成土地损毁并难以复垦为耕地的区域；污染严重难以恢复的区域；易受自然灾害损毁的区域；以及其他法律法规规定不得开垦的区域（杨志才等，2017）。

群众意愿。由于改造地块不一定符合农民的种植需求，导致农民耕种意愿低，面临改造水田"谁来种"的问题。因此，需充分尊重土地权利人意见，调动农村集体经济组织和农民的参与积极性。

（2）"旱改水"关键工程技术。

表土剥离工程。表土剥离是将耕作层具有保留和再生利用价值的表土进行剥离后再利用的过程。在进行"旱改水"时，首先要对旱地的耕作层进行剥离。旱地表土剥离的厚度一般为 25～30 cm。剥离后的土层应集中堆放在位置相对高且平坦的地方，阴雨天气时应做好遮盖，以防雨水冲刷流失。

土地平整工程。"旱改水"时要对旱地进行土地平整，也就是要做好耕作田块的配置，一般采用就近原则，即先挖取高于设计田面标高的耕作田块的土方，然后回填至附近低于设计田面标高的田块中去。田块形状基本为长方形，主要通过田块归并来实现。田块的耕作方向主要考虑作物生长发育所需要的光照条件及当地的耕作习惯，田块的划分应以沟渠及道路为边界进行，格田应以田埂为界，田埂应高出田面 30～50 cm，田埂的顶宽为 30～50 cm，边坡系数为 1∶0.3～1∶0.5。

犁底层形成工程。在耕作层以下有一层较为紧实的土层，即犁底层，这层结构对于保持土壤养分、保存水分的作用非常明显。为了使"旱改水"后的田块能尽快种植，最主要的就是让其尽快形成犁底层。形成犁底层的过程：一是在土地平整的基础上，采用机械设备对其进行分层碾压，特别是填方较大的地方要重点碾压，一般犁底层的厚度要达到 10 cm；二是在进行土壤碾压的同时要适当浇水，使土壤达到密实的状态，最终达到保水保肥的目的。

田埂形成工程。对于"旱改水"项目来说，保水保肥是首要问题，其中田埂施工的好坏将直接关系到保水保肥的问题。因此，采用分层贴补形式机械施工田埂，即贴一层上去，然后拍打密实，再一层层不断地贴，不断地拍打密实，才能形成能够满足种植水稻条件的田埂。每条田埂施工完后，应进行蓄水试验，防止漏水。田埂外侧应选择黏性较强的土壤。

表土回填工程。在耕作田块的犁底层和田埂形成后，接着把剥离后的表土进行回填。表土回填时一般要求先粗略平整，再精平。在施工过程中应考虑到土壤沉降，因此，回填土壤应虚高 7 cm，复垦的土层坡度不能超过 2°。

土壤改良工程。"旱改水"后的土壤通气透水性、蓄水保水性、保肥供肥性通常较差，严重影响着水稻的正常生长，因此需要对"旱改水"后的土壤进行改良，以提高地力条件。目前采用的措施主要包括施用石灰、施用有机肥料、种植绿肥等（余敦和袁胜国，2018）。

2）边际耕地提质改造

国际学术界早在 20 世纪 30 年代就提出了边际土地（marginal lands）或边际土壤（marginal soils）的概念。在农业经济学和土地利用领域，边际土地具有宽泛的定义，通常从对粮食作物的适宜性、粮食产量、农业经济效益、生物多样性价值等方面来界定，并将边际土地划归为三类：不适宜粮食生产的土地、低质量的土地和处于边际经济状态的土地。相关研究认为，当前全球约有 1 亿～10 亿 hm² 边际土地，这些边际土地普遍具备较低的粮食生产能力、不断减少的经济回报及农业耕作的严重制约因素(Richards et al., 2014)。此外，边际土地也是脆弱生态系统的核心组成部分，其管护与利用将对区域环境质量、生态服务功能、社会经济持续性、水资源和土地退化产生多种影响(Shortall, 2013)。各种土地都有边际化的可能，而由于耕地的弃耕撂荒、耕作粗放化、人口外迁等现象引起的边际耕地是普遍发生的土地变化现象(刘成武和李秀彬,2005)。

我国人均耕地资源缺乏，存量耕地多处于高强度利用状态，维护粮食安全是新时代赋予的重要任务。除旱地改造水田外，边际耕地资源整治及再利用亦是中低等耕地提质改造工作的重要组成部分。相关研究表明，我国边际土地中约有 3.2 亿亩低产耕地，目前标准粮产量低于 200 kg/亩，经改造培育提升后产量达到 300 kg/亩，可增加粮食产能 0.32 亿 t(曹晓风等, 2021)。但盲目开荒造田，忽视区域生态环境，可能会对生态系统造成难以挽回的伤害，与资源可持续利用背道相驰。因此，边际耕地提质改造需针对不同类型、不同环境采取差异化诊断识别方法和整治对策。

(1)边际耕地诊断识别。

边际耕地的有效识别及类型划分是因地制宜推进边际耕地提质改造的重要前提。王璐等(2018)将边际耕地类型划分为资源约束型边际耕地、生态环境约束型边际耕地、经济约束型边际耕地三类。其中，资源约束型边际耕地是指土地的物理自然特性无法满足作物生长需求的耕地，如有效土壤厚度较小的土地、土壤有机质含量较低的贫瘠地、表层质地仅有少量土壤的砂石地，以及难以固定土壤的陡坡地等。从该角度出发，边际耕地诊断指标包括：地质地貌指标，如海拔、坡度、相对高度、地形起伏等；气候指标，如光照强度、积温、无霜期、降水量等；水文要素指标，如潜水埋藏深度、渗透系数、地表水可使用量等；土壤要素指标，如盐渍化程度、表层质地、土壤酸碱度等。其诊断标准如表 12-1 所示。除了从资源条件方面构建边际耕地诊断标准外，赵烨等(2016)从人类生态与社会经济复合系统的角度构建边际耕地评定标准，包括耕地经营者收益、农产品经销商收益、农资经销商收益、耕地利用对生态或生存环境的影响、农产品对食用者健康的影响等代表人类生存环境系统指标，以及多年来耕地农业生产投入总和、多年来耕地农业生产总收益等表示耕地经营者投入-产出的收益指标。

表 12-1 资源约束型边际耕地诊断标准

诊断项目	诊断标准
坡度	15%～25%
土壤酸碱度	<5.5 或>9.0
有效土层厚度	≤50 cm
有机质含量	≤0.6%
盐渍化程度	含盐≥1.0，氯化物含量≥0.1，硫酸盐含量≥0.4
积温	≤1500℃
降水量	<350 mm，且无灌溉水资源

(2)边际耕地整治对策。

边际耕地在土地利用上常呈现林地-草地-耕地-未利用地-建设用地镶嵌分布的特征,其生态环境相对恶劣,且人口分布稀少,社会经济条件较差。因此,在国家相关政策的支持下,积极开展边际耕地综合整治,不仅有益于粮食安全保障,也能在一定程度上改善区域经济社会落后的局面,促进社会经济与自然环境的协调发展和区域均衡发展。边际耕地土地整治在强化常规整治措施的基础上,还需开拓研发以下关键技术。

边际耕地治理区划。以我国不同类型、成片分布的边际耕地为重点对象,基于天空地一体化立体调查、联网定位试验、分子生物学和现代分析方法,明确我国不同类型边际耕地发生、分布规律及特征、障碍因子致障阈值及障碍程度,建立边际耕地清单,评价开发潜力、生态风险和生态经济效益,制定边际耕地保护和治理区划(曹晓风等,2021)。

边际耕地利用方式改进。摒弃"广种薄收、靠天吃饭"、粗放耕作的土地利用方式,强化农田基础设施建设。主要途径有:一是适度发展集约型、日光温室塑料大棚等设施农业,推广地膜种植,适度打井兴水与工程蓄水相结合方式,发展喷灌、滴灌、渗灌等节水灌溉措施;二是适度增加绿色农副产品生产基地的规模,进一步延长绿色农副产品的生产链条,组建生产-销售一体化的耕地高效利用—农业绿色生产—农产品便利营销的新型土地利用方式和农业生产经营方式,确保耕地利用能够获得较高的收益(赵烨等,2016)。

边际耕地水肥协同利用与障碍调控技术。针对边际耕地不同障碍类型,筛选和选育抗逆适生作物品系(种),揭示其形态、生理、生化、分子机理与机制,建立水、热、风、生态资源的利用、保护与产能增效的协同发展机制(曹晓风等,2021)。

案例 12.2　揭阳市揭东区埔田镇长岭村改造水田项目

该项目位于长岭村东寮联社和长岭联社,实施前地类为可调整园地,村民主要用于种植竹笋、香蕉、蔬菜及养殖牛蛙等,且该项目地块原是村民责任园,个体户缺乏有序的经营管理,导致整片土地脏、乱、差,影响村容村貌,养殖户任意排放污水形成"黑臭水体",对长岭村人居生态环境造成严重污染。

针对这一情况,揭阳市揭东区把该地列入 2017 年度垦造水田项目进行改造。项目总投资 770 多万元,建设内容包括灌溉排水工程、田间道路工程、土地平整、土壤改良、农田防护及生态环境保护工程等。项目于 2018 年 8 月开始动工建设,2019 年 10 月竣工验收,提质改造耕地面积 198 亩,提质改造产能 57456 kg,项目新增水田指标 198 亩已于 2021 年 5 月入库。

项目建成后,明显提高了项目区土地利用率、投入产出率,改善耕地质量,为该村农业稳定高产提供有力保障,为农业生产化经营、土地资产运营创造良好条件。目前,该地块引入现代农业企业进行规模化种植,前三年为每年种植一造水稻。该项目 2019 年和 2020 年早稻种植均获得丰收,亩产约 1200 斤,并于 2021 年被列为广东省首届垦造水田典型案例,具有十分显著的社会效益和经济效益(图 12.2-1)。

实施前　　　　　　　　　　　　　　　　实施后

图 12.2-1　揭阳市揭东区埔田镇长岭村改造水田项实施前后对比图

参考文献:

揭阳市人民政府. 2021. 揭东长岭村改造水田项目被列为省首届垦造水田典型案例[EB/OL].

12.1.3　面向耕地补充的宜耕后备资源开发

1. 基本概况

作为进行农业生产的基本物质保障,耕地资源数量和质量变化对农业生产和粮食安全具有直接影响。近年来,由于经济发展需要,大量耕地被建设征用,农业用地与非农业用地之间矛盾突出;务农人口老龄化,种粮收益低,耕地撂荒现象时有发生。以上种种现象均造成耕地数量的减少,农业用地与经济发展的矛盾及人地矛盾使补充耕地、挖掘耕地潜力成为必然,而开发适宜的耕地后备资源是严守耕地红线的重要手段和措施(姜蓝齐等,2019)。耕地后备资源,是指在一定的技术经济条件下通过施工建设、生物措施或其他技术手段,所有可转化为耕地的其他土地资源。我国自 1998 年开始执行"耕地总量动态平衡"和建设占用耕地"占一补一"政策,耕地后备资源开发利用成为补充耕地的主要途径。进入新时代,我国经济发展已基本完成转型,生态优先的高质量发展成为常态,但困扰发展和保护矛盾的耕地问题仍未得到根本性解决,耕地后备资源不断减少,开发成本和难度不断加大,落实耕地占补平衡、占优补优等目标设计仍存在一定挑战(唐伟等,2022)。为此,聚焦开发利用对象调查、开发潜力评价等重点内容,我国积极推进耕地后备资源调查评价工作,旨在摸清全国补充耕地潜力状况,也为推进宜耕后备资源有效开发提供科学依据。

2. 重点内容

1) 开发利用对象

耕地后备资源开发对象通常包含沿海滩涂、内陆滩涂、其他草地、沼泽地、盐碱地、裸地、沙地、废弃工矿用地等。总体上,耕地后备资源包含可复垦与可开垦两大类。其中,可复垦土地主要指对废弃工矿用地等通过采取施工建设等措施,将其恢复至可耕种状态的土地类型,主要包括砖瓦窑场、采石(沙)场、盐田、采矿用地等;可开垦土地主要指对未利用土地通过采取施工建设或生物措施等开发至可耕种状态的土地,主要包括沿海滩涂、内陆滩涂、其他草地、沼泽地、盐碱地、裸地、沙地等。随着国家自然、社会、经济和土地利用现状等的发展与变化,耕地后备资源调查评价的对象也在变化(表 12-2)(唐伟等,2022)。为全面摸清全国补充耕地潜力状况,合理开发利用耕地后备资源,自 2000 年起,我国已开展三次后备资源调查工作,并由原国土资源部启动西部大开发土地资源调查评价工作开始,调查数据基础已由土地利用现状调查到"二调"再到"三调",调查对象由可开垦土地和可复垦土地逐步转变为其他草地、盐碱地、沙地和裸地四类可开垦土地,确保了耕地后备资源成果的现势性、准确性和生态性。

表 12-2　中国三次耕地后备资源调查概况

序号	时间	调查基础	调查对象	调查任务
第一次	2000~2013 年	土地利用现状调查和土地变更调查数据、资料	可开垦土地(荒草地、盐碱地、沼泽地、苇地、滩涂及其他未利用土地)和可复垦采矿用地(废弃物压占破坏地、塌陷地及自然灾害损毁地)	摸清集中成片、能形成国家级或省级开发复垦基地的耕地后备资源数量、质量状况,并进行适宜性评价,分析其开发潜力和价值
第二次	2014~2015 年	第二次全国土地调查和 2012 年土地变更调查结果	可开垦土地(其他草地、沿海滩涂、内陆滩涂、盐碱地、沼泽地、沙地和裸地)和可复垦采矿用地	调查评价可开垦土地和可复垦采矿用地的宜耕性,建立调查评价全国多级数据库,形成全国耕地后备资源总体状况;分析效益,提出政策建议
第三次	2021~2022 年	第三次全国土地调查	国家下发图斑(其他草地、盐碱地、沙地、裸地)和补充调查图斑(因局部小气候、灌溉条件等因素,有些图斑虽不在国家下发底图范围内,但能够达到评价指标要求作为耕地后备资源的,各地可同步开展补充调查评价)	建立实现耕地后备资源分类评价指标体系,分析任务逐图斑开展,形成全国耕地后备资源潜力数据;分 10 项指标逐图斑进行评价,形成是否适宜开发成耕地(即宜耕性)的明确结论

2)开发潜力评价

开发利用潜力评价是反映耕地后备资源真实情况的标尺。新一轮《全国耕地后备资源调查评价技术方案》充分考虑主导性、差异性、综合性、可比性和易获取性等原则,基于"三调"底图并结合相关影像资料,将水资源作为重要约束性指标,按照"以水定地"的原则,采用"限制性因子"评价法,针对生态环境、气候条件、立地条件和土地利用状况 4 个方面进行以图斑为单元的土地宜耕性评价。具体评价标准由生态条件、地形坡度、≥10℃年积温、年降水量和灌溉条件、土壤质地、土壤重金属污染状况、盐渍化程度、土壤 pH、土层厚度、耕地便利度 10 项指标构成(表 12-3)。

表 12-3　耕地后备资源不宜耕评价指标表

序号	评价指标	不宜耕
1	生态条件	位于生态保护红线、城镇开发边界内,或开发会导致土地退化,引发地质灾害
2	地形坡度	>25°
3	≥10℃年积温	<1800℃
4	年降水量和灌溉条件	降水量<400 mm 且无灌溉条件

续表

序号	评价指标	不宜耕
5	土壤质地	属于砾质土或更粗质地
6	土壤重金属污染状况	土壤遭受污染(黄色或红色)
7	盐渍化程度	重度以上且无灌溉排水条件
8	土壤 pH	pH≥9.5 或≤4.0
9	土层厚度	<60 cm 且无客土土源
10	耕地便利度	难以到达耕种,难以持续利用

生态条件。主要确定后备资源地块是否位于生态保护红线、城镇开发边界外,或开发是否会导致土地退化或引起地质灾害,对自然生态系统造成重大影响。具体分为生态保护红线和城镇开发边界外、生态保护红线和城镇开发边界内、开发会导致土地退化或引发地质灾害三个级别。

地形坡度。后备资源地块地形坡度是否小于 25°,具体分为≤25°、>25°两个级别。

≥10℃年积温。后备资源地块是否位于年有效积温大于 1800℃的区域,具体分为>1800℃、≤1800℃两个级别。

年降水量。后备资源地块是否位于降水量≥400 mm 区域或年降水量<400 mm 但有灌溉条件。具体分为≥400 mm、<400 mm 但有灌溉条件、<400 mm 且无灌溉条件三个级别。

土壤质地。后备资源地块是否属于砾质土或更粗质地土壤。具体分为壤质、黏质或砂质、砾质或更粗质地。

土壤重金属污染状况。后备资源地块土壤是否遭受污染。具体分为绿色、黄色或红色两个级别。

盐渍化程度。后备资源地块土壤盐渍化程度是否在重度以下且有灌溉排水条件。具体分为无、轻度盐化和中度盐化,重度盐化有灌溉排水条件,重度盐化无灌溉排水条件三个级别。

土壤 pH。后备资源地块 pH 是否在 4.0~9.5。具体分为 4.0~9.5、≤4.0 或≥9.5 两个级别。

土层厚度。后备资源地块是否满足土层厚度≥60 cm,或有客土土源。具体分为≥60 cm、<60 m 有客土土源、<60 m 且无客土土源三个级别。

耕作便利度。后备资源地块是否方便到达耕种,是否可持续利用。具体分为方便到达、不方便达到两个级别。

案例 12.3　第二次全国耕地后备资源调查结果(节选)

第二次全国耕地后备资源调查评价工作是以第二次全国土地调查及年度土地变更调查结果为基础,用最新遥感影像制作调查评价底图,地方按照生态环境、立地条件、气候条件、区位条件等方面 11 个指标和标准,逐图斑开展调查评价工作,经逐级检查汇总上报调查评价结果。

汇总结果显示,全国耕地后备资源总面积 8029.15 万亩。其中,可开垦土地 7742.63

万亩，占 96.4%，可复垦土地 286.52 万亩，占 3.6%。全国耕地后备资源以可开垦荒草地 (5161.62 万亩)、可开垦盐碱地(976.49 万亩)、可开垦内陆滩涂(701.31 万亩)和可开垦裸地(641.60 万亩)为主，占耕地后备资源总量的 93.2%。对耕地后备资源调查评价数据进行分析，我国耕地后备资源具有以下几方面特点。

(1) 全国耕地后备资源的区域分布不均衡。从区域分布看，耕地后备资源主要集中在中西部经济欠发达地区，其中新疆、黑龙江、河南、云南、甘肃 5 个省份后备资源面积占到全国近一半，而经济发展较快的东部 11 个省份之和仅占到全国 15.4%。集中连片耕地后备资源集中在新疆(不含南疆)、黑龙江、吉林、甘肃和河南 5 个省份，占 69.6%。而东部 11 个省份之和仅占全国集中连片面积的 11.0%。这反映出，经过多年持续开发利用，经济发展快的地区后备资源稀缺甚至枯竭，在省域内实现占补平衡越来越难。

(2) 集中连片的耕地后备资源减少明显。调查评价结果显示，第二轮耕地后备资源总面积相比第一轮减少了近 3000 万亩，同口径集中连片耕地后备资源减少了 8183.77 万亩，减幅达到 74%。全国除黑龙江、河南和贵州 3 个省份同口径较上一轮有适当增加外，其余 28 个省份均在减少，其中北京、天津、江苏、福建等 10 个省市减少幅度超过 90%。这反映出，随着多年来的土地开发，大部分成规模的连片耕地后备资源已经被开发为耕地、园地、林地等。据土地变更调查统计，2002～2014 年间，全国未利用地开发为耕地 3177 万亩，开发为园地 317 万亩，开发为林地 2506 万亩。这也说明，前期容易开发的后备资源大多已开发，当前再继续全面推行大规模土地开发利用的工作基础已经不再具备。

(3) 耕地后备资源大多数呈零散破碎状态。调查结果显示，全国零散耕地后备资源面积 5197.08 万亩，占后备资源总量的 64.7%，且分布较为广泛。从图斑分级看，后备资源总面积中图斑面积小于 300 亩的占近三成，小于 100 亩的图斑面积占到近二成。这都说明，经过多年的重大开发项目实施，现余留下来的耕地后备资源以破碎、零散为主，其开发利用成本较高，大规模开发利用方式已不能适用这部分后备资源，应以综合整治为主要途径。

(4) 耕地后备资源利用受生态环境制约大。调查评价结果看，全国耕地后备资源仍以荒草地(占后备资源总面积的 64.3%)、盐碱地(占 12.2%)、内陆滩涂(占 8.7%)和裸地(占 8.0%)为主。其中，荒草地、盐碱地和裸地的开发，因区域不同而对水土条件的要求有别。如在南方降水丰富，但土质和地形条件差，主要以土质为制约；在北方土壤条件好，但季节性缺水严重，以水资源制约较明显。从分布区域上看，集中连片的后备资源也主要分布于中西部经济欠发达地区，本身生态环境比较脆弱，在开发利用过程中，稍有不当极易引起水土流失、土地沙化等严重后果。

(5) 当前可供开发利用的耕地后备资源数量有限。综合分析结果显示，全国可供开发利用的耕地后备资源面积为 3307.18 万亩，占耕地后备资源总量的 41.1%。其中，集中连片耕地后备资源仅有 940.26 万亩，且分布极不均衡，新疆(268.21 万亩)、黑龙江(197.01 万亩)两个省区之和占集中连片耕地后备资源总量的 49.5%，而东部 11 个省(市)之和仅占 11.7%，每省(市)平均不足 10 万亩。零散分布的耕地后备资源 2366.92 万亩，且分布相对均匀，湖南(311.77 万亩)、黑龙江(304.20 万亩)、贵州(223.81 万亩)和河南(202.36 万亩)较多。

参考文献：

国土资源部. 2016. 全国耕地后备资源调查结果[R].

12.1.4　面向生态强化的农田生态系统功能提升

1. 基本概况

自 20 世纪 90 年代后期以来，土地整治在促进土地资源重新配置、增加土地效益和土地资源的可持续利用方面发挥了重要作用。但目前我国的土地整治尚停留在对农业生产基础设施的综合完善阶段，注重增加耕地面积和高标准基本农田建设，而对土地整治过程中保护生态环境的重要性和必要性认识仍不足(朱虹和赵卉, 2014)。土地整治中注重短期效益、忽视农田景观及环境保护，导致当前大量传统农田、林草地、水域被人为机械化、农药化改造蚕食，作物品种单一，农田基础设施过度硬化，景观规模大量缩减及区域生态网络断裂等问题，危及生物多样性维持且影响物种对特殊环境的适应性(Jiang et al., 2021)。在当前全球一系列维护农业系统健康的计划和行动下，欧盟及相关组织均将保护恢复半自然生境作为农田生态系统功能提升的重要载体。半自然生境是自然要素与人工要素强烈交互作用下形成的人与自然"共享空间"，其由农耕、畜牧或其他人类活动演化而来，以自然发展规律为核心，又依靠人类活动延续独特的结构、过程和功能，是反映人与自然和谐相处的社会-生态系统(刘静萍等, 2022)。大量研究表明，农业空间半自然生境土地覆被类型及其景观格局变化直接影响区域物质循环、能量传递及生物在景观中的运动等过程，进而影响生态系统服务功能(Pelorosso et al., 2016)。

作为农田系统的重要生态功能区，农业半自然生境景观具有明显的交织性和混杂性，有利于维持田园景观风貌与生物多样性，并促进空气净化、固碳减碳、水质净化、土壤改善等生态调节和支持功能发挥(Rusch et al., 2016; Williams et al., 2020)。同时，半自然生境具有食品、药物、材料等生产功能(Peciña et al., 2019)，且昆虫授粉(Garibaldi et al., 2011)、益鸟效应(Tarjuelo et al., 2020)、害虫防治(Gayer et al., 2021)等对促进农业生产水平提高具有显著作用。因此，为强化农田半自然生境生态功能和效应，国内外学者通过景观生态化田块设计、农田防护林建设、生态沟渠和生态田坎建设等整治措施，对现有田、路、沟、渠等所产生的生态问题进行生态化改良设计与半自然生境建设，使农田具备充分的缓冲空间供生物繁衍，同时建立连通性生物栖息走廊，避免生物隔离，提升和优化农田生态系统结构与功能。

2. 重点内容

1)景观生态化田块设计

景观生态化田块设计内容包括田块方向、田块边长形状、田块规模及田块生态边界(姜仙春和尹君, 2014)。其中，田块生态边界主要包括树篱、草皮(带)、墙、篱笆、作物边界，以及生物梗、梗坝绿化等半自然生境，设计时要充分考虑防止水土流失、巩固田土坎稳定性的要求和提供小型动物栖息的作用，应用线性规划原理，通过建立数学模型来确定设计单元典型田块的最优长边和短边，使沟渠及生产路占地面积最小(黄锦东等,2016)。而田块布设尤其需合理组合生态农业系统，注意保留和重新归整出适当的景观要素，为建立起生物类群之间的共生关系提供桥梁。例如，田块中间以生产路分隔，生产路两侧布置防护林，以保护田块内物种多样性(姜仙春和尹君,2014)。此外，景观生态化田块设计尤其需注重地形、气候、水文等区域特征差异。例如，针对地形复杂、气候条件相对恶劣的黄土台塬区，尤其需推行防止水土流失的耕地生态化治理措施，包括水平梯田的长度、宽度、田坎高差的设计，双田埂的设计与修筑，以及生态板的铺设及植物配置等(杜宜春等,2016)；而对于水热条件充足、地形平坦，但土壤易分解流失、沙化的热带台地(如海南省)，则应重点开展土方挖填和埂坎修筑等措施，维持渠道输水功能，尊重原有自然环境，涵养地下水，重视恢复自然植被斑块(唐秀美等,2016)。

2) 农田防护林建设

农田防护林是指将一定宽度、结构、走向、间距的林带栽植在农田田块四周，通过林带对气流、温度、水分、土壤等环境因子的影响来改善农田小气候，防御和减轻各种农业自然灾害，创造有利于农作物生长发育的环境，以保证农业生产稳产、高产，并能为人民生活提供多种效益的一种人工林。农田防护林能够降低风速、减轻土壤风蚀、提高土壤肥力、平缓温湿变化及增加农田生物多样性，实现农田生态系统的可持续发展，不仅可起到保护农田的作用，同时还增添了生态农业的景观效果(沈启昌,2006)。例如，在防风方面，农田防护林具有削弱气流的功能，通过改变风的流动方向，使林带背风面的风力减弱，促进土壤含水量增加，有利于农作物增产。在调节农田小气候方面，主要表现为春季防止春寒、增加作物萌动，夏季促进降温和农作物生长(王晓芳,2012)。在改良土壤方面，树叶凋落物对改良土壤、增强土壤保水保肥能力、增加土壤有机质等具有重要作用。

农田防护林的设计主要包括林带设置、网格大小、树种选择和抚育管理4个方面(陶学竹,2022)。其中，在林带设置方面，农田防护林宜与农田基本建设同时规划，林带宜栽植在呈网状分布的渠边、路边和田边的空隙地上，构成纵横连亘的农田林网。在网格大小方面，通常因带距大小有所差异，而带距通常与树种、自然灾害类型等密切相关。一般而言，土壤疏松且风蚀严重的农田，或易受台风袭击的耕地，主带距可为 150 m，副带距约 300 m，网格约 4.5 hm^2；具有一般风害的壤土或砂壤土农区，主带距可设为 200~250 m，副带距可为 400 m 左右，网格 8~10 hm^2；风害不大的水网区或灌溉区，主带距可为 250 m，副带距 400~500 m，网格 10~15 hm^2。在树种选择方面，宜选择生长迅速、抗性强、防护作用及经济价值都较大的乡土树种，或符合上述条件而经过引种试验证实适生于当地的外来树种。可采取树种混交，如针阔叶树种混交、常绿与落叶树种混交、乔木与灌木树种混交、经济树与用材树混交等，或带状、块状及行状混交方式。造林密度一般根据当地气候、土壤等环境条件、树种生物学特性及其所需的正常营养面积确定。在抚育管理方面，对于新植林带需除草、灌水和适当施肥；幼林带郁闭后需进行必要的抚育，发现缺株或濒于死亡的受害木时应及时补植(刘涛,2022)。

3) 生态沟渠建设

农田排水沟渠是经自然或人工开挖、改造形成的排水通道，作为农田水利基础设施和农业生态系统的重要组成部分，其广泛分布于田间地头，被誉为农田水分的"调节器"，通过及时降渍排涝措施，为农业高产稳产"保驾护航"，同时作为农田与河流湖泊之间的

"连通器"，成为物质迁移转化的重要通道。研究发现，由于其分布广、数量多、面积小、植物生长旺盛等特点，农田排水沟渠成为氮、磷等污染物截留、转化及消减的主要载体，对维持农业生态环境系统平衡和河湖健康有着重要作用。为进一步增强其水资源蓄排、水生态保护及丰富农田生态景观等功能，现有农田沟渠生态化建设方式主要包括生态植草沟、生态潜流沟、生态护坡、生态浮岛等(薛利红等，2022)。

其中，生态植草沟是在原有排水沟道的基础上，通过自然、人工方式种植草木，对排水沟沟底和边坡进行防护。其植被类型通常以草木或矮小灌木为主，一般为水生植物、水缘植物或湿生植物。该种生态沟适用于农田地头等小型排水沟，断面尺度不大，汛期沟内水流较小，且随着季节和墒情变化干湿交替，沟渠坡底一般无须采用硬质化处理。由于其数量多、分布广，通过沟渠生态化建设可以有效滞留和消减农田污染物。生态潜流沟是指在沟床铺设透水滤料，并在其上种植适宜的水生植物，对排水污染物进行净化。其中滤料可为砾石、陶粒，也可选用高效生物填料，要求具有微孔结构和巨大的比表面积，可以为微生物提供附着和生长繁殖空间。该生态沟利用填料-微生物-植物根系的综合作用，对污染物进行有效拦截、吸收和消减。其优点是具有较强的消减污染物作用，缺点是造价高且容易造成填充料淤堵，需要定期清洗或者更换填充料。生态护坡是利用非生物材料及工程修复技术对边坡进行加固，在其预留孔洞中种植水生植物。有仿木桩、植草砖、牢笼、预制混凝土生态箱及其他高分子材料等多种形式。生态护坡具有一定的耐久性和抗侵蚀性，同时形成的多孔结构可为微生物附着、水生动植物生长提供空间。生态浮岛是利用固定漂浮在水体表面的生态浮床，以轻质陶粒、生物炭等多孔填料为生长基质，在其上种植适宜的植物，进而促进水生动植物附着和生长。尤其是，浮岛上的水生植物根系发达，且其表面易形成众多的生物膜，可有效增加水体中生物量，提高水体的自净能力(杨继伟等，2022)。

4)生态田坎建设

生态田坎是在田埂原有田块分界和蓄水功能的基础上，通过适当调节田埂和排水口高度、在条田田埂上种植植物等措施来减少农田径流发生，增强农田生物多样性(薛利红等，2022)。近年来，生态袋逐步成为修筑田坎的新技术。生态袋是一种无纺织的土工布料，它是由聚丙烯人造纤维材料针刺成网的高强度平面稳定材料。这种特殊配制的聚丙烯能抵抗紫外线的侵蚀，且不受土壤中化学物质的影响，不会发生质变或腐烂，永久不可降解并可抵抗虫害的侵蚀。同时，水可从袋体渗出，进而减少袋体的静水压力，保证袋中土壤不会泻出袋外，实现了水土保持的目的。生态袋砌好后，可采取多种种植方式，均能长出绿色植物。植物也可穿过袋体自由生长，其根系进入工程基础土壤中，其中无数根锚杆完成了袋体与主体间的再次稳固作用，时间越长，越加牢固，实现了使永久边坡更具稳定性的目的，有效降低了维护成本(徐兴峰，2019)。

案例 12.4　浙江杭州西湖区双浦镇全域土地综合整治与生态修复

西湖区双浦镇地处钱塘江、富春江、浦阳江三江交汇处，由于区域位置所限，长期以来在梯度转移中始终处于被动地位，经过多年发展，村镇仍保留传统农村形态，存在着各种典型的城乡接合部土地管理利用问题。例如，耕地保护碎片化，主要道路两侧及钱塘江沿岸大面积土地处于抛荒状态，被各类堆场、废品收购、生产小作坊侵占；低端产业引起环境恶化，甲鱼养殖场产生大量废水，排放的氨、氮、总磷含量远远超标，区域内农业面源污染严重，加之生活污水的排放，河水逐年发黑发臭。2017 年开始，杭州市率先实施乡村全域土地综合整治与生态修复。通过清洁田园行动，清理各类堆场、堆积物、废品收购点，拆除甲鱼养殖场，消除乱搭乱建等现象。通过生态型土地整治行动，从选址立项到设计、实施、监管、后期管护，贯穿生态环保和节能减排理念，采取生态环保的生态沟渠、生态田坎、农田防护林建设等工程技术措施，保持和维护农田生态系统平衡，保护生物多样性。采用生态护岸，种植各种水生、湿生植物，营造有利于鸟类及陆生动物生存繁衍的水生生态环境，改善动物、微生物和无机环境在内的整个自然环境结构。按照"三权分离"原则，流转土地 3.7 万亩，发展现代农业、都市农业、精品农业，双浦现代农业产业园全面建成开放。依托美丽乡村和美丽小城镇资源禀赋，探索"田园综合体+特色小镇"产业新模式，遵循乡村自然风貌肌理，促进农业产业生态化（图 12.4-1）。

图 12.4-1　双浦镇全域土地综合整治与生态修复

参考文献：

自然资源部国土空间生态修复司. 2021. 中国生态修复典型案例集[EB/OL]. https://www.thepaper.cn/newsDetail_forward_15111796.

12.2　建设用地整理

随着我国进入社会经济高速发展阶段，非农建设对土地资源需求旺盛，土地供需矛盾和环境承载力约束将成为国民经济发展的主要制约因素。与此同时，我国城镇和农村均存在大量低效用地。一方面，当前我国农村居民点布局零散、细碎，加之宅基地流转和退出困难，导致农村空心化、居民点低效粗放利用、宅基地废弃闲置等问题突出(Liu et al., 2014)；另一方面，城镇地区建设用地大规模无序扩张与低效利用现象并存(Tan et al., 2011)。伴随我国经济社会发展由中高速增长转入高质量发展阶段，传统以增量扩张为主的土地利用方式已与当前资源环境背景、新时代发展需求等不相适应，亟须转向增量扩张与存量挖潜并重的高质量发展道路(张舟等, 2012)。在此背景下, 积极推进城市及乡村地域建设用地整理是提高土地利用效率、促进经济社会转型发展的必然选择。

建设用地整理是以提高土地节约集约利用水平为目的, 采取一定措施, 对利用率不高的村镇用地、城镇用地、独立工矿用地、交通和水利设施用地等建设用地进行整治的活动[①]。实践证明, 建设用地整理是促进土地节约集约利用的有效手段, 通过改造旧村庄、整治空心村、重新开发旧城镇, 实现建设用地由粗放利用向集约利用转型, 突破城镇新增建设用地指标稀缺、耕地后备资源不足的现实困境, 缓解土地供需矛盾, 推动土地供给侧改革。同时, 通过优化土地空间结构, 建设用地整理能够有力促进农村产业发展和城镇产业结构转型升级, 也为农民致富、乡村振兴和城镇高质量发展提供可行路径。为此, 本节将重点围绕农村建设用地整理、城镇低效用地再开发、工矿废弃地复垦与生态修复等内容对建设用地整理实务进行简要介绍。

12.2.1　农村建设用地整理

1. 基本概况

农村建设用地整理是对农村地区散乱、废弃、闲置和低效利用的建设用地进行整治, 完善农村基础设施和公共服务设施, 改善农村生产生活条件, 提高农村建设用地节约集约利用水平的活动。具体而言, 农村建设用地整理是在区域"建设用地总量不增加, 耕地面积不减少且质量有提高"的前提下, 依据村庄建设要求和城乡统筹发展需要, 综合运用工程整治技术、土地权属调整、土地发展权转移等措施, 对农村闲置的宅基地和集体建设用地进行拆旧和复垦, 并将腾退出的建设用地指标在城乡间进行二次分配, 以破解农村闲置建设用地粗放利用与"空心化"问题, 促进土地集约利用, 缓解城乡土地利用矛盾, 推进城乡统筹发展(姜勇, 2012; 李晓雪和薛继斌, 2013; 庄伟等, 2014)。

作为全域土地综合整治的重要组成部分, 农村建设用地整理主要依托"城乡建设用地增减挂钩"政策平台和"空心村"整治等开展相应工作, 并在实践中基于不同区域自然地理、资源禀赋、经济社会发展等差异, 形成了诸多适应特定环境背景的农村建设用地整理有效模式, 包括浙江"千村示范, 万村整治"、江苏"万顷良田建设"、成都"小组微生"、重庆"地票"、义乌"集地券"、河南"宅基地复垦券"、广东"拆旧复垦"等(谭明智, 2014; 姚树荣, 2018), 成为各地促进城乡融合发展和乡村振兴的重要途径。

2. 重点内容

长期以来, 我国农村发展多缺乏系统规划与统筹管理, 导致村庄违法违建、粗放利用、无序扩张等现象普遍, 农村建设用地利用中存在总量大、规模小、布局散、集约度低等问题(姜广辉等, 2007; 卢新海等, 2011), 农村建设用地粗放利用对乡村发展产生诸多不利影响。尤其是居民点作为农村建设用地的主体, 其利用情况在很大程度上决定了农村建设用地利用效率与效益, 而据《全国土地整治规划(2016—2020年)》统计, 当前我国人均农村居民点用地面积高达 317 m^2, 远超《镇规划标准》(GB 50188—2007)规定的农村人均用地

---

① 《土地整治术语》(TD/T 1054—2018)。

150 m² 的上限标准。可见，我国农村居民点整治潜力巨大，居民点整治也成为农村建设用地整理的一个重要组成部分，其对于改善农村生活设施和生态环境，提高农村居民点用地效率和土地节约集约利用水平，缓解我国耕地供需矛盾和推进城乡一体化发展都具有重大的现实意义。根据土地利用总体规划、乡镇总体规划和用地标准要求，针对农村建设用地(居民点)整治，重点内容通常包括农村居民点基底调查、整治适宜性分析、整治潜力测算、整治分区划分、整治模式研判等。

1)农村居民点基底调查

基底调查指查清特定区域农村居民点的自然资源条件、社会经济水平、土地利用现状、基础设施建设等基本情况，进而摸清居民点权属关系及整治潜力，为农村居民点整治的适宜性分析、潜力测算、分区划分及模式研判等提供基础信息。总体上，基底调查主要包括四个方面：①用地现状调查。包括土地利用类型、建设用地面积、硬化区域及硬化程度、建筑物现状等。通过走访座谈、资料收集等方式，获取待整治农村居民点的基本资料，同时对重点区域进行村镇调查和农户调查。②整治潜力调查。多采用全面调查与重点调查相结合的方式，调查现有农村居民点改造、拆村并点等情况，分析新增耕地或其他农用地的数量及分布。针对重点区域，则以行政村为单位，重点调查农村集体建设用地和农村居民点用地等基本情况。在此基础上，对农村集体建设用地规模及人均(户均)农村居民点用地面积较大、集聚程度较低的自然村进行重点调查，明确闲置、废弃农村集体建设用地的数量及分布。③土地权属调查。根据最新年度土地调查、土地确权登记等地籍资料，查清项目区内各地类的权属状况，包括拟开展土地整治范围内土地的权属、面积、权利类型等。在此基础上，以行政村为基本单位，结合相关资料，对项目区农民就整治后的土地流转意愿进行调查，调查内容包括土地流转的地类、面积、主要方式，以及农户流转意愿、流转后的经营方式和成效等。同时，对涉及权属调整的农户进行入户调查，调查内容包括土地权属调整的意愿、调整的方式，以及房屋拆迁的补偿方式等。④公众参与调查。采用全面调查和抽样调查相结合的方式，包括座谈会、访谈、发放调查问卷等形式，调查公众对整治方向与规划设计目标、工程布局与建设标准、土地权属调整方法的意见及建议，明确公众生产、生活的实际需求及对应的项目建设要求[①]。

2)农村居民点整治适宜性分析

农村居民点整治适宜性分析是指对农村居民点用地的利用结构与当地社会经济因素进行综合分析后，阐明其存量土地整治潜力及进行村庄改造、人口迁移、基础配套设施建设的限制程度(曲衍波等，2014)，通常采取适宜性评价对农村居民点整治适宜性进行分析。由于农村居民点用地整理是一项涉及自然、社会、经济、技术等多维度的复杂系统工程，居民点整治适宜性分析首先需建立一套完整、实用的适宜性评价指标体系，且评价指标的选取需遵循综合性、可比性、代表性、可操作性等基本原则，涵盖自然条件、社会发展、经济水平、政府意愿、农户意愿等诸方面。在此基础上，一般采用层次分析法、专家咨询法或聚类分析等对上述所选的适宜性指标的重要性进行排序、赋分，确定各指标权重。最后，将各指标进行标准化处理，计算各评价单元农村居民点整治适宜性分值，并将评价结果划分为不同的适宜性等级。

---

① 《土地整治项目基础调查规范》(TD/T 1050—2017)。

3）农村居民点整治潜力测算

测算农村居民点整治潜力的方法较多元，主要包括人均建设用地标准法、户均建设用地标准法、农村居民点内部土地闲置率法、多因素综合潜力测算法、遥感判读法、建筑容积率法、城镇体系规划法等。其中，前四种方法是当前农村居民点整治潜力测算的常用方法（屠爽爽等，2015；宋伟等，2008）。具体地，①人均建设用地标准法。该方法的基本原理是农村居民点用地现状和农村人均居民点用地标准与规划期末农村人口乘积的差值，该差值即规划期内的农村居民点整治潜力。由于计算简便、意义明确，人均建设用地标准法是农村居民点整治潜力测算的常用方法，并被应用于《县级土地整治规划编制要点》中居民点整治潜力的定量估算。②户均建设用地标准法。与人均建设用地标准法计算方式相似，户均建设用地标准法是以农户为基本测算单元，依据国家或地方规定的农村户均居民点用地标准测算整治潜力，更契合我国农村宅基地规划与管理实际。③农村居民点内部土地闲置率法。该方法是在研究区域内选取能代表全域农村居民点闲置情况的典型样点作为调查和测算对象，获取典型样点农村居民点土地闲置率，并将其作为整个研究区的土地闲置率，由此测算整个区域的土地闲置面积，其测算的农村居民点整治潜力基本上可转换为现实潜力。④多因素综合潜力测算法。该方法主要通过构建影响农村居民点整治的因素指标体系，确定权重并计算修正系数，通过修正系数与理论潜力相结合，最终得到修正后的居民点整治现实潜力。由于该方法较为系统地考虑居民点整治潜力释放过程中的约束条件和限制因素，测算结果比较符合实际，常适用于测算省域、县域等中宏观尺度的农村居民点整治潜力，也被称为"限制条件修正系数法"。

4）农村居民点整治分区划分

农村居民点整治分区是基于居民点整治潜力测度结果，依托聚类分析、组合归并等数理统计方法，对在居民点基底特征、整治潜力等方面具有相似特征的居民点，结合农村实际情况在整治时序、整治重点、关键内容等方面做出的统筹安排。通常，根据农户生产和生活可达性，农村居民点整治分区可划分为发展区、优化区、引导区、拆迁区等不同类型（刘耀林等，2015）。其中，发展区多靠近城镇，地处交通要道，区位优势显著，并在自然条件、人口集聚、产业发展等方面具备良好基础，各类生产生活设施建设完善，有利于与城镇发展互动和吸引产业布局。因此，发展区内农村居民点的整治重点在于引导村民集中居住，盘活低效用地，为产业落地腾出空间；进一步提高基础设施服务水平，优化农村生活空间；严格管控农村用地方向，厉行集约节约用地，鼓励发展二、三产业，大力发展农村集体经济产业，促进农村劳动力向非农就业集中，推动城镇化发展。优化区与城镇具有一定距离，自然条件较好，但农村基础设施建设存在一定不足。农村人口较多，集聚程度较高，居民点数量多且斑块大，不宜开展大规模整治。该区的整治方向以优化为主，通过整治零散分布的农村居民点，优化用地空间布局；根据农民实际需求，加强基础设施建设和人居环境整治，优化农民生活环境；通过改善交通条件，提高农村居民点的生产生活可达性，为产业发展创造基础条件。引导区一般远离城镇，区位条件较差，交通不便、设施建设相对不足，经济社会发展较为落后。该区农村居民点总量大，布局相对破碎，全面整治成本高、效果差，可行性较弱。因此，整治方向以引导为主，避免大拆大建，着重整治布局分散、规模小的居民点，主要依托城乡建设用地增减挂钩政策，引进资本、节约土地，拆小并大、建设若干大规模且设施完善的农村居民点，引导农民向基础设施较为完善的村庄聚集。拆迁区远离城镇，通常位于偏远地区，地形复杂、自然环境恶劣、基础设施条件差、经济发展落后，不利于农民开展生产生活活动。该区农村居民点规模较小，布局分散，农村人口较少，整治措施通常采取整体搬迁的形式，将农民集体搬迁至条件较好的区域，建设新农村，重新配套基础设施，改变农民生产生活环境，同时将原农村居民点复垦为农用地。

5) 农村居民点整治模式研判

由于农村居民点整治分区的不同，居民点在自然地理、资源禀赋、社会经济、文化传统、主导功能等方面的差异决定了农村居民点整治模式是一个多层次、多要素综合作用的复杂系统，通常由外缘系统和内核系统组成。其中，外缘系统承载着影响内核系统构成与运转的外部因素，即体现农村居民点区域差异性、功能主导性、农户意愿性和问题制约性的综合环境要素；内核系统指的是影响农村居民点整治模式的内部性因素集合，即农村居民点整治的组织结构、投资方式、整合类型和工程技术等内部环境因素。外缘系统的承载因素、内核系统的构成要素，以及内、外系统之间的作用与响应，形成了不同的农村居民点整治模式。通常，按照内核-外缘系统的层次性，采用两级命名方法，将农村居民点特征指标按评价顺序排列，形成农村居民点整治模式的系统分类方案(表 12-4)。例如，外缘系统：近郊平原农业发展区-产劳均衡宜居高度集约化-农户支持型的农村居民点；内核系统：政府主导-政府财政投资-城镇转化-民宅拆迁与新建工程主导的整治模式；综合外缘与内核系统则为：近郊平原农业发展区-产劳均衡宜居高度集约化-农户支持-政府主导-政府财政投资-城镇转化-拆旧新建型的农村居民点整治模式(曲衍波等, 2014)。

表 12-4 农村居民点整治模式的系统分类方案(曲衍波等, 2014)

系统层次		指标	类型与组合
外缘系统	区域功能特征	地理区位特征	远郊、近郊；平原、丘陵、山地
		社会经济条件	农业主导、工业主导、商服主导、均衡发展
	村庄问题诊断	产劳结构特征	产劳均衡、产劳失衡
		自然环境条件	宜居、不宜居；低度集约、高度集约
	农户意愿情况	农户类型	农业户、非农业户、农工兼具户
		农户意愿	支持、反对
内核系统		组织结构	政府主导、市场主导、集体自主、农民自主、政企农共同参与
		投资方式	政府财政投资、市场运作投资、自主投资
		整合类型	城镇转化型、保留集约型、中心村整合型、异地重建型
		工程技术	构筑物拆运与建新工程，农村道路、公共服务设施及绿地系统建设工程，土地平整工程，土壤改良工程与农田基础设施建设工程

案例 12.5 成都"小组微生"村庄整治新型模式

近年来，我国村庄整治如火如荼地进行，在有力促进乡村振兴的同时，也产生了一些饱受诟病的问题，主要包括：农村大拆大建，农民"被迫上楼"，耕种半径扩大，禁止养殖家畜，生活成本增加，导致"乡不像乡"，丢了"乡愁"。针对这些问题，结合川西平原农村分散居住的特点，成都市成功探索出一种"小规模、组团式、微田园、生态化"(简称"小组微生")的村庄整治新型模式(图 12.5-1)。

图 12.5-1　"小组微生"新农村综合体(图片来源于成都市统筹委)

(1)小规模聚居。为防止脱离农村实际,合理控制新村建设规模,新村规模一般为 50～300 户,内部每个小组团 20～30 户,一般不超过 50 户,人均综合用地面积控制在 50～70 m^2。一户一宅,统一设计不同户型,建设"紧凑型、低楼层、川西式"特色民居。

(2)组团式布局。充分利用林盘、水系、山林及农田,合理考虑群众生产生活半径,形成自然有机的组团布局形态。新村由几个大小不等的小聚居组团构成,组团间留有足够的生态距离和空间,既适当组合集中,又各自相对独立。每个新村均建有不低于 400 m^2 的标准化公共服务中心,配置综合服务、教育卫生、文化体育等不低于 21 项公共服务设施。

(3)微田园建设。针对相对集中的民居,规划出前庭后院,让农户在房前屋后和新村其他可利用空间,因地制宜种植,形成"小菜园""小果园",保持"瓜果梨桃、鸟语花香"的田园风光和农村风貌。

(4)生态化建设。保留生态本底,保护山体、水体等生态要素,充分利用大地景观,新村绿化尽量保留原有树木、竹子,新增绿化尽量选用乡土作物,做到秀山秀水,使建筑环境和自然环境相协调,与乡土文化相融合,让居民望得见山、看得见水、记得住乡愁。

"小组微生"自推行以来,在成都市取得了良好效果,正确引导了农民适度聚居,提高了农村土地利用效率,并且改善了农民的居住条件,促进了乡村发展。以崇州市白头镇五星村为例,该村曾经是农村扶贫开发重点帮扶村,"小组微生"模式启动前,五星村人均集体建设用地面积为 155 m^2,通过土地规模集中整理,目前人均综合建设用地面积缩减为 60 m^2,并成功引进两个农业项目,流转了上千亩土地发展现代农业,解决了部分农民在家门口就业的问题。2012 年,全村人均收入仅 4800 元,2014 年猛增至 12000 元,真正带动了农民脱贫致富。

参考文献:

成都市人民政府办公厅. 2017. 关于成片成带推进"小规模、组团式、微田园、生态化"新农村综合体建设的意见[EB/OL]. 成都市人民政府公报.

成都文明网. 2015. 成都打造"微田园"模式新农村 已建成 54 个[EB/OL]. http://cd.wenming.cn/wenmingchuangj/201508/t20150826_1939557.shtml.

刘守英. 2014. 直面中国土地问题[M]. 北京: 中国发展出版社.

姚树荣, 余澳. 2018. 村庄整治中的"小组微生"模式研究[J]. 安徽农业科学, 46(1): 218-220, 231.

12.2.2　城镇低效用地再开发

1. 基本概况

城镇低效用地再开发是指在符合土地利用总体规划、城乡规划和产业发展方向，满足城镇基础设施、公共设施、公益事业等配套基础设施用地的前提下，通过整治、改善、重建、活化、提升等手段，以政府主导、原土地权利人自主开发、市场主体参与等多种形式，对布局混乱、利用粗放、用途不合理、建筑物危旧的城镇存量低效用地进行综合整治、提升改造，目的是促进城镇土地节约集约利用、改善城镇人居环境、优化产业结构、完善城市服务功能(唐文帅, 2017; 林坚等, 2019)。从本质上来讲，城镇低效用地再开发是一种存量换增量的土地利用模式，更加注重功能可融合、发展可持续、文脉可延续、用地能集约及生态可修复(周武夫和谢继昌, 2014)。衍生于广州、佛山、武汉等地区的"三旧"改造及上海、深圳等城市的"城市更新"等均是城镇低效用地再开发的典型模式。

早在 2008 年，国土资源部和广东省人民政府率先开展节约集约用地试点示范省建设，着力探索城镇低效用地再开发路径，佛山、深圳、广州、东莞等城市大力推进城镇低效用地改造，形成"三旧"改造典型模式(王磊等, 2019)。2013 年，《国土资源部关于印发开展城镇低效用地再开发试点指导意见的通知》(国土资发〔2013〕3 号)，确定在内蒙古、辽宁、上海、江苏、浙江、福建、江西、湖北、四川、陕西等十省(区、市)扩大试点规模，开始在全国部署城镇低效用地再开发利用工作。2016 年，国土资源部印发《关于深入推进城镇低效用地再开发的指导意见(试行)》(国土资发〔2016〕147 号)，明确要求进一步完善城镇低效用地再开发政策体系。目前，城镇低效用地再开发已成为我国建立最严格的节约集约用地制度的重要组成部分，也是解决城镇建设用地利用不合理和提高土地节约集约利用水平的新路径(杨少敏和李资华, 2021)。

2. 城镇低效用地认定及再开发流程

城镇低效用地认定即明确改造开发范围，是开展低效用地再开发的基础工作。从广东省的"三旧"改造开始，"旧城镇、旧厂房、旧村庄"成为城镇低效用地再开发的基本对象，随着城镇低效用地再开发试点向全国各地扩展，城镇低效用地再开发的内涵有所扩展和丰富。目前，城镇低效用地认定通常以政策文件规定标准和选取指标定量测算两种方式界定。

1) 政策文件标准

由于不同时期、不同地区城镇化的过程、特征、水平、阶段等不同，对城镇低效用地的内涵理解存在一定差异，其认定标准也不尽相同(表 12-5)。总体上，从国家和省(直辖市)层面出台的政策文件和实践情况来看，城镇低效用地主要包括以下四种类型(杨少敏和李资华, 2021)。①低效城镇产业用地：地处城镇开发边界范围内，属于国家和省规定的禁止类、淘汰类产业用地；不符合安全生产和环保要求的产业用地；不符合规划用途、需要实施"退二进三""退城入园"的产业用地；利用强度、投入产出水平明显低于建设用地控制标准的产业用地；根据产业转型升级需实施"工改工"的产业用地；产业落后、企业经营困难需要退出的产业用地。②低效城镇生活用地：依据国土空间规划、控制性详细规划、老旧小区改造计划等，结合城市建设用地节约集约利用评价、开发区土地集约利用评价等基础调查评价成果，经调查确认、政府决策，城市建成区内需进行改造的居民点(含辖区内的住宅、商服及公共服务等用地)。③低效村庄用地：根据城市规划建设要求，不再适宜生活居住，需进行改造的农村居民点用地。包括城市规划控制区范围内的城中村；大量用地被城市工业区、物流园等产业园区占据的园中村；村民须逐步迁出或整体搬迁形成的"空心村"。④其他低效用地：除以上三类以外，依法或经政府批准可以进行城市更新改造的其他建设用地。

表 12-5　国家及典型省市低效用地范围认定标准

地区	城镇低效用地认定	文件依据
国家	经第二次全国土地调查已确定为建设用地中的布局散乱、利用粗放、用途不合理、建筑危旧的城镇存量建设用地，权属清晰、不存在争议。国家产业政策规定的禁止类、淘汰类产业用地；不符合安全生产和环保要求的用地；"退二进三"产业用地；布局散乱、设施落后，规划确定改造的老城区、城中村、棚户区、老工业区等，可列入改造开发范围。现状为闲置土地、不符合土地利用总体规划的历史遗留建设用地等，不得列入改造开发范围	《关于深入推进城镇低效用地再开发的指导意见(试行)》(国土资发〔2016〕147 号)
广东省	"三旧"改造范围：城市市区"退二进三"产业用地；城乡规划确定不再作为工业用途的厂房(厂区)用地；国家产业政策规定的禁止类、淘汰类产业的原厂房用地；不符合安全生产和环保要求的厂房用地；布局散乱、条件落后，规划确定改造的城镇和村庄；列入"万村土地整治"示范工程的村庄等	《广东省人民政府关于推进"三旧"改造促进节约集约用地的若干意见》(粤府〔2009〕78 号)
山东省	①产业转型升级类：国家产业政策规定的禁止类、淘汰类产业用地；不符合安全生产和环保要求的用地；"退二进三"产业用地。②城镇更新改造类：布局散乱、设施落后，规划确定改造的老城区、城中村、棚户区、老工业区等。③用地效益提升类：投资强度、容积率、地均产出强度等控制指标明显低于地方行业平均水平的产业用地；参照"亩产效益"评价改革确定的"限制发展类"企业名单认定的产业用地	《山东省人民政府办公厅关于推进城镇低效用地再开发的意见》(鲁政办字〔2020〕32 号)
浙江省	城镇低效用地是指不符合现行规划用途、利用粗放、布局散乱、设施落后、闲置废弃以及不符合安全生产和环保要求的存量建设用地；在"三改一拆"(即旧住宅区、旧厂区、城中村改造和拆除违法建筑)中计划实施改造和已拆除建筑物的土地	《浙江省人民政府关于全面推进城镇低效用地再开发工作的意见》(浙政发〔2014〕20 号)
江苏省	低效产业用地是指位于土地利用总体规划确定的城镇建设用地范围内，不符合产业政策导向、安全生产和环保要求，属于淘汰、落后、过剩产能，布局散乱、利用粗放，用途不合理、产出效益低，未达到国有建设用地使用权出让合同约定条件的工矿仓储等存量建设用地	《省政府办公厅关于促进低效产业用地再开发的意见》(苏政办发〔2016〕27 号)
安徽省	①布局散乱、设施落后，城乡规划确定需要改造的城镇建设用地。②国家产业政策规定的禁止类、淘汰类产业用地。③不符合安全生产和环保要求的城镇建设用地。④落后于国家产业政策、"退二进三"、产出水平(亩均税收)明显低于当地同行业平均水平的产业用地。⑤宗地内连片空闲土地超过 20 亩的产业用地。⑥各地根据规定认定的其他低效建设用地	《安徽省国土资源厅关于印发促进低效建设用地再开发利用工作的意见(试行)的通知》(皖国土资〔2016〕151 号)
天津市	①国家产业政策规定的禁止类、淘汰类产业用地。②不符合安全生产和环保要求的用地。③"退二进三"产业用地。④布局散乱、设施落后，规划确定改造的老城区、城中村、棚户区、老工业区等。⑤根据实际认定为低效用地的其他建设用地	《市规划和自然资源局关于印发〈天津市城镇低效用地再开发工作实施办法(试行)〉的函》(津规资用函〔2020〕427 号)

2) 定量指标认定方式

通常，定量划定城镇低效用地的方法是基于地区社会经济发展差异和集约用地需求，从社会、经济、区位、产业、效益、建设等方面选取指标，构建城镇低效用地评价指标体系，利用数学模型选取合适的综合评价方法，计算某区域城镇土地利用低效度分值，划分低效用地的等级，这一工作的评价对象既可以是单宗地，也可以是某个具体区域(张勇等，2018)。对于某种特定类型的土地是否属于低效用地的判断，可依据国家或地方设定的集约用地标准，将某种特定类型土地的集约用地现状与标准值进行对比，低于标准值即可认定为低效用地类型。如《山东省人民政府办公厅关于推进城镇低效用地再开发的意见》(鲁政办字〔2020〕32 号)中，将低效产业用地标准定量刻画为：投资强度、容积率、地均产出强度等控制指标明显低于地方行业平均水平的产业用地(杨少敏和李资华，2021)。

尽管不同地区、不同模式下的城镇低效用地再开发流程有所差异，但基本流程可归纳为 4 个阶段(刘新平等，2015；何明婵和刘霞，2019)：①规划编制阶段，该阶段编制城镇低效用地再开发规划，确定低效用地再开发范围、土地用途、利用强度及开发时序等；②产权处理阶段，该阶段主要完成对旧权利人的处置和新权利人的设置；③规划实施阶段，该阶段主要建立低效用地再开发业务审批、过程监管和信息服务系统；④土地平整重建阶段，该阶段主要完成建筑物拆除、土地平整及重建等工作。其中，规划编制阶段主要由政府主导进行；土地平整重建阶段主要是工程开展，一般采用承包的形式完成；而产权处理阶段和规划实施阶段因再开发模式的不同，运行规则不一致，不同模式下土地再开发的具体流程也可能不相同。

案例 12.6　广东省"三旧改造"模式

"三旧"改造最早源于 2007 年的佛山市，是"旧城镇、旧厂房、旧村居"的简称。2008 年，广东省政府与国土资源部签订共同建设节约集约用地试点示范省的合作协议，自此，广东省正式从原来外延式扩充用地的发展模式走向内涵式挖潜用地的发展模式，开始全力推进节约集约用地示范省建设。2009 年，广东省在总结推广佛山经验的基础上，将"三旧"改造的概念微调为"旧城镇、旧厂房、旧村庄"，并出台《广东省人民政府关于推进"三旧"改造促进节约集约用地的若干意见》(粤府〔2009〕78 号)，自此"三旧"改造亦成为建设节约集约用地示范省的重要措施，并作为具有广东特色的名词术语被固定下来。

主要政策创新包括：一是允许存量土地使用权人对存量土地进行盘活利用，使土地使用者成为存量建设用地盘活利益分配的主导者，调动了土地使用权人对土地进行再开发的积极性；二是创新存量土地供应方式，在符合规划的前提下，鼓励原使用权人自行改造低效建设用地；三是适度放宽对集体建设用地使用主体和用途的限定，完善集体土地权能，打破了政府垄断单一供地的局面；四是在国家、改造人和土地权利人之间合理分配"三旧"改造的土地收益，探索存量土地收益分配机制。

根据广东省自然资源厅的统计数据显示，截至 2020 年 11 月底，全省累计实施"三旧"改造总面积达到 6.08×10^4 hm²，完成改造面积 3.67×10^4 hm²，节约土地 1.49×10^4 hm²，节地率为 40.68%，为全省提供了城市基础设施、公益性事业项目及公共绿地等用地，真正优化了城乡用地结构，改善城乡人居生活环境；单位建设用地产出从 2008 年底的 $2.06×10^6$ 元/(hm²·a)增加到 2018 年底的 $4.64×10^6$ 元/(hm²·a)，增长了125.24%，有力促进了产业结构改造升级和产城融合发展，有效推进了广东省经济高质量发展。

参考文献：

广东省人民政府. 2010. 广东省人民政府关于推进"三旧"改造促进节约集约用地的若干意见(粤府〔2009〕78 号)[EB/OL]. http://www.qb.gd.gov.cn/zcfg/content/post_46753.html.

杨廉, 袁奇峰. 2010. 珠三角"三旧"改造中的土地整合模式：以佛山市南海区联滘地区为例[J]. 城市规划学刊, (2): 14-20.

12.2.3 工矿废弃地复垦与生态修复

1. 基本概况

工矿废弃地是在工业生产和矿产资源开发利用的过程中，由于压占、塌陷、挖损及污染等破坏形成的闲置和废弃土地，包括露天采场、排土场、废石场、矸石场、尾矿场、废渣堆、塌陷区、地面沉降变形区、重金属污染损毁地，以及交通、水利等基础设施废弃地等(彭玉玲等, 2015)。复垦是指将被破坏地区的地貌恢复到与其被破坏前相仿的形态，这种恢复既包括地形地貌，也包括该地区的植物与动物群落。工矿废弃地复垦，又被称为土地复垦，是采矿权人根据所在国的矿产资源与土地管理等相关法律法规要求，在矿山建设与生产过程中，对因为矿产资源挖掘导致矿区出现挖损、塌陷等被破坏且弃置的土地进行勘测规划、填平治理等整治措施，使其能够恢复到可供人们继续利用状态的过程和活动(朱启兵, 2020)。

2011 年，国务院颁布实施《土地复垦条例》，针对大量历史遗留损毁土地难以复垦的问题，提出了鼓励地方政府、企业和个人参与复垦的激励措施(陈元鹏等, 2018)。2012 年，国土资源部下发了《关于开展工矿废弃地复垦利用试点工作的通知》，在 10 个省区设立试点，将工矿废弃地复垦量与新增建设用地量挂钩，快速盘活低效用地并优化建设用地布局(吴迪等, 2013)。2022 年，《重点生态保护修复治理资金管理办法》(财资环〔2022〕100 号)明确提出，支持开展历史遗留废弃工矿土地整治。近年来，工矿废弃地复垦利用工作稳步推进，促进了建设用地供应从增量依赖逐步向增量和存量并重转变，优化了用地结构布局，加强了耕地资源保护，助推了生态文明建设，有利于土地资源的集约化和合理高效利用、耕地保护和矿山生态环境的治理及恢复、拓展用地空间。党的二十大提出，尊重自然、顺应自然、保护自然，是全面建设社会主义现代化国家的内在要求。矿山地质环境作为生态环境的重要组成部分，近年来受到各级政府的高度重视和社会各界的广泛关注，绿色矿山建设作为矿业领域践行"绿水青山就是金山银山"的生动体现，已上升为国家行动。加快矿山地质环境恢复整治、提高国土开发利用质量和效益，已经成为统筹推进现代化建设、生态文明建设、乡村振兴的重要抓手。

2. 重点内容

据统计，全国矿山损毁土地面积累计已达 $262.0 \times 10^4 \, \text{hm}^2$，而工矿废弃地复垦治理比例仅占 21%左右，矿业开发对土地造成的损毁及关闭后工矿废弃地的废弃面积都在逐年增加。工矿废弃地的大量闲置造成了土地资源的浪费，因此，加快工矿废弃地复垦及生态修复，对于促进土地综合整治、盘活存量建设用地、缓解土地利用瓶颈约束意义重大（戴培超等，2020）。作为对废弃工矿用地进行改造与提升，促进其高效利用的系列活动，工矿废弃地复垦与生态修复一方面改变了土地利用类型和格局，另一方面也会直接或间接地影响区域水、气、土壤、植被等生态要素，不仅关系土地问题，同时也关系环境问题，其核心和最终目标是区域生态环境的重建。近年来，我国越来越重视工矿废弃地复垦与生态修复工作，其重点在于依据整治对象的损毁类型和资源条件，遵循"保护优先、自然恢复为主"的基本原则，综合考量整治类型及其适宜性，进而采取因地制宜的整治修复模式，促进废弃工矿用地利用效率提升与区域生态环境改善。

1）复垦修复对象及原则

工矿废弃地按其损毁类型可分为挖掘、压占、塌陷、污染等四种类型。其中，挖掘主要包括采矿、烧制砖瓦、挖沙取土等地表挖掘所损毁废弃的土地；压占主要包括堆放采矿剥离物、废石、矿渣、粉煤灰等固体废弃物及交通、水利等基础设施建设、停产倒闭企业压占废弃的土地；塌陷包括地下采矿等工程建设造成的地表塌陷废弃的土地；污染包括铁矿、锰矿、铝矿、钛矿等各种金属矿开采造成的酸性废水、重金属等污染导致的损毁废弃土地。新时代生态文明背景下，工矿废弃地应基于绿色发展理念，以生态环境保护为前提，遵循"保护优先、自然恢复为主"的基本原则，按照"保证安全、恢复生态、兼顾景观"的先后次序，根据矿山实际情况确定修复策略与方案。同时，由于工矿废弃地占用大量土地资源，在保护优先的前提下，应统筹生态环境保护与社会经济发展，对矿山进行科学、合理、高效的再次利用。主要遵循以下原则：

（1）坚持规划衔接、因地制宜、综合分析。与土地利用总体规划和土地整治规划相协调；复垦方向尽量与周边保持一致，评价指标和标准尽量与新建区保持衔接；复垦土地利用方式必须与环境特征相适应；影响损毁土地复垦利用的主导性限制因素与综合特征分析相结合。

（2）坚持尊重自然、顺应自然、保护自然。始终以人与自然和谐相处为目标，坚持走可持续发展之路，构筑尊崇自然、绿色发展的生态体系。

（3）坚持节约优先、保护优先、自然恢复。从矿山开发利用到矿区环境治理修复全生命周期，坚持节约优先、保护优先、自然恢复为主的方针，形成资源节约和环境友好的空间格局、产业结构、生产方式、生活方式，注重生态系统功能修复。

（4）坚持源头严防、过程严管、后果严惩。构建政府为主导、企业为主体、社会组织和公众共同参与的环境治理体系，在源头上防止损害生态环境的行为，在发展和开发过程中，建立一套制度约束地方政府和企业行为，对环境资源造成损害和破坏的行为追究责任。

（5）坚持科技引领、系统修复、综合治理。尊重科学规律，尊重生态系统的整体性、系统性及其内在规律，依托成熟先进的技术有序开展修复。秉持"山水林田湖草生命共同体"的理念，统筹考虑生态系统各要素，系统修复、综合治理。在增强生态系统循环能力、维护生态平衡的同时，提升矿区生态结构优化与功能。

(6)坚持产业协同、突出重点、主动作为。在重点生态功能区、生态脆弱区、重点流域、长江经济带等区域，重点开展露天矿山的生态修复，探索产业发展与环境修复协同开展的做法，创新治理模式，实现资源开发与环境保护协调发展。

2)复垦适宜性评价及技术流程

工矿废弃地复垦适宜性评价是工矿废弃地复垦的核心工作，是确定损毁土地复垦利用方向和潜力的前提和基础，将为最终复垦方向的确定提供决策依据。潜力分析是在适宜性评价基础上综合考虑相关复垦条件，核算及评价各复垦方向面积及质量的潜力。

工矿废弃地复垦适宜性评价的技术流程主要包括评价单元划分、初步复垦方向确定、评价指标体系建立、评价系统与方法选择、适宜性等级评定等关键环节。其中，评价单元是土地自然属性和社会经济属性基本一致的空间客体，是具有专门特征的土地单位并用于制图的基本区域。工矿废弃地复垦适宜性评价单元可以按规划区工矿废弃地类型、项目单元、地块图斑、摧毁类型和程度、限制因素等来划分。初步复垦方向的确定须符合区(县)土地利用规划，且与土地整治规划等其他规划相协调；同时依据我国相关用地标准和规定，根据土地损毁现状(污染状况、立地状况等)和与生态环境及农业生产相关的自然条件(地质地貌、水土状况等)定性分析，确定各评价单元的初步复垦方向。进而，适宜性评价指标体系的建立要根据评价单元和初步复垦方向，选择的指标应能够反映出评价对象不同适宜性等级之间的差异性和同一适宜性等级内部的相对一致性。综合考虑土壤、气候、地貌等自然因素和经济条件、种植习惯等社会因素，以及影响复垦再利用的坡度、排灌条件、土壤质地等限制性因素。评价系统通常由农用地适宜类和适宜等级两方面组成。土地适宜类分为宜耕土地类、宜园土地类、宜林土地类、宜坑塘养殖水面类、不宜土地类；土地适宜等又可分为一等地(高度适宜等)、二等地(一般适宜等)、三等地(勉强适宜等)、四等地(不适宜等)。一般通过德尔菲-指数法或层次分析-模糊综合评价法确定指标权重，计算适宜性分值，并最终确定各评价单元的工矿废弃地复垦适宜性等级。

根据复垦适宜性评价结果，综合考虑消除或提升限制因素所具备的复垦条件(包括技术水平、水土资源条件和可能的投入与效益等)，确定工矿废弃地最终复垦方向，并测算各复垦地类面积、增加耕地系数及复垦后质量潜力，具体如下：

复垦面积潜力。根据适宜性评价结果，若同一评价单元存在多宜性，通过方案优选，确定各评价单元的最终复垦方向，统计各复垦方向的面积，计算新增耕地系数：

$$\alpha = \Delta S / S \tag{12.1}$$

式中，α 为工矿废弃地复垦新增耕地系数；ΔS 为工矿废弃地复垦新增耕地面积；S 为待复垦区总面积。

复垦质量潜力。质量潜力评价指标体系的构建和标准制定应与复垦适宜性评价、建新区土地质量评价标准相衔接，从而使评价结果具有可比性，更能体现复垦前后土地质量的变化。

潜力分级与汇总。以行政区为汇总单元，以区域新增耕地系数和等级为分级依据，在规划区范围内进行潜力分级。各地根据实际情况制定分级标准进行级别划分，一般不少于三个等级。

3）典型生态修复导向

近年来，随着对工矿废弃地生态修复的认识不断深入，国家及各部委相继从规划管控、系统修复、资源利用、土地供应、保障机制等方面对矿山生态修复提出了相应要求，从"矿山地质环境恢复治理"提升至"矿区国土空间生态修复"，突出"生命共同体"理念，强调全要素统筹、系统性治理。以此为基础，根据工矿废弃地的开发利用强度差异，衍生出高度利用类、中度利用类、低度利用类、生态保护类等不同的生态修复导向及模式，依次为：具有较高的人工干预程度，原废弃矿山场地特征少量保留或部分保留，通过精巧建筑、景观设计，对废弃矿山进行城市建设、旅游开发；保留一定量的原废弃矿山场地特征，并将其作为设计亮点进行景观打造，可作为城市公园或耕地、园地、林地、牧草地等农林类用地使用；基本保留原废弃矿山场地特征，以自然恢复为主，辅以一定量人工干预，适度打造郊区开敞空间；通过开展地质环境治理，实现场地复绿，恢复场地生态功能，不进行开发利用。

案例 12.7　河南小秦岭国家级自然保护区矿山环境生态修复治理

小秦岭是我国重要的金矿床密集区，也是全国第二大黄金生产基地。自 20 世纪 60 年代以来，持续的黄金开采为经济社会做出了巨大贡献，同时也给生态环境造成了较大破坏，造成保护区内矿坑分布数量众多，矿渣堆放量巨大，人类活动频繁，水源河流污染，部分区域生态破坏严重，矿山开采造成的生态环境破坏成为亟待解决的生态问题。

项目主要采取工程、生物、提升等措施。小秦岭保护区创造性地采取"梯田式""之字形"降坡治理渣坡，带营养钵栽植苗木，在石头窝、树坑底部铺设可降解无纺布，二次挖坑覆土等新技术新经验，在当地矿山环境生态修复中大面积应用推广，成功解决了小秦岭矿区复杂立地条件下的生态修复难题。其中，工程措施包括关闭封堵坑口、拆除矿山设施、清运矿渣、修筑挡渣墙、修排水渠、覆土等；生物措施包括植树、种草等；提升措施包括建设生态文明建设教育实践基地、高标准生态修复治理示范区，对矿山治理生态修复成果进行提升（图 12.7-1）。

图 12.7-1　大湖东峪 26 坑治理前后对比图

2016 年 3 月至今，小秦岭自然保护区累计投入资金 2.1 亿元，全面实施矿山环境整治和生态修复，解决了矿山开采 50 多年来所造成的生态破坏问题，实现了小秦岭保护区生态环境历史性、转折性、全局性的变化。通过综合治理，达到"老问题逐步解决、新问题不再产生、生态环境总体向好"的矿山整治生态修复目标。

参考文献：

自然资源部国土空间生态修复司. 2021. 中国生态修复典型案例集[EB/OL]. https://www.thepaper.cn/newsDetail_forward_15111796.

12.3 生态保护与修复

长期以来，人类高强度、不合理的土地开发与利用导致资源短缺、环境恶化、生态退化、生物多样性减少等问题，使原本脆弱的自然生态环境日渐恶化。国土空间生态修复成为当前自然资源和规划领域落实"人与自然是生命共同体""绿水青山就是金山银山"等先进理念要求的关键路径，也是生态文明语境下自然资源主管部门行使"两统一"职责的重要内容。如何有的放矢地通过国土空间生态保护修复，使退化破损的资源环境逐步得到修复，是新时期践行生态文明建设、创新自然资源管理的重要任务。因此，国土空间生态保护与修复旨在立足自然地理格局，遵循生态系统演替规律和内在机理，对生态功能退化、生态系统受损、空间格局失衡、资源利用低效的生态、农业、城镇等国土空间，统筹开展山水林田湖草海一体化保护修复活动，维护生态安全、强化农田生态功能、提升城市生态品质、服务生态文明建设和高质量发展[①]。本节将重点围绕山水林田湖草海等自然资源要素和生态、农业、城镇等空间，对国土空间生态保护与修复进行简要介绍。

12.3.1 生态空间保护修复

生态空间是指具有自然属性、以提供生态服务或生态产品为主体功能的国土空间，包括森林、草原、湿地、河流、湖泊、滩涂、岸线、海洋、荒地、荒漠、戈壁、冰川、高山冻原、无居民海岛等[②]。《全国重要生态系统保护和修复重大工程总体规划(2021—2035 年)》指出，我国自然生态系统总体仍较为脆弱，生态承载力和环境容量不足，森林、湿地、海洋等生态系统质量问题突出，落实山水林田湖草整体保护、系统修复和综合治理的要求不足，经济发展带来的生态保护压力依然较大。由此，生态空间保护修复着眼于提升区域生态安全格局，突出森林、湿地、海洋等生态系统问题导向和目标导向，以自然恢复为主、人工修复为辅，遵循自然生态系统演替规律，强化科技支撑作用，科学配置保护和修复、自然和人工、生物和工程等措施，以推进山水林田湖草一体化生态保护和修复。总体而言，目前生态空间保护修复主要聚焦于生态安全格局构建、关键生态资源保护修复等内容。

---

① 自然资源部. 2020. 省级国土空间规划编制指南(试行)。

② 中共中央办公厅，国务院办公厅. 2017. 关于划定并严守生态保护红线的若干意见。

1. 生态安全格局构建

区域生态安全格局构建已成为系统推进国土空间生态保护修复的重要任务。生态安全格局理论依据格局与过程的互馈作用，通过构建区域生态安全格局，为自然要素及生境斑块间生态过程的有效调控提供重要的空间结构，从而保障生态功能的充分发挥，实现区域自然资源和绿色基础设施的有效合理配置，确保必要的自然资源的生态和物质福利，最终实现生态安全(陈星和周成虎，2005)。近年来，诸多学者围绕生态安全格局构建问题进行了大量的理论和实证研究，并逐渐形成了"源地识别—阻力面构建—廊道提取"的生态安全格局构建基本范式与方法体系。其中，源地识别指将对区域生态过程与功能起决定作用的，以及对区域生态安全具有重要意义或者担负重要辐射功能的生境斑块，识别为确保区域生态安全的关键地块(即源地)的过程。源地的识别方法通常基于生态多样性丰富度和生态系统服务的重要性考虑，主要可分为两种途径：①直接识别，即选取自然保护区、风景名胜区的核心区等直接作为生态源地。②构建综合评价指标体系识别生态源地。代表性的评价指标包括生态敏感性、景观连通性、生境重要性等(彭建等，2017)。生态廊道是指生态网络体系中对物质、能量与信息流动具有重要连通作用，尤其是为动物迁徙提供重要通道的带状区域。提取关键生态廊道，对于保障生态斑块之间的物质和能量流动的畅通，实现区域生态系统功能的完整性具有重要意义，且实践中通常利用最小累积阻力模型提取潜在廊道(李卫锋等，2004)。阻力面构建是最小累积阻力模型执行的关键环节，且多基于土地覆被类型，但由于土地利用方式和强度的差异影响，需选取能够定量表征不同空间单元生态阻力差异的指数。因此，已有研究引入应用不透水表面比例和夜间灯光数据等不同空间数据，修正基于土地覆被类型赋值的生态阻力面构建方法(Zhang et al.，2016)。

案例 12.8　广东省茂名市海岸带生态安全格局构建

茂名市位于中国南海之滨，是我国西南地区重要的出海口之一。全市生态资源丰富、类型多样，拥有"山水林田湖草海"等多种生态要素，农业资源和水资源丰富，是粤西地区重要的水源涵养区和广东省重要的农业生产基地。近年来，随着城市化和海洋经济的快速发展，茂名市海岸带地区开发强度日益增加，使得茂名市海岸带地区滨海湿地、红树林等重要生境遭到破坏，且海水养殖密度的增大也加剧了近岸海域的水质污染，降低了海岸带整体生态系统服务功能，进而导致海岸带景观生态风险加剧，亟须在开发利用海岸带资源的同时构建生态安全格局，进行统筹性的海岸带保护与修复。为此，根据茂名市生态保护修复目标和国土空间规划中生态保护红线划定要求，以景观生态学理论为指导，基于"生态源地提取—生态廊道构建—生态节点识别"框架构建了茂名市海岸带生态安全格局。

生态源地提取。源地既是生态景观要素扩张和流动的基础，也是维持生态系统稳定的核心区。考虑到海岸带资源宝贵，人口密集，人为活动对当地生态环境干扰较频繁，因此本案例选择生态重要性和生态敏感性评价作为源地识别指标。其中，生态重要性评价指标选取固碳能力和生物多样性保持两个生态服务功能，生态敏感性评价选取道路设施、自然岸线及近岸海域水质三种要素。

生态廊道构建。生态廊道是连接生态源地的重要通道，是生态网络的基本骨架，具有潜在的生物迁徙通道功能。连通性强、具有闭合回路特征的生态廊道对于区域生态格局稳定具有重要意义。通过构建最小阻力模型，分析各生态源地之间形成生态廊道的最小耗费距离，生成市域尺度的生态廊道格局，从而为分析茂名市生态网络稳定性、安全性提供支撑。具体步骤包括：①构建最小阻力模型；②生成生态阻力面；③生成生态廊道。需要指出的是，陆域生态廊道构建模型不适用于海域，因此本案例将生态廊道分为陆海生态廊道和海域生态廊道两种类型，陆海生态廊道基于传统模型识别，海域生态廊道结合《茂名市海洋功能区划(2015—2020)》及其海域管理要求和海洋环境保护要求提取。

生态节点识别。基于 ArcGIS 平台 Linkage Mapper 工具，提取生态夹点和生态障碍点两类生态节点。生态夹点是指生态流密度值较高的区域，一旦遭到破坏，对于生态安全格局的连通性破坏极大，是优先保护的生态节点；生态障碍点是指生态流密度值较低的区域，若加以保护修复，可大大提高生态安全格局的连通性，是需要进行保护修复的生态节点。

本案例共识别出 16 块一级生态源地和 10 块二级生态源地；识别出 18 条陆海生态廊道，总长度 20.38 km，其中最长的廊道为 12.44 km；确定了 12 个生态夹点、7 处生态障碍区(分为低障碍区和高障碍区两类，分别有 4 处、3 处)。生态夹点的基本信息及生态障碍区的地类统计情况分别见表 12.8-1、表 12.8-2。研究结果构建出茂名市海岸带陆海一体生态网络，形成基础生态安全格局。

表 12.8-1　茂名市海岸带生态夹点判别结果

生态夹点编号	长度/m	用地现状
1	41.82	沿海滩涂
2	160.61	道路防护林
3	251.47	沿海滩涂
4	190.45	沿海滩涂
5	707.65	沿海滩涂
6	168.93	沿海滩涂
7	83.12	沿海滩涂
8	193.20	沿海滩涂
9	82.71	沿海滩涂
10	65.79	沿海滩涂
11	255.64	沿海滩涂
12	41.93	沿海滩涂

表 12.8-2　茂名市海岸带高低生态障碍区地类详情　　　　　　　(单位：%)

地类	林地	草地	耕地	湿地	水体	海域	建设用地
低障碍区	6.33	1.62	0.00	14.10	0.68	77.12	0.15
高障碍区	8.27	0.00	1.37	8.35	1.69	37.86	42.46

参考文献：

马丽. 2022. 海岸带生态保护修复关键区域识别研究: 以茂名市为例[D]. 南京: 南京大学.

2. 关键生态资源保护修复

我国幅员辽阔、海陆兼备，地貌类型和海域特征繁多，形成了森林、草原、荒漠、湿地、河湖与海洋等复杂多样的自然生态系统，孕育了丰富的生物多样性。但部分地区"重发展、轻保护"等不合理开发利用活动导致大量生态资源被破坏，尤其是森林生态系统不稳定，部分河道、湿地、湖泊生态功能降低或丧失，珊瑚礁覆盖率下降，海草床盖度降低等问题较为突出。因此，要想从根本上解决生态环境问题，需采取有针对性、有效的物理、生物工程措施保护和修复受损森林、湿地、海洋等关键生态资源。

1) 森林生态修复

森林是由乔木、直径 1.5 cm 以上的或由竹子组成且郁闭度 0.20 以上，以及符合森林经营目的的灌木组成且覆盖度 30%以上的植物群落。包括郁闭度 0.20 以上的乔木林、竹林和红树林，国家特别规定的灌木林、农田林网及村旁、路旁、水旁、宅旁林木等。其与所在空间的非生物环境有机地结合在一起，构成的完整生态系统是地球上最大的陆地生态系统，是地球上的基因库、碳贮库、蓄水库和能源库，对维系整个地球的生态平衡起着至关重要的作用，是人类赖以生存和发展的资源和环境。然而，大量砍伐森林用以开垦耕地，使得流域下垫面遭到严重破坏，大大降低了流域面的滞水和蓄水能力及下渗水量，破坏了区域水分平衡。同时，森林的破坏还使林下或林缘地区土地的有效土层变薄，有机质含量下降，养分严重流失，土地变得越来越贫瘠，甚至荒漠化，造成植物生长环境恶化，洪涝、沙尘暴等自然灾害频繁发生，人类生活和生产环境遭到严重破坏。森林生态建设与修复中存在缺乏环境保护意识、林木种植结构不合理、后期监管养护投入不够等问题，难以实现生态修复和环境保护的可持续性(刘合祥, 2022)。因此，现有研究中，促进森林系统生态保护与修复主要包括以下关键策略：优化林业产业结构，提高林业资源利用率；优化林业生态系统，提高林业环境效益；促进林业生态自我修复和重建，科学平衡生态效益与经济效益的关系；建立林业生态保护监测长效机制和预警信息系统等(张维诚, 2021)。

2) 湿地生态修复

湿地是分布于陆生生态系统和水生生态系统之间具有独特水文、土壤、植被与生物特征的生态系统(张永泽和王垣, 2001)。《关于特别是作为水禽栖息地的国际重要湿地公约》(简称《湿地公约》)将湿地定义为天然或人工、长久或暂时的沼泽地、泥炭地或水域地带，带有静止或流动的淡水、半咸水或咸水体，包括低潮时水深不超过 6 m 的水域。我国《湿地保护管理规定》中，湿地是指常年或者季节性积水地带、水域和低潮时水深不超过 6 m 的海域，包括沼泽湿地、湖泊湿地、河流湿地、滨海湿地等自然湿地，以及重点保护野生动物栖息地或者重点保护野生植物原生地等人工湿地。湿地在涵养水源、净化水质、蓄洪抗旱、调节气候和维护生物多样性等方面发挥着重要功能，有"地球之肾"之称。我国是世界上湿地类型多、面积大、分布广的国家之一。《第三次全国国土调查》公布的数据显示，我国湿地面积为 2346.93 万 hm^2，居世界第三位，仅次于加拿大和俄罗斯。但伴随工业化和城镇化的快速发展，人类围垦、过度捕捞、水产养殖、农业面源污染等高强度干预行为(邓正苗等，2018)导致我国湿地系统面临环境污染、区域生态环境破坏、自然景观消失、生物多样性下降、生态系统结构和功能丧失等问题(吴后建和王学雷，2006)，并已成为最受威胁的生态系统之一。总体上，当前湿地生态系统保护与修复技术主要包括湿地生境恢复、湿地生物恢复和湿地生态系统结构与功能恢复等。

其中，湿地生境恢复旨在采用各类技术措施，提高湿地生态系统的异质性和稳定性。湿地生境恢复主要包括湿地基底恢复、湿地水状况恢复和湿地土壤恢复等。基底恢复主要是通过工程措施稳定湿地面积，并对湿地的地形、地貌进行改造。基底恢复技术包括湿地基底改造技术、湿地及上游水土流失控制技术、清淤技术等。湿地水状况恢复包括湿地水文条件恢复和湿地水环境质量改善。水文条件的恢复通常是通过筑坝(抬高水位)、修建引水渠等水利工程措施来实现；湿地水环境质量改善技术包括污水处理技术、水体富营养化控制技术等。同时，由于水文过程的连续性，必须严格控制水源河流的水质，加强河流上游生态建设。湿地土壤恢复技术包括土壤污染控制技术、土壤肥力恢复技术等。湿地生物恢复技术主要包括物种选育和培植技术、物种引入技术、物种保护技术、种群动态调控技术、种群行为控制技术、群落结构优化配置与组建技术、群落演替控制与恢复技术等。湿地生态系统结构与功能恢复技术主要包括生态系统总体设计技术、生态系统构建与集成技术等。

案例 12.9　西溪国家湿地公园生态修复

西溪湿地位于杭州西湖流域，面积达 12 km^2，属于河流湿地。湿地内部河流充盈，水网密布，占湿地总面积的 70%，植被覆盖率达到 80%。由于工业化的发展与城市的建设，西溪湿地同样面临着面积急速萎缩的困境。起初，湿地周边部分地块被企业厂房占据，随之大量的工业污水肆意进入湿地水系。另外，随着居民对生活水平要求的提高，原本单一的鱼虾养殖业不足以满足当地生产需求，一方面家畜养殖业逐渐扩大；另一方面由本土居民自发形成的旅游业大大迎合了现代社会城市居民对自然的向往，这两者都带来了不同程度的新型污染源，许多有害物质来自人类社会，这些污染源的产生大大超出了湿地原有的自净能力，特别是对湿地水源的污染，直接影响到湿地内所有生物的安危。

西溪湿地的修复重建分为三个层次进行：①设立以桑基鱼塘、柿基鱼塘为基底的"湿地核心保护区"，以保持原生态群落。②保持部分原生湿地为主、限制住宅开发的"低密度开发区"，多以本土居民的回迁房等传统村落的线形形态布置，保持了江南水乡民居固有的乡土风貌。③紧贴城市边缘的"高密度开发区"，作为湿地与城区的交界处，是同时包含了湿地地貌与城市地貌的区域。此外，水系的处理是重建湿地生态群落的重要步骤，西溪湿地在重建过程中以原有水体为基础，住宅区域则以组团的形式相互串联，在各个组团内设置各类人工湿地与原有水系相互串联，构成整个湿地大环境，形成整体的水循环，并配置以原生湿地植物，以增强湿地的自净作用(图 12.9-1)。

图 12.9-1　西溪国家湿地公园规划及现状图

参考文献:

王泽元. 2016. 湿地景观设计及案例简述[J]. 美与时代(城市版), (12): 66-67.

3) 海洋生态修复

海洋是地球上最广阔水体的总称,约占地球表面积的 71%。而海洋生态系统是海洋中生物群落及其环境相互作用所构成的自然系统。典型的海洋生态系统主要包括红树林、珊瑚礁、盐沼湿地、海草床等,它们具有极高的生物多样性和生产力,为人类提供了丰富的自然资源,为海洋生物提供了产卵和养育场所,同时保护生态海岸不受海浪、飓风等侵蚀(吴霖等, 2021)。然而,受大规模围填海工程、入海污染物大量排放、过度捕捞、近海油气矿产资源开发与密集运输等人类活动影响,以及全球气候变化、自然灾害等自然因素的共同作用,当前典型海洋生态系统均出现了诸如生境丧失、资源衰减、富营养化、水动力条件紊乱和生物多样性下降等一系列生态退化问题(童晨等, 2018)。例如,自 20 世纪 50 年代以来,我国近 50%的红树林已消失;自 20 世纪 90 年代以来珊瑚礁面积也减少了 80%;约14%(10 种)的海草种类濒临灭绝。因此,海洋生态修复受到国内外高度关注。海洋生态修复是在停止或减少人为干扰的基础上,采用适当的生物、生态及工程技术辅助,使受损海洋生态环境得以恢复到原来或与原来相近的结构和状态(钱伟等, 2018)。根据《海洋生态修复技术指南(试行)》相关规定,国家重点针对海草床、珊瑚礁、盐沼湿地、红树林等不同的海洋生态系统进行生态修复。

其中,海草床生态修复的主要方法有生境修复法和种子法、植株移植法等。珊瑚礁生态修复的方法有构建人工珊瑚礁、构建人工礁结合珊瑚移植、珊瑚幼虫收集—培养—移植、珊瑚有性繁殖、珊瑚杂交培育及珊瑚礁噪声模拟等(郑新庆等, 2021)。盐沼湿地的生态修复主要是进行生境修复和生物资源恢复。生境修复的方法包括湿地水文条件修复、湿地微地貌修复、沉积物修复等。红树林生态系统的生态修复方法包括生境修复法和植被修复法。生境修复法主要包括水动力条件修复、滩涂地形地貌修复和底质类型改造等，可对一种或者多种生境条件进行改造，具体应根据修复物种的生境条件要求和修复地的生境条件制定。生境改造应在红树林种植前完成，并预留足够的时间使修复地块的生境条件达到稳定。生境改造时应考虑红树林周边滩涂和浅水水域的保护和生境的修复，保障鸟类及其他生物栖息地的需要。植被修复法根据红树林植被退化情况，可采取自然恢复或人工种植的方式对红树林植被进行修复。红树林植被自然修复主要采取去除外界压力或干扰、封滩育林等方式，加强保护措施、促进生态系统自然恢复。

案例 12.10　温州洞头蓝色海湾整治行动

　　洞头位于浙江东南沿海，是全国 14 个海岛区(县)之一。洞头拥有 302 个岛屿和 351 km 的海岸线，总面积 2862 km^2，其中海域面积占了近 95%，拥有得天独厚的海洋资源禀赋。随着沿海地区经济社会的加速发展，海洋资源开发与保护的矛盾日趋突出，近岸海域污染趋势尚未得到有效遏制，滨海景观沙滩受台风、风暴潮等灾害频发影响，非法挖砂、采砂及其他人为干扰损害程度日益加剧，岸线景观破碎化较严重，整体面貌破旧、凌乱。

　　2016 年，浙江省温州市洞头区成为全国首批 8 个蓝色海湾整治试点单位之一，蓝色海湾一期项目落在洞头国家级海洋公园，总投资 4.76 亿元，规划面积 15 km^2，涉及 17 个村 2.5 万人。在蓝湾整治行动中，洞头尊重自然、顺应自然，修复受损退化的海洋生态系统。实施了"破堤通海"，破开曾经让洞头实现陆海相连的灵霓大堤，被人工隔开 15 年的"两片海"重新联通，为瓯江流域的鲈鱼、凤尾鱼"让路"，恢复了繁衍栖息地。打造"十里湿地"，在霓屿种植千亩红树林、百亩柽柳林，形成了全国唯一的"南红北柳"生态交错区，构筑了潮间带，增加了生物多样性。建设"生态海堤"，将 15 km 硬化海堤修复成"堤前"湿地带、"堤身"结构带、"堤后"缓冲带，形成了滨海绿色生态走廊。洞头开展了"退养还海"，在三盘港全面清退了污染严重、效益低下的传统网箱 6000 口，推动传统渔业向都市休闲渔业转型。洞头国家中心渔港、东沙国家一级渔港两大渔港共清淤 157 万方，港内水深平均提升 2.7 m，不仅改善了渔港水质和通航能力，更激发了渔港经济活力。洞头全力复原沙滩岸线，共修复了 10 个被过度挖掘、侵蚀退化的砂砾滩，面积达 15 万 m^2，累计修复岸线 22.76 km，恢复了岸线亲水功能。洞头筑巢引鸟、保护鸟类，采用假鸟模型和鸟叫声回放招引鸟类，修复鸟类栖息地，吸引了黄嘴白鹭等 79 种鸟类栖息繁衍。让自然做功，"水清、岸绿、滩净、湾美、物丰、人和"的美丽景象再度重现(图 12.10-1)。

　　蓝湾工程实施后，红树林、盐沼湿地新增常驻候鸟 20 余种，海藻场自然恢复了 3000 m^2，周边海域一类、二类海水水质在 2020 年 8 月达到了 94.8%。"南红北柳"年固碳近 200 t，紫菜、羊栖菜年吸碳近 14000 t。2018 年，洞头成功入选全国第二批"绿水青山就是金山银山"实践创新基地，成为获此荣誉的首个海岛地区，蓝色海湾行动助力打通了"两山"转化通道，为践行"两山"理论提供了海岛经验。

图 12.10-1　三盘渔港"退养还海"前后对比

参考文献:

自然资源部国土空间生态修复司, 2021. 中国生态修复典型案例集[EB/OL]. https://www.thepaper.cn/newsDetail_forward_15111796.

12.3.2　农业空间保护修复

农业空间是以农业生产、农村生活为主体的功能空间, 也是介于自然空间和人工空间的自然-人工空间, 既是自然要素的生产者, 也是消耗者(王颖等, 2018)。伴随农业集约化生产和农业景观均质化, 农业面源污染日趋严重, 农业景观生物多样性降低, 致使生物多样性相关的野生资源保护、自然授粉、水土涵养等生态系统服务功能受损, 影响农业可持续发展。为推进农业生态转型发展, 近年来国家出台了一系列政令法规对农业生产经营的部分观点和发展规律进行制度性澄清和法制性修正, 其中尤其强调低碳化、生态化和可持续化。在此背景下, 农业空间保护修复成为全面推进乡村振兴、加快农业农村现代化、推进农村绿色发展的重要手段。农业空间保护修复聚焦当前农业空间中的生态环境污染困境, 如农业面源污染、农村地下水污染等, 通过物理化学修复、生物修复等技术手段有效遏制环境污染, 提升农业生产产品价值, 促进农业系统可持续发展。因此, 农业空间保护修复的重点内容主要包括农业面源污染治理、农村地下水污染治理等。

1. 农业面源污染治理

农业面源污染指农业生产过程中由于化肥、农药、地膜等化学投入品的不合理使用, 以及畜禽水产养殖废弃物、农作物秸秆等处理不及时或不当, 所产生的氮、磷、有机质等营养物质, 在降雨和地形的共同驱动下, 以地表、地下径流和土壤侵蚀为载体, 在土壤中过量累积或进入受纳水体, 对生态环境造成的污染。农业面源污染具有以下特点: 一是分散性, 固定污染源通常具有明确的坐标和排污口, 而农业面源污染来源分散、多样, 没有明确的排污口, 地理边界和位置难以识别和确定, 无法开展有效的监测; 二是不确定性, 固定源污染物的排放通常具有明确的时间规律, 容易确定排放量和组分, 而农业面源污染的发生受自然地理条件、水文气候特征等因素影响, 在污染物向土壤和受纳水体运移的过程中, 呈现时间上的随机性和空间上的不确定性; 三是滞后性, 固定污染源通过管道直排进入环境，能够对环境质量产生直接影响，而农业面源污染受到生物地球化学转化和水文传输过程的共同影响，农业生产残留的氮、磷等营养元素通常会在土壤中累积，并缓慢地向外环境释放，对受纳水体环境质量的影响存在滞后性；四是双重性，固定源污染物成分复杂，常含有重金属、持久性有机污染物等有害物质，往往直接对人体和环境造成严重损坏，而农业面源污染物以氮、磷营养物质为主，利用好了对农业生产是一种资源，只有进入受纳水体或在土壤中过量累积，才是污染物①。农业面源污染的特点决定了其治理修复的成本高、周期长、难度大，其修复治理技术包括物理化学修复技术、生物修复技术和联合修复技术。

物理化学修复技术。在土地整治工程领域内，会面临种类繁多的农业面源污染现象。在我国现有耕地范围内，由于外界环境影响，如各类废水废物排入、田间管理不到位和施肥措施不合理等，存在大量污染土地，根据《国家土壤环境质量标准》和《农田土壤环境质量监测技术规范》，开展污染土地评价工作对污损土地修复工作具有显著指导作用。众多物理化学方面的措施被应用于土地整治工程土壤修复工作(杜宜春，2020)，如通过土体有机重构技术将原有被污染土壤以工程措施适合的填充材料置换，使新构成土壤具有适宜的土壤 pH、土壤结构和土壤养分，达到土地有效利用的效果(胡一，2019)；或在土壤中施加添加剂来进一步缓解或改变原有污损土壤的理化性质，以提高土壤利用效率(申俊峰等，2004)。物理化学修复技术虽然修复效率高、速度快，但往往成本偏高，且容易破坏土壤结构、因添加化学药剂易产生副产物、造成二次污染等。

生物修复技术。土壤是作物生长的物质基础，也是各类生物活动的重要场所，土壤生物是土壤中重要的消费者和分解者，主要包含蚯蚓、线虫、螨类等动物及大量土壤微生物，能利用光能的地衣类微生物参与岩石的风化，再在其他微生物的参与下，形成腐殖质，使土壤性质发生变化，在土壤的形成和发展过程中起着重要的作用。生物修复技术是利用生物特有的分解有毒有害物质的能力，达到去除土壤中污染物的目的，主要包括植物修复技术、微生物修复技术和动物修复技术。植物修复技术主要针对被重金属污染的土壤，可以在污染区域中种植一些特定的植物，如蓖麻(刘义富和毛昆明，2012)等，借此去除、吸收土壤之中含有的重金属，并将它固定化，进而做到改善土壤性质，让土壤能够种植出更多的农作物(李银，2021)。微生物修复技术是一种利用生物技术和方法来治理污染土壤，使其恢复正常功能的土壤修复技术，其作用是将土壤中的有害有机污染物降解为无害的无机物(CO_2 和 H_2O)或其他无害物质。研究发现，部分细菌对 Cu 元素具有吸收性，可为铜金属污染的土地复垦和土壤修复工程起到一定的指导作用(李紫兰等，2017)。动物修复技术是一种通过土壤动物直接地吸收、转化和分解或间接地改善土壤理化性质，提高土壤肥力，促进植物和微生物的生长等作用，从而达到修复土壤目的的技术。生物修复技术虽然不破坏土壤有机质，不对土壤结构做大的扰动，成本低，但修复周期长，不适宜对高浓度污染土壤的修复。

联合修复技术。对多种污染物共存的复合/混合污染土壤实现联合修复，已成为土壤修复技术研发中的新方向，现有的联合修复技术主要包括生物联合修复、物化-生物联合修复和物理-化学联合修复等。于淼等(2013)将菌根与根瘤菌联合应用在土地修复中，使复垦土

---

① 生态环境部办公厅，农业农村部办公厅.2021.农业面源污染治理与监督指导实施方案(试行)。

壤根外菌丝密度、根系侵染率和 pH 分别提高了 90%、52% 和 1.3%，显著提高了有效磷含量、电导率和酸性磷酸酶活性，对减轻土壤退化程度效果显著；徐文迪等 (2019) 以电芬顿与生物泥浆法修复土壤芘污染，使土壤中芘的去除程度超过 90%，且去除率相较于两种材料单独使用提高超过 50%；刘帅霞等 (2017) 对 Cr 污染土地进行了秸秆-复合菌-污泥联合修复试验，发现 1% 秸秆加 1% 复合菌加 30% 污泥对土壤中 Cr 还原率可以达到 96.6%，经济成本和修复效率均为最佳。

2. 农村地下水污染治理

地下水在居民日常用水、工业用水、农业灌溉等方面发挥自身的功能，且能够有效维持生态平衡，是水资源系统生生不息的重要保障。相较地表水资源污染，地下水污染具有隐蔽性，表现为肉眼难以辨别及人类和动物饮用被污染地下水也不会在短时间内出现生理变化，但会造成长时间、延续性影响。地下水污染基本上不存在可逆性，一旦污染难以有效治理和恢复，主要原因是地下水流动速度较慢，交替和补充周期较长 (张秀，2021)。农村地下水作为农业发展、农村居民日常用水的重要水源，农村地下水污染源主要有点状污染源、带状污染源和面状污染源三种：点状污染源主要包括化粪池、渗井和堆放的固体废物，污染范围较为分散，后期治理难度较大；带状污染源主要包括被污染的农村河道、渠道和下水道等，由于工业发展，生活污水和工业废水排放量大，经济发展水平较高的农村地区出现带状污染源的概率较大；面状污染源主要诱因包括化肥和农药流失、水资源下渗和污水灌溉等，具有经久不散的特点 (杨蕾，2018)。从近几十年的农村地下水资源利用和保护情况分析，我国农村地下水资源的污染程度极深，由初步的点状污染衍生成为条状污染、带状污染，并且污染的程度也在逐渐蔓延，向深层地下水方向发展。关于地下水污染修复技术，主要包括监测自然衰减技术、地下水污染的异位处理和地下水污染的原位修复 (赵勇胜，2007)。

自然衰减基于污染场地自身理化条件和污染物自然衰减能力进行污染修复，以达到降低污染物浓度、毒性及迁移性等目的，其过程包括土壤颗粒的吸附、污染物质的微生物降解、在地下水中的稀释和弥散等。监测自然衰减技术通常会采用相应的监测控制技术，对地下水的自然修复过程进行监测评价。异位处理泛指将受污染的土壤或地下水进行开挖或抽取后在地面上进行处理。污染土壤的开挖处理较少用到，通常适用于污染范围较小、污染较集中、埋深较浅的区域性污染。一般会结合污染源处地下水文地质条件和污染土壤范围考虑是否进行污染土壤的开挖，若污染范围较大，则不宜进行土壤开挖处理；如果开挖后对周边环境造成较严重的二次危害，也不宜进行开挖异位处理。受污染的地下水的抽取处理，宜采用布设抽水井的方式先抽取已污染的地下水，然后在地表进行净化处理。常用的地下水污染异位处理技术有两相抽提技术 (dual phase extraction, DPE) 和抽取-处理 (pump and treat, P&T) 修复技术，根据污染物质的形式，前者主要针对地下水污染场地中存在非水相液体 (non-aqueous phase liquid, NAPL) 的情况，而后者主要针对地下水污染场地中的溶解相污染物 (有机或无机污染物)。地下水污染的原位修复针对地下水中挥发和半挥发性有机污染物的去除，其主要处理技术有土壤气相抽提 (soil vapor extraction, SVE)、空气扰动 (air sparging, AS) 和井中汽提方法等。其共同特点是利用挥发、汽化等手段将污染物质转移至气相，随气体排出。针对污染范围较大、污染程度较严重的地下水重金属或有机污染，通常采用渗透反应屏障(permeable reactive barrier, PRB)技术、原位反应带技术和原位微生物修复技术等。其共同点是在污染场地下游安置连续或非连续的渗透性反应区,含有污染物质的地下水流经反应区,经处理达到去除目的。

12.3.3 城镇空间保护修复

城镇空间是以人的行为为主导、自然环境为依托、资源流动为脉络、社会体制为经络的社会-经济-自然复合生态系统(陈兵,2023)。我国三十多年来高速城镇化和城市扩张建设取得了举世瞩目的成就,但长期以来也导致城市人工环境与自然环境间的平衡关系被改变,自然资源过度消耗、环境恶化、生态系统自我修复能力下降、"城市病"不断加重。《山水林田湖草生态保护修复工程指南(试行)》中提出涉及城镇空间的保护修复,结合"城市双修""海绵城市"建设,依托现有山水脉络,保护现有生态廊道,完善基础设施,修复自然生态系统,治理内涝;采取必要的生态修复措施,系统综合考虑城市自然系统分布与渗水的关系,注意城市基础设施建设与排涝系统的关系;打通城市内部的水系、绿地和城市外围河湖、森林、耕地,形成完整的生态网络。这种修复工作着力针对山体、水系、棕地等对象开展。其中,在破损山体修复方面,根据城市山体受损情况,因地制宜采取科学的工程措施,消除安全隐患,恢复自然形态。在城市河流水系治理方面,全面落实海绵城市建设理念,系统开展江河、湖泊、湿地等水体生态修复。在城市棕地整治修复方面,综合运用多种适宜技术改良土壤,消除场地安全隐患,重建自然生态,同时加强地质灾害综合防治,实施城市地质安全防治工程,开展地面沉降、地面塌陷和地裂缝治理,提升城市韧性。

1. 城市破损山体修复

山体是城市重要的生态架构,对城市地区的气候、生态、景观等均发挥重要作用。城市破损山体形成的原因有自然因素,如地震、火山爆发等;有人为因素,如采矿、采石、基础设施建设、房地产开发等工程建设活动。破损的城市山体生态稳定性大幅降低,易引起山体地质灾害,如山体滑坡、泥石流等,严重影响城市安全和城市形象(陈颖异,2021)。城市山体生态修复综合考虑山体自然过程及在城市中的定位,通过对各要素退化原因和退化程度的研究,一般采用风景游憩型、生态恢复型、再生利用型三种生态修复模式。其中,风景游憩型是通过科学的修复方式、合理的种植和灌溉及维护方式,使场地从原来的工业采矿地转变为具有公共休闲、遗址展示、植物博览、郊野游憩等功能的公共开放空间,使其融入整体的社会和经济发展;生态恢复型是通过科学手段,综合运用生态学、景观生态学等原理和方法,恢复矿山被破坏的生态系统及其生物多样性,其措施包括生境重建、水系生态恢复和生境群落营造;再生利用型是巧妙利用采石场矿坑的独特环境进行景观改造,使其成为独树一帜的场所,将劣势转变为优势,使其具有度假休闲、商业经营、公共活动等功能,成为区域社会经济发展的新引擎,重新焕发新的生机。开展山体修复的措施和方法主要有破损山体治理方法和山体植被修复方法两大类(张兵,2019)。其中,破损山体治理方法主要包括削坡开平台、砌筑鱼鳞坑、山体基部覆土回填、挂网喷播等;山体植被修复方法主要包括绿化基础工程(如排水工程、挡土墙工程、挂网工程、坡面框格防护、柴排工程、客土工程和防风工程等)、植被工程(包括播种、栽植或促进自然侵入等植被恢复技术)、植被管理工程(如培育管理、维持管理、保护管理)等。

2. 城市河湖水系治理

水是人类赖以生存的必要条件，也是社会经济发展不可缺少和不可替代的资源，具有极重要的战略地位。现今城市内水问题突出，水资源短缺、水污染恶化及与水相关的各类生态系统(海岸、湿地等)受损等，使城市日常生产生活受到严重影响。城市河湖水系的修复措施主要包括生态多样性恢复、源头防治、河道自然形态恢复、硬质驳岸生态修复等(张兵，2019)。

其中，生物多样性恢复是以恢复生物的栖息地为重点，将生态学与工程学相结合，恢复河流水陆交错区的功能，建造能够适合水生动植物、两栖动物生存繁殖的河岸工程生态结构，根据所要修复目标生物的生活习性，可设置鱼道、浅滩-深塘等，还可设置丁坝、乱石堆或者河岸的覆盖物，模拟水生生物喜爱的活动环境，以此来修复河道内的栖息地。源头防治主要采用引流水稀释冲刷、生态浮床技术、河道曝气、底泥疏浚等方法对污染水体进行处理，旨在增加河道、湖塘自净功能，实现改善水质、从源头防止污染的目的。河道自然形态恢复是在保证防洪安全的前提下，合理拆除阻水结构，将人造化的矩形、梯形断面修整为自然形态，宜宽则宽，需弯则弯，在保持河道自然平面形态的同时，满足河道的排涝泄洪及抗旱引水需求，处理好生态保护与土地合理利用的关系。硬质驳岸生态修复可采用石块、木材、植物或者其他透水性材料代替硬质材料对水岸进行加固处理，在保证水岸稳定的同时防止河道淤积，不阻碍河流中的物质与岸边物质的能量交换，改善地下水补给与地表水质量。

案例 12.11　厦门市筼筜湖生态修复

筼筜湖位于厦门岛西部，旧称筼筜港。20 世纪 70 年代初，围海造田、筑堤围湖，使筼筜港变成一座基本封闭的、留下 1.6 km² 水面的死湖，改称筼筜湖。20 世纪 80 年代中期，筼筜湖区一度污染严重，鱼虾绝迹。

习近平总书记在厦门工作期间领导编制的《1985 年—2000 年厦门经济社会发展战略》，明确提出厦门发展的目标定位，其中对筼筜湖治理提出具体要求。从 1984 年至 2016 年开展了四期综合整治，共投入资金约 11.3 亿元。厦门市按照源头控制、中间减排、末端治理的科学治理思路，采用"截污处理、清淤筑岸、搞活水体、美化环境"等综合施策，在环湖周边先后关停、搬迁电化厂、染整厂等数十家重点污染企业，对筼筜湖南北两岸排洪沟口、雨水口进行全面截污；建设 16 座污水提升泵站及 1 座海水泵站，铺设约 9.6 km 长的污水截流管道及污水压力管等配套管线，优化污水分区，逐步缩小合流制区域；建设溢流调蓄池，从源头提升筼筜湖流域水质，落实各项治理工程措施，并构建智慧水环境管理平台；推进环湖 30 余条排洪沟清淤等工程举措，坚持每 10 年进行一次大的清淤，共清淤 470 万 m³，因地制宜，将淤泥用于白鹭洲、白鹭岛填造滩涂，以及何厝养殖场造地；护坡筑岸 14 km，修筑环湖林荫步道 27 km，有效减少环湖周边水土流失；建设 6.5 km 的"西水东调"海水输送管，使厦门岛西海域的海水通过闸门、导流堤、海水管道，利用自然潮差吞吐动力，搞活上游水体，利用外海潮汐纳潮入湖，实现筼筜湖水质快速提升；沿湖兴建公园绿地，打通两岸 14 km 环湖步道，串联江头、松柏、南湖等城市公园，形成"四湖六园"的"城市生态会客厅"格局；利用清淤淤泥建成白鹭洲公园，使其成为厦门首座国家重点开放式公园。如今，周边城市建设日新月异、高楼林立，筼筜湖已成为城市核心区的绿肺（图 12.11-1）。

图 12.11-1　整治后的筼筜湖设立白鹭自然保护小区，建立城市湿地公园

参考文献：

自然资源部国土空间生态修复司. 2021. 中国生态修复典型案例集[EB/OL]. https://www.thepaper.cn/newsDetail_forward_15111796.

3. 城市棕地整治修复

棕地是指被废弃、闲置或未充分利用且可能受到一定范围与程度的污染，具有再开发潜力，但存在再开发障碍的土地。从用地性质上看，棕地以工业用地居多，可以是废弃的，也可以是还在利用中的旧工业区，规模不等、可大可小，与其他用地的区别主要是存在一定程度的污染或环境问题。棕地的成因在于工业区衰退和城市产业结构调整所导致的城市土地价值改变，一是由于城市产业结构"退二进三"、工业区从城区外迁，早期的城市工业区开始衰退并失去利用价值，逐渐成为被废弃、闲置或利用率很低的用地，如美国的东北部-五大湖重工业中心，由于城市产业转型而使得市内一些大型钢铁工厂倒闭、荒废和闲置，被称为"铁锈地带"；二是在环保及可持续发展等理念的影响下，一些重污染企业也纷纷调整区位或转产，其原厂址成为棕地，此外，废弃的加油站、干洗店等商业设施，垃圾处理站、储油罐区、货物堆栈和仓库、铁路站场等场所都可能是棕地产生之源。这些地区大多位于城市内部，其破败会造成土地闲置、社区衰退、环境污染、生活品质下降、城市空间破碎等消极结果，对城市的经济、社会、环境等产生不利影响（郭婧宇, 2021）。因此，城市棕地整治修复不仅可激发自身经济价值，还可提高棕地所处区域的经济活力。综合国内外研究及实践，针对城市棕地的整治修复主要形成了基于原址的整治修复、"精细化"再开发利用和景观美学融入等治理策略（席茹阳和王犇, 2021）。

其中，基于原址的整治修复中棕地治理需全面研究基底的土地性质，调研原场地土壤污染程度、地形地貌特征、基底植被现状、本土植物种类等。传统的棕地土壤修复策略是将土壤进行外运做掩埋处理，但该策略存在运输难和二次污染风险。因此，在原基址上进行土壤整治与植物修复，是重要的基于原址修复的策略。首先，综合运用各种土壤修复方法改良土壤，去除污染物，降低重金属离子浓度，减少各种其他有害物质。其次，用新土壤进行覆土、硬质铺装盖板隔离等不同处理方式，既能够实现原址土壤的污染物降解和消除，还能有效隔离污染物与外界的联系。最后，根据现有地形进行竖向设计，充分利用原有地形，结合植被重建景观空间，可有效减少土方工程量，土壤降解过程中同样需要挖填土方。

"精细化"再开发利用的修复策略是积极治理与再开发利用棕地的保障。城市棕地治理过程，包括棕地的勘察、数据整理、修复策略论证、再开发利用等，这些环节都应融入"精细化"治理理念。棕地的再开发利用中将"精细化"的治理理念贯穿始终，可有效保证棕地治理能够较好地落实各种治理技术与方法。一是"精细化"治理：一个传统项目的完成包括立项、规划、设计、施工等，在城市棕地治理中，项目治理的每一个环节都要进行"精细化"管理，严格把控技术指标、施工组织与设计规范；二是"精细化"修复：修复策略因项目而异，采用有针对性的，能够彻底修复基址土壤、水体、建筑、植物等各个元素的严谨修复技术，且需结合新型材料和新型工艺；三是"精细化"养护管理：从每个材料、设备入手，针对已经修复的棕地，建立基于"精细化"管理的后期养护管理制度，形成责任到人的养护管理责任制(何丹和江红，2012)。

在景观美学的融入方面，城市棕地修复并不是单纯的环境治理，而是要将其变成绿地，成为城市绿地系统中的一个斑块或廊道。首先，棕地修复不是单一的土地管理或利用，而应在城市总体规划的前提下，进行相应的治理和修复。因此，城市棕地的修复需统一于城市整体风貌，严格遵循城市上位规划，如此方能在景观方面做到统一而又不失多样。其次，将风景园林艺术原理应用于城市棕地修复中，充分利用主景、框景、漏景、夹景、对景、借景、障景等景观处理手法，结合形式美法则，将这些景观美学处理手法运用于城市棕地治理全过程，提升城市棕地治理后的景观美学效果。最后，城市棕地治理技术和方法要充分考虑景观艺术的融入，修复技术要考虑美学价值，景观美学要融入治理技术(郑晓笛和李发生，2015)。

案例 12.12　国际典型棕地修复案例

欧美国家从 20 世纪末就已开始研究城市棕地治理，并逐渐形成较为成熟的棕地治理法律法规，构建了相对完善的棕地再生价值评价体系，形成了从政府、开发商到非营利组织的多层面棕地治理标准。较典型的棕地修复案例如下。

一、"精细化"修复治理方法——高万斯运河海绵公园

高万斯运河建成于 19 世纪 60 年代，是美国当时最为繁忙的工业水道之一。20 世纪 60 年代，随着纽约市产业转型升级，运河周边工业开始衰败，长期的工业污染与雨季的污水合流，给周边居民的日常生活和地区再度开放带来困扰。场地采用"精细化"的水体修复和项目要素设计，休憩活动项目与水体修复要素散布于运河沿线，丰富了沿线的场所和活动。一是优化和调控场地结构，通过现场调查研究用地地块的位置及适宜发展的方向，构建沿运河的生态廊道，整合周边绿地及各种活动场地，形成服务网络体系；

二是污染治理同景观设计相结合，精细化解构、添加、整合开放空间，利用原有的公园、滨水绿地，建立海绵公园系统；三是通过制定精细化的维护管控策略，明确后期的养护与管理，建立管理责任制与监管评测体系，严防污染物的再暴露及后期的管理不当等问题(图 12.12-1)。

图 12.12-1　高万斯运河海绵公园

二、基于原有地貌和本土植被的保留与利用——西雅图奥林匹克雕塑公园

该项目基地位于美国华盛顿州西雅图，面积约 3.44 hm²，1910 年于基址建立了石油调配厂，工业活动严重影响了滨水景观与公众活动。场地采取保留原有地貌和道路、保留与利用工业遗迹的设计策略；"Z"形道路利用原有高差，实现割裂场地的动态连接；设计尊重本土植被的应用，利用美国西北部独特的植物类型，丰富当地植物的多样性。场地被公路和铁路线分割成 3 块区域，充分利用场地 12.2 m 的高差，从上而下构建城市到海湾的联系。基于原有地貌设计，既保留了工业遗迹，又充分利用了场地地形，建立城市与水岸的联系，重塑场地的水岸景观。基于本土植物的应用，不仅提高了植物成活率，还能反映当地特有的植物景观风貌。利用当地植物资源，结合"Z"形林荫道路，形成了有草坪、谷地和小树林的植物景观(图 12.12-2)。

图 12.12-2　西雅图奥林匹克雕塑公园

三、新土壤代替受污染土壤的生态处理模式——阿姆斯特丹文化公园

荷兰阿姆斯特丹文化公园(Westergasfabriek Park Amstersam)在 19 世纪是工业用地，

19 世纪末在水道沿线建造了煤气厂，工业发展时期受到汽油厂的重度污染。该场地紧邻河道与铁路线，周边有农田，并邻近布雷顿区。建筑师凯瑟琳·古斯塔夫森(Kathryn Gustafson)和弗朗辛·胡本(Francine Houben)将其改造成了面积为 14 hm² 的城市公园，公园中有多种多样的空间形式，野花草坪、亲水平台、沼泽池与成片的绿色空间，能够开展亲水活动、水上花园游览、滨河慢跑、草坪休憩等各种活动。"棕色土方"是指棕地中有污染物的土壤，包括焚烧灰烬、垃圾土、矿渣、尾矿等，里面含有气态、固态、液态污染物。"棕色土方"的治理方式一般包括隔离、修复、外运 3 种模式，其中，外运容易造成二次污染而不被提倡。场地在设计阶段，运走受污染的泥土只会造成新的问题。因此，通过计算土方，将新的土壤引入基地，采用新土壤代替受污染土壤的处理模式，实现了"棕色土方"的隔离与修复(图 12.12-3)。

图 12.12-3 阿姆斯特丹文化公园

参考文献：

席茹阳, 王犇. 2021. 城市棕地问题与治理策略的探讨[J]. 现代园艺, 44(16): 163-165.

参 考 文 献

曹晓风, 孙波, 陈化榜, 等. 2021. 我国边际土地产能扩增和生态效益提升的途径与研究进展[J]. 中国科学院院刊, 36(3): 336-348.

陈兵. 2023. 城镇空间生态修复规划编制思路探索——以西昌市国土空间生态修复规划为例[J]. 资源与人居环境, (3): 32-36.

陈星, 周成虎. 2005. 生态安全: 国内外研究综述[J]. 地理科学进展, 24(6): 8-20.

陈颖异. 2021. 山体生态系统性修复的对策研究[J]. 能源与节能, (10): 98-100.

陈元鹏, 周旭, 周妍. 2018. 浅析历史遗留工矿废弃地复垦利用问题[J]. 中国土地, (11): 47-48.

戴培超, 张绍良, 公云龙. 等. 2020. 生态系统服务视角下的工矿废弃地再开发模式及策略[J]. 生态学杂志, 39(6): 2106-2114.

邓正苗, 谢永宏, 陈心胜, 等. 2018. 洞庭湖流域湿地生态修复技术与模式[J]. 农业现代化研究, 39(6): 994-1008.

杜宜春. 2020. 浅析土壤修复技术在土地工程中的应用[J]. 农业与技术, 40(21): 48-50.

杜宜春, 罗林涛, 温鹏飞. 2016. 黄土台塬区土地生态化整治工程建设: 以宝鸡市陇县土地整治项目为例[J]. 西部大开发(土地开发工程研究), (4): 40-44.

郭婧宇. 2021. 棕地生态修复[J]. 建筑技术开发, 48(17): 148-150.

何丹, 江红. 2012. 欧美棕地的治理与再开发[J]. 城市问题, (8): 85-90, 96.

何明婵, 刘霞. 2019. 浅析城镇低效用地再开发[J]. 城乡建设, (21): 39-40.

洪莉. 2020. 南宁市社会资本参与耕地提质改造探讨[J]. 南方农业, 14(26): 151-152.

胡一. 2019. 荒石滩土体有机重构技术与工程实践: 以陕西省华阴白龙洞土地整治项目为例[J]. 农业工程, 9(1): 59-62.

黄锦东, 张辉, 陈宇琛. 2016. 以景观生态化的新理念新方法开展农地整治[J]. 国土资源情报, (1): 28-32, 17.

姜广辉, 张凤荣, 周丁扬, 等. 2007. 北京市农村居民点用地内部结构特征的区位分析[J]. 资源科学, (2): 109-116.

姜蓝齐, 张丽娟, 赵慧颖, 等. 2019. 松嫩平原自然宜垦性及耕地后备资源开发潜力[J]. 中国农业资源与区划, 40(10): 15-25.

姜仙春, 尹君. 2014. 土地整治中的田块优化与景观生态规划设计[J]. 中国水土保持, (5): 38-40.

姜勇. 2012. 农村建设用地整治应避免三种倾向[J]. 中国土地, (5): 51-52.

李卫锋, 王仰麟, 彭建, 等. 2004. 深圳市景观格局演变及其驱动因素分析[J]. 应用生态学报, 15(8): 1403-1410.

李晓雪, 薛继斌. 2013. 土地整治中农村建设用地整治潜力测算的探讨[J]. 经济研究导刊, (12): 44-45.

李银. 2021. 融合土壤修复的农业土地整治技术体系分析[J]. 河南农业, (20): 59-60.

李紫兰, 李春霖, 肖玲珑, 等. 2017. 柿竹园某尾矿区嗜铜微生物的初步研究[J]. 湘南学院学报, 38(2): 41-46.

林坚, 叶子君, 杨红. 2019. 存量规划时代城镇低效用地再开发的思考[J]. 中国土地科学, 33(9): 1-8.

刘成武, 李秀彬. 2005. 农地边际化的表现特征及其诊断标准[J]. 地理科学进展, (2): 106-113.

刘合祥. 2022. 试论林业生态修复与环境保护的关系[J]. 甘肃农业科技, 53(1): 22-26.

刘静萍, 金晓斌, 韩博, 等. 2022. 农业空间半自然生境内涵、特征与识别[J]. 生态学报, 42(22): 9199-9212.

刘帅霞, 孙哲, 曹瑞雪. 2017. 秸秆-复合菌-污泥联合修复铬污染土壤技[J]. 环境工程学报, 11(10): 5696-5702.

刘涛. 2022. 高标准农田建设项目中的农田防护林与生态环境保持工程管理[J]. 中国农业综合开发, (3): 41-42.

刘新平, 严金明, 王庆日. 2015. 中国城镇低效用地再开发的现实困境与理性选择[J]. 中国土地科学, 29(1): 48-54.

刘耀林, 范建彬, 孔雪松, 等. 2015. 基于生产生活可达性的农村居民点整治分区及模式[J]. 农业工程学报, 31(15): 247-254, 315.

刘义富, 毛昆明. 2012. 蓖麻对铅锌尾矿土的修复潜力评价[J]. 广东农业科学, 39(17): 154-156.

卢新海, 谷晓坤, 李睿璞. 2011. 土地整理[M]. 上海: 复旦大学出版社.

彭建, 赵会娟, 刘焱序, 等. 2017. 区域生态安全格局构建研究进展与展望[J]. 地理研究, 36(3): 407-419.

彭玉玲, 林爱文, 王珂, 等. 2015. 资源枯竭型城市的工矿废弃地复垦利用综合效益评价——以黄石市七约山矿区为例[J]. 国土资源遥感, 27(3): 161-166.

钱伟, 冯建祥, 宁存鑫, 等. 2018. 近海污染的生态修复技术研究进展[J]. 中国环境科学, 38(5): 1855-1866.

曲衍波, 姜广辉, 张凤荣. 2014. 农村居民点整治模式: 系统概念、形成机理与识别方法[J]. 中国软科学,

（2）：46-57.

申俊峰, 李胜荣, 孙岱生, 等. 2004. 固体废弃物修复荒漠化土壤的研究: 以包头地区为例[J]. 土壤通报, 35（3）：267-270.

沈启昌. 2006. 低效防护林改造对林地生物多样性变化的影响[J]. 防护林科技, （5）：20-21, 44.

宋伟, 陈百明, 陈曦炜. 2008. 农村居民点整理潜力测算模型的理论与实证[J]. 农业工程学报, 24（S1）：1-5.

谭明智. 2014. 严控与激励并存: 土地增减挂钩的政策脉络及地方实施[J]. 中国社会科学, （7）：125-142, 207.

汤怀志, 桑玲玲, 郧文聚. 2020. 我国耕地占补平衡政策实施困境及科技创新方向[J]. 中国科学院院刊, 35（5）：637-644.

唐伟, 王英, 杨振宇, 等. 2022. 国土空间规划体系下的耕地后备资源调查评价方法研究[J]. 自然资源情报, （3）：33-39.

唐文帅. 2017. 基于福利的城镇低效用地再开发模式比较与路径选择[J]. 农村经济与科技, 28（23）：4-6.

唐秀美, 潘瑜春, 郝星耀, 等. 2016. 海南省热带台地生态化土地整治分区与工程设计[J]. 北京大学学报 （自然科学版）, 52（6）：1093-1101.

陶学竹. 2022. 营造农田防护林的作用及造林技术[J]. 现代农机, （2）：108-110.

童晨, 李加林, 黄日鹏, 等. 2018. 陆源污染生态损害评估及其补偿标准研究: 以象山港为例[J]. 海洋通报, 37（6）：685-694.

屠爽爽, 龙花楼, 刘永强, 等. 2015. 农村居民点整治潜力测算方法研究进展与展望[J]. 自然资源学报, 30（11）：1956-1968.

王磊, 王然, 姚舜, 等. 2019. 城镇低效地再开发政策探析——基于高质量发展要求的思考[J]. 中国国土 资源经济, 32（11）：20-24.

王璐, 徐艳, 刘庆. 2018. 土地整治中的基于边际耕地识别研究[C]. 自然资源管理改革与国土空间规划 -2018 年中国土地学会学术年会论文集: 347-353.

王晓芳. 2012. 平原地区基本农田土地整治景观生态规划与设计: 以新泰市楼德镇基本农田土地整治项目 为例[J]. 山东国土资源, 28（5）：55-57.

王颖, 刘学良, 魏旭红, 等. 2018. 区域空间规划的方法和实践初探: 从"三生空间"到"三区三线"[J]. 城市规划学刊, （4）：65-74.

吴迪, 赵华, 李钢. 2013. 江苏省徐州市工矿废弃地复垦潜力评价研究[J]. 中国煤炭, 39（8）：119-123, 129.

吴后建, 王学雷. 2006. 中国湿地生态恢复效果评价研究进展[J]. 湿地科学, 4（4）：304-310.

吴霖, 欧阳玉蓉, 吴耀建, 等. 2021. 典型海洋生态系统生态修复成效评估研究进展与展望[J]. 海洋通报, 40（6）：601-608, 682.

席茹阳, 王犇. 2021. 城市棕地问题与治理策略的探讨[J]. 现代园艺, 44（16）：163-165.

徐文迪, 郭书海, 李刚, 等. 2019. 电芬顿-生物泥浆法联合修复芘污染土壤[J]. 中国环境科学, 39（10）：4247-4253.

徐兴峰. 2019. 土地整治工程中生态田坎设计探索[J]. 南方农业, 13（6）：168-169, 171.

薛利红, 段婧婧, 杨林章. 2022. 太湖流域农田灌排系统生态化改造技术及相关标准[J]. 江苏农业学报, 38（1）：81-86.

杨继伟, 张辉, 曹秀清, 等. 2022. 农田排水沟渠生态化建设与管理[J]. 治淮, （3）：68-70.

杨蕾. 2018. 浅谈农村浅层地下水污染特点及防治策略[J]. 中国资源综合利用, 36（10）：62-64.

杨少敏, 李资华. 2021. 城镇低效用地类型和认定标准探讨[J]. 中国国土资源经济, 34（2）：42-48.

杨志才, 熊军, 黎诚. 2017. 耕地提质改造可行性研究探讨[J]. 安徽农业科学, 45（15）：191-193, 211.

姚树荣. 2018. 乡村振兴视角下土地整治制度的创新[J]. 中国土地, （10）：47-48.

于淼, 毕银丽, 张翠青, 等. 2013. 菌根与根瘤菌联合应用对复垦矿区根际土壤环境的改良后效[J]. 农业工程学报, 29(8): 242-248.

余敦, 袁胜国. 2018. 江西省"旱地改造为水田"的技术探讨[J]. 江苏农业科学, 46(11): 268-271.

张兵. 2019. 催化与转型: "城市修补、生态修复"的理论与实践[M]. 北京: 中国建筑工业出版社.

张步雄. 2016. 耕地占补平衡的困境与建议: 以福建省为例[J]. 中国土地, (4): 33-34.

张维诚. 2021. 森林生态学研究进展-困难立地生态恢复[J]. 林业和草原机械, 2(5): 26-29, 77.

张秀. 2021. 地下水环境保护与防治建议研究[J]. 西部资源, (5): 12-14.

张永泽, 王垣. 2001. 自然湿地生态恢复研究综述[J]. 生态学报, 21(2): 309-314.

张勇, 郑燕凤, 朱伟亚. 2018. 低效用地认定及处置政策[J]. 中国土地, (6): 34-35.

张宇, 王圣殿, 王依, 等. 2019. 对加快推进我国矿山生态修复的思考[J]. 中国环境管理, 11(5): 42-46.

张舟, 谭荣, 吴次芳, 等. 2012. 走出政府治理下土地二次开发的实践困境——以深圳市为例[J]. 中国土地科学, 26(10): 41-47.

赵烨, 袁静, 陈刘芳, 等. 2016. 边际耕地综合整治对策探索: 以京津冀西北部低等耕地为例[J]. 西部大开发(土地开发工程研究), (1): 43-47.

赵勇胜. 2007. 地下水污染场地污染的控制与修复[J]. 吉林大学学报(地球科学版), (2): 303-310.

郑晓笛, 李发生. 2015. 将美学与景观艺术融入污染土地治理[J]. 中国园林, 31(4): 25-28.

郑新庆, 张涵, 陈彬, 等. 2021. 珊瑚礁生态修复效果评价指标体系研究进展[J]. 应用海洋学学报, 40(1): 126-141.

周武夫, 谢继昌. 2014. 有机更新视角下城镇低效用地再开发思路——以温州为例[J]. 规划师, 30(S3): 203-207.

朱虹, 赵卉. 2014. 论生态型土地整治[J]. 中国房地产, (12): 60-65.

朱启兵. 2020. 工矿废弃地复垦与生态修复中的问题与对策[J]. 工程技术研究, 5(18): 227-228.

庄伟, 廖和平, 潘卓, 等. 2014. 基于居住场势理论的农村建设用地整治分区与模式设计[J]. 中国生态农业学报, 22(5): 618-626.

Garibaldi L A, Steffan-Dewenter I, Kremen C, et al. 2011. Stability of pollination services decreases with isolation from natural areas despite honey bee visits[J]. Ecology Letters, 14(10): 1062-1072.

Gayer C, Berger J, Dieterich M, et al. 2021. Flowering fields, organic farming and edge habitats promote diversity of plants and arthropods on arable land[J]. Journal of Applied Ecology, 58(6): 1155-1166.

Jiang Y Q, Gui H R, Li C, et al. 2021. Evaluation of the difference in water quality between urban and suburban rivers based on self-organizing map[J]. Acta Geophysica, (69): 1855-1864.

Liu Y S, Yang R, Long H L, et al. 2014. Implications of land-use change in rural China: A case study of Yucheng, Shandong province[J]. Land Use Policy, 40: 111-118.

Peciña M V, Ward R D, Bunce R G H, et al. 2019. Country-scale mapping of ecosystem services provided by semi-natural grasslands[J]. Science of the Total Environment, 661: 212-225.

Pelorosso R, Gobattoni F, Geri F, et al. 2016. Evaluation of ecosystem services related to bio-energy landscape connectivity (BELC) for land use decision making across different planning scales[J]. Ecological Indicators, (61): 114-129.

Richards B K, Stoof C R, Cary I J. 2014. Reporting on marginal lands for bioenergy feedstock production: A modest proposal[J]. Bioenergy Research, (7): 1060-1062.

Rusch A, Chaplin-Kramer R, Gardiner M M, et al. 2016. Agricultural landscape simplification reduces natural pest control: A quantitative synthesis[J]. Agriculture, Ecosystems & Environment, (221): 198-204.

Shortall O K. 2013. "Marginal land" for energy crops: Exploring definitions and embedded assumptions[J]. Energy Policy, (62): 19-27.

Tan R, Qu F T, Heerink N, et al. 2011. Rural to urban land conversion in China — How large is the over-conversion and what are its welfare implications?[J] China Economic Review, 22(4): 474-484.

Tarjuelo R, Benítez-López A, Casas F, et al. 2020. Living in seasonally dynamic farmland: The role of natural and semi-natural habitats in the movements and habitat selection of a declining bird[J]. Biological Conservation, (251): 108794.

Williams B A, Grantham H S, Watson J E M, et al. 2020. Minimising the loss of biodiversity and ecosystem services in an intact landscape under risk of rapid agricultural development[J]. Environmental Research Letters, 15(1): 014001.

Zhang L Q, Peng J, Liu Y X, et al. 2016. Coupling ecosystem services supply and human ecological demand to identify landscape ecological security pattern: A case study in Beijing-Tianjin-Hebei region, China[J]. Urban Ecosystems, (20): 701-714.